Claus Penquitt

Die Freizeitreiter-Akademie

Reiten nach barocken, altkalifornischen und iberischen Vorbildern

KOSMOS

Inhalt

Lehrbücher sollen anlockend sein,
das werden sie nur,
wenn sie die heiterste, zugänglichste Seite des
Wissens und der Wissenschaft darbieten.

JOHANN WOLFGANG VON GOETHE

Man kann auf drei Arten klug werden:
durch Erfahrung –
das ist die bitterste;
durch Nachahmen –
das ist die einfachste;
durch Lernen –
das ist die edelste.

AUS DEM CHINESISCHEN

Zum Buch

Gedanken des Autors

Warum eigentlich eine weitere überarbeitete Auflage, so könnte man sich fragen, wo doch die bisherige erst vor einigen Monaten von einer Pferdezeitschrift in die „Top Ten", also in die Liste der zehn besten Lehrbücher über das Reiten aufgenommen wurde? Nun, die „Freizeitreiter-Akademie" schrieb ich in ihrer ersten Fassung bereits 1993. Obgleich dieses Buch ein derart unerwarteter Erfolg war und zum Dauerbrenner wurde, war nach zehn Jahren die nächste überarbeitete Auflage fällig. Auch diese Zeit liegt nun bereits wieder ein Jahrzehnt zurück. Der Erkenntnis, dass die Zeit zumindest in unserem Leben nicht stehen bleibt, kann man nicht ausweichen. So müssen folglich Veränderungen erprobt, mögliche Verbesserungen geprüft werden und dergleichen mehr.

Ständige Veränderungen gab es auch in meinem Betrieb, der Freizeitreit-Akademie. So musste ich mich von meinen geliebten und immer wieder auch von der Fachwelt und vielen Pferdefreunden hochgelobten und bewunderten, unglaublich erfolgreichen Pferden, dem Shagya-Araber Watani 12 und dem Lusitanohengst Vigoroso verabschieden. Beide hatten Fähigkeiten, die der große englische Pferdepsychologe Henry Blake als übersinnliche Wahrnehmungsfähigkeiten bezeichnet hätte. So brauchte ich häufig nur zu denken, was ich von ihnen wollte, und sie führten es prompt aus.

Während ich mir Watani 12, den Shagya-Araber aus dem Gestüt Topolcianky, aus einer großen Herde zwei- bis dreijähriger Pferde aussuchen und ihn von Anfang an nach meinen Überlegungen harmonisch ausbilden konnte, sah es bei Vigoroso, dem Lusitano aus Portugal, völlig anders aus. Hier war anfangs die Harmonie bei Weitem nicht gegeben. Ich konnte ihn relativ günstig erwerben. Er sah wunderschön aus. Seine großen dunklen Augen und sein freundliches Wesen im Umgang hatten es mir angetan, – nur reiten konnte ich ihn nicht.

Sobald ich aufsitzen wollte, ging ein Getrappel auf der Stelle los und setzte sich in der Bewegung ununterbrochen fort. Es ist kaum zu glauben, wie ein tägliches, ständiges Herumgetrappel einem auf die Nerven gehen kann. Nach fünf Wochen vergeblichem Bemühen, war ich überzeugt, die teuersten Rouladen Europas gekauft zu haben.

Sein Verhalten konnte ich mir jedoch erklären, als ich erfuhr, dass er sich die Narben, die er an den Innenseiten seiner Oberschenkel hatte, bei seiner Ausbildung zum Stierkampfpferd zugezogen hätte. Nun war mir alles klar und mit viel weiterer Geduld wurde aus den vermeintlichen „Rouladen" noch ein souveränes Pferd. Seine in Shows stolz gezeigten barocken und mit iberischem Touch versehenen Lektionen begeisterten stets das Publikum.

Nach vielen gemeinsamen Jahren schlug das Schicksal irgendwann völlig unerwartet zu. Eine plötzliche Kolik machte es erforderlich, Vigoroso einzuschläfern. Das konnte ich nicht ertragen. Heulend verkroch ich mich, während meine tapfere Frau Vigoroso auf seinem letzten Gang begleitete. Meinen über alles geliebten Watani hatte es schon einige Jahre zuvor in ähnlicher Weise getroffen. Nun galoppieren beide Pferde hoffentlich auf einer schönen Weide im Pferdehimmel.

Nachdem ich eine schlimme Zeit völlig ohne eigenes Pferd durchmachte, ging das Suchen nach einem passenden Pferd los. Es sollte wieder ein Iberer sein, nicht unter zehn Jahre alt, das Stockmaß nicht über 160 cm. Sein Charakter müsste ausgeglichene Ruhe ausstrahlen und der Ausbildungsstand angemessen sein. Alles in allem also dem Alter eines 80-jährigen Reiters angemessen und nicht etwa ein Rodeokandidat. Endlich glaubte ich es gefunden zu haben.

Doch anscheinend ziehen mich, wenn auch ungewollt, besonders komplizierte Pferde wohl magnetisch an. Wie konnte ich mich bei der Wahl nur so geirrt haben? Um es kurz zu machen. Trotz meiner anhaltenden Trauer um meinen Vigoroso, bekam ich an einem Februartag den andalusischen Hengst Nerceo. Er wurde mir wärmstens empfohlen und kam aus einem Betrieb gehobener Klasse, wo er sich bei üblicher Boxenhaltung täglich, in einer Führmaschine angebunden, bewegen durfte. So brauchte er auch kein Winterfell, bis er zu uns in die Offenstallhaltung kam.

Er zeigte zwar ein etwas merkwürdiges Verhalten in belanglosen Situationen. So schüttelte er sich unwillig, wenn er zum Beispiel eine Satteldecke aufgelegt bekam oder sonst wie berührt wurde. Vielleicht waren es vorübergehende Umstellungsprobleme, denn beim Reiten in der Halle verhielt er sich unauffällig. Sein geschildertes sonstiges merkwürdiges Verhalten steigerte sich dann aber im Frühjahr explosiv. Und so begann mein Rodeokurs für Fortgeschrittene. Nun ja, wenn auch ungewollt, man lernt ja nie aus.

Um aber der Vorbesitzerin gegenüber gerecht zu sein, muss gesagt werden, dass die Probleme erst im Frühjahr, als die Weidezeit begonnen hatte und ich mein Reiten von der Halle auf den Reitplatz verlegen konnte, begannen. Hier ging der erste Veitstanz los. Wie eine Rakete schoss Nerceo im Zickzackgalopp schleudernd diagonal über den Reitplatz. Dabei stieg er abwechselnd recht schnell steil hoch, um dann nach hinten ausschlagend entgegengesetzt hoch zu gehen. Dieses gymnastische Spiel wiederholte er immer dann, wenn man dachte, dass endlich Ruhe eingetreten sei. Ich wurde in extremer Folge nach vorne, nach hinten, nach rechts und links geschleudert. Meine Frau hielt sich bei meinen „Vorführungen" stets am Reitplatz mit einem Handy bewaffnet auf, sicherlich, um mich gegebenenfalls aufzusammeln oder die Rettung zu alarmieren.

Da ich trotz allem nie den Boden berührte, gab sie mir Recht, dass ich somit das Diplom für die Rodeoklasse S verdient hätte. Toll! Als ich dies alles meinem Tierarzt schilderte, hatte er eine Vermutung, die sich nach einer Blutuntersuchung bestätigte. Mein Nerceo reagierte auf mehr als zwanzig Gräserarten und viele Insektenbisse extrem allergisch. Seit er hiergegen mit hyposensibilisierenden Maßnahmen dauerhaft behandelt wird, ist er wieder auch im Sommer reitbar. Inzwischen ist auch er ein Freund geworden, den ich nicht wieder verlieren möchte.

Um „up to date“ zu sein, wie man so schön sagt, muss ein Lehrbuch, wie erfolgreich es bislang auch immer war und noch ist, nach wiederum fast einem Jahrzehnt erneut kritisch überprüft und gegebenenfalls in Wort und Bild aktualisiert werden.

Hierbei musste ich mich etwas beeilen, da mein Augenlicht sich immer flotter verabschiedet. Dann werden mir auch bald meine unglaublich tollen technischen Hilfsmittel nicht mehr viel helfen können. Aber für die Möglichkeit, auf meinem besonders schönen Reitplatz und dem großen Geschicklichkeitsparcours, sowie meiner Reithalle noch lange reiten zu können, dafür sorgt meine technisch und künstlerisch hochbegabte diplomierte Architektin und Ehefrau sowie natürlich mein Pferd. – Na bitte, es geht doch immer noch ein bisschen weiter und wer mich kennt, weiß, dass ich die Hoffnung nicht so schnell aufgebe.

Claus Penquitt

Perfekte Harmonie mit seinem Pferd zu erreichen, kann oftmals ein langer Weg werden. So erging es mir mit Nerceo.

Gedanken einer Pferdefrau

Nicht jeder kann ein Beethoven, ein Rubens oder ein Karajan bezogen auf das Reiten sein. Gleichwohl mussten auch diese Hochbegabten zur Ausübung ihrer Kunst die Lehre vom Kontrapunkt, die des Goldenen Schnittes oder die des Taktes eingehend studieren. Erst diese Grundlagen ließen doch ihr begnadetes Talent zu vollendeter Kunstausübung möglich werden.

Freizeitreiter bewegen sich auf einer anderen Ebene. Sie haben andere Überlegungen. Umso mehr aber wollen auch sie mit Zähigkeit, Fleiß und Geduld lernen. Und ich bin überzeugt, dass die von Claus Penquitt im Laufe von Jahrzehnten erarbeitete Reitlehre, deren Geist und Inhalt dem Motto: „Mit Pferden denken – Pferde lenken" im vollen Umfang entspricht, ihnen beim Erlernen eines anspruchsvollen Freizeitreitens von großem Nutzen sein kann.

Seit langer Zeit war ich von der damals wie heute vielfach üblichen Reiterei und Pferdeausbildung enttäuscht gewesen, als ich fasziniert eine ganz andere Auffassung und Praxis erlebte. Ich sah Claus Penquitt reiten mit leichter, lockerer Eleganz, mit Pep und Präzision, bei feinst abgestimmten – für den Zuschauer kaum sichtbaren – „Hilfen" und in einer freundlichen und ruhigen Atmosphäre. Gleichzeitig war beeindruckend die psychisch völlig zufriedene, gelassene Ausstrahlung der Pferde bei allen Vorführungen.

Man muss sich aber darüber im Klaren sein, dass diesen erfreulichen Ergebnissen viele Jahre geduldiger, individuell pferdegerechter, vertrauensbildender, konsequenter und sehr fleißiger Ausbildung vorausgegangen waren, dem heutigen Trend meistens völlig konträr. Auch Schüler, die bei Claus Penquitt lernen wollen, müssen dieser Gesinnung und der pädagogisch effektiven Ausbildungsart zustimmen, sonst wäre jeder Versuch sinnlos. Besagte Schulung für Reiter und Pferde kommt offensichtlich gerade beim Freizeitreiter besonders gut an.

Als allerersten Einstieg dienten hierzu die 5-Tage-Kurse, bei denen es überaus erstaunte, wie relativ schnell die äußerst verschiedenartigen Pferde unter Claus Penquitt im positiven Sinne reagierten. Die Pferde entspannten sich, wurden schöner, stolzer und bekamen offensichtlich Spaß am Mitmachen.

Freizeitreiten soll bei aller Präzision Leichtigkeit und Lockerheit ausstrahlen.

Mit dem Erkennen der körperlichen und seelischen Probleme eines jeden Pferdes und Reiters stimmte Claus Penquitt die individuellen „Lernschritte“ ab. Nicht zu viel und nicht zu wenig. Seine permanente Aufmerksamkeit war auf jede Reaktion des jeweiligen Pferdes gerichtet, so als gingen direkte Gedanken „gebündelt“ zum Pferd von einem völlig entspannten, dem Tier freundlich gesonnenen Reiter.

Es ist bekannt, dass von derartiger Gemüts- und Gedankeneinstellung suggestive Wirkungen ausgehen. Man denke auch an Fredy Knie sen. und jun., an Henry Blake, an eine Linda Tellington-Jones.

Das Gegenteil hiervon zeigt sich ja leider so häufig und sogar in aller Öffentlichkeit: Kampf und Krampf, das heißt, stupide Pferdeschinderei.

Claus Penquitt berichtete, durch welche Umstände er seinen so gar nicht alltäglichen Reitstil entwickelt hat: Er erlernte ursprünglich das Reiten nach der deutschen Reitlehre während einer Berufsausbildung. Bei täglich 12 Stunden im Sattel kam er ins Grübeln, denn es brachte nicht die erstrebte Zufriedenheit zwischen Pferd und Reiter. Als später das Reiten schon längst nicht mehr zu seinem Beruf gehörte, suchte er als erfolgreicher Wander- und Distanzreiter neue Wege, wobei er Mitte der 1970er Jahre auf das damals aufkommende Westernreiten stieß. Eigentlich war es mehr der Westernsattel, der ihn anzog, denn endlich wurden auch 70-km-Ritte mit viel Gepäck für Pferd und Reiter vergnüglich.

Doch allein ein Westernsattel ist noch kein Westernreiten. Dies lehrte ihn der Altmeister des Westernreitens in Europa, Jean Claude Dysli. Was leider manch andere, die sich Westernausbilder nannten, daraus machten, stieß oftmals ab. Claus Penquitt kam wieder ins Grübeln, denn jede Art des Reitens sollte doch pferdegerecht und ästhetisch sein.

Durch längere Zeit an Bett und Rollstuhl gebunden, fand er Zeit, sich intensiv mit der Literatur fast aller namhaften alten und neueren Reitmeister auseinanderzusetzen. Es war schließlich François Robichon de la Guérinière (1688–1751), bei dem er seine Idealvorstellung der pferdegerechten Ausbildung zur vollendeten Harmonie zwischen Pferd und Reiter bahnbrechend verwirklicht fand.

Nun wurde es für Claus Penquitt spannend: Sollte diese Lehre aus der französisch-iberischen Tradition nicht auch heute noch volle Gültigkeit haben? Etwas gewandelt findet sie sich beispielsweise in der Spanischen Reitschule in Wien, in Jerez sowie vereinzelt in Privatställen.

Claus Penquitt nennt seine Reitweise und Lehre „Freizeitreiten nach barocken, altkalifornischen und iberischen Vorbildern“. Man kann es schwerlich anders ausdrücken.

Die in den vergangenen Jahren von Claus Penquitt als Leiter der Freizeitreit-Akademie gesammelten weiteren Erfahrungen und Erkenntnisse flossen mit ein in die erneute Überarbeitung seines Erfolgsbuches „Die Freizeitreiter Akademie“. Am Bestand seiner eigens für den weitaus größten Teil aller Reitenden, also die Freizeitreiter, entwickelten Reitlehre hat sich aber nichts geändert.

Im Tenor aller Kritiken wurden die hervorragende Verständlichkeit, der logische Aufbau sowie die für jeden Leser bis ins kleinste Detail beschriebenen Anweisungen als ein seltenes Geschenk für den engagierten Leser hervorgehoben. Bei der Überarbeitung wurden Seite für Seite nochmals Verbesserungen in häufig wesentlichem Umfang vorgenommen.

Einen breiteren Raum nehmen die zur Verdeutlichung des „Warum so oder anders“ aufgeführten Beispiele aus der jahrzehntelangen Erfahrung von Claus Penquitt ein. Auch wie er dazu kam, eine Reitlehre für ein anspruchsvolleres Freizeitreiten zu schaffen, wird in interessanten und lehrreichen Beispielen, verbunden mit persönlichen Erlebnissen, geschildert.

Schließlich hat der Lehrstoff zu vielen Lektionen wichtige Weiterungen erfahren.

Erwähnt sei noch, dass die hervorragend gelungene Illustration wiederum in den in Kritiken vielgelobten Händen von Cornelia Göricke-Penquitt lag.

Nach einer Ausbildung mit Geduld, Gelassenheit und Ausdauer, kann später vieles fast nur durch Denken erreicht werden.

Viele Reiterinnen und Reiter sind, ob mit oder ohne Kurserfahrungen in der Freizeitreit-Akademie, zuhause auf sich allein gestellt. Mit den Sach- beziehungsweise Fachbüchern von Claus Penquitt und diesem nun bereits zum zweiten Mal überarbeiteten Werk erfahren sie eine unschätzbare Hilfe im Sinne des bis dahin Erlernten: jederzeit griffbereit zum Erinnern, Anschauen, Nachdenken, Korrigieren und entsprechenden Ausführen, zum Wohle der Pferde und zur Freude der Reitenden.

Jutta von Grone
(Agrarjournalistin und Expertin für artgerechte Pferdehaltung)

Eine Reitlehre für viele

Wie es dazu kam

In diesem Teil des Buches möchte ich durch Schilderungen eigener Erlebnisse um Ihr Verstehen werben, warum ich anders reiten und auch anders mit Pferden umgehen wollte, als in meiner Reitausbildung und meinen späteren Reiterfahrungen erlebt.

Anhand von Beispielen sowie deren vielseitigen Hintergründen will ich zeigen, warum vieles so und nicht anders von mir gehandhabt wird und auch nicht anders gehandhabt werden sollte. Sie als Leser können sich somit einen klaren und eindeutigen Eindruck von dem verschaffen, was ich zu einer Reitlehre für Freizeitreiter und jeden anderen, der so reiten möchte, zusammengetragen habe.

Es sollte ein besonderer Tag werden, und es wurde einer.

Blauer Himmel, Wattewölkchen. Ein Wetter zum Träumen und Reiten, und genau der richtige Tag für etwas Besonderes. Es war „mein" Tag. Ein Tag vor fast drei Jahrzehnten, an dem ich Freizeitreiten, wie ich es verstand, erstmals der Öffentlichkeit vorstellen wollte. Meine innere Unruhe legte sich schlagartig, als ich endlich den Sattel unter mir spürte und mein Shagya-Araber Watani 12 sich zu mir umwandte und nach üblicher Manier, aber diesmal bereits vor getaner Arbeit, ein Leckerli ergaunern wollte.

Einen Vortrag über: „Kein Preis ohne …", na, Sie wissen schon, hob ich mir für später auf. Jetzt galt es erst mal zu beweisen, was für Freizeitreiter eigentlich unerlässlich sein sollte.

Es war geschafft. Meine Vorführung löste Reaktionen aus, deren Palette von ungläubigem Staunen bis zu euphorischer Begeisterung reichte. Auch mir selbst ging es so ähnlich. Jetzt wünschte ich nur noch, dass es mir möglich wäre, mit einem Sherry mit Watani auf den Erfolg anstoßen zu können. Mein Watani war auch bei schwierigen Lektionen traumhaft sicher und dennoch mit spektakulärem Schwung, effektvoller Eleganz und aufmerksam auf leiseste Hilfen horchend gegangen.

Was den Zuschauern, wie geschildert, erstmalig öffentlich als anspruchsvolles Freizeitreiten vorgestellt wurde, bestand zu einem großen Teil aus klassischen Elementen des barocken Reitens, das ich gerne als „altklassisch" bezeichne. So oder ähnlich und allgemein mit anderen Hilfen geritten, gehörten diese doch auch zum

Repertoire der konventionellen Reiterei? Hier aber, so schilderten es die Zuschauer, wirkten diese altklassischen Lektionen irgendwie anders, so selbstverständlich, so völlig mühelos.

Nun ja, dieses barocke Reiten unterlag aber auch nicht den turniermäßigen Auflagen der Dressur, sondern lediglich den Gesetzmäßigkeiten des gymnastizierenden Effekts. Hierdurch konnte möglich werden, was viele nicht für möglich hielten. Hierdurch beherrschten Leichtigkeit und fröhliche Harmonie bei dennoch wohltuender Exaktheit und Eleganz das Bild.

Das hatte es bislang wohl kaum gegeben. Nun sollten klassische Lektionen, die eine absolute Domäne des konventionellen Reitens waren, zum festen Bestandteil des so genannten Freizeitreitens gehören. Volten- und Zirkelkombinationen, Schulterherein, Travers, Traversale, Renvers, im Schritt, im Trab beziehungsweise Jog oder im Galopp, die anspruchsvollen Zick-Zack-Traversalen mit fliegenden Wechseln und vieles mehr, alles nur zum Gymnastizieren des Freizeitpferdes und nicht zuletzt auch ganz einfach zum Spaß für Pferd und Reiter?

Eigentlich wollten sich doch die Freizeitreiter aus den verschiedensten Gründen vom herkömmlichen Reiten abgrenzen. Nun ja, sie konnten es trotzdem. Liegt doch der gravierende Unterschied darin, wie sie die gymnastizierenden Übungen und Elemente erlernen und umsetzen. So entstand der von mir geprägte Begriff vom „anspruchsvollen Freizeitreiten". Erst viel später stand den Freizeitreitern und anderen Interessierten eine komplette Reitlehre zur Verfügung.

Aber wie kam ich darauf, anders reiten zu wollen und hieraus eine eigene Reitlehre zu entwickeln? Nun, dazu gibt es eine weit zurückreichende Vorgeschichte, die sich am sinnvollsten im Zusammenhang mit verschiedenen Erlebnissen schildern lässt.

Meine ständige Unzufriedenheit mit dem, was als Reiten Regel war, wurde mein Motor für jahrelanges Suchen nach einer Veränderung. So empfand ich eine erhebliche Diskrepanz zwischen dem, was in der für mich maßgeblichen konventionellen Reitlehre geschrieben stand, und dem, was an herkömmlichen Reitschulen und in den Reitvereinen an Reiten vermittelt wurde. Auch anderen gefiel dies nicht. Sie wollten gerne anders reiten, aber wie? Als einzige Möglichkeit bot sich das Abwandern in die ständig größer werdende Schar der Freizeitreiter an, die damals noch als absolute Außenseiter galten.

Doch auch hierbei konnten sich Schwierigkeiten ergeben, denn bei den Freizeitreitern gab es verschiedene Strömungen. Ich muss da zum Beispiel an Detlef denken, einem allerdings extremen unter den zahlreichen Individualisten, der glaubte, sich, durch welche Regeln auch immer, in seiner Lebensauffassung eingeengt zu fühlen.

Dies galt bei ihm natürlich auch für solche Regeln, die für das Reiten eigentlich unerlässlich sind. Sachliche Aufklärungsversuche prallten an ihm ab. Nur sich nicht in irgendeiner Form verpflichtet fühlen müssen, war seine ganze Weisheit. Mir schien eher, dass er seine fadenscheinigen Argumente nur dazu benutzte, um seine Bequemlichkeit zu pflegen. Er wollte lediglich irgendwie auf dem Pferd sitzen und dieses einfach gehen lassen.

Über eine möglicherweise gesundheitsschädigende Belastung seines Pferdes durch das von ihm gemeinte „zwanglose" Reiten machte er sich erst Gedanken, als es für sein Pferd laut tierärztlicher Diagnose zu spät war. Mit seinem neuen Pferd kam er dann zu mir in einen Einführungskurs und beichtete in dem üblichen Einführungsgespräch der Gruppe in aller Ausführlichkeit seine Vorgeschichte.

Seit vielen Jahren ist er nun ein eifriger Verfechter meiner Reitlehre. Durch die hervorragende Gymnastizierung seines Pferdes, die er regelmäßig durchführt, geht es nun in wunderschöner Aufrichtung mit weich schwingenden Gängen und in entsprechender Biegung. Wer die Vorgeschichte von Detlef kennt, findet diese Wandlung unglaublich.

Mit selbstgestrickten Schwierigkeiten hatte Monika auf andere Art zu tun. Sie war nämlich der festen Überzeugung, es könne sich nur positiv auswirken, wenn sie ihr Pferd rundum verwöhnen und ihm so wenig wie möglich „zumuten“ würde. Natürlich ging diese Überlegung, dem Pferd einen „Schnuller ins Maul zu stecken“, schief. Es ergaben sich nach und nach erhebliche Schwierigkeiten, ja, Gefahren.

Vor allem durch mangelnde Auslastung der Psyche ihres Pferdes entstanden bei ihrem Liebling Langeweile, Missmut und schließlich Aggressivität. So konnte Monika irgendwann ihr Pferd nur noch mit Bürste + Gerte putzen. Bei einer bestimmten Stellung Monikas war ihr Pferd nämlich geneigt, in ihre unterhalb des Rückens befindlichen Rundungen zu beißen.

Bestürzt fragte sie sich – und fragten sich auch noch viele andere Monikas, sowohl damals als auch heute – was hier wohl falsch gelaufen war. Natürlich soll der Mensch viel erkennbare Zuneigung gegenüber seinem Partner zeigen. Gleichwohl ist aber auch ein selbstverständlich fairer, aber absolut konsequenter Umgang mit dem Pferd gefragt, der auf gegenseitiger Achtung und entsprechendem Respekt beruhen sollte.

Solche oder ähnliche Überlegungen wurden in den Gesprächen zu Beginn eines Einführungskurses in meine Reitlehre vorgebracht und diskutiert. Viele meinten, sie hätten sich vieles ersparen können, wenn sich ihnen eher solche Ausbildungsmöglichkeiten wie hier geboten hätten. Dabei ist das von mir gelehrte Reiten in der Regel absolut nichts Neues, handelt es sich doch überwiegend um eine den heutigen Verhältnissen angepasste Rückbesinnung auf jahrhundertealte Erfahrungen.

Natürlich blieb nicht verborgen, was auch heute noch alles im Umgang mit Pferden geschieht. Da wird Geduld durch kommerziell bedingte Zeitrafferausbildung, Sensibilität durch grobe Kraft mit mechanischen Hilfsmitteln wie zum Beispiel Hilfszügeln ersetzt. Auch die sogenannte „Rollkur“, eine unglaubliche Quälerei für das Pferd, gehört in diese Kategorie. Individualität, Charakter und Ästhetik werden ignoriert.

Nach einem solchen ersten Gespräch ging die Gruppe nachdenklich auseinander. Aber viel Zeit blieb nicht. Mit Spannung wurde der Nachmittag erwartet. Er würde mit Lernen vollgestopft werden müssen. Es war ein Kampf gegen die Zeit.

Fünf Tage dauerte ein Lehrgang. Fünf Tage mussten genügen, um zu überzeugen,

- **dass Reiten ohne Zwang und ohne Kraft möglich ist, dass dazu aber unbedingte Konsequenz nötig ist,**
- **dass ständiges Geradeausreiten bei hingegebenem Zügel falsch verstandenes Freizeitreiten ist,**
- **dass durch „Pseudo-Theorien“ das Pferd eher geschädigt als geschont werden kann,**

Eine Reitlehre für das Freizeitreiten zu schreiben ist eine Sache, diese aber in der Praxis auch demonstrieren zu können, eine andere. Mit Watani machte dies großen Spaß. Er konnte zum Erstaunen des Publikums auch ohne direkte Zügeleinwirkungen feinste Hilfen genauestens umsetzen.

- **dass füttern und pflegen, lieb und nett sein nicht genügen, um Zufriedenheit, Gelassenheit, Gehorsamkeit, Bereitschaft und Vertrauen des Pferdes zu gewinnen.**

Fünf Tage mussten genügen, damit ein Hauch von alldem erkennbar wurde. Und tatsächlich: Fünf Tage genügten, um diese Überzeugung einzupflanzen und zu verankern. Sie genügten für fast ein Jahr Beschäftigung, um den Lehrstoff langsam in seiner tieferen Bedeutung mental zu erfassen, ins Praktische umzusetzen und immer wieder zu üben, üben, üben ...

Aus dem damaligen Kursalltag

Nehmen wir einmal Anja. Anja, die beim Einführungsgespräch zu Beginn des Kurses noch alles, was an Schul- beziehungsweise Dressurreiten erinnern könnte, ablehnte. Warum sie dann zum Kurs käme? „Ach, ich wollte mal sehen, wie mein Pferd auf das, was hier so gemacht wird, reagiert."

Nun war sie dabei, das für sie völlig neue Schulterherein, mit dem für sie neuen Sitz und gleichfalls neuer Körperhaltung sowie neuen Bewegungshilfen, vorzureiten. Ihr Kopf war hochrot. Beifall kam auf. Einen Dressurrichter würde es zwar noch nicht vom Hocker reißen, aber ich war in diesem Moment vollauf zufrieden.

Wenn man überlegt, dass Anja am ersten Kurstag ihr Pferd beim Aufstellen nicht einmal in der Reihe halten konnte! Es raste los oder machte Anstalten zu steigen, wenn man versuchte, es festzuhalten. Jetzt war es viel zu beschäftigt, um „spinnerig" zu sein. Dieses intelligente Pferd hatte endlich etwas zu tun, wozu es sein Hirn gehörig einsetzen musste. Allmählich dämmerte es Anja.

Die Stimmung war trotz aller Aufmerksamkeit gelöst und heiter. Anja war verblüfft. Aber auch die anderen waren trotz stiller Erwartungshaltung erstaunt, wie sehr sich ihre Pferde doch in den wenigen Tagen geändert hatten. Schließlich war ja nicht nur Anjas Pferd am Anfang „schwierig", so schwierig, dass man als Lehrer häufig auf der Hut sein und sich durch einen Sprung zur Seite in Sicherheit bringen musste.

Auch der „neue" Sitz bei „neuer" Körperhaltung kam gut an. Man brauchte im Trab nicht mehr nach jedem zweiten Trabtritt aus dem Sattel hochzukommen. Leichttraben war „out". Warum? Darüber später. Man kann sitzen bleiben, und manche konnten es schon, ohne besonders durchgerüttelt zu werden. Am besten ginge es im Jog, einer Variante des Trabes. Nur – für den würde noch etwas Zeit und Geduld gebraucht werden.

So waren die Tage wie im Fluge vergangen. Der neue Sitz, die neue Art der Hilfengebung, das neue Trabtempo „Jog", die neue Zügelführung, das konsequente Anhalten, die 180°-Wendung, die Erklärung der Seitengänge – warum? Wie sollen sie aussehen? Wie wird's gemacht? –, das Schulterherein, der Travers, die Traversale – alles neu, neu, neu ...

Die Abschlussbesprechung glich der vom letzten Einführungskurs und vielen anderen vorher. Man wolle so, wie jetzt angefangen, unbedingt weitermachen. Termine für einen Fortbildungskurs wurden erörtert. Leider ging wieder mal nichts, das Jahr war schon ausgebucht. Dann eben später. Man wolle „am Ball bleiben". Und es war mehr als erstaunlich: Sie blieben fast alle dabei. Sie tauchten in den Fortbildungskursen immer wieder auf.

Dabei muss ich an Elke denken. Man nannte sie später immer dann, wenn es ums Spendieren ging, „das Himmelfahrtswunder". Ihr schöner Arabermischling gebärdete sich in den ersten Kurstagen wie ein kleiner Teufel. Der Kurs wurde durch die beiden recht ungewollt „aktiviert", so dass bei Elke öfter die Tränen kamen und die vorzeitige Abreise schon anstand. Sie durfte dann doch bleiben, wenn auch einige Übungen für sie ausgesetzt werden mussten. Elke war die ganze Zeit sehr still.

Erst bei der Abschlussbesprechung meldete sie sich. Es ging um einige Notizen, die sich die Teilnehmer machen wollten. Elke, die offensichtlich ein überdurchschnittliches Erinnerungsvermögen besaß, hatte ein tägliches Gedächtnisprotokoll gefertigt und ließ die anderen daran teilhaben.

Hiernach übte sie dann zu Hause eisern.

Am Ende eines späteren Fortbildungskurses – es war der Himmelfahrtstag – sollte jeder Teilnehmer mit einer kleinen Vorführung etwas von seinem Erlernten zeigen. Und da geschah das „Himmelfahrtswunder": Mit traumhafter Sicherheit und federleichten Bewegungen zeigten die beiden ihre Kür. Eine Lektion ging fließend in die andere über. Ein Medley aus Elementen des altklassischen und altkalifornischen Reitens.

Das Publikum und meine Lehrgangsteilnehmer waren lautstark begeistert. Mir verschlug es die Sprache. Später hörte man immer wieder von ihren Erfolgen auf Freizeitreiterveranstaltungen. Und – ich empfehle dies dreimal zu lesen – Elkes Pferd glänzte vor allem durch sein ausgeglichenes Verhalten bei diesen Geschicklichkeits-Wettbewerben. Na bitte!

Nicht jeder hat ein so phänomenales Gedächtnis wie Elke. Aber auch sie hätte zur damaligen Zeit gerne mehr gehabt als ihr Protokoll.

Daher zum Nachlesen, zum Vertiefen und zum Weitermachen – dieses Buch!

Die Wandlung der Pferde

Der Trend zum Umdenken war da. Mehr und mehr Freizeitreiter und andere Interessierte waren entschlossen, sich weiterzubilden. Doch besonders in den Anfängen dieser Entwicklung machte erheblicher Frust die aufkeimende Euphorie oftmals zunichte, und der Bildungshunger verging wieder, weil es einfach zu schwierig war, jemanden zu finden, der ein Lehrprogramm anbot, das ihren Vorstellungen entsprach.

Mit meiner Reitlehre kam ich ihnen, wie sich dann zeigte, sehr entgegen. Und anfangs kaum merkbar erlebten sie eine unwahrscheinliche Wandlung ihrer Pferde. Manch einer konnte es erst glauben, als andere ihn auf die wunderbare Veränderung seines Pferdes aufmerksam machten.

Immer mehr konnten nun mit Leichtigkeit, das heißt, mit ständig weniger Einsatz üblicher Hilfen und vor allem der Zügel, ihr Pferd dirigieren. Die Pferde fingen an, schwingender, dabei ruhiger, gelassener, aber auffallend aufmerksamer auf die nach und nach geringer werdenden Hilfen achtend, zunehmend zuverlässiger zu gehen.

Gemäß meiner Reitlehre gymnastizieren viele nun schon seit Jahren ihre Pferde in Rückbesinnung auf die Reitkunst der barocken Reitmeister in Verbindung mit Lektionen aus dem Bereich des iberischen und des feinen altkalifornischen Reitens sowie mit Geschicklichkeitsübungen.

So werden die Pferde ohne Zwang, Stress oder Frust, aber abwechslungsreich und intelligent überlegt, aus- und fortgebildet.

Neben dieser vielseitigen, lockeren, bei Pferd und Reiter Eifer und Spaß erzeugenden zeitgemäßen Art zu reiten bietet dieses

Ohne Zwang, Stress oder Frust, aber abwechslungsreich und intelligent aus- und fortgebildete Pferde machen das Ausreiten zu einem herrlichen Vergnügen. Auch meinem Vigoroso scheint es bei aller Aufmerksamkeit auf seinen Reiter in einer leichten Travers-Stellung zu gefallen.

Reiten in seinem Resultat ein von vielen beobachtetes harmonisches und ästhetisch schönes Bild. Es wurde dann im Laufe der Jahre unter dem Begriff „DIE CLAUS-PENQUITT-REITLEHRE“ bekannt.

Mit großer Selbstverständlichkeit geht nun heutzutage bei den Freizeitreitern und anderen Pferde-Interessierten der Name des alten Reitmeisters François Robichon de la Guérinière und was er so um 1730 zu sagen hatte, über die Lippen – eine erfreuliche Entwicklung!

Aber sie sprechen nicht nur über die von Guérinière empfohlenen gymnastizierenden Lektionen wie Schulterherein, Renvers, Traversale und dergleichen, nein, zum Erstaunen anderer beherrschen immer mehr diese Lektionen auch. Vor allem sieht ihr Reiten, je länger sie so geritten sind, müheloser und spielerisch leichter aus. Immer wieder betonen sie, es läge an der maßgeschneiderten Reitlehre und dem besonderen Lehrsystem, nach dem sie ausgebildet wurden.

Seit langem und mit ständig wachsendem Interesse wird die von mir vertretene Art zu reiten und zu lehren auch von denen, die in herkömmlicher Art reiten, recht häufig und nachdenklich registriert. Schließlich bemühen sich diese Reiter bei ihren Pferden in der Regel ja auch um ein hohes Maß an Rittigkeit. Nur, so meinen auffällig viele dieser aufmerksamen Beobachter, sähe dieses neue Freizeitreiten so einfach, völlig ungezwungen und mühelos aus.

Wie Recht sie doch haben!

Die alten Reitmeister zeigten mir den Weg

Besondere Lebensumstände verhalfen mir sehr plötzlich zu ungewöhnlich viel Zeit. Meine Schwierigkeiten waren sehr langwierig und teilweise mit extremen Bewegungsbehinderungen verbunden. Sie traten in unregelmäßigen Abständen und mit unterschiedlicher Heftigkeit und Dauer auf. Und wer gebessert, aber mit wenig Hoffnung auf Heilung mit Rollstuhl und Stahlkorsett aus einer Spezialklinik entlassen wird, darf eigentlich in Bezug auf Reiten keine Ambitionen mehr haben.

Der „Vorteil" in dieser Zeit lag aber darin, dass ich extrem viel Zeit zum Lesen und Nachdenken hatte. Bücher aus Bibliotheken verschafften mir einen faszinierenden Einblick in die Reitkunst der Reitmeister früherer Jahrhunderte. Da trat Erstaunliches zu Tage. Häufig verschwammen mir die Jahrhunderte, und ich hatte den Eindruck, als ob sie mir erst gestern gesagt hätten, wie ich heute reiten sollte.

So kam bei mir die Rückbesinnung auf die wunderschöne altklassische Reitkunst. Bald hatte ich mich in die Ausdrucksweise der alten Reitmeister hineingefunden und konnte mich in die äußerst präzisen Lehrangaben, in denen vor allem François Robichon de la Guérinière ein besonderer Meister war, hineindenken.

Der brennende Drang, das theoretisch Gesammelte und immer wieder durchdachte Wissen um ein anderes Reiten als das Erlernte auch umzusetzen, ließ mich nicht los. Er wurde seinerzeit zur Wunderwaffe gegen meine angeblich unlösbaren Schwierigkeiten.

Natürlich musste ein Risiko eingegangen werden, aber ein lohnendes. Ich wollte also schleunigst aufs Pferd und üben, üben, üben. Viele halfen mir in verschiedenster Art und Weise dabei. So wanderte mein Stahlkorsett auf den Kleiderschrank, und irgendwann gelang es mir dann ohne fremde Hilfe, wenn auch noch mit gefühllosen Beinen, mich selbständig im Sattel zu halten. Ein heutiger Meister der barocken Reitkunst tat sein Übriges dazu.

So kamen viele Lektionen altklassischen Reitens hinzu, die sich dann, verbunden mit Elementen des altkalifornischen Reitens und Vorbildern aus dem iberischem Raum, eng miteinander verknüpfen ließen. Sie bildeten eine äußerst sinnvolle Synthese, mit der mein Pferd immer zufriedener wurde. Damit war die Grundlage für meine Reitlehre geschaffen.

Der Weg war gefunden, der nicht nur für mich, sondern für die vielen Suchenden helfend und richtungsweisend wurde. Dieses Reiten in eine Form zu bringen, die für Pferd und Reiter einfach nachzuvollziehen war, wurde für mich zur lohnendsten und aufregendsten Aufgabe meines Lebens.

Wie groß der Nutzen war, den ich aus dem Wissen und den Erfahrungen dieser Meister ziehen konnte, zeigte sich zum Beispiel in ihren ausführlichen Beschreibungen des Schulterhereins.

Nirgendwo habe ich in der neuzeitlichen Fachliteratur so ausführlich über den wichtigsten Seitengang aller Seitengänge gelesen und nirgendwo eine breitere Palette der Anwendungsmöglichkeiten feststellen können als bei den alten Meistern. Schulterherein diente ihnen zum einem zu normalen Gymnastizierungszwecken, so vor allem zum intensiven Lösen der Schultern. Hierdurch war die gymnastizierende Vorbereitung von weiterführenden Lektionen gegeben. Aber ebenso galt den alten Meistern das Schulterherein als Heilmittel bei allen erdenklichen Schwierigkeiten, die sich beim Reiten ergeben konnten.

Sie kümmerten sich außerdem nicht nur um das Reiten, sondern auch um die Belohnung ihrer Pferde als „Labsal für die Pferdepsyche“. Ein Motto, das deutlich macht, wie sehr sie sich um das Wohlergehen ihrer Pferde sorgten. Hiermit will ich all denen widersprechen, die immer wieder versuchen, die Meister der altklassischen Reitkunst mit Ausnahmebeispielen über Grobheiten zu verunglimpfen.

Nein, die alten Reitmeister sorgten sich sehr um die Gesunderhaltung ihrer Pferde durch gymnastizierendes, anatomisch richtiges und trotz aller hohen Anforderungen schonendes Reiten, das sie zu edelster Reitkunst stilisierten. Es zieht sich wie ein roter Faden durch die Literatur, wie sehr sie ihre Pferde bis ins kleinste Detail umsorgten.

So ritten sie nur wenige schwierige Lektionen hintereinander und legten nach einigen Minuten zur Schonung und Belohnung ihrer Pferde eine Schrittpause am hingegebenen Zügel ein. Und so, diesem Beispiel folgend, wird auch bei mir in der Freizeitreit-Akademie verfahren.

War ihnen eine besonders schwierige Übung erstmals geglückt, dann empfahlen sie als Belohnung ein sofortiges Absteigen vom Pferd und das Reiten hiernach vorzeitig zu beenden. Aber damit noch nicht genug. Obgleich ihnen zu jeder Uhrzeit Bedienstete *en masse* zur Verfügung standen, ließen sie es sich nicht nehmen, unmittelbar nach den Reitübungen ihrem Pferd persönlich etwas Futter als Belohnung zu reichen. Dieses Ritual empfahlen sie wärmstens.

Ebenso hatten sie ständig Leckerbissen in der Tasche, um dem Pferd ihre Anerkennung für seine Bemühungen auch auf diese Weise zu zeigen. Bekanntlich haben sogar noch heute die Bereiter der Spanischen Reitschule in Wien in den Spitzen ihrer Frackschöße eine extra eingenähte Zuckertasche. So zeigen auch sie ihre große Achtung vor ihren Pferden und erhalten den Dank von ihnen in unglaublich vielfältiger Weise zurück.

Reiten wollen versetzt Berge

Es war in meiner Ausbildungszeit, in der ich innerlich aufbegehrte, wenn es ums Reiten ging. Innerlich deshalb, weil ich bei anderen Formen meines Protestes von meinem Lehrmeister – sprich Rittmeister a.D. – umgehend gefeuert worden wäre. Auch war mir klar, dass Reiten zu lernen nicht immer eitel Freud' und Sonnenschein mit sich bringen würde, und das schon gar nicht zur damaligen Zeit.

Meine Reitausbildung erwies sich allerdings als ein ständig andauernder und nie nachlassender Druck, der auch sichtbare Erfolge wieder zunichte machte. Das war kein Reiten lernen, was mir widerfuhr, sondern ein recht bedauerlicher Irrtum, bei dem wohl besondere Härte sinnvolle Pädagogik ersetzen sollte. So wurde mir in zwei harten Jahren meine Reitsucht, die seit frühem Kindesalter bestanden hatte, drastisch ausgetrieben. Dabei hätte ich mir bei einem anderen Verständnis über das „Wie“ des Reitens auch Freude und Lust an diesem vorstellen können. Erst viel später hatte ich Gelegenheit, hierüber erneut nachzudenken. Daran, dass Reiten jemals noch einmal mein Leben bestimmen würde, hätte ich damals genauso wenig geglaubt wie an einen Mann im Mond.

Wie so häufig und wie bereits geschildert kam irgendwann alles anders. Man fand einen Weg, den Mann auf den Mond zu bringen, und später fand dann auch ich den Weg, der nicht nur für mich, sondern für die vielen Suchenden helfend und richtungsweisend wurde.

Eine Umstellung mit Staunen, kann ich zum Folgenden nur sagen, denn es ist immer wieder faszinierend, wie meine Schülerinnen und Schüler bei der Umstellung auf die von mir vertretene Art zu reiten plötzlich auf vorher Unverzichtbares nun doch verzichten können. Nicht nur, dass sie auf verschiedene Ausrüstungsgegenstände wie ihre heißgeliebten Hilfszügel verschiedenster Art oder auf das Maul zusammenpressende Sperrhalfter verzichten – nein, der Verzicht geht noch weiter, je größer die neuen Erkenntnisse werden. Und die, welche am skeptischsten waren, oder andere, die, wenn auch versteckt maulend, mit ihren „Abrüstungsgegenständen“ zur Sattelkammer abzogen, werden schließlich zu den begeistertsten Verfechtern des „anderen“ Reitens.

Während ihnen beim früheren Reiten in der Theorie erklärt wurde, mit feinen Hilfen zu reiten, sah die Praxis ihrer Meinung nach völlig anders aus. Sobald sie aber lernen, zur Hilfengebung auch ohne den ständigen intensiven Körpereinsatz – sprich Kraftanwendung – auszukommen, werden sie nun nach und nach zu Experten im Minimieren der Hilfen.

So stellt sich schließlich eine, wenn auch noch ungewohnte, feinere Verständigung ein, die Pferd und Reiter nach und nach zunehmend in zufriedener Harmonie verschmelzen lässt. Hiernach hatten meine Schülerinnen und Schüler ihren Berichten zufolge doch jahrelang, aber leider vergeblich und oftmals mit erheblichem Druck auf das Pferd, gestrebt. Diese Erfahrungen bestätigten mir immer wieder, auf dem richtigen Weg zu sein.

Auch die dauernde „vertrauensvolle Anlehnung“ des Pferdes an das Gebiss, das heißt, das ständige „Sich-Abstoßen“ des Pferdemauls am Gebiss, hört sich in der Theorie, nach der es sich im Idealfall um einen feinen, fast unmerklichen Vorgang handeln soll, zumindest nicht unvernünftig an. In der mir geschilderten und auch selbsterlebten Praxis ist die Gefahr jedoch groß, dass sich gerade diese Anweisung als ein, wenn auch ungewolltes, mehr oder weniger starkes bis extremes Herumziehen am Pferdemaul auswirkt. Gleiches geschieht aus einer gewissen Hilflosigkeit heraus bei der Umsetzung des Begriffes „das Pferd an die Hilfen stellen“.

Hierzu sollte man sich die bekannten wissenschaftlichen Untersuchungen von Professor Dr. Holger Preuschoft, Ruhruniversität Bochum, in Erinnerung rufen. Ergaben doch die unbestechlichen elektronischen Messungen von Zugkräften am Pferdemaul, erzeugt durch Ziehen an den Zügeln beim normalen Reiten, unglaubliche Werte: Bis zu fünfzehntausend Gramm = 15 kg Zugkraft und in einigen Fällen noch mehr zerrten hiernach am Pferdemaul! Diese Ergebnisse lieferten nicht etwa *irgendwelche* Reiterinnen und Reiter, sondern vielmehr an einer Landesreitschule ausgebildete Sportreiter, die allerdings beim Bekanntwerden ihrer Body-Building-Ergebnisse peinlich berührt gewesen sein sollen.

Auf dem Reitplatz – ein optisch und akustisch ungewohntes Bild

„Jog please!“ Eine ungewohnte Aufforderung, zumindest für einen Umsteiger bei der Teilnahme an einem Kurs in der Freizeitreit-Akademie. Es sollte lockerer klingen für lockerer zu machende Reiterinnen und Reiter. Aus mit den zackigen Kommandos wie: „Abteilung Arbeitstempo Teee-rab" und dergleichen.

Auch gibt es anstelle der „Abteilung" nur noch eine „Gruppe", und „Kommandos" werden durch „Anweisungen" abgelöst. Wortklauberei? Vielleicht. Vielleicht aber auch eine wichtige Konsequenz zum Umdenken und zur Verdeutlichung der Tendenz einer neuen Unterrichtsmethodik.

Optisch würde dem aufmerksamen Betrachter nicht entgehen, dass die Pferde vorne herum auffallend „nackt" herumlaufen. Das heißt, hier fehlen Martingal, Schlauf- oder Stoßzügel etc., und für das Pferdemaul gibt es kein Sperrhalfter mehr, weder ein hannoversches noch sonst irgendeines.

Allerdings hatte das eine oder andere Pferd unmittelbar nach dieser „Abrüstung" mehr Ähnlichkeit mit einem Kamel: den Kopf hochgereckt, den Hals durchgedrückt, das Maul aufgesperrt – die Verfechter von Hilfszügeln und dergleichen fühlten sich zunächst voll bestätigt.

Aber der Anfang ist gemacht. Und wenn auch häufig nur mit dem zweifelnden Glauben an bessere Zeiten begonnen wird, dem Pferd nunmehr ohne Zwangsmittel auf dem schwer erscheinenden Wege der Gymnastizierung mit anderen Mitteln die Voraussetzungen zu geben, in einer unverkrampften, schönen Haltung gehen und seinen Reiter tragen zu können.

Befehlen oder empfehlen?

Selbstverständlich gibt es in jeder Reitweise Ausbilder, die ihren Unterricht nach pädagogischen Überlegungen sinnvoll aufbauen und statt Kommandos verständliche Anweisungen und Korrekturen geben. Es ist aber nun einmal schwierig und langwierig, einen nicht unerheblichen Bruch innerhalb einer Reitlehre zu vollziehen, die auf den Reitvorschriften für das Militär aufgebaut wurde und das zu einer Zeit, als an den Freizeitreiter heutiger Art noch nicht einmal zu denken war.

So halten sich der militärische Touch und bereits angesprochene unangenehme Dinge immer noch ungemein zäh in Reithallen und auf Reitplätzen, wie viele Betroffene berichten. Natürlich kann manches als wegsteckbar, wenn auch leicht zusammenzuckend, aber immer noch grinsend, hingenommen werden. Dies allerdings nur, solange noch etwas mehr geboten wird als straff vorgetragene Gedanken- und Einfallslosigkeit.

In diesem Zusammenhang wäre es jedoch ein grundlegender Irrtum zu glauben, dass eine Reitlehre, die in lockerer, fantasievoller und anregender Art vermittelt wird, an Korrektheit und Genauigkeit einbüßen müsse.

Gleiches Ziel – nur der Weg ist anders

Vergleicht man die Ziele der konventionellen Reitweise mit denen, die in der Reitlehre für Freizeitreiter und andere Interessierte verankert sind, dann sehe ich weniger große Unterschiede, als angenommen werden könnte. Nur die Wege dorthin sind in entscheidenden Einzelheiten extrem unterschiedlich.

Da es lange Zeit kaum Auswahlmöglichkeiten für eine andere Art der Ausbildung gab, hat dies viele Freizeitreiter und andere, die sich zwar so nicht nannten, es im Grunde aber gleichfalls waren, immer wieder davon abgehalten, mehr Ansprüche an ihr Reiten zu stellen. So erklärt sich auch, dass die Reitlehre für das Freizeitreiten eine vorhandene Lücke zu schließen hatte und damit unerwartet große Verbreitung erfahren konnte. Und dies nicht nur in Deutschland, sondern auch in einer ganzen Anzahl anderer Länder.

In der Schweiz, Österreich und Frankreich wurden seit vielen Jahren unter meiner Leitung und später von meiner Tochter Nathalie und meinen autorisierten Trainerinnen und Trainern Kurse abgehalten. In Spanien und Amerika wird vereinzelt nach meinen Büchern und Lehrfilmen Unterricht erteilt. Ja, sogar in Brasilien, Australien und Uruguay beschäftigt man sich mit meiner Reitlehre. Sollten Sie sich für diese Reitlehre ernsthaft interessieren, dann wird Sie diese Aufzählung vielleicht darin bestärken, dass Sie mit dieser Überlegung nicht völlig alleine dastehen.

Gefordert werden nicht die Muskeln, sondern das Gehirn der Kursteilnehmer. Hier wird weniger geradeaus, dafür um so mehr in weiten und engen Wendungen oder Seitengängen geritten.

Alles Reiten beginnt mit dem Sitz

Wollte man nach der Wichtigkeit einzelner Bestandteile meiner Reitlehre gehen, so würde ich, wenn es nun sein sollte, hier zuerst den Sitz nennen. Ohne einen wirklich durchdachten und bis ins kleinste Detail so in die Praxis umgesetzten Sitz ist ein Reiten in der von mir gelehrten Art nicht möglich.

Ich meine damit das Reiten, bei dem zuletzt Pferd und Mensch zu der Harmonie verschmelzen, bei der man den Alltag vergisst. Dass dies sehr vielen, und auch denen, die so etwas nicht für möglich hielten, gelang und es sich gleichfalls auch bei denen abzeichnet, die sich bei mir in der Fortbildung befinden, ist ein schöner Erfolg.

Noch ein Blick zurück

Die Angebote, mit meinem für damalige Zeiten recht ungewöhnlichen Reiten in hippologischen Veranstaltungen aufzutreten, häuften sich. Irgendwann wollte ich aber etwas Besonderes zeigen, etwas, das mir sehr am Herzen lag. Es sollte das überwiegend selbst reitende Publikum von den Sitzen reißen, es sollte sie aus der Lethargie des normal Gewohnten einer Show herausreißen und nicht schon am nächsten Tag in das übliche Vergessen zurücksinken.

Meine ständige Kampagne gegen das Herumgeziehe an den Zügeln sollte durch entsprechende öffentliche Auftritte drastisch unterstützt werden. Ich wollte also ohne Zaumzeug oder irgendwelche Hilfsmittel Vorführungen geben. So sollte mein Watani vorne völlig nackt klassische Lektionen und Elemente des Westernreitens in allen Gangarten einschließlich fliegender Wechsel, Stopps, Roll Backs, Rückwärtstreten – und Letzteres recht flott – absolvieren.

Nun ja, er tat es hervorragend. Allerdings legte Watani beim Galopp zu den Elementen des Westernreitens ein derartiges Tempo vor, dass mir die Ohren auszufransen drohten. Das Heben einer Augenbraue genügte jedoch, ihn wieder abzubremsen. Watani schien das Ganze genauso zu gefallen wie dem begeisterten Publikum. Andererseits fanden es die Zuschauer toll, wie schön Watani, gleichsam von Geisterhand gelenkt, seine Voltenkombinationen und anderes in erhabener Anmut vortrug.

So sollte es sein. Mit unberührtem Maul, ohne etwas zum Manipulieren am Hals, geschweige denn am Kopf, *nur aus dem Sitz* und der Körperhaltung heraus wurde hier in einer großen Show in einem Feuerwerk aus Lektionen verschiedener Reitweisen ein Beweis angetreten.

Hier ging es um die Glaubwürdigkeit der Überlegungen zu meiner Reitlehre. Mit kaum sichtbaren Hilfen zeigte ich seinerzeit erstmalig, was „nur" aus dem Sitz heraus ohne Zügeleinsatz möglich war. Von nun an hatte ich gute Karten gegen die „Zügelzieher".

Dieser Sitz soll Einwirkungen auf das Pferd in einer Weise ermöglichen, die verschiedenste Hilfen nahezu überflüssig werden lässt oder doch extrem reduziert. Mit der Körperhaltung verhält es sich ebenso.

Mittels einer entsprechend eingesetzten Körperhaltung können die üblichen Hilfen so verringert werden, dass sie bei voller Wirksamkeit kaum noch sichtbar oder sogar überflüssig werden. Das hört sich nicht nur gut an, es ist auch so und kann von einem durchschnittlich reitenden Menschen durch einiges Nachdenken und viel Übung ohne Weiteres erreicht werden. Meine Schülerinnen und Schüler beweisen dies ständig.

Überlegungen zum Rückenschonen

Immer wieder wurde versucht, François Robichon de la Guérinière den Hohlkreuzsitz zu unterstellen. Es gibt jedoch eine sprachwissenschaftliche Untersuchung, die meint beweisen zu können, dass es sich hier um einen Übersetzungsfehler aus de la Guérinières Werk „Ecole de Cavalerie" (1733) handelt.

Der Streit um den richtigen Sitz ist unendlich. Für mich ist er aus vielschichtiger Erfahrung abgeschlossen. Und weil ich den von mir gelehrten Sitz so konsequent vertrete und weil sich dieser Sitz so durchschlagend erfolgreich bewährt hat, halte ich eine kurze Begründung zur weiteren Verdeutlichung für erforderlich.

Die Berber ließen es bei mir klicken!

Auf der Suche nach dem anderen Sitz brachten sorgfältige Studien jüngerer und altklassischer Literatur Hinweise darauf, dass die Berber schon vor dreitausend Jahren mit einem nach hinten abgekippten Becken geritten seien. Bei mir klickte es. Zwar bin ich kein Berber, aber doch lernfähig. Wenn auch sie bereits damals ihr Becken dynamisch nach hinten abkippten, dann mussten sie als Reitervolk gewusst haben, warum. So wurde dieser Sitz ein ausschlaggebender Bestandteil meiner Reitweise, der mir das Reiten überhaupt wieder ermöglichte.

Meine Erfahrungen in Sachen Sitz hatten aber damit noch kein Ende gefunden – leider! Ich hätte mir den Anlass zu diesen Erfahrungen gerne erspart, aber wie es so ist, man wird nicht immer gefragt. Im Übrigen, immer wenn meine Krankheit wieder zuschlug, hatte dies ja meistens zwei Seiten. Und die eine, die gute Seite führte zu einer wunderbaren Erkenntnis.

Das folgende Erlebnis zeigte mir, wie wichtig nicht nur ein gelöstes Pferd, sondern ein ebenso gelöster Reiter für den Sitz ist. Anspannungen, so wusste ich zwar, wirken sich erfahrungsgemäß in Verspannungen aus. Aber dass hierdurch alles, was wir uns an Besonderem beim Reiten vorstellen oder erträumen, derartig blockiert werden kann, ist schockierend.

Den Sitz blind erfühlen ...

... war für mich im wahrsten Sinne des Wortes geboten. Das lag an den geschilderten recht unangenehmen wechselnden und viele Jahre andauernden Behinderungen, die mir eine ganze Zeit lang auch Blindheit bescherten. Dieses Mal konnte ich zwar nicht lesen, dafür aber reiten. Nun bekam Tochter Nathalie neben ihrem Job als Vorleserin auch den einer Vorreiterin für unsere Spazierritte. Wenn es durch den Wald ging, so hatte ich ihr eindringlich eingeschärft, sollte sie mich vor allem rechtzeitig vor tief hängenden Zweigen warnen, die mich in Kopfhöhe gefährden konnten. Manchmal waren wir recht flott, und so hörte ich dann fast jede Minute: „Papa, Zweige!", und mir klingt es heute noch im Ohr.

Viel später habe ich mir die Waldwege, die ich damals wegen der vermeintlichen Zweige überwiegend vornüber gebeugt blind geritten war, angesehen. Die kleine Nathalie war wohl um den Kopf ihres Vaters besorgt gewesen. Die Waldwege waren nicht nur herrlich zu reiten, der niedrigste Ast befand sich auch auf allen Strecken erst in etwa fünf (!) Meter Höhe.

Wir ritten aber auch viel in freier Landschaft und hingen unseren Gedanken nach. Und irgendwann spürte ich dann, dass ich anders als früher saß. Zwar nichts sehend, dafür um so mehr horchend, spürend und fühlend, erlebte ich, wie mein Körper trotz meiner übrigen Behinderungen sich in wunderbarer Weise den Bewegungen des Pferdes auf eine nie gekannte Art anpasste. Obgleich ich mit dem mir erarbeiteten Sitz unter den bekannten Umständen seit langem recht zufrieden sein konnte, war jetzt ein anderer Zustand eingetreten. Mein sonst hoch konzentrierter Körpereinsatz war etwas Undefinierbarem gewichen. Ich glitt ohne besonderes Zutun in den Rhythmus des Pferdes. Er bestimmte nun den Takt und die Art meiner Bewegungen, wobei mein Oberkörper in jeder Gangart absolut senkrecht geblieben sein soll. – Herrlich!

Nun braucht aber keiner meiner Schülerinnen und Schüler vorübergehend blind zu werden, nur um einen guten Sitz zu erfühlen. Sie erlernen ihn als Bestandteil meiner Reitlehre. Überall, wo sie in irgendeiner Form auftreten, fallen sie aber deutlich durch eine besonders ästhetisch wirkende schöne Haltung auf.

Der „andere Sitz" aus Reken

Er nennt sich „Entlastungssitz" und ist für den Anfang gedacht. Die große Pionierin in der Szene des Freizeitreitens und Gründerin des bekannten Zentrums für das Freizeitreiten in Reken, Frau Ursula Bruns, hat sich vor allem im Kampf um bessere Haltungsbedingungen der so genannten Boxenpferde verdient gemacht. Sie wollte aber auch – und daher diese Einblendung – den Reitanfängern die Torturen, die sie aufgrund schmerzhafter Sitzprobleme in ihren Reitstunden häufig durchleben mussten, in ihrer besonderen Reitschule ersparen. Auch sollten die Rücken ihrer Schulpferde Entlastung finden. So kreierte sie also den so genannten „Entlastungssitz".

Die Bügel zwei Loch kürzer geschnallt, den Oberkörper wenige Zentimeter nach vorne geneigt, einen Halsring an Stelle von Zügeln in die Hände der „Erstklässler" gelegt, geht es dann in eine spezielle Ovalbahn. So lernt man von der ersten Stunde an, dass ein Anfang zwar etwas schwer sein kann, aber sicherlich leichter als geglaubt. Da freut sich der Mensch, und das Pferd ist zufrieden.

Durch diese Art der ersten Einführung in das Reiten, das mit vielen vertrauensbildenden Maßnahmen zum Mensch-Pferd-Verhältnis begleitet wird, kann sich das Gefühl für Pferd und Sitz bald festigen. Nun kann auch mit dem Erlernen des aufrechten Sitzes begonnen werden.

Das „Kreuzanspannen" – wo ist es geblieben?

Warum der Begriff des „Kreuzanspannens" aus den verschiedensten Gründen immer wieder im Mittelpunkt aller Überlegungen in der konventionellen Reitlehre steht, ist verständlich, denn ohne „Kreuzanspannen", so das traditionelle Verständnis, sei schließlich korrektes Reiten nicht möglich, ja, das Dressurreiten undenkbar.

So wurde und wird weiterhin das Hohlkreuz bei vielen noch etwas hohler geformt. Beanstandet wird dies ohnehin von niemandem. Warum auch, denn so wurde es ihnen schließlich auch beigebracht. So jedenfalls berichteten es mir viele meiner Kursteilnehmer aus ihren früheren Unterrichtserfahrungen.

Wer mit nach vorne abgekippten Becken Reitende sehen will, sollte sich auf Turnieren umsehen. Dort kann man genügend Dressurreiter antreffen, die unter „Kreuzanspannen" eine Hohlkreuzverstärkung verstehen. Und in der Literatur geht es ähnlich zu. Es besteht somit eine große Unsicherheit, was denn nun unter „Kreuzanspannen" zu verstehen ist.

Wie man das große Rätsel in praktisches Reiten umsetzen kann, sagt überhaupt keiner konkret. Meistens enden diese Erklärungsversuche in einem unqualifizierten Wirrwarr. Hier werden anatomische Gegebenheiten des Menschen auf den Kopf gestellt. Nachstehend eine Kostprobe.

Muskeln bewegen, die es nicht gibt?

Wenn der im konventionellen Reitbereich viel zitierte und geachtete Müseler das Kreuz erwähnt, dann kann er nur das Kreuzbein meinen. Zum Vorgang des geheimnisvollen Kreuzanspannens selbst meint er, dass man das Kreuz mittels der „Kreuzmuskulatur" in verschiedenen Graden an- oder entspannen könne. Die Einwirkungen seien gleich.

Wie man dies aber bewerkstelligen sollte, beschreibt weder Müseler noch habe ich es je in einer Reitlehre plausibel beschrieben gefunden. Das ist auch bei dieser Kreuzanspann-Theorie nicht möglich, denn da es im menschlichen Körper keine Kreuzmuskulatur gibt, kann man auch keine an- oder entspannen.

Die tatsächlichen anatomischen Gegebenheiten des Bewegungsablaufs, der als „Kreuzanspannen" bezeichnet wird, aber völlig anders abläuft, sind von den Doktoren Heinz u. Volker Schusdziarra in ihrem Buch: „Gymnasium des Reiters" deutlich dargelegt. Sie decken sich sowohl in der Anwendung als auch in ihren Auswirkungen vollkommen mit meinen praktischen Erfahrungen.

Aber die Ungereimtheiten gehen noch weiter, denn auch andere behauptete Abläufe zum so genannten Kreuzanspannen sind anatomisch nicht möglich. Ich muss dies so ausdrücklich betonen, da dem Kreuz, richtiger gesagt dem Kreuzbein Dinge angedichtet werden, die es einfach nicht vermag.

Das Kreuzbein kann nicht angespannt werden, weil es, zum Becken gehörend, mit diesem starr verbunden ist. Hier kann also nichts gespannt und nichts gezaubert werden. Das Kreuzbein kann folglich nur mit dem gesamten Becken gekippt, also bewegt, werden, und dies auch nur durch einen entsprechenden Einsatz der Bauchmuskulatur. Dies gewusst zu haben hätte mir viele Jahre vieles erspart, so auch nachstehend geschilderte Tortur.

Ein Besenstiel zum „Kreuzanspannen"

Mir lag das „Kreuzanspannen" schon als Reiteleve schwer im Magen. Wegen meiner ständigen Fragerei wollte man mir diese „unerlässliche Hilfe" endlich mal eindeutig begreifbar machen. Mit einem Besenstiel in die kraftvoll zurückgestreckten Armbeugen hinter meinem Rücken durchgesteckt durfte ich im flotten Trab meinen Reitunterricht genießen.

Meine ohnehin recht getrübte Freude an dem mir zuteil werdenden Reitunterricht wurde durch diese aus meiner Sicht nicht besonders umwerfende psychologische Leistung sicherlich nicht gerade verbessert und mein Unverständnis für das „Kreuzanspannen" nicht geändert. Pferde fand ich weiterhin wundervoll, das Reiten hingegen immer weniger.

Nach fast einem Jahrhundert andauernder Missverständnisse mit verschiedensten Auslegungen und allen ihren negativen Auswirkungen scheint der fragliche Begriff des „Kreuzanspannens" nun wohl sang- und klanglos zu verschwinden. Ich brauchte hierzu keine Bedenkzeit, denn in dem von mir gelehrten Reiten gab es zu keiner Zeit diesen unglücklichen Begriff.

So ist er auch in den Richtlinien der FN nicht mehr zu finden. Als Ersatz für das verschwundene „Kreuzanspannen" werden Sie dort ein „elastisches An- und Abspannen der Rumpfmuskulatur" finden. – Na prima, dann probieren Sie's mal!

Das Becken abkippen ja, aber wohin?

Über richtiges Sitzen und was darunter zu verstehen ist, wird noch vieles gesagt und genauestens erklärt werden müssen. Daher soll an dieser Stelle das sicher Wichtigste, der Einsatz des Beckens, wie ich ihn verstehe, nur am Rande behandelt werden.

Wer mit seinem gewohnten Sitz zu mir in die Freizeitreit-Akademie kam, bestätigte schon nach relativ kurzer Zeit, dass er sich mit dem hier erlernten Sitz beim Reiten deutlich wohler fühlte. Diejenigen, die vorher über Rückenbeschwerden beim Reiten klagten, meinten auffallend häufig, dass diese in kürzester Zeit wie weggeblasen gewesen seien. Aber was sie da als kleines Wunder ansahen, hat einen handfesten Hintergrund.

Diesen Hintergrund erklärte mir ein Chiropraktiker und Militärreiter alter Schule. Landläufig, so meinte auch er, wird der Sitz so gelehrt, dass dabei das meistens ohnehin vorhandene Hohlkreuz insofern verstärkt wird, indem das Becken nach vorne abgekippt wird.

Solch ein Sitz kann dadurch bei empfindlichem Rücken leicht zu Verspannungen und somit zu schmerzhaften Rückenbeschwerden führen. Hingegen wird bei dem von mir gelehrten Sitz das Becken nach hinten und dynamisch mit den Schwingungen des Pferdes synchron abgekippt.

Sehr bald entwickelten meine Schülerinnen und Schüler das Gefühl, tiefer zu sitzen. Durch das dynamische Abkippen ihres Beckens nach hinten ermöglicht, fingen sie an, immer besser und selbstverständlicher ihren Körper den Schwingungen des Pferdes anzupassen. Ihr Gesäß blieb nun mehr und mehr mit dem Sattel fest verbunden. Und der Rücken des Pferdes war hierfür gleichfalls sehr dankbar.

Leichttraben als Lösung?

Wie viel oder wenig man sich anfangs auf dem Pferd halten kann, bestimmt nahezu ausschließlich den Genuss des Reitens. Darüber hinaus auch noch eine gewisse Zeit das Sitzen danach. Dabei geht es doch nur um etwas zu viel Luft zwischen Gesäß und Sattel, mit einmal etwas mehr und einmal etwas weniger kräftigem Sattelkontakt.

Die Gesäßmuskeln sind durch die ihnen widerfahrende Behandlung empört und auf Dauer die Bandscheiben gleichermaßen. Was aber tun? Etwa Leichttraben oder lieber gleich einen festen Sitz erlernen, der ohnehin für das Reiten der zur Gymnastizierung des Pferdes erforderlichen barocken Lektionen unerlässlich ist?

Warum dann leichttraben?

Hierbei muss doch bei jedem zweiten Trabschritt ein Heben des Gesäßes aus dem Sattel erfolgen. Dadurch müsste aber in Kauf genommen werden, dass das Pferd immer wieder ins Ungleichgewicht gerät. Es sprechen aber noch verschiedene andere Gründe dagegen. Daher gibt es das Leichttraben in meiner Reitlehre grundsätzlich nicht.

Beim Reiten sollte sich das Pferd deutlich sichtbar bewegen, der Reiter hingegen möglichst kaum. Beachten Sie die zum Sitz einfach zu erlernenden ausführlich beschriebenen Regeln und Erläuterungen, dann wird dies bald möglich sein. Ihr Rücken und der Ihres Pferdes werden es Ihnen danken.

Junge Pferde, die gemäss meiner Anweisungen beim Einreiten das Leichttraben nie erfuhren, dafür aber leicht, weich und geschmeidig, ihren Bewegungen angepasst und im Sattel sitzen bleibend, geritten wurden, diese Pferde erfreuen sich auch noch als über Zwanzigjährige eines gesunden Rückens und ebensolcher Beine. Einen besseren Beweis für die Überlegung, ständig, aber natürlich unter den genannten Bedingungen im Sattel sitzen zu bleiben, kann es wohl nicht geben.

Warum kam aber dann das Leichttraben überhaupt auf?

Erfunden haben es die Engländer Ende des 19. Jahrhunderts. Als Jagdreiter hatten sie immer dann, wenn getrabt werden musste, auf ihren langen, weit ausholenden Jagdpferden ein flottes Tempo drauf. Es lässt sich denken, dass diese Pferde im ausgesessenen Trab für die Reiter knallhart waren, zumal sie das Aussitzen im Galopp ja auch nicht kannten. So erklärt sich, dass sie eine Erleichterung für ihre Wirbelsäule und deren Verlängerung bitter nötig hatten.

Mit ihrem ausgeprägten Pferdeverstand fanden sie daher wohl als Erste heraus, dass das scheußliche Gesäßstauchen zu vermeiden ist, wenn nur bei jedem zweiten Trabschritt ausgesessen wird. Erst im 20. Jahrhundert wurde das Leichttraben auch in Deutschland eingeführt und schnell zu einer Mode.

Leichttraben bräuchte sich allerdings kaum schädlich auf das Pferd und für den Sitz des Reiters auszuwirken, würde es so geritten, wie es eine kleine Anzahl besonderer Reiterinnen und Reiter beherrscht. Ich könnte mir aber vorstellen, dass sich der große Reitmeister François Robichon de la Guérinière im Grabe umdrehen würde, sähe er heute die Massen der weit nach vorne gebeugten Oberkörper und damit die sich auf die Vorderbeine des Pferdes verstärkt auswirkende Belastung sowie das viel zu starke Hoch- und Niedergehen der Gesäße.

Mit den Zügeln zaubern?

Das Zaubern liegt in unseren Händen. Je weniger sie am Zügel ziehen, desto größer der Zauber, denn dann können Sie mit Ihrem Pferd in zauberhafte Höhen entschweben. Der sorgfältige Umgang mit den Zügeln ist mir so wichtig, dass ich immer wieder ins Schwärmen komme. Aber jeder, der anspruchsvoller reiten möchte, wird bemerkt haben, welch enorme Bedeutung der überlegte Umgang mit den Zügeln in dieser Reitlehre hat.

Allzu häufig werden die Zügelhilfen einfallslos eingesetzt. So werden zum Beispiel die Zügel gedankenlos stramm festgehalten, gleichgültig, ob man auf dem Platz Lektionen reitet oder im Gelände im Schritt herumbummelt, ob man anhält und mit jemandem spricht, ob man wartet oder Anweisungen erhält – die Zügel bleiben stramm.

Natürlich ginge es auch anders. Dazu gehören viel Nachdenken und sehr viel Disziplin. Wer es geschafft und den Erfolg erlebt hat, den wird eine große Befriedigung erfüllen. Ob man nun eine Volte, einen Seitengang oder einen fliegenden Galoppwechsel reitet, immer wird das Nachgeben der Zügel im richtigen Augenblick die wachsende Willigkeit des Pferdes bestimmen. Zunächst werden es nur ein bis zwei Sekunden sein, in denen man durch Nachgeben der Zügel dem Pferd Erleichterung verschaffen kann.

Es wird dieses Entgegenkommen anfangs für sich in der Weise nützen wollen, die wir als schamlos oder nach dem Motto: „ich gebe dir einen Finger, und du nimmst gleich die ganze Hand", auslegen würden. Darauf kann man sich aber schnell einstellen. Sehr bald werden die Abstände des Zügel-annehmen-müssens immer größer werden. Ein Erfolg zeichnet sich ab.

Das völlig überflüssige Festhalten am Zügel in den mehrfach beschriebenen Situationen kann aber auch psychologisch mitbegründet sein. Wie schnell zum Beispiel kann das allgemein übliche vom Pferd geforderte „vertrauensvolle Herandehnen und Abstoßen vom Gebiss" zu x Kilogramm starkem Ziehen am Zügel verleiten. Die Bestätigung kann jeder auf entsprechenden Veranstaltungen jederzeit erleben.

Deutlich genannt werden sollte aber auch das unsinnige und extrem gegenteilige Verhalten derjenigen überzogenen Pferdefreunde, die da glauben, ihre Pferde mit ständig hingegebenen Zügeln selig machen zu können, obgleich sie ihnen damit sehr häufig das Grab schaufeln.

Das „Kraftpaket"

nannte ich es damals, und hier ist es Stichwort für eine erwähnenswerte Begebenheit. Eigentlich hatte ich es schon viel zu oft gehört, aber vor etlichen Jahren stand das Problem dann direkt vor meiner Tür und wurde so auch zu meinem. Vor mir stand eine Reiterin mittleren Alters und erklärte, dass sie nach fast zwanzig Jahren Dressurreiten, von denen sie sich bereits etliche in der S-Klasse tummelte, dieses Reiten nun aufgeben müsse.

Sie hatte von mir gehört und wollte auf das von mir gelehrte Reiten umsteigen. Nun mag es dazu viele Gründe geben, aber dass jemand aus mangelnder Kraft in den Armen nach so vielen Jahren des Dressurreitens nach konventioneller Art dieses aufgeben müsse, fand ich seinerzeit zumindest ungewöhnlich und für die Reiterin recht tragisch.

Hier musste geholfen werden. Zunächst wollte ich einige klassische Lektionen abchecken, in denen sich das kapitale, aber wohlproportionierte Pferd – man konnte schon sagen „Kraftpaket" – ja zu Hause fühlte. Die Zügel leicht, locker, etwas vibrierend eingesetzt, sollte es losgehen. Aber schon sausten die Zügel sehr plötzlich durch meine Hände nach vorne und der Kopf des Kraftpakets nach unten. Nur mit einem für mich ungewohnten Kraftaufwand konnte ich diese Schussfahrt nach unten rückgängig machen. Was war geschehen?

Das Pferd suchte einen Halt mit seinem Maul, fand durch das Fehlen eines kräftigen Zügelzugs aber keinen. Es suchte das, was im konventionellen Reiten unter vertrauensvollem Herandehnen an das Gebiss bei gleichzeitigem Abstoßen an diesem verstanden wird. Jetzt verstand ich meine Dressurreiterin.

Trotz dieser eigentlich vernünftig klingenden Forderung werden die Reiterinnen und Reiter allzu häufig durch völlig fehlerhafte, weil gedankenlose Anleitung dazu verleitet, vorerst ungewollt, später dann aus Gewöhnung mit ständig mehr Zügelzug dem Verlangten nachzukommen. So steigern sich dann Druck und Gegendruck. Dadurch, dass das Problem erkannt war, ließ es sich mit ein wenig Geduld sehr bald lösen.

Die leichte Hand – eine feine Sprache

Wie die harte Reiterhand zustande kommt, wurde angesprochen. Natürlich gibt es eine Elite von Reitenden, und hierbei sind vor allem diejenigen hervorzuheben, die ohne Turnierambitionen, keinem Reglement unterliegend, ihre Pferde frei und gelöst sich zu schönster Form entfalten lassen können. Sie sind es auch, die ihre Hilfen in feinster Dosierung anwenden und mit ihren Pferden dann edelste Reitkunst pflegen.

Ich möchte an dieser Stelle wegen der Wichtigkeit der Problematik etwas Grundsätzliches zur Zügelführung so, wie ich sie verstehe und entsprechend lehre, sagen. Es geht um das A und O der Zügelführung, ich meine um die leichte Hand, wie sie erlernt werden kann und vor allem, wie sie niemals hart wird. Wie die Zügel in verschiedenster Art zu verschiedensten Lektionen jeweils geführt und wie mit dem Pferd über die Zügel in feiner Form korrespondiert werden kann, erfahren Sie noch im Einzelnen.

Zunächst soll aber nochmals auf eine Unart hingewiesen werden, die wie in den meisten Fällen nicht etwa von den Pferden, sondern von den Reitenden produziert wird: Immer und immer wieder werden die Zügel stramm angezogen gehalten, wo absolut kein Grund vorliegt dies zu tun. Es ist einfach lächerlich, dass mit dieser gedankenlosen und hässlichen Angewohnheit der Grundstein zur harten Reiterhand und zum „harten“ Pferdemaul gelegt wird.

„Lass doch mal die Zügel los!“

Wer darauf achtet, wird sich wundern, wie viel allgemein – und damit ist gemeint, viel zu stark und völlig unnötig – an den Zügeln gezogen wird. Ein von mir hierauf hingewiesener Pferdeexperte spielte Sherlock Holmes.

Er wurde richtig aufgeregt über seine interessanten Beobachtungen. So zum Beispiel das Verhalten einer auf einem Ferienhof sich täglich mit ihren Pferden zum Ausreiten versammelnden Gruppe. Ständig befand sich diese beim Warten in einer großen Stress verbreitenden Unruhe. Schlicht gesagt: Es war ein zappelnder Haufen von Reitern und Pferden.

Auf die Hände der Wartenden achtend, stellte mein Sherlock Holmes fest, dass die Zügel äußerst straff und ständig in einer riegelnden Bewegung gehalten wurden. Als ich mir nachmittags die gleiche Situation ansehen konnte, riet ich einem dieser Leute, der mir am Vortag beim Reiten zugeschaut hatte, doch mal für zwei Sekunden die Zügel loszulassen. Diese Zeitabstände solle er je nach Verhalten des Pferdes auf mehrere Sekunden ausdehnen.

Nun ja, da er gestern festgestellt hätte, dass ich offensichtlich etwas vom Reiten verstünde, wolle er dieses Rezept mal befolgen. Der ihn sehr verblüffende Erfolg stellte sich schon beim ersten Versuch ein. Zunächst nahm das Pferd den Kopf fast bis zum Boden. Es suchte die Anlehnung am Gebiss. Als es nicht fand, was sonst immer da war, blieb es dann aber bald mit durchhängenden Zügeln für einen Augenblick ruhig stehen, während die anderen Pferde in üblicher Manier weiterhin an den straff gehaltenen Zügeln herumzappelten. Schon nach wenigen Tagen hatten aber auch die anderen der Gruppe ihr Erfolgserlebnis.

Ein schönes, aber leider nicht selbstverständliches Bild. Gemeint sind die lang durchhängenden Zügel einer auf ihre Lektionen wartenden Pferdegruppe.

Die Aufforderung, die sie sich gegenseitig gegeben hatten: „Mensch, lass doch mal die Zügel los!", machte unter vielen der dortigen Reiturlauber die Runde. Schon nach wenigen Tagen standen auch ihre Pferde so, wie sie es bei den Westernreitern bewundert hatten, seelenruhig herum. Dieser Vorgang mit der geschilderten Reaktion der Pferde lässt sich in jedem meiner Einführungskurse nachvollziehen. Er vermittelt eine wichtige Erkenntnis.

In den ersten Tagen meiner Einführungskurse musste ich meine Schülerinnen und Schüler ständig ermahnen, beim Umherstehen mit ihren Pferden bei Erklärungen oder einfach nur beim Warten zum Vorreiten doch die Zügel durchhängen zu lassen.

Dabei hatten die meisten bereits etlichen anderweitigen Unterricht genommen, wo aber zu meinem großen Erstaunen die wenigsten dieses erlernten. Sie wurden ganz im Gegenteil eher dazu angehalten, die Zügel im Stehen nicht nachzugeben, damit das Pferd nicht seine Haltung verliere.

Die Manie, die Zügel nicht loslassen zu wollen, besteht natürlich erst recht beim Reiten. Ob auf dem Zirkel, in einer Volte, ob bei den Seitengängen oder im Gelände – stets und ständig sind die Zügel straff angezogen. So wird ein „hartes" Pferdemaul produziert, und je weiter die Härte im Maul fortgeschritten ist, desto stärker muss die Zugkraft am Zügel werden, die ja wie berichtet katastrophale Werte erreichen kann. Es kommt zum Wechselspiel beziehungsweise Hochschaukeln negativer Momente.

Natürlich darf man sich die zwar anschaulichen Bezeichnungen nicht so wörtlich vorstellen, dass ein „hartes“ Maul etwa eine gestählte Zunge und mit Hornhaut überzogene Maulwinkel und Laden aufweisen würde, wohingegen ein „weiches“ Maul eher an eine Berührung mit Samt und Schaumstoff erinnere.

Ein „hartes“ Maul bezeichnet vielmehr ein in der Abwehrhaltung gegen den Druck erstarrtes und entweder zusammengepresstes oder aufgesperrtes Maul. Ein sensibel reagierendes, lebendig-lockeres Maul wird dagegen als „weich“ erklärt.

Der Kampf ums „weiche“ Maul

Bei seinem Pferd das „weiche“ Maul erhalten oder zurückgewinnen – wer will das nicht? Vor letzterem Problem stand Petra, eine ungewöhnlich engagierte Schülerin mittleren Alters. Sie hatte schon einige Kurse in der Freizeitreit-Akademie absolviert. Nun aber war sie hier mit ihrem Neuerwerb, einem wunderschönen Friesen, und wollte neben Tausend anderen zu lösenden Problemen vor allem das harte Maul wieder sensibilisieren, also weich machen.

Sie hatte sich vorgenommen, jeden Augenblick, den sie auf ihrem Pferd sitzen würde, ständig hoch konzentriert daran zu denken, wo irgendwie Zügelzug zur Schonung des Pferdemauls eingespart werden konnte, so zum Beispiel auch beim wichtigsten aller Seitengänge, dem Schulterherein.

Hierzu ist das Pferd vom Hufschlag aus mit seinem Kopf zum Inneren der Bahn in einem bestimmten Winkel gestellt. Anfangs wird es versuchen, die für diese Stellung zum Seitwärtsgehen bestimmten Hilfen in die leichtere Vorwärtsbewegung umzusetzen, das heißt, sich vom Hufschlag verabschiedend zum Inneren der Bahn zu streben.

Meist wird dann durch andauernden Zug an den Zügeln das Pferd daran gehindert, den Hufschlag zu verlassen. Hiergegen wird es sich wehren und schließlich nach einiger Zeit stehen bleiben. Obgleich nun versucht wird mit Mitteln, die man eigentlich gar nicht einsetzen wollte, das Pferd zum Weitergehen in Schulterhereinstellung zu bewegen, wird es dies nicht tun:

Ein Kampf hat begonnen, der schon vorher verloren war, und Pferde, die leicht zum Steigen neigen, werden sich hiermit zur Wehr setzen wollen. Nun ist die Harmonie soweit entfernt wie etwa die Reitbahn vom Mars. Hier heißt es nur, Zügel eine Sekunde lang nachgeben, eine Verlegenheitsvolte drehen und dann nach Wiedererreichen des Hufschlags einen neuen Versuch des Schulterhereins zu starten.

Petra, die solch unschöne Szenen aus früheren Erfahrungen kannte, ließ es zu dem geschilderten Verhalten des Pferdes erst gar nicht kommen. Sie würde das, was sie für die Zügelführung als Erstes gelernt hat und was für jede Lektion gilt, auf jeden Fall stets beachten.

Es handelt sich hier um das ständige leichte Annehmen und Nachgeben der Zügel. Die Abstände hierbei ergeben sich aus dem jeweiligen Ausbildungsstand des Pferdes beim Erlernen von Lektionen. So werden die Zügel in extrem kurzen Abständen leicht angenommen und nachgegeben, wenn neue Übungen anstehen oder zum Beispiel ein Pferd zu schnell ist.

Petra bekam unter Anwendung verschiedener weiterer Hilfen das ursprünglich extrem harte Maul ihres Pferdes im Laufe einer gewissen Zeit erstaunlich sensibel. Auch aus der leidigen Rennerei ihres Pferdes waren korrekte ausdrucksvolle Gänge geworden. Wofür sie beim Üben von Lektionen sonst mehr als hundert Mal in Folge die Zügel annehmen und nachgeben musste, brauchte sie später nur fünfzig, dann zehn Mal und weniger. Schließlich meinte sie, dass es schon ein schönes, leichtes Zügelspiel sei, dieses Annehmen und Nachgeben, und dazu eines mit tollem Erfolg. Ihr Pferd, für das sie anfangs Flaschenzug ähnliche Hilfsmittel zur Zügeleinwirkung gebraucht hatte, konnte sie nun mit einem leichten „Klingeln" dirigieren, ja, es genügte fast ein Vibrieren am Zügel für eine entsprechende Einwirkung.

Und noch etwas stellte Petra sehr bald fest. Fing ihr Pferd bei einer neuen oder noch nicht gefestigten Übung, so zum Beispiel bei einem Seitengang, an, Schwierigkeiten zu machen, dann zwang sie es nie zum Weitermachen. Sie umging, wie sie es in der Freizeitreit-Akademie gelernt hatte, den sich anbahnenden Kampf, indem sie einfach die Zügel hingab und anhielt. Schon nach etwa zehn Sekunden konnte sie die Zügel wieder aufnehmen, und siehe da, das Pferd ging in seiner Lektion weiter, als sei nichts geschehen.

Im Weiteren hatte Petra gelernt und mit Erfolg umgesetzt, dass gegen das lästige Hasten ihres Pferdes im Schritt ein kurzes Anhalten und sofortiges Weitergehen half. Für ihre fast stoische Geduld und Ausdauer wurde sie belohnt. Irgendwann dämmerte es dem Pferd, dass langsamer gehen wesentlich weniger anstrengend war als diese ewigen Unterbrechungen. Hier hatte Petra den Spruch des englischen Pferdepsychologen Henry Blake („Mit Pferden denken, Pferde lenken") mit absolutem Erfolg in die Praxis umgesetzt.

Eine praktische Demonstration sagt mehr aus als ein Sack voller Behauptungen. So habe ich bei Seminaren und anderen Veranstaltungen nicht nur meine eigenen Pferde vorgeführt, sondern mich auch gerne auf mir völlig fremde Pferde gesetzt.

Von mir geritten, mussten sie ad hoc Dinge tun, die sie sonst verweigerten, weil nicht gekannt, nicht verstanden und daher nicht gewollt. Wenn es dann zumindest im Ansatz klappte, lag die Reaktion der Pferdebesitzer und des Publikums zwischen Begeisterung und Kopfschütteln über das für sie kaum Glaubliche. Dabei tat ich neben den üblichen Hilfen so gut wie nichts Zusätzliches, nur eben dies beschriebene und kaum wahrnehmbare Spiel mit den Zügeln, also spätestens alle zwei Sekunden annehmen – loslassen – annehmen – loslassen ...

Probieren Sie es einmal, es klappt bestimmt, denn immer dann, wenn beim Pferd erste Anzeichen von Unwillen aufkommen, geben Sie mit den Zügeln nach. Und das, wie gesagt, dann alle zwei Sekunden. Später wird man sagen, dass Ihre Zügel sich überhaupt nicht mehr bewegen, sondern nur leicht durchhängen, und Ihr Pferd wird trotzdem in schöner Haltung gehen.

Eine ungewöhnliche Hilfe

Einige Bemerkungen vorweg: Die vorgesehene Wirkungsweise meiner Reitlehre ist ganzheitlich so aufgebaut, dass mit der ständigen Erweiterung des vom Pferd erlernten Potentials die Intensität der Hilfen kontinuierlich minimiert werden muss. Bei einem gewissen Ausbildungsstand tritt nun ein wunderbarer „homöopathischer" Effekt ein: Je feiner, also geringer die Hilfen, desto größer ihre Wirkung.

Besondere, also ungewöhnliche neue Hilfen lösen besondere Reaktionen aus. Sind diese positiv, haben sie sich allgemein bewährt, und sind sie vor allem für Mensch und Pferd klar, eindeutig und entsprechend begreifbar, dann brauchen sie noch eine

Ein kurzes Abkippen des Beckens nach hinten als Hilfe zum besseren Untertreten, ein leichtes Anlegen der Unterschenkel zur Unterstützung, ein leises „Psst" als akustisches Zeichen, und schon hält das entsprechend ausgebildete Pferd konsequent an. Noch ist hier die Stopp-Phase nicht beendet, aber das Pferd ist schon jetzt hinten recht tief. – Mein Watani macht's natürlich auch ohne Zügelhilfen.

lange Bewährungsprobe, um endgültig in meine Reitlehre eingegliedert zu werden. So etwas braucht aber viele Überlegungen, noch viel mehr Geduld und noch mehr als viel Zeit.

Soll eine Hilfe anders sein und anders wirken als gewöhnlich, so muss sie wie gesagt bis ins allerkleinste Detail durchdacht werden. Ein typisches Beispiel, wie durch kleine Dinge große Wirkungen erzielt werden können, soll im Folgenden anhand einer ungewöhnlichen akustischen Hilfe aufgezeigt werden.

In der Freizeitreit-Akademie hatte ein Aufbaukurs begonnen. Die Pferde gingen im ruhigen Jog auf dem Hufschlag. Eigentlich wurde von mir jeden Augenblick die Anweisung zum Reverse, also einer Kehrtvolte, erwartet. Doch ich erlaubte mir einen Scherz, der gleichzeitig einen Testcharakter haben sollte. Ich signalisierte den Pferden, aber für die Kursteilnehmer völlig unerwartet, ein konsequentes Anhalten. Und siehe da, die Pferde stoppten sofort. Die auf ihnen saßen, reagierten kreischend – aber etwas später als ihre Pferde.

Was veranlasste, ohne dass ich mich bewegte, eine komplette Gruppe von Pferden, deren Reiterinnen und Reiter sich völlig passiv in Bezug auf Anhalten verhielten, so konsequent zu reagieren? Nur ein akzentuiertes „Psst" genügte. Natürlich hatten die

Pferde diese so durchschlagend wirkende Hilfe bereits beim Einführungskurs ein Jahr zuvor kennen gelernt und wurden offensichtlich weiterhin so angesprochen, wenn es um das Anhalten ging.

Wie kam ich auf dieses Signal? Zum Anhalten eines Pferdes kann ihm als akustische Hilfe auch das altdeutsche „Brrr" oder auf neudeutsch „Wooouhhh" angeboten werden. Man kann auch dem Pferd ein Wort aus dem „Faust" rezitieren oder eines der schönen Schlagworte aus einer Bundestagsrede einüben. Nur nützte das nichts – und das war der Knackpunkt für mich – beim Reiten auf einem Westernturnier. Da musste die Klappe gehalten werden. Beim geringsten Ton, der über die Lippen kam, schmiss der Richter die Quasselstrippe raus.

So quetschte ich zwischen einem schmalen Lippenstrich das meinem Pferd gut bekannte, aber von den bis zu drei anwesenden Richtern immer unbemerkte „Pssst" raus. So gibt es für das konsequente Anhalten beziehungsweise den Stopp, kein „Brrr", „Haalt", „Steh", „Hooo" oder „Wooouhhh", sondern nur noch „Pssst", worauf übrigens auch Hunde hervorragend reagieren.

Beim konsequenten Anhalten kann deutlich gemacht werden, wie eine Hilfe durch die andere unterstützt oder verändert, wie sie wirksamer oder überflüssig werden kann. So spielt auch für das Anhalten, gleich aus welcher Gangart, eine Sitzhilfe und später dann noch eine Schenkelhilfe, eine wesentliche Rolle. Zunächst möchte ich hier die Sitzhilfe ansprechen.

Die besondere Sitzhilfe zum Anhalten

Man könnte auch sagen: „Richtiges Sitzen ermöglicht konsequentes Anhalten, schont dabei die Vorderbeine und macht Zügelhilfen nahezu überflüssig." Schon vor geraumer Zeit gelangte ich zu der Überzeugung, dass so etwas immer wieder einem breiten Publikum gezeigt werden musste. Alles bei dem von mir vorgestellten Reiten war etwas anders, vieles fiel völlig aus dem gewohnten Rahmen. Da meine Vorführung mit meinem Shagya-Araber Watani für das Publikum aber spielerisch leicht und trotzdem exakt lief, hatten wir entsprechenden Applaus.

Eine Vorführungspause ermöglichte mir, der laut geführten Diskussion einer größeren Gruppe konventioneller Reiter zuzuhören: „... das Reiten von Volten, Zirkeln, Wendungen, fliegende Wechsel und was der da sonst noch ohne Zügel drauf hatte", so einer der Reiter, „könnte man begreifen, aber die Stopps ohne Zügel, und dann das Rückwärtsrichten ohne Zügel und in dem Tempo ... Dass so was möglich ist, könnte ich nicht glauben, wenn ich's nicht selbst eben gesehen hätte." – Ich tät's bestimmt auch nicht, dachte ich und ging leicht grinsend weiter.

Synchron mit dem akustischen Signal soll zum Anhalten das Becken kurz, aber konsequent nach hinten abgekippt werden. Da dies vom Pferd als treibende Hilfe verstanden wird, fühlt es sich zum weiten Untertreten mit seinen Hinterbeinen veranlasst, was eine erhebliche Entlastung seiner Vorderbeine bewirkt. Später kommen dann noch Schenkelhilfen hinzu.

Hat man, wie zu allen Lektionen, auch hier dem Pferd in einer deutlich verständlichen Sprache erklären können, was es tun soll, dann werden irgendwann nur noch wenige und kaum merkliche Hilfen zum konsequenten Anhalten genügen. Die Zügel werden hierzu dann am wenigsten gebraucht. Etwas überraschend erhielt ich das Lob einer FN-geprüften Reitlehrerin, die beim Betrachten eines Anhaltens aus flottem Tempo ohne Zügeleinsatz in einem meiner Lehrfilme sagte, dass es das beste konsequente Anhalten sei, das sie bislang gesehen habe. Na bitte!

Ein unglaubliches Allheilmittel

François Robichon de la Guérinière, der in seiner Genialität wohl kaum übertroffene Reitmeister, erfand das so unglaublich wichtige und unverzichtbare Schulterherein. Warum es bisher im konventionellen Reiten dennoch relativ vernachlässigt wird, obgleich seine positiven Auswirkungen unbestritten anerkannt und propagiert werden, liegt nach meinen Erfahrungen vor allem an möglichen Schwierigkeiten beim Erlernen. Meine Überlegungen, dieses offensichtliche Problem mittels in vielfacher Hinsicht anderer Lehrmethoden beziehungsweise veränderter Hilfen leichter zu überwinden, haben durchschlagenden Erfolg gezeigt.

Das Schulterherein ist in verschiedener Hinsicht ein Abweichler im Reigen der Seitengänge. Der Einsatz der Hilfen muss exakt und detailliert beschrieben werden, um nicht zu einem Ratespiel zu werden. Vieles ist völlig anders als gewohnt. Warum ist zum Beispiel beim Schulterherein die innere beziehungsweise die äußere Seite des Pferdes genau umgekehrt als bei anderen Seitengängen? Warum werden die Gewichtshilfen anders eingesetzt? Warum, warum?

Frage für Frage werden Sie an entsprechender Stelle des Buches beantwortet finden. Alles wird so erklärt sein, dass Sie trotz aller Fehler, die Sie begehen werden, in höchstens einem Drittel der üblichen Zeit Ihr Pferd mit dem Schulterherein gymnastizieren werden können.

Zum Abschluss noch zwei kleine Begebenheiten zum Thema. Eine besonders quicklebendige Schülerin erklärte auf Befragen, welche Seite denn innen beziehungsweise außen beim Pferd sei: „Das ist doch ganz einfach, die Seite des Pferdes, die zur Bahneinzäunung zeigt, ist immer die äußere." So jedenfalls habe sie es gelernt. Wie schön einfach. Was aber ist, wenn ohne Einzäunung geritten wird, was ist bei Volten, Zirkeln und den verschiedenen Seitengängen und hier im Besonderen beim Schulterherein?

Und: Die Zügelführung kann den Blutdruck bestimmen! Eine ganze Familie drohte an ihren Meinungsverschiedenheiten beim Üben des Schulterhereins zu zerrütten. Es klappte einfach nicht, was doch so leicht aussah. Also schickte man mir wieder mal das obligatorische Beweisstück, ein Video mit den Aufnahmen ihrer Versuche.

Was dem Familienoberhaupt den Blutdruck in die Höhe trieb und bei den anderen Tränen auslöste, war ein kleiner, aber gravierender Fehler in der Zügelführung. Allerdings lassen viele beim Erlernen des Schulterhereins diesen Fehler anfangs nicht aus. Was wird da falsch gemacht?

Um das Pferd zur Schulterherein-Stellung zu bewegen, wurde am inneren Zügel so lange gezogen, bis das Pferd den Hals so weit seitlich wegklappte, dass es mit dem Maul die Stiefel seines Herrn putzen konnte. Mit seinen vier Beinen ging es jedoch voll auf dem Hufschlag weiter. Nach ein paar kurzen telefonischen Hinweisen soll bald darauf die Familie einhellig im 35°-Schulterherein gestrahlt haben.

Ein Schüler von de la Guérinière reitet Schulterherein (nach einem Gemälde von Charles Parrocel).

Warum diese ungewöhnliche Einführung?

Zunächst sollte Ihnen ein Einblick in eine Reitlehre gegeben werden, die sicherlich aus dem Rahmen des Bekannten fällt. Nach dieser Einführung sollte sich, so hoffe ich, aus Ihrem anfänglichen Interesse eine Überzeugung entwickelt haben, dass es sich für Mensch und Pferd lohnt, so wie hier angedeutet zu reiten.

Mit diesem Buch werde ich Sie kontinuierlich in kleinen wohl überlegten Schritten, mit entsprechenden, bis in das kleinste Detail gehenden Erklärungen sowie mit unterstützendem Bildmaterial und Illustrationen begleiten.

Die Art und Weise des von mir gelehrten Reitens ist so abgestimmt, dass sie den einfachen wie gehobenen Ansprüchen eines Freizeitreiters gerecht werden kann. Wichtigste Grundüberlegung für dieses Reiten ist seine einfache Verständlichkeit und Durchführbarkeit für Pferd und Mensch. Diesen Überlegungen ist vieles nachgeordnet. Sie sind der Leitfaden.

Neu ist, dass verschiedene Hilfen anders erklärt sind und anders angewandt werden sollen. Manches bislang Gelernte und Gewohnte wird bedeutungslos. Wiederum erhält kaum oder nie Gekanntes besonderes Gewicht. Es gilt, in verschiedenen Dingen zugunsten eines anderen Reitens umzudenken. Alle sinnvoll überlegten und aufeinander abgestimmten theoretischen Folgerungen, Erklärungen, Erläuterungen, Hinweise und Forderungen sind aber abhängig von einem variablen Faktor: dem Lebewesen Pferd.

Anhand von einigen Beispielen sollte wie gesagt aufgezeigt werden, dass es sich vielleicht auch für Sie lohnen könnte, nach dieser Reitlehre zu reiten. Natürlich gibt es noch sehr viele Hilfen besonderer Art zu vielen Lektionen, so zum Beispiel für Zirkel, Volten, verschiedene Wendungen, Travers, Traversale, Renvers, Cavalettiarbeit und, und, und. Aber auch besondere Hilfen für Schritt, Trab beziehungsweise Jog sowie den Galopp einschließlich des fliegenden Galoppwechsels.

Was Sie bislang gelesen haben und anschließend noch lesen werden, wurde für Sie und Ihr Pferd mit dem ausdrücklichen Vorsatz erarbeitet, dass alles leichter begreifbar, noch freundlicher und schonender sein soll, um dieses Reiten überhaupt erst für alle Freizeitreiter und alle anderen, die so auch reiten wollen, machbar zu machen.

Nun noch eine Herausforderung als Beweis: Wenn Sie nach sorgfältigem Studium dieses Buches und vielen Übungsstunden es irgendwann schaffen sollten, ohne das Maul Ihres Pferdes zu berühren, also völlig ohne Zügel oder irgendwelche anderen Hilfsmittel zwei der nachfolgend aufgezählten Übungen zu beherrschen, nämlich Ihr Pferd

- in jeder Gangart reiten,
- aus jeder Gangart in eine beliebige andere bringen,
- in jede Richtung wenden,
- jede erdenkliche Art einer Wendung ausführen lassen,
- über eine Stange seitwärts traversieren,
- aus jedem Tempo in jedes andere überwechseln lassen,
- aus jedem Tempo sofort zum Stehen bringen und
- beliebig lange rückwärts gehen lassen können,

dann hat Ihr Pferd sämtliche Hilfen, wie sie nach dieser Reitlehre gelehrt werden, nicht nur erlernt, sondern auch in ständig verfeinerter Form verstanden und lebenslang gespeichert.

Nun können Sie Ihrem Pferd mit ruhigem Gewissen das „Du“ anbieten. Es wird dieses Angebot nicht ausschlagen, denn jetzt können Sie sich als gleichwertigen Partner ansehen. Ihr Reiten hat eine neue Wertigkeit erhalten.

Grundlagen zum anderen Reiten

Anders reiten als Basis

Um es noch einmal zu sagen: Dieses Buch behandelt das Reiten in einer Art und Weise, wie es noch nicht gelehrt wurde. Hier wird aber auch kein spezielles Training für das Spazierenreiten, Dressurreiten, Springreiten, Westernreiten, für das Distanz- und Jagdreiten oder für das Polospiel angeboten. Das schließt nicht aus, dass durch diese Reitlehre für den anspruchsvollen Freizeitreiter und andere Interessierte eine wesentliche Grundlage für Pferd und Reiter zu einem anderen Reiten in vielen Disziplinen geschaffen wurde. Schon manch einer, der nach den hier gelehrten Grundlagen aus- oder fortgebildet wurde, hat anschließend in einer der vorgenannten Disziplinen den Beweis erbracht, dass sein Entschluss, anders zu reiten, die richtige Entscheidung war.

Das größte Hindernis war, so wird es immer wieder geschildert, sich den Ruck zu geben, etwas zu ändern. Zwar war schon länger die Überlegung da, dass es noch etwas anderes geben müsse als das Reiten, das man bisher so betrieb. Auch mit dem „Gammeln" zu Pferde sollte Schluss gemacht werden.

Wie richtig solche Überlegungen waren, könnte eine Erfolgsliste belegen. Sie wäre lang, würden sich allein diejenigen eintragen, die jetzt erfolgreiche Trainer sind. Oder diejenigen, die eigentlich nur anders als bisher reiten wollten, dann aber doch mal in die Westernturnier- oder andere Wettkampf-Szenen schnupperten und siehe da: sich die Pokale holten. Auch landeten so manche in der Show-Szene, die an eine solche Karriere nicht geglaubt hatten. Hierzu ein für den Leser wohl ungewöhnliches Beispiel.

„Sie" kam mit ihrem Araber zu einem Gastkurs von mir in den Schwarzwald. „Er" treckte, die Kamelmutter vor den Planwagen gespannt, das Kamelkind hinten angebunden, zu unserem Kursort. Wir wollten nach Kursende etwas für eine Vorführung mit Pferd und Kamel einüben.

Meine Frage, ob mit dem Kamel nicht auch Seitengänge möglich wären, wurde sehr ernst genommen. Nun treten die beiden, die eigentlich nur ihr Hobby etwas anspruchsvoller gestalten wollten, in renommiertesten Shows auf und sind gerade, während ich diese Zeilen schreibe, bei einer erstklassigen Gala aus London bei einer Fernsehübertragung zu sehen. Seitengänge einschließlich Volltraversalen, fliegende Galoppwechsel und dergleichen gehören heute zu ihrem Programm.

Man könnte ein Buch mit Briefen von glücklich und zufrieden reitenden Menschen drucken. Es würde nach meiner Meinung ein wunderbares Pferdebuch werden.

Anders reiten – warum?

Falsch verstandenes „Freizeitreiten" kann zu größten Schwierigkeiten führen. Wer meint, dass lange Bügel und lange Zügel genügen, um sorgenfrei, sicher und pferdeschonend durch die Landschaft spazieren zu können, der irrt. Körperbau und Psyche unserer heutigen Pferde sind bei weitem nicht so robust, dass sie auf Dauer ohne Schaden die Reiterlast in beliebiger Art tragen könnten.

Die Anatomie des Pferdes ist so beschaffen, dass es hiermit hervorragend leben und uralt werden könnte. Die Konzeption stimmt – eigentlich. Nur der Mensch war nicht einkalkuliert. Dieser schwankende, ein ständiges Ungleichgewicht verursachende Fremdkörper bringt die recht sinnvolle Statik des Pferdes katastrophal durcheinander. Es treten Belastungen an Gelenken, Kapseln, Sehnen und Bändern auf, die bei der „Konstruktion" des Pferdes nicht bekannt waren und daher auch nicht berücksichtigt wurden.

Wer hierüber nachdenkt, kommt schnell dahinter, dass dieser Umstand entsprechende Maßnahmen des Menschen erfordert.

Gesicherte Erkenntnis ist jedenfalls, dass der Mensch durch sinnvoll überlegtes Reiten sein Gewicht mit allen hieraus resultierenden Begleiterscheinungen dem Pferd wesentlich erträglicher machen kann. Darüber hinaus könnte er noch unendlich vieles tun, um dem Pferd sowohl beim Reiten als auch in der Haltung das Leben zu erleichtern.

Somit erfordert auch das Nur-Spazierenreiten reiterliche Kenntnisse und Fähigkeiten besonderer Art.

Man muss also sich selbst und das Pferd schulen. *Was* gemacht werden sollte und *wie* es gemacht wird, ist in diesem Buch so ausführlich in Wort und Bild geschildert, dass es für jeden verständlich und nachvollziehbar ist.

Unumstößliches Gesetz für jegliches Reiten ist ein pferdegerechter Sitz – von dem auch der Reiter erheblich profitiert – sowie eine intensive Gymnastizierung und Schulung, deren Art und Weise der Psyche und Anatomie des Pferdes gerecht wird.

Für die Psyche des Pferdes

Es kann nicht oft genug betont werden, dass die intensive Gymnastizierung und Schulung des Pferdes auch zu seiner psychischen Veränderung beiträgt. Ein erstaunlicher Vertrauenszuwachs und ausgeprägter Gehorsam sind die Belohnung für den Reiter. Das Reiten und der allgemeine Umgang mit dem Pferd verändern sich im positiven Sinne. Das intelligente Pferd wird sich in seinen Fähigkeiten entsprechend mehr angesprochen und ausgelastet fühlen. Es wird gelassen und zufrieden sein. Es braucht nicht mehr mit eigenen Mätzchen für Unterhaltung und Abwechslung zu sorgen.

Hingegen bewirkt bei einem zur Trägheit neigendem Pferd die intensive Gymnastizierung und Schulung ein „Wecken" der Gehirnzellen. Es gewinnt Lust an den Übungen und arbeitet verstärkt mit. Nach einiger Zeit ist solch ein Pferd nicht wiederzuerkennen:

Gelassen, zufrieden und dennoch aufmerksam werden Pferde durch intensive Gymnastizierung und Schulung.

Es ist eifrig, aber nicht eilend. Es schwingt, statt zu schlurfen. Es federt, statt zu rütteln, es ist hellwach, aber ohne zu „spinnen".

In der Praxis sind diese Zusammenhänge unglücklicherweise noch nicht genügend bekannt. Alles wird in Unkenntnis der Dinge auf das Pferd geschoben. Viele Reiterinnen und Reiter sind dadurch schon in recht unangenehme Situationen geraten. Da möchte das Pferd die im Gebüsch raschelnde Maus als Säbelzahntiger sehen. Da wird die dunkle Pfütze zum Höllenschlund erklärt und das Papiertaschentuch zum Gespenst befördert – und dann wird entsprechend reagiert.

Jetzt ist endlich mal was los, jetzt ist endlich Abwechslung und Unterhaltung geboten, jetzt kommt endlich mal Stimmung auf – nur nicht bei dem, der auf diesem Pferd sitzt! Das hört sich alles recht lustig an, aber nur für die anderen. Denn das Pferd wird sich immer mehr Unarten einfallen lassen, um seinem Frust Ausdruck zu geben. Der Betroffene hat meistens die Ursachen für das Verhalten seines Pferdes überhaupt nicht erkannt. Woher sollte er auch!

Welchen Rat würde er wohl in seinem Umfeld bekommen? Vielleicht, Hilfszügel oder ein schärferes Gebiss zu benutzen. Auch könnte in Erwägung gezogen werden, dem Pferd in der Box mal eine „Abreibung" zu verpassen. Diese und andere „Ratschläge" wurden mehr als einmal, nicht nur als Ausnahme, berichtet.

Das führt so weit, dass Pferde unreitbar werden, obgleich sie eigentlich die besten Anlagen haben und prima Partner sein könnten. So wandern diese armen Geschöpfe von Hand zu Hand. Die Endstation kann sich jeder vorstellen.

Nur von einem in seiner Psyche gesund gehaltenen Pferd kann man das erwarten, was man sich erhofft.

Es gibt also viel zu tun!

Mit anderen Mitteln

Diese Mittel sind nicht etwa andere Hilfszügel, andere Sperrhalfter oder sonstige andere Mittel zum Manipulieren.

Die Mittel, die hier gemeint sind, bestehen aus folgenden Punkten:

- im Einfallsreichtum der verschiedensten Übungen,
- im anderen Sitz als dem üblichen,
- in den anderen Einwirkungen auf das Pferd,
- in der Verlagerung ihrer Prioritäten und ihrer Intensität.

Bedeutende Dinge werden bedeutungslos oder umgekehrt.

Das hört sich alles etwas verwirrend an. Im weiteren Verlauf des Buches wird sich aber auch dieses klären. Wer sich mit seinem Pferd bis zum Ende des Buches durchgearbeitet hat, wird es wissen. Irgendwann wird ein „Klingeln" am Zügel genügen, um das zu erreichen, was sonst nur durch Kraft möglich war. Dafür gewinnt aber der Sitz immer mehr an Bedeutung.

Durch die vielen Lektionen, die das Pferd immer williger und selbstverständlicher mitmachen wird, stellt sich dann etwas ein, was viele jetzt noch nicht so recht verstehen werden, und wovon etliche, die wissen, was gemeint ist, nur träumen:

Das Pferd wird allmählich „kürzer", die Zügel werden dafür „länger".

Das erstrebte Ziel rückt näher: das entspannte, aber aufmerksame Pferd, der gelöste und gelassene Reiter, die psychische Zufriedenheit beider.

Möchten das nicht alle? Richtig. Nur bei der Frage „Wie komme ich dahin?", das heißt, bei den Lehrmethoden, scheiden sich die Geister.

Krafteinwirkungen werden klein, Anforderungen an das Gehirn und an die Sensibilität des Reiters dagegen groß geschrieben.

ANDERS REITEN - ABER WIE?

WER SICH MIT SEINEM PFERD BIS ZUM ENDE DES BUCHES DURCHGEARBEITET HAT, WIRD ES WISSEN ...

Nach welcher Methode?

Freizeitreiten in der Art, wie es hier verstanden wird, soll locker, aber elegant sein. Leichtigkeit und Präzision sollen bestimmend sein, nicht die Hilfen!

Die Basis dieser Reitlehre bilden die altklassischen Lektionen, wie sie der große Reitmeister François Robichon de la Guérinière seinerzeit lehrte. So gehören die Seitengänge wie Schulterherein, Travers, Traversale, Renvers sowie weitere Biegearbeiten wie Volten zur Standardausbildung.

Aber auch Elemente aus dem altkalifornischen Reiten fließen mit ein. Und gemäß der Denkweise des iberischen und südfranzösischen Raumes wird dem Reiten die „Kraft" und die Auffassung als „Arbeit" genommen und ihm statt dessen Leichtigkeit und Nonchalance verliehen.

In dieser Synthese könnte man auf den ersten Blick Widersprüchlichkeiten entdecken. Oberflächlich wird gern davon geredet, dass ausschließlich die reine Lehre, in einer Richtung, praktischen Bestand haben kann. Dem darf und muss widersprochen werden. Die Basis meiner Methode beruht auf der Synthese artverwandter Reitweisen, die sich in Jahrhunderten zu einer ästhetischen, humanen und dadurch pferdegerechten Reitkunst entwickelten.

Hinzu kommen Arbeitsreitweisen, die wiederum aus dieser altklassischen Kunst des Reitens für die jeweiligen Bedürfnisse modifiziert wurden. Die Arbeit, Zweck des Reitens, bestimmte dabei die Veränderung der Reitweise. Wurden hierbei auch die gültigen Regeln der Ästhetik, der Kultur des Landes und die dem dienenden Pferde gebührende Achtung mit einbezogen, war eine eigenständige Reitweise geboren.

Kam noch der Wohlstand eines Landes hinzu, so dass man es sich leisten konnte, Traditionen zu pflegen, dann war die letzte Voraussetzung für eine weitere Verfeinerung dieser „neuen" Reitweise und vor allem ihre Erhaltung für spätere Zeiten gegeben.

So entstand der feine, traditionsreiche kalifornische Reitstil ebenso wie das iberische Reiten, von dem ersterer quasi abstammt. Die Verknüpfung all dieser Erfahrungen zu einer praxisbezogenen Lehrmethode führte zu dem, was den Ruf und das Image dieser Reitlehre für den Freizeitreiter und andere Interessierte begründete.

In allen Lehrveranstaltungen der Freizeitreit-Akademie wurde von den Teilnehmern seit Jahren immer wieder hervorgehoben, dass die Lehrinhalte und die Methodik nach gewisser Zeit eine absolute Neuorientierung der Einstellung zum Reiten bewirken. Sie wird als eine Art von Euphorie beschrieben, die aus dem Gefühl eines völlig neuen Reiterlebnisses resultiert.

Wer hat vor einigen Jahren als Freizeitreiter schon geglaubt oder überhaupt gewollt, mit seinem Pferd Einblick in die Welt des altklassischen, barocken Reitens zu gewinnen? Auch wenn dies dann nur als Mittel zum Zweck erfolgte, so hat es doch zu deutlich sichtbaren Ergebnissen geführt. Eine oftmals unglaubliche Wesensveränderung des Pferdes und das Erfolgserlebnis, sich im völligen Einklang mit ihm etwas zu erschließen, zu dem nicht einmal die Fantasie reichte, bestätigen am besten die Logik dieser Methode.

Unter „Dressur" wird nicht die Hinführung zu blindem Gehorsam, sondern die Gymnastizierung und die damit verbundene Schulung des Pferdes verstanden.

Eine barocke Kostümierung rundet zwar das Showbild ab, entscheidend für das altklassische Reiten aber sind die Lehren alter Reitmeister, wie beispielsweise die von de la Guérinière. Hier reitet meine Tochter Nathalie Penquitt meinen Hengst Vigoroso.

Zum altkalifornischen Reiten gehört unter anderem, dass ein Pferd auf feinste Signale seines Reiters achtet, wie hier Watani bei einem Galopp im Gelände.

Wer in einem eleganten altkalifornischen Stil reiten möchte, ist, wie bereits festgestellt, in dieser Reitlehre gleichfalls gut aufgehoben. Hier werden alle Voraussetzungen für ein gutes Reiten in diesem Stil geschaffen. Natürlich können auf solch einer Basis ausgebildete Reiter und Pferde, ohne neu anfangen zu müssen, nach einigen zusätzlichen Unterweisungen und Übungen auch in den Western-Turniersport einsteigen. Es gibt genug Beispiele hierfür, und manch einer wählt von vornherein diesen Ausbildungsweg.

Hier kann ich mich in gewisser Weise auch selbst angesprochen fühlen. Dazu fällt mir viel Typisches ein, so auch Folgendes: Auf dem Abreiteplatz eines Western-Reitturniers war alles voll *in action*. Meine Mitstreiter bereiteten sich für ihre Disziplinen vor. Hierzu drehten sie wie immer unzählige Male Roll Backs und Spins oder sausten durch die Länge der Bahn, um vor den Enden Sliding Stopps zu produzieren.

Ich versuchte, soweit es mir die geschilderten Umstände erlaubten, vor Watanis Start zu seiner Lockerung Seitengänge zu reiten. Hiermit handelte ich mir von etlichen Neulingen unter den Matadoren ein Kopfschütteln ein, während Kinder und jugendliche Zuschauer lauthals kundtaten, dass da einer „englisch“ reiten würde. Dies löste wiederum bei mir ein Kopfschütteln (natürlich nur innerlich) aus. Immerhin fuhr ich mit dem Titel eines Deutschen Meisters und dem des „Allaround Champion der Deutschen Meisterschaft“ (Turnier-Gesamtsieger) nach Hause.

Fast so ähnlich, jedoch ohne mein Beisein, war die Situation, als der Vorstand eines Westernreiterverbandes in einer Wahlversammlung den Vorschlag unpassend fand, mich in sein Gremium aufzunehmen, da ich doch nicht wirklich Western reiten würde.

Nun meinte man aber von Seiten der Versammelten hierzu laut und deutlich: „Aber er gewinnt.“ Nun ja, immerhin war Watani mit mir bereits x-facher Allaround Champion, Landesmeister, Deutscher Meister geworden und wenig später Europameister. Dies dürfte eigentlich das über meine Reitlehre vorher Gesagte genügend begründen.

Dennoch fallen mir heute kaum noch Gründe ein, dem turniermäßigen Westernreiten eine Lanze zu brechen. Gäbe es aber die Western-Geschicklichkeitsdisziplin, den „Trail“, nicht, man müsste sie schleunigst erfinden. Es tut gut, in den verschiedensten dieser Geschicklichkeitsübungen festzustellen, wie ruhig und gelassen ein Pferd zentimetergenaue Arbeit leisten kann. Hier muss das Pferd seinen Kopf anstrengen und mit allen Fasern seiner Nerven auf feinste Hilfen reagieren. Es wird auch in dieser Richtung voll ausgelastet und fühlt sich daher wohl.

Schließlich ist der jüngste Baustein der Synthese, auf der diese Reitlehre aufbaut, das feine altkalifornische Reiten, das sich aus dem iberischen Reiten der Vaqueros entwickelte. Dem Reiten der Vaqueros wiederum lag die hohe Kunst der romanischen Reitweise zugrunde, die dem barocken Reiten entsprach. Der Reigen schließt sich.

Zum Einfluss der iberischen Reitweise auf das von mir gelehrte Reiten muss noch einiges gesagt werden. Die „Doma Vaquera“, eine Dressurprüfung, wie sie im Süden Spaniens üblich ist, setzt sich aus Elementen des altklassischen Reitens und denen der kalifornischen Art zusammen. Die Hilfen werden bei diesem Reiten nur in Form von Signalen gegeben. Die Zügelführung ist einhändig. Auch wird grundsätzlich ausgesessen geritten, das heißt, es gibt weder das Leichttraben (oder überhaupt den Trab) noch den leichten Sitz im Galopp. Die Doma Vaquera ist fester Bestandteil des iberischen Reitens, das mit verschiedenen Elementen auch in meine Reitlehre einfließt.

Ohne die Beeinflussung durch das iberische Reiten, wäre meine Reitlehre nicht denkbar. Die Zusammenhänge wurden angesprochen. Schließlich waren es die Spanier, welche mit ihrer Reitweise die Grundlage für das feine altkalifornische Reiten bildeten. Man merkt übrigens sehr deutlich, dass sich der Westernsattel aus dem iberischen Stierkampfsattel, mit dem auch Dressur in der Tradition eines de la Guérinière geritten wird, entwickelt hat.

Das feine iberische Reiten ist eine vollendete Vereinigung von Pferd und Reiter zu einem Tanz. Wer einen Hauch davon im eigenen Reiten erfährt, kann sich glücklich schätzen.

Dieser Rückgriff auf klassische Traditionen ist notwendig, denn für all die Bausteine, aus denen sich diese Reitlehre zusammensetzt, wurden aus den vorgenannten Reitweisen die dem jeweiligen Zweck entsprechenden Elemente, häufig vereinfacht, übernommen. Hierdurch wird ein Reiten möglich, das sonst viele sicherlich gar nicht erst versuchen würden. Für den kritischen Leser sei hier nochmals angemerkt, dass der durchschlagende Erfolg, wie er in allen meinen Lehrgängen sichtbar wurde, diese Überlegungen rechtfertigt.

Die Doma Vaquera ist ein wichtiger Bestandteil des iberischen Reitens. In den Vorführungen (hier in Jerez, Andalusien) sind immer wieder beeindruckende Übergänge von schnellen Aktionen im Galopp ...

... zu ruhigen Schrittlektionen zu sehen, die einen guten Maßstab für die solide Ausbildung eines Pferdes darstellen.

Zum Pferd

Welches Pferd?

Welches Pferd ist für mich das richtige? Eine heikle Frage, die nicht erschöpfend und noch weniger allgemein gültig beantwortet werden kann. Auch nicht wesentlich unproblematischer stellt sich die Frage, welches Pferd sich zum Reiten in der hier gelehrten Art am besten eignet.

- *Sollte ich zum Spazierenreiten einen Araber nehmen? Der wird aber sicherlich reichlich nervig sein.*
- *Müsste ich nicht lieber einen Haflinger bevorzugen, die sollen doch so ruhig sein und nicht so viel stolpern, oder?*
- *Kommt zum Reiten im Westernstil eigentlich nur ein typisches Westernpferd wie das Quarter Horse in Frage?*
- *Da ich außer im Gelände auch gern etwas Dressur reite, muss ich mir dafür wohl ein Deutsches Warmblut anschaffen?*
- *Die iberischen Pferde sollen sich doch von selbst versammeln und überhaupt so viel können. Da könnte ich vielleicht viel Arbeit sparen?*

Fragen über Fragen.

Fragen, auf deren eingehend begründete Beantwortung Sie im Bedarfsfall unbedingt bestehen sollten, auch wenn Ihre Fragerei dem Beantworter so lästig wie eine Fliege auf der Sahnetorte sein sollte. Wer aber schon ein Pferd sein Eigen nennt, der sollte sich nicht gleich um ein anderes Pferd bemühen, sondern vielmehr mit seinem Pferd gemeinsam versuchen dazuzulernen, wenn er neue Wege im Reiten begehen will.

Warum muss denn für ein anderes Reiten immer gleich ein anderes Pferd her? Besseres Reiten stellt sich doch nicht automatisch durch ein neues Pferd mit rassebedingten speziellen Fähigkeiten ein! Natürlich kann ein anderes Pferd vom Typ her geeigneter für die eine oder andere Reitart sein. Ob sich das dann auch in der Praxis beweist, bleibt zumindest fraglich.

Es hat sich herausgestellt, dass auch das so genannte zwecktypische Pferd bei weitem kein Garantieträger für besseres Reiten in einer bestimmten Reitart ist, genauso wenig wie umgängliches Wesen und leichte Handhabung rassebedingt garantiert werden können. Viele haben aus Unwissenheit oder Ehrgeiz teuer bezahlen müssen, weil sie der Werbung von Händlern, Züchtern und sogar Verbänden kritiklos gefolgt sind.

Trotzdem, es muss wohl so sein, denn man hört es leider allzu oft: Da wird plötzlich der bislang als treu und zuverlässig erklärte Kumpel, mit dem man durch dick und dünn gegangen ist, als ungeeignetes Pferd zur Disposition gestellt. Und das nur, weil man glaubt, mit einem anderen Pferd ginge alles leichter und besser.

Dabei schaffen es viele kaum, die Fähigkeiten, die ihr derzeitiges Pferd besitzt, und die Möglichkeiten, die in ihm stecken, zu erkennen, sie auszunutzen und zu fördern. Sie ahnen gar nicht – und ich spreche von vielseitigen Erfahrungen auf diesem Gebiet –, wie sehr sich ihr Pferd verwandeln könnte, wenn auch nur mit entsprechender Mühe und konsequenter Arbeit.

Natürlich gibt es zwecktypische Rassen für Rennen, Springen, Tölten, Rinderarbeit, Polo und dergleichen. Die Ausschließlichkeit, mit der für eine Rasse zum Freizeitreiten in einer bestimmten Reitart geworben wird, ist dennoch nicht in Ordnung. Hierbei ist insbesondere an das Westernreiten zu denken. Mit welch unsinnigen Argumenten da der Freizeitreiter umworben wird, ist mehr als erstaunlich.

Wie vielen Freizeitreitern, die im Westernstil reiten wollen, nützt es wohl, ein Pferd zu haben, das auf der Viertelmeile das schnellste der Welt ist? Was nützt ihnen die spezielle

Eigenschaft eines Pferdes, der „Cow Sense"? Was nützen die blitzschnellen Reaktionen dieses Pferdes bei der Rinderarbeit, wenn keine Rinder zur Verfügung stehen?

Wie groß mag wohl der Anteil der Freizeitreiter sein, die jemals in unseren Breitengraden die Möglichkeit hatten und haben werden, mit Rindern vom Pferd aus zu arbeiten? Viele dieser bestechenden Fähigkeiten eines Pferdes sind doch nur für ganz besonders ambitionierte Turnierreiter interessant.

Hier soll weder für noch gegen eine bestimmte Rasse Stellung genommen werden. Nur sollte man wesentlich kritischer den Behauptungen gegenüberstehen, Pferde dieser oder jener Rasse seien besonders als Familienpferd geeignet oder seien die ruhigsten, ausgeglichensten, trittfestesten, zähesten, klügsten, wendigsten und daher ganz ohne Zweifel am besten für die Erfüllung der Wünsche des Käufers geeignet.

Es gibt nicht *die* Idealpferderasse für den Freizeitreiter. Es kann auch kein Einheitspferd geben, das zu jedem passt. Der feinnervige, hoch sensible Vollblutaraber kann für eine bestimmte Person das Pferd sein, welches wie ein zarter Frühlingswind in der Traversale dahinschwebt, aber genauso gut eine Geschicklichkeitsprüfung fehlerlos absolviert oder durch dick und dünn furchtlos durchs Gelände zieht. Diese beiden sind sich einig, sie passen zusammen.

Ein anderer würde mit einem solchen Pferd vielleicht ein Chaos erleben. Stattdessen erreicht er größte Harmonie, wenn er einen Norweger oder Haflinger reitet. Wie wenig eine bestimmte Rasse für Erfolge ausschlaggebend ist, zeigt das Beispiel eines Norwegers. Er trat in einer Deutschen Meisterschaft im Westernreiten gegen alle Pferde an, die eigentlich für die Disziplin „Trail" als prädestiniert angesehen werden, und siegte über alle. Die Beispiele ließen sich fortsetzen.

Dennoch gibt es auch einige feste Vorstellungen über den Körperbau eines Pferdes für das von mir gelehrte Reiten. So sollte es nach meiner Meinung möglichst nicht wesentlich größer als 160 Zentimeter im Stockmaß sein, das heißt, vom Widerrist

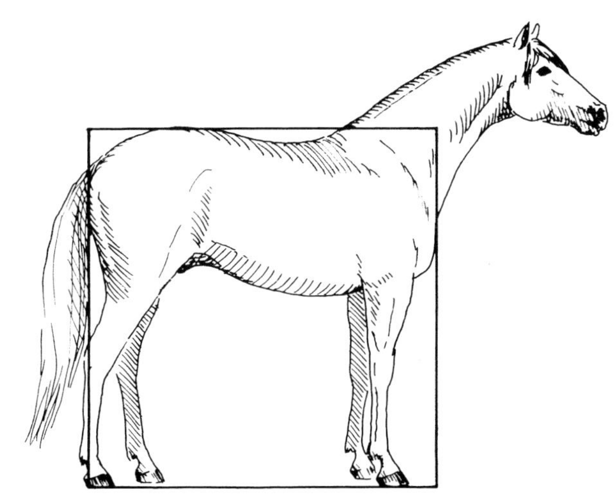

Ein annähernd im Quadratformat stehendes Reitpferd hat für den Freizeitreiter wesentliche Vorteile. Es bildet in Höhe (Widerrist) mal Länge (Brust bis Schweifrübe) ein Quadrat. Sein kurzer Rücken kann mehr Last schadlos aufnehmen. Auch treten die Hinterbeine leichter und weiter unter den Körpermittelpunkt.

in einer senkrechten Falllinie gemessen. Pferde in diesem „handlichen" Format sind auch für große Reiter groß genug und erfordern zum Aufsteigen keine Leiter. Welchen ernsthaften Sinn sollte ein größeres Pferd, auch für den anspruchsvollsten Freizeitreiter, haben?

In seinen Proportionen wäre das Quadratpferd die Idealvorstellung. Das Pferd sollte also von der Brust bis zur Schweifrübe gemessen nicht wesentlich länger sein als seine Größe im Stockmaß. Leider hat man viele Pferderassen so in die Länge gezüchtet, dass sie eigentlich besser vor den Wagen gehörten als unter den Sattel – sie „schreien nach der Deichsel". Lange Pferde neigen zu einem empfindlichen Rücken, der das Reiten allzu oft problematisch werden lässt.

Kurze Pferde können das Reitergewicht allein von der Statik her besser verkraften. Durch die relative Kürze ihres Körpers treten die Hinterbeine erheblich leichter mehr unter den Körpermittelpunkt. Die Hinterbeine schieben daher die Last nicht so stark den Vorderbeinen zu, sondern entlasten diese durch vermehrtes eigenes Tragen.

Araber, Lusitanos, Andalusier (Pura Raza Española) und etliche weitere Rassen gehören zu den kurzen, meist etwa im Quadratformat stehenden Pferden. Hier ein junger P. R. E.-Hengst in Jerez (Andalusien).

Es gibt noch etliche körperliche Merkmale, die man sich an einem Freizeitpferd in seiner Idealform wünschen könnte. Alle anatomischen Vorzüge eines Pferdes nutzen jedoch wenig, wenn die reiterlichen Fähigkeiten nicht ausreichen, um sie auch entsprechend zu nutzen.

Andererseits können Pferde, die nach herkömmlichen Maßstäben sogar körperliche „Mängel" vorweisen, durch entsprechende gymnastizierende Lektionen diese nicht nur ausgleichen, sondern bessere Leistungen erbringen als andere. Sie können sogar widerstandsfähiger, komfortabler für den Reiter und für bestimmte Bedingungen geeigneter sein. Allerdings nur – ich wiederhole – nach entsprechend konsequenter gymnastizierender Arbeit in der Art, wie ich sie verstehe.

Manch einem bietet sich plötzlich ein Gelegenheitskauf an. Hier wird nicht nach Rasse und Papieren gefragt. Man greift zu und hat das Pferd, über das dann alle staunen, wie toll es sich macht. Pferd und Reiter wachsen zusammen und sind vollauf zufrieden.

Doch nicht jedem läuft solch eine glückliche Gelegenheit über den Weg. Viele, und zu denen zähle auch ich, müssen hingegen in sehr überlegter Form vorgehen, um sich vor unangenehmen Überraschungen zu schützen. Sie denken also lange und gezielt darüber nach, für welche Pferderasse sie besondere Neigungen empfinden. Es wird überlegt, ob diese oder jene Rasse ihrer Mentalität im Umgang entgegenkommen könnte und welche sich für ihre persönlichen Reitambitionen besonders eignen.

Mir hatten es vor allem die Araber angetan und hier im Besonderen die Shagya-Araber. Araber haben eine Ausstrahlung, die mich ganz besonders fasziniert. Auch beeindruckt mich ihre überdurchschnittliche Intelligenz, die sich vor allem in ihrer schnellen Auffassungsgabe zeigt, und ich schätze ihre unglaubliche Zähigkeit.

Mein Shagya-Araber Watani 12 war durch seinen Körperbau nicht unbedingt für die Dressur prädestiniert. Hieran waren die Fehltritte seiner Gene, ein recht tief angesetzter Hals sowie eine zu steil gewinkelte Schulter und Hüfte „schuld". War er aber in Aktion, konnte man hiervon nichts merken. Ständiges Gymnastizieren mittels altklassischer Lektionen und viele Geschicklichkeitsübungen hatten seine von Exterieur-Fachleuten festgestellten, der Dressur abträglichen Handicaps vergessen lassen.

So konnte man einen Araber erleben, der sich in schönster Versammlung, mit weichen Gängen, federndem Rücken, stolzer, erhabener Haltung bei leicht durchhängenden Zügeln und kaum erkennbaren Hilfen seines Reiters als Publikumsliebling präsentierte. Jetzt aber will ich noch dem Wunsch der Watani 12-Fans gerecht werden und ein paar weitere Zeilen über dieses Pferd anhängen.

Watani 12 – ein Wunderpferd?

Ein Wunderpferd war mein Watani 12 gewiss nicht, aber ein typischer Araber, denn er besaß die schnelle Auffassungsgabe seiner Rasse. Im Geschicklichkeits-Parcours war er im wahrsten Sinne des Wortes ein Meister. Unzählige Male gewann er beim Westernreiten in dieser Disziplin, dem so genannten Trail. Aber nicht nur in dieser, auch in anderen, wie zum Beispiel dem Pole Bending. Hierbei handelt es sich um ein Slalomrennen, bei dem extrem enge, schnelle Wendungen mit fliegenden Wechseln erforderlich sind, wobei die Betonung auf „fliegend" angebracht sein dürfte. Hier hielt er bei den spurtschnellsten Pferden der Welt, den Quarter Horses, mit.

So machte Watani 12 seiner Rasse alle Ehre und verhalf seinem Reiter zu vielen Erfolgen. Abgesehen von verschiedenen Meistertiteln wie dem des Europameisters zeigten vor allem zahlreiche Titel als All-around-Champion (Turnier-Gesamtsieger) sowie der des European Champion Super-

Welch ein edler, kluger und erhabener Ausdruck: der 24-jährige Shagya-Araber Watani 12, der den Autor am intensivsten lehrte, mit Pferden zu denken.

horse seine unglaubliche Vielseitigkeit. Dabei blieb Watani 12 durch mein Trainingsprogramm stets nervlich und körperlich kerngesund und überstand zehn Jahre lang die Turniersaison spurenlos.

Je vielseitiger das Reitprogramm, desto größer seine Nervenstärke! Zwischendurch gingen wir beide hin und wieder auf Wanderschaft. Damals waren 700 Kilometer lange Wanderritte mit entsprechendem Gepäck noch etwas Besonderes. Auch hier zeigte sich die absolute Zähigkeit und Zuverlässigkeit des Arabers.

Während eines Rittes führte eine zwei Meter schmale und leicht schwankende Fußgängerbrücke hoch über eine viel befahrene Autobahn. Wäre mir die Genehmigung ihrer Benutzung nicht erteilt worden, so hätte ich (aus heutiger Sicht liebend gerne) die ca. zwanzig Kilometer Umweg in Kauf nehmen müssen. Watani machte dies aber genauso wenig aus wie die Situation, als uns auf einer mit Stahlplatten belegten Eisenbahnüberführung mit einem Höllenlärm unerwartet Kettenfahrzeuge entgegenkamen und unter uns auch noch ein Zug durchraste.

Zwischendurch hatte ich eine Zeitlang Spaß an Distanzrennen. Nach einem Veterinärkurs zum Messen von Puls- und Atemwerten ging's mit einem konditionsaufbauenden Training los und danach zur Sache. In Rennen mit Distanzen zwischen dreißig und achtzig Kilometern kam Watani, nach ruhigem und von mir ausgesessenem Dauergalopp, oftmals nicht nur als Erster durchs Ziel, er gewann zusätzlich auch noch den begehrten Konditionspreis.

Dann erfreute Watani ab und zu in Shows sein Publikum mit Kunststückchen. So preschte er im Galopp durch eine undurchsichtige Papierwand oder stand auf einer in künstlichen Nebel eingehüllten Wippe, rundherum Feuerwerk, und schaukelte in gelassener Aufmerksamkeit. Dass mir hierbei noch ein in der Hand gehaltener brennender Zweig mit einer extrem laut knallenden Trickpeitsche stückweise abgeschlagen wurde, verfolgte Watani zwar wippend, aber ohne sich von der Stelle zu rühren.

Während ihn im Sommer ein hauchdünnes, seidig glänzendes Fell, das seine Adern besonders am Kopf deutlich markierte, in den Adelsstand erhob, wirkte er im Winter mit seinem feinen, aber äußerst dichten Pelz wie ein Kuscheltier zum Spielen. Damals fragten Besucher, ob das wie ein Fohlen spielende und auf zwei Beinen senkrecht stehende Pferd schon angeritten sei. Nun ja, meinte ich, mit vierundzwanzig Jahren, die er jetzt sei, sollte er dies eigentlich sein.

Welch ein Pferd, mein Watani! Eine lebende Legende – ein Araber.

Vigoroso – ein iberisches Pferd

Wer einmal als Pferdefreund die andalusischen Pferde im tiefen Süden Spaniens erlebte, kommt mit glänzenden Augen zurück. Auch mir ging es bei meinen vielen Aufenthalten in Andalusien nicht anders. Durch einen Abstecher nach Portugal vertiefte sich dieser Eindruck. Dort lernte ich dann die Lusitanos kennen und lieben.

Allerdings vermochte ich keinen nennenswerten Unterschied zwischen den beiden iberischen Rassen zu erkennen. Ich war vernarrt in iberische Pferde. Ihre Ausstrahlung, die tänzerischen Bewegungen, der sanfte Blick aus großen dunklen, ovalen Augen ließen mich nicht mehr ruhig schlafen.

In Spanien herrschte seinerzeit die gefürchtete Pferdepest. Von dort bekam man kein Pferd heraus. Hingegen konnten aus Portugal auf dem Luftwege Lusitanos importiert werden. Dann bot sich eine günstige Gelegenheit: Ein zehnjähriger Lusitanohengst eines Ausbilders von Stierkampfpferden stand zum Verkauf. Er musste schwere Verletzungen erlitten haben. Seine zwar gut verheilten, aber gewaltigen Narben sprachen für sich.

Ein besonderes Glück ist es, wenn ein Pferd wie mein Vigoroso, der anfangs schon beim Anblick einer zierlichen Gerte in heftigstes Getrappel verfiel, sich nicht nur leicht wie eine Daunenfeder in allen Seitengängen leiten ließ, sondern auch ohne Aufregung eine taktmäßige Piaffe zeigen konnte.

Vigorosos Narben – offene Wunden in seiner Psyche

Ein herrliches und im Umgang völlig unproblematisches Pferd – bis zu dem Moment, wo man einen Fuß zum Aufsteigen in den Bügel setzte. Wer das, was darauf folgte, sah und mir einigermaßen gut gesonnen war, hatte großes Mitleid mit mir. Die anderen grinsten nur. Nach etlichen Wochen vergeblicher Bemühungen stellten sich in Sachen iberische Pferde wieder Schlafstörungen ein, aber der Anlass war dieses Mal leider anderer Art.

Obgleich ich zunächst geglaubt hatte, Vigoroso relativ günstig erworben zu haben, beschlich mich schließlich doch das Gefühl, der Preis sei viel zu hoch gewesen. All mein geglaubtes Wissen und Können hatte versagt. Im Moment dieser schlimmen Zweifel kam die Wandlung Vigorosos. Er hatte endlich auch beim Reiten Vertrauen zu mir und lernte wie ein Wunderknabe. Wohin ich auch kam, seine Ausstrahlung erweckte beim Publikum Begeisterung.

Obgleich er nie auch nur den kleinsten Klaps von mir erhalten hatte, scheute er stets und ständig noch vor meinem erhobenen Arm. Zeigte ich unbedacht in seiner Box auf ein Schwalbennest, dann flüchtete er in großer Furcht jäh in eine Ecke. So tief können psychische Wunden sein.

Vigoroso – die unglaubliche Wandlung eines Pferdes

Im Gelände konnte er mit naturgegebener wunderschöner Aufrichtung langsamer galoppieren, als andere Pferde im Schritt gehen. *„Cornelia, renn doch nicht so, ich komm im Galopp nicht mit"*, rief ich einmal bei einem Ausritt meiner Frau zu. Und wenn wir anderen davon erzählten, fügte sie hinzu: „Er blieb zwar zurück, aber ich ging doch mit meinem Pferd nur im Schritt."

Einmal gelernte Lektionen können allein durch entsprechende Körperhaltung sofort und für den Außenstehenden unsichtbar abgerufen werden. Wer gehobenes Freizeitreiten pflegt und in dieser Art auch gerne mal „dressurmäßiges" Reiten mag, der kann viel Freude mit einem iberischen Pferd haben. Nur, nicht jedes iberische Pferd ist für „Jedermann" geeignet. Häufig stellen diese Pferde erhebliche Ansprüche an das Können der Reitenden. Dies gilt im Besonderen, entgegen allen anders lautenden Behauptungen, bei iberischen Hengsten, Andalusiern wie Lusitanos.

Mit Vigoroso verband mich ein tiefes Verstehen. Er konnte den vom Heben einer Augenbraue verursachten „Luftzug" als Hilfe verstehen und wie gewünscht reagieren. Dieses Pferd ließ sich durch nur „gedachte" Hilfen lenken.

Hier wurde ein Traum gelebte Wirklichkeit. Mit diesem Lusitano konnte man zaubern und war verzaubert. Vigoroso war eine Herausforderung und wurde eine Erfüllung.

Wie lernt ein Pferd?

Pferde haben bekanntlich ein gutes Erinnerungsvermögen. Bestimmte Erlebnisse und Muster vergessen sie einfach nicht. Wo sie einmal gewesen sind, bleibt ihnen im Gedächtnis. Noch besser klappt es mit der Erinnerung, wenn sie etwas in besonderer Weise beeindruckt hat, sei es positiver oder auch negativer Art gewesen.

Da war ein Quartier, das auf einem wochenlangen Wanderritt, mehrere hundert Kilometer vom eigenen Stall entfernt, aufgesucht wurde. Futter und Unterkunft waren bemerkenswert gut. Ein Jahr später kommt das Pferd auf dem gleichen Wege in seine Nähe. Sofort steuert es zielstrebig sein altes Quartier an.

Ein anderes Pferd erschrickt an einer beliebigen Stelle über etwas X-beliebiges. Später ist der Anlass zum Erschrecken dort nicht mehr gegeben. Das an dieser Stelle wieder vorbeikommende Pferd kann sich trotzdem erschrecken. Je intensiver der Schreckanlass auf das Pferd einwirkte, desto länger und intensiver wird es sich ohne noch vorhandenen Anlass weiterhin an besagtem Ort erschrecken. Es gibt noch weitaus spektakulärere Beispiele für die Merkfähigkeit des Pferdes.

Sein gutes Erinnerungsvermögen ist für das Erlernen der vielen Übungen, die das Reitpferd beherrschen muss, von ungemeiner Wichtigkeit. Geht man bei der Ausbildung nach einem für das Pferd logischen System vor, bleiben die Erfolge nicht aus. Hierdurch können oftmals ungewöhnlich anmutende Leistungen erzielt werden.

Wegen der Wichtigkeit dieser Eigenschaften des Pferdes für jede Ausbildung daher zur Übersicht:

- Das Pferd kann sich äußerliche Einwirkungen und Muster präzise merken und im Gehirn auf lange Zeit speichern.
- Voraussetzung ist, dass die Einwirkungen und Muster absolut eindeutig sind und sich in einem langsamen Ablauf beim Pferd einprägen können.
- Die Wiederholung präzis gleicher Hilfen spielt die wesentlichste Rolle.
- Alle zu erlernenden Schritte dürfen nur *langsam* und im wahrsten Sinne des Wortes Schritt für Schritt beigebracht werden.
- Ist ein bestimmtes Muster sozusagen als „Software" erst einmal im Gehirn des Pferdes eindeutig gespeichert, so kann dieses Muster jederzeit mit den entsprechenden reiterlichen Hilfen, deren bloße Andeutung zuletzt vollauf genügt, abgerufen werden.

Die „Schokoladenseite"

Wie der Mensch, so hat auch das Pferd seine „Schokoladenseite". Gemeint ist die Seite, auf der das Pferd sich besser biegen lässt und in deren Richtung das Pferd auffallend beweglicher ist. Weshalb das so ist, soll nicht näher untersucht werden. Es gibt einfach zu viele Begründungen und Vermutungen. Erwiesen ist bislang noch keine.

Wichtig ist nur zu wissen, dass es eine „Schokoladenseite" tatsächlich gibt, wenn auch nicht bei jedem Pferd. Wichtig zu wissen deshalb, dass es sich um keine Laune oder Bosheit des Pferdes handelt, wenn es zur einen Richtung hin eine Lektion anscheinend williger und leichter gebogen geht als zur anderen.

Wie gesagt, es gibt viele Vermutungen und Untersuchungen über die Gründe, die zum Rechts- und Linksdrall bei Menschen und Tieren sowie speziell bei Pferden führen. Bislang konnte keine der bekannt gewordenen Theorien vollkommen überzeugen.

Hingegen zeigt die Praxis einiges deutlicher. So ist zum Beispiel beim Warmreiten der Pferde in einem Kurs fast jedes Mal das Gleiche zu beobachten.

Ohne Absprache gehen hierbei in fast jedem Kurs die Teilnehmer mit ihren Pferden zunächst linksherum. Zufall? Sie taten es unaufgefordert, jeden Kurstag, morgens und nachmittags vor dem Unterricht. Das ging zwei Tage so, bis sie von mir darauf aufmerksam gemacht wurden. Auch in der Lernphase des Schulterhereins gehen acht von zehn Pferden wesentlich besser links- als rechtsherum.

Entgegen anderen Meinungen konnte beobachtet werden, dass es sich bei Galoppübungen ganz offensichtlich ebenso verhält. Etwa acht von zehn Lehrgangsteilnehmern behaupten, dass ihre Pferde „Linksgänger" seien. Sie haben eines gemeinsam: den Linksdrall. Man kann es besonders auf den Abreiteplätzen bei Turnieren beobachten. Alles reitet linksherum und linksherum und ... Wer vielleicht nach rechts wollte, traut sich gar nicht erst.

Deshalb:

Normalerweise wird eine Lektion gleichmäßig links- und rechtsherum geritten. Hat das Pferd aber eine „schwächere" Seite, so muss mit dieser unbedingt mehr geschehen. Das bedeutet, auf dieser Seite öfter eine Lektion doppelt zu gehen. Nur muss darauf geachtet werden, wann der Zeitpunkt der Gleichmäßigkeit gekommen ist. Übertreibt man es, kehrt sich irgendwann der Effekt um.

Das Warmreiten

Nur Filmcowboys schwingen sich auf das stundenlang wartende Pferd, um in vollem Galopp davonzurasen. Da Sie Ihr Pferd etwas länger behalten wollen, muss jedes Reiten im Schritt begonnen werden.

Das Pferd braucht diese Schrittphase, um »warm« zu werden. Bevor eine volle Belastung schadlos möglich wird, müssen Muskeln und Sehnen behutsam gelöst beziehungsweise gedehnt und die Gelenkkapseln „geschmiert" werden. Aber auch die stets erneute Gewöhnung an Ihr – wenn auch noch so geringes – Gewicht spielt eine Rolle.

Warmreiten = Meditationszeit,
so lautet die Formel für Sie und Ihr Pferd. Sie beide brauchen sie zur psychischen Einstimmung auf das Reiten. Sie sollen abschalten von dem, was vorher war, die Hetze des Tages, die vielleicht erforderliche Fahrt zum Pferd im häufig zermürbenden Straßenverkehr und dergleichen mehr. All das sollte, bevor Sie vom Pferd etwas verlangen können, ruhig Schritt für Schritt abgebaut sein. Aber auch das Pferd braucht für seine Psyche einige Minuten zum „Umschalten". Es soll sich in Ruhe auf die bald erforderliche Konzentration einstellen können.

Begonnen wird mit einer Platzrunde am hingegebenen Zügel. Diese dient dem Pferd in verschiedener Hinsicht: Zum Kennenlernen eines noch fremden Terrains oder auch zur Vergewisserung, das alles noch seine gewohnte Ordnung hat, und außerdem kann sich das Pferd, ohne zusätzlich etwas tun zu müssen, an das Reitergewicht gewöhnen.

Hiernach folgen Lockerungsübungen wie geschlängelte Linien, das Mäander-Muster, Volten und dergleichen. Alles noch nicht so genau verlangt und selbstverständlich nur mit geringem Kontakt zum Pferdemaul, das heißt also nur am relativ langen (vor allem äußeren) Zügel geritten.

Die Bewegungsrichtung wird dem Pferd vor allem durch den äußeren Schenkel und mit besonders deutlicher Drehung des Oberkörpers (innere Schulter zurück, äußere Schulter vor) in die gewollte Richtung angezeigt. Lediglich unterstützend liegt hierzu der jeweils äußere Zügel am Pferdehals an. Anfangs kann es vorkommen, dass das Pferd aufgrund der sehr deutlichen Körperhilfen zum Eilen neigt. Durch Gewöhnung wird sich dies aber verlieren, zumal dann ja auch entsprechend geringere Hilfen erforderlich werden.

Diese acht bis zehn Minuten nenne ich die Meditationszeit. Hier verdünnen sich die Alltagsdinge. Das Hineinfreuen auf das Zusammenspiel mit meinem Pferd, auf das, was man landläufig Reiten nennt, beginnt.

Es ist festzuhalten:

- Die Vorbereitung des Pferdes durch eine „Vorwärmzeit“ auf die eigentliche Gymnastizierung, ist für jedes Pferd unerlässlich. Es gilt also nicht nur für „Boxenpferde“, sondern gleichermaßen für Pferde, die aus dem Auslauf oder von der Weide kommen.
- Nach dem „Vorwärmen“, das heißt, vor jedem weiterem Reiten, sollte, soweit das Pferd es beherrscht, grundsätzlich das Schulterherein kommen.
- Jedes Gymnastizieren beginnt also mit dem Schulterherein.

Die Entspannungsphasen

Nichts hat schlimmere Folgen, als ein Pferd in der Ausbildung physisch und psychisch zu überfordern. Das ist einleuchtend und brauchte nicht ausdrücklich erwähnt zu werden. Nur: Wann ist ein Pferd überfordert?

Hier fangen die Unsicherheiten und Meinungsverschiedenheiten schon an. Ein einigermaßen trainiertes Pferd kann viele Stunden, in einem vernünftig abgestuften Tempo, auf einem Spazier-, Wander- oder Distanzritt unbeschadet gehen. Hingegen können zwanzig Minuten ununterbrochener Bahnarbeit in hoher Konzentration und Anspannung das Pferd völlig überfordern. Hierbei ist es unerheblich, ob deutsch, englisch, romanisch oder Western trainiert wird.

Es trifft nicht nur das Pferd, auch dem Reiter geht es kaum besser. So werden beide gestresst, gereizt und ausgelaugt, keiner kann sich regenerieren. Vor allem das Pferd wird diese Erinnerung in das nächste Training mitbringen. Der Spaß wird weniger, für beide. Das Pferd reagiert unwilliger. Die „Hilfen“ des Reiters werden härter. Die akustischen Ermahnungen nehmen an Lautstärke zu. Die Atmosphäre ist vergiftet, und irgendwann geht nichts mehr.

Dabei wäre alles so einfach. Es gibt zu viele, die ihr Pferd im Dauerstress über eine Stunde mit aller Kraft ununterbrochen reiten. Es gibt aber große Reiter, bei denen eine anstrengende Lektion nicht mehr als drei bis fünf Minuten im Training dauern darf.

Danach kommt sofort eine Entspannungsphase am hingegebenen Zügel von einer halben bis ganzen Bahnrunde. War die Übung schwierig, so gibt es eine Belohnung aus der Zuckertasche. Beides schafft die richtige Atmosphäre zum Auftanken neuer Spannkraft und psychischer Zufriedenheit.

Es gibt Überlegungen, wonach solche Belohnungen abzulehnen seien. Bisher konnte keine überzeugen. Warum haben wohl

Nichts ist für die physische und psychische Verfassung eines Pferdes wichtiger als eine Entspannungsphase. So folgt zum Beispiel nach einer nur wenige Minuten dauernden, aber anstrengenden Lektion eine halbe bis ganze Bahnrunde zur Erholung am hingegebenen Zügel.

die Bereiter der Spanischen Reitschule in ihren Frackschößen eingenähte „Zuckertaschen“, von denen auch fleißig Gebrauch gemacht wird? Die weißen Hengste sind trotzdem unübertroffen gehorsam. Ihre Bereitschaft zum bedingungslosen Einsatz und ihr Vertrauen zu ihrem Reiter sind vorbildlich.

Loben darf und soll man das Pferd lieber dreimal mehr als einmal zuwenig. Leckereien bekommt es selbstverständlich nur nach einer für das Pferd auch erkennbaren Leistung. Wird ihm immer wieder grundlos etwas ins Maul gestopft, zieht es einem bald die Jacke mit den Zähnen aus.

Ein schmackhaftes Leckerli als Belohnung sofort nach einer gelungenen Lektion ist für das Pferd die überzeugendste Lernhilfe.

Zurück zu den Entspannungsphasen. Ihre Wichtigkeit kann gar nicht genug betont werden. Wer als Ergebnis der Ausbildung ein Pferd haben will, das mit Vertrauen, Leichtigkeit, Pep, Präzision und lockerer Eleganz zu reiten ist und dabei psychische Zufriedenheit und Gelassenheit ausstrahlt, muss also nicht nur sehr viel tun, sondern auch sehr viel überlegen.

Zur Ausrüstung

Grundsätzliches

Geht es um die Ausrüstung des Pferdes, so ist eine Diskussion kaum möglich. Hier wird auf Standpunkten beharrt, die keinen Spielraum belassen. Das fängt beim Sattel an und verschärft sich vollends, wenn es um die „richtige“ Zäumung geht.

Aufgeschlossener in diesen Dingen erscheinen die Freizeitreiter. Viele haben ihre bisherige Reitweise geändert oder suchen noch nach Möglichkeiten, das Pferd und sich zufriedener zu machen. Sie stellen das Gewohnte in Frage und denken über vieles nach. Dadurch sind sie auch offen für alles, was rund ums Pferd verwendet werden kann.

In Sachen Ausrüstung erscheint etliches auf den ersten Blick komplizierter, als es bei näherer Betrachtung dann wirklich ist. Vieles ist durch die enorme Zunahme der Freizeitreiterei in Bewegung geraten. Doch emotionale Ausbrüche und überschwängliche Begeisterung in der Absicht, alles ändern zu wollen, sind genauso in Grenzen zu halten wie auf der anderen Seite konservative Unbeweglichkeit. Für sachlich orientierte Toleranz sollte immer Platz sein.

Deshalb sind in meiner Reitlehre keine Dogmen für die Ausrüstung aufgestellt. Vielmehr werden die Vor- und Nachteile verschiedener Ausrüstungsgegenstände aufgezeigt, damit jeder individuell entscheiden kann, was ihm für sich und für sein Pferd am zweckmäßigsten erscheint.

Zum Sattel

Der richtige Sattel ist nicht unbedingt nur der, welcher dem Pferd passt und auf dem Sie sitzen können. Das sind lediglich zwei von verschiedenen Voraussetzungen, die an einen Sattel selbstverständlich zu stellen sind.

Natürlich muss der Sattel so beschaffen sein, dass das Pferd die Last so gut wie möglich (er-)tragen kann und Ihnen das Sitzen so angenehm wie möglich ist. Vorher aber ist zu überlegen, ob sich der Sattel für die gewählte Art Ihres Reitens wirklich eignet.

Hier tauchen vielfach Schwierigkeiten auf. Wer beabsichtigt, an Western-Reitturnieren teilzunehmen, dem wird die Entscheidung abgenommen, da das Regelbuch den Westernsattel zwingend vorschreibt. Er braucht sich nur noch Gedanken zu machen, ob er zum Beispiel einen Reining-Sattel benötigt oder ob er lieber mit einem Pleasure-Showsattel glänzen will. Hingegen wäre das Freizeitreiten im Westernstil durchaus auch mit einem x-beliebigen Sattel möglich. Natürlich ist das nicht stilecht, und ob es in letzter Konsequenz auch zweckmäßig ist, muss jeder für sich selbst entscheiden.

Ein weiteres Beispiel zeigt, was bei der Wahl des Sattels alles berücksichtigt werden muss. Wer beispielsweise stilecht mit einem Westernsattel reiten möchte, aber Springambitionen im Gelände hat, sollte wissen, dass bei maximal 60 cm der „Höhenflug“ ein Ende haben muss. Wer dennoch höher hinaus will, dem könnte das Sattelhorn die erforderliche Begrenzung recht schmerzhaft erklären. Wer auf einen solchen Sattel nicht verzichten will und trotzdem öfter kleine Sprünge wagt, für den gibt es ihn auch ohne Horn. Ob dann im Sprung aber der Caprilli-Stil möglich sein wird, ist zumindest fraglich.

Eine sachlich funktionelle Reitausrüstung iberischer Art. Der Portuguesa-Sattel ist aus schlichtem Leder, die allerdings verzierte Kandare wurde wegen ihrer beweglichen Anzüge ausgewählt.

Damit soll nur angedeutet werden, wie unsinnig und leichtfertig Behauptungen vor allem des Handels sind, dieser oder jener Artikel sei der allein selig machende. Die Vor- und Nachteile eines Sattels sind von vielen Überlegungen abhängig. Es erscheint daher angebracht, die Eigenschaften einiger Sättel im Hinblick auf die hier vertretene Reitweise kurz zu betrachten.

Der konventionelle Sattel

Der konventionelle Flachsattel, auch als englischer Sattel bezeichnet, ist der hier allgemein gebräuchlichste Sattel, „englisch" wohl deshalb genannt, weil ihn die Engländer für das Jagdreiten benötigten. Bedingt durch den für dieses Reiten erforderlichen Jagdsitz war die Abkehr vom bisher üblichen bequemen altklassischen Hohlsattel erforderlich geworden.

Diese Entwicklung spielte sich im 19. Jahrhundert im Zusammenhang mit dem Entstehen und der Verbreitung des Englischen Vollbluts ab. Mit dem Dressurreiten begannen die Engländer erst wieder im 20. Jahrhundert.

Nicht besonders versierte Reiter haben auf dem Flachsattel allzu oft ihre liebe Not. Hier zieht eine Schwierigkeit die andere nach sich. Die als Sitzhilfe gegen das Hin- und Herschwanken des Körpers angeklemmten Schenkel pressen zum einen den Reiter aus dem Sattel und lassen zum anderen die Beine höher wandern, bis schließlich die Bügel verloren gehen. Meist fühlt sich das Pferd dadurch veranlasst, schneller zu werden, eine wenig erfreuliche Kettenreaktion.

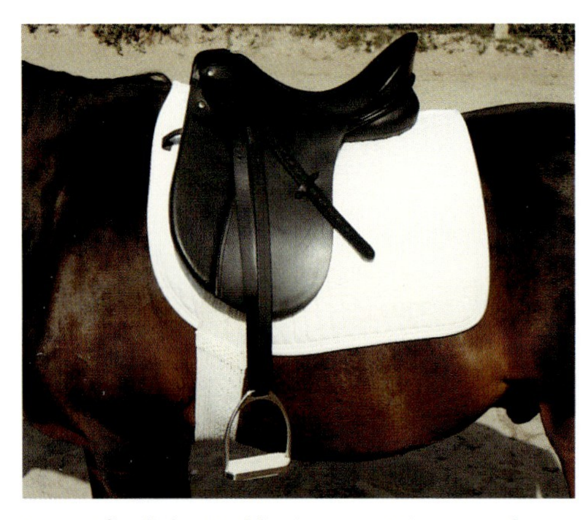

Eine erfreuliche Rückbesinnung. Dieser moderne konventionelle Flachsattel nähert sich im Sitz wieder dem alten Hohlsattel.

Pferde mit schwächerem Rücken können durch die geringe und punktuell belastende Auflagefläche des Flachsattels bei ausgesessenem, längerem Reiten zu Rückenschwierigkeiten neigen.

In der Freizeitreit-Akademie müssen die Teilnehmer bis zu fünf Tage hintereinander täglich fünf Stunden im Sattel verbringen. Es kommt dadurch immer wieder einmal vor, dass nach einigen Tagen trotz eines gut passenden Sattels ein Pferd Satteldruck zeigt. Es handelt sich dabei ausnahmslos um Pferde mit Flachsätteln.

Flachsättel sind in ihrer Ausführung den verschiedenen Reitzwecken angepasst. So gibt es zum Beispiel Spring-, Dressur- und Vielseitigkeitssättel und noch etliche Spezialsättel wie Renn-, Tölt-, oder Trachtensättel. Sie alle zeichnen sich im Verhältnis zu denen der Berufsreiter, wie Western-, Vaquero- oder Gardiansättel, durch ein für den Sattelnden angenehm geringes Gewicht aus.

Während der Militaryreiter einen möglichst leichten Flachsattel für unabdingbar hält, ist für den Dressursportreiter der extrem enge Kontakt am Pferd ausschlaggebend für die Wahl des Sattels. Der Sattel des Dressurreiters der Spitzenklasse aber nähert sich in seiner Sitzfläche mehr und mehr dem altklassischen Hohlsattel!

Der Westernsattel

Bei den Freizeitreitern im Westernstil ist er nach wie vor beliebt, weil er für diese etliches zu bieten hat. Schließlich ist sein Vorfahr immerhin der altklassische Dressursattel. Die Iberer brachten ihn in die Neue Welt. Und Berufsreiter, die Cowboys, passten ihn den dortigen Gegebenheiten an. Männer also, die oftmals an einem Tage länger auf dem Pferd sitzen mussten, als heutzutage mancher Reiter in einem Monat gerade zusammenbringt, haben ihm die Form gegeben. Sie wussten, was Pferd und Reiter auf langen Ritten zur Schonung ihrer beider Rücken sowie der Sitzfläche des Reiters brauchten. Natürlich wurde der Sattel auch stark auf die Rinderarbeit ausgerichtet.

Heute brauchen die wenigsten das Sattelhorn oder die Swell. Bei dieser handelt es sich um seitlich unterhalb des Horns an beiden Seiten herausragende Wülste, die als Stützen für die Oberschenkel bei der Rinderarbeit dienen. Das Sattelhorn stört eigentlich nur den, der höher als 50 bis 60 cm springen möchte.

Eine zu stark ausgeprägte, völlig nutzlose Swell stört aber bei dem von mir gelehrten Reiten häufig bei der beidhändigen Zügelhaltung. Hingegen kann man sich am Horn in einer kritischen Situation sehr gut festhalten. Es ist beim Aufsteigen und zur Befestigung verschiedenster Dinge nützlich, und selbst wenn praxisbezogene Argumente fehlen: Ein Anhänger der Westernkultur wird nicht auf solch ein Traditionssymbol wie das Sattelhorn verzichten wollen.

Streng konservativ eingestellte Reiterinnen und Reiter nehmen nur ungern zur Kenntnis, dass auch der heute noch verwendete Sattelbaum, also das „Herz" des Qualitäts-Westernsattels, im Prinzip mit dem des altklassischen Dressursattels identisch ist. Der Sattelbaum bestimmt aber die Sitzform. Man sollte darauf achten, dass er nicht zu flach gearbeitet ist, sondern eher der Sitzform eines so genannten Hohlsattels entspricht. Diese Sitzform ist es, die den Reiter ohne sein Zutun so hinsetzt, dass er zumindest die Voraussetzung für eine Entlastung der Vorderbeine des Pferdes schafft.

Würde das Horn weggelassen, die Swell und das Cantle (im deutschen Sprachgebrauch Vorder- und Hinderzwiesel) anders geformt, so hätte man einen altklassischen Dressursattel. Ein guter Westernsattel ist also nicht nur dazu geeignet, das Flair von Westernfilmen à la *Rauchende Colts* zu vermitteln, sondern er ist ein ganz allgemein hervorragender Sattel mit Eigenschaften, die sehr wohl ein ernst zu nehmendes und

Ein schlichter Arbeits-Westernsattel von bester Qualität. Die große Auflagefläche schont den Pferderücken, die gut geformte Sitzfläche das Reitergesäß. Das Herz des Sattels, der Sattelbaum, weist heute noch deutlich auf seine Herkunft, den barocken Dressursattel, hin. Diese Form ermöglicht einen Sitz, der dem Pferde sehr zugute kommt.

anderen Reitarten nicht nachstehendes Reiten ermöglichen.

Wer sich beim Reiten einen souveränen Sitz aneignen konnte, der wird selbstverständlich mit einem Flachsattel keine der geschilderten Schwierigkeiten haben. Vielen Freizeitreitern kommt aber der Westernsattel in ihrem Verständnis für eine besondere Reitart wesentlich mehr entgegen. Alle genannten Schwierigkeiten, die der Freizeitreiter mit dem Flachsattel haben könnte, sind in einem guten Westernsattel bald vergessen.

Auch die Western-Steigbügel sind erwähnenswert. Durch ihre Größe bieten sie eine hervorragende Sicherheit gegen ein Hän-

Die Form des beliebten Portuguesa-Sattels aus Spanien verrät noch deutlich seine Entwicklung aus dem Schulsattel des 15. Jahrhunderts. „Portuguesa Penquitt“ ist ein Modell, das in seinen Passformen besonders auf hiesige Pferde und Reiter abgestimmt ist.

genbleiben im Bügel. Die extrem breiten Fender (anstelle der Bügelriemen beim konventionellen Sattel) sind besonders zweckmäßig. Sie halten die Bügel ständig in einer bestimmten Position, so dass sie sich selbst bei stärkeren Schwingungen nicht verdrehen. Das Wiederfinden eines Bügels ist daher jederzeit problemlos möglich.

Ein guter Westernsattel zeichnet sich aus durch hervorragende Qualität. Sowohl vom Material als auch von seiner Verarbeitung her ist er ungewöhnlich. Obgleich Sattelbäume aus Kunststoff vom Handel hochgelobt werden und in den letzten Jahren weniger Mängel bekannt wurden, werden Sättel mit einem Qualitätsanspruch nach wie vor mit den bewährten Holzbäumen ausgerüstet.

Leider finden auch billige Imitationen immer wieder ihre Abnehmer. Es dauert meistens nicht lange, bis der Kunststoffbaum billigster Art so weit nachgibt und das Leder sich derart wellt, dass das Gebilde eher einem Kartoffelpuffer ähnelt als einem Westernsattel. Meistens sind schlimme Druckstellen im Widerristbereich die Folge. Als „Western“ werden vom Handel oftmals Sättel und Zubehör angeboten, die allenfalls eine Reiterbar dekorieren dürften.

Druckstellen am Widerrist können aber auch mit einem Qualitätssattel auftreten. So zum Beispiel, wenn der Sattel ursprünglich für ein Quarter Horse mit breiter Schulter bei niedrigem Widerrist gedacht war und für einen Araber mit schmalen Schultern verwendet wird. Viele nicht-amerikanische Pferde haben schmalere Schultern und einen höheren Widerrist. Hieran sollte beim Kauf unbedingt gedacht werden. Selbstverständlich sind auch hierfür nordamerikanische oder kanadische Sättel mit besonders hoher Kammer in hervorragender Qualität erhältlich.

Nachteil eines guten Westernsattels ist sein Gewicht. Qualität ist aber in diesem Fall nun mal schwergewichtig. Bei einem Pferd von handlicher Größe lässt sich das Problem durch einen ebenso handlichen Sattel lösen. Schwieriger wird es bei größeren und längeren Pferden.

Erstaunlich ist, dass vielfach Frauen, die ihre extrem großen Pferde am besten von einem Gabelstapler aus satteln und besteigen sollten, nicht auf den Westernsattel verzichten wollen. Sie wissen sicher, warum. Andererseits sind es häufig Frauen, denen der Sitz des Westernsattels zu breit ist. Einige bemängeln auch, dass sie „nicht dicht genug am Pferd“ seien. Hier und aus vielen Gründen mehr wäre der iberische Sattel eine interessante Überlegung.

Der iberische Sattel

Der Name verrät nicht, welcher Sattel eigentlich gemeint ist, da es in Spanien und Portugal nicht nur einen speziellen, sondern eine ganze Reihe verschiedener Sättel für verschiedene Zwecke gibt. Ich denke da zum Beispiel an den speziell in Spanien gebräuchlichen Vaquero-Sattel, der von den Vaqueros bei ihrer Arbeit benutzt wird und mit dem in Andalusien die „Doma Vaquera“, ein Reiterwettbewerb, geritten wird.

Bei meinen Aufenthalten in Andalusien habe ich aber den portugiesischen Dressur- beziehungsweise Stierkampfsattel, die „Portuguesa“, als unentbehrliches Requisit schätzen gelernt. Als einer der ältesten Dressursättel des Abendlandes und aus Portugal stammend wird er in Spanien hergestellt und auch dort verwendet.

Allerdings ist dieser Sattel mit seiner herkömmlichen Kammerform für Pferde mit einem stark ausgeprägten Widerrist und relativ schmalen Schultern gedacht und war dadurch hier bei uns nur bedingt einsetzbar. Dieser Umstand ließ mir keine Ruhe, zumal ich von dem Portuguesa-Sattel, den ich für meinen Lusitano Vigoroso ausschließlich nahm, sehr überzeugt war. Hieraus entwickelte sich seinerzeit in meinem Umfeld ein derartiges Interesse für diesen Sattel, dass ich meinte, es müsse etwas geschehen.

Kurz entschlossen ließ ich von einem Sattelhersteller einige wesentliche Änderungen vornehmen. Dadurch, dass der Sattel nunmehr in drei Kammergrößen erhältlich war, wurde er für nahezu jedes Pferd passend. Änderungen am Sitz erbrachten ein weiter verbessertes „Hingesetztwerden“ an richtiger Stelle bei mehr Bewegungsfreiheit, wobei der sprichwörtlich hervorragende sichere Sitz in diesem Sattel nicht beeinträchtigt wurde. So entstand der Portuguesa-Penquitt-Sattel, den ich seit vielen Jahren ausschließlich benutze.

Der Portuguesa Sattel wurde so beliebt,

- weil die Hohlsattelform des altklassischen Sitzes sicher und bequem ist und den Reiter auf den richtigen Punkt setzt,
- weil das dynamische Abkippen des Beckens nach hinten durch die entsprechende, anatomisch günstige Sattellage hervorragend unterstützt wird,
- weil die im Verhältnis zu einem konventionellen Sattel weitaus größere Auflagefläche dieses Sattels den Rücken des Pferdes schont und ihn universeller einsatzfähig macht,
- weil die große Auflagefläche auf dem Pferderücken so gearbeitet ist, dass die Beine trotzdem ungehindert dicht am Pferdeleib liegen,
- weil er trotz der hervorgehobenen Qualität nur etwa die Hälfte eines guten Westernsattels wiegt,
- weil der Sattel nicht nur hervorragend im Material, in seiner Verarbeitung und Funktion ist, sondern darüber hinaus auch als ein Prunkstück das Pferd verziert.

Der Portuguesa Sattel entspricht allen Anforderungen, die an einen Sattel für das in der Freizeitreit-Akademie gelehrte Reiten zu stellen sind.

Der besondere Barocksattel

Wer aber noch eine Steigerung des Sitzkomforts für Pferd und Reiter haben möchte, der sollte sich für den „Ronda Deluxe“ Sattel interessieren. Schon sein Name verrät, dass dieser Barocksattel auf der iberischen Halbinsel zu Hause ist. Was macht den Sattel besonders interessant?

- Ein flexibler Sattelbaum,
- eine stufenlos verstellbare Kammerweite,
- ein relatives geringes Gewicht.

Sein geringes Gewicht ist nicht etwa auf eine billigere Qualität zurückzuführen. Im Gegenteil. Hier werden die hochwertigsten Materialien verwendet, was sich leider, aber auch verständlicherweise, etwas auf den Preis auswirkt.

Dieser Barocksattel „Ronda Deluxe“ ist etwas Besonderes. Bei diesem qualitätvollen Sattel lässt sich nämlich die Kammerweite stufenlos verstellen und der Sattelbaum passt sich flexibel dem Pferderücken an.

Der australische Stocksattel

Seinen Namen hat er von den australischen Schaf- und Rinderhirten, den „Stockmen", und seinen Ursprung in den englischen Sätteln der ersten Siedler in Australien. Durch Anpassung an die dortigen rauen Arbeitsverhältnisse entstand daraus ein robuster und sicherer Arbeitssattel. Ständig verfeinert wird er heute als ein vielseitiger Sattel für Freizeit, Dressur, Polo und dergleichen angeboten.

Obwohl vieles und Wesentliches anders ist, so kann man auf den ersten Blick doch eine Ähnlichkeit mit konventionellen Sätteln erkennen. Dies erleichtert konventionellen Interessenten oftmals das „Umsteigen". Auch im Stocksattel sitzt man wie gehabt dicht am Pferd.

Die meisten Stocksättel haben einen der altklassischen Hohlsattelform angenäherten Aufbau, dies erleichtert das in der Freizeitreit-Akademie vermittelte Reiten wesentlich. Auch bietet der tiefe Sitz mehr Sicherheit. Geht es im Gelände einmal bewegter zu, dann können die ausgeprägten Pauschen so manchem noch einen ungewollten Abgang ersparen.

Charakteristisch für den australischen Stocksattel sind seine langen (60 cm) und breiten Sattelblätter. Ebenso ungewöhnlich ist auch die Unterseite des Sattels. Extrem lange, rechts und links parallel zur Wirbelsäule des Pferdes verlaufende Trachten verhelfen zu einer vergrößerten Auflagefläche auf dem Pferderücken. In einem ganz speziellen Stoffbezug befindet sich eine gleichfalls sehr spezielle Füllung. Beides soll unter anderem der besseren Wärme- und Feuchtigkeitsableitung dienen.

Allerdings drückt sich die hervorragende Material- und Verarbeitungsqualität auch im Preis aus. Aber Vorsicht vor Billigangeboten, zum Beispiel aus Indien. Und noch eins: Obgleich sich australische Stocksättel alle irgendwie ähneln, soll es über fünfzig verschiedene Modelle geben. Zu einer fachlich qualifizierte Kaufberatung, und diese möglichst an Ort und Stelle, rate ich somit unbedingt an.

Der australische Stocksattel bietet für Pferd und Reiter viel Komfort. Aus dem englischen Sattel entwickelt, erleichtert er konventionellen Reitern das „Umsteigen".

Zäumungen

Am deutlichsten zeigt es sich beim Besuch einer Pferdemesse: Man ertrinkt in der Flut verschiedenster Zäumungsarten. Das Geschäft auf diesem Sektor blüht wie nie zuvor. Da werden, auf der humanen Welle reitend, die tollsten Sachen angeboten, zum Beispiel „Weltneuheiten", die zwar auf ein Gebiss verzichten, dafür aber das Maul zuschnüren.

Da gibt es dicke und dickste Metallteile als Gebiss, einfach oder doppelt gebrochen, mit und ohne Hebel, aber auch mit Rolle oder gleich einer ganzen Reihe solcher. Und bei den Metallen kann man zwischen ganz profanen Gebissen aus rostendem unlegiertem oder aber hoch legiertem und dafür nicht rostendem Stahl oder Ausführungen in Buntmetall wählen. Und als letzten Schrei könnten Sie ein Kunststoffgebiss mit Fruchtgeschmack für Ihr Pferd erwerben.

Der eine schwört ausschließlich auf die Trense. Je dicker und blanker, desto besser. Nein, auf gar keinen Fall, kommt von anderer Seite. Je dünner und rostender, desto besser. Nur die Kandare macht's möglich, meinen dagegen deren Freunde. Die langen Anzüge machen sie pferdefreundlich. Unmöglich, diese Marterwerkzeuge, die anderen – und so weiter.

Und schließlich gibt es die, die sich durch immer mehr an Zäumung – im Maul und drum herum – Verbesserungen im Reiten erhoffen, und die anderen, die glauben eine echte Alternative gefunden zu haben, wenn sie ein Halfter mit zügelähnlichen Heimarbeiten ausstatten.

Durch die Widersprüchlichkeiten der Meinungen und Behauptungen von Anbietern und Experten hindurchzufinden wird dem, der sich hier sachkundig machen möchte, sicherlich nur unbefriedigend gelingen. Und resignierend wird dann oft genug nach dem Motto entschieden, dass das Teuerste wohl auch das Beste sein müsse.

Zäumung mit spanischem Kappzaum (Cabezón) und Kandare (hier mit beweglichen Anzügen), eine Kombination, die traditionell zur Ausbildung von Vaqueropferden benutzt wird. Wichtig ist ein guter Sitz des Nasenriemens auf dem knöchernen Teil der Nase.

Die Gebisslosen – der Kappzaum

Dieses Kapitel muss mit dem Kappzaum beginnen, da das Pferd ihn schon von der Bodenarbeit her kennen könnte. Mit dem Kappzaum kann das junge Pferd seine ersten Erfahrungen in der seitlichen Biegearbeit hervorragend sammeln, ohne dass das zarte Pferdemaul angerührt wird. Obwohl der Kappzaum eine gute und vor allem vielseitige Ausbildungszäumung bei uns sein könnte, fristet er hier leider völlig zu Unrecht ein stiefmütterliches Dasein.

Die spanische Version des Kappzaumes mit dem seinem Image stark abträglichen scharfen und häufig zu blutigen Markierungen und später Verknorpelungen führenden Nasenteil ist in Spanien längst nicht mehr gang und gäbe. Bei den hier erhältlichen Ausführungen ist diese Stelle ohnehin gepolstert. Diese ist allerdings so ausgelegt, dass der erwünschte Druck auf der Nase, der ja den unerwünschten Zug im Maul ersetzen soll, auch genügend wirksam wird.

Wichtigste Voraussetzung für die Benutzung eines Kappzaumes ist seine unbedingte Passgenauigkeit, das heißt, er muss so verstellbar sein, dass er wirklich unverrückbar am Pferdekopf sitzt. Um es nochmals deutlich zu machen: Was für die Benutzung eines Kappzaumes spricht, klingt logisch, wird aber in der Praxis nur von einigen Außenseitern realisiert. Wer führt denn schon die Bodenarbeit mit dem Kappzaum aus, oder das Einreiten des Pferdes? Dies aber ist ein zu wichtiges und zu umfangreiches Thema, als dass es sich im Rahmen dieses Buches abhandeln ließe.

Die echte Hackamore – das Bosal

Man könnte auch auf den Gedanken kommen, anstelle des Kappzaumes das zünftige und schöne Bosal, das auch Hackamore genannt wird (aber nicht mit der mechani-

Mit dem Bitless Bridle habe ich recht gute Erfahrungen gemacht. Es wirkt auf den Nasenrücken, die Gamaschen und das Genick, ohne das Maul einzuengen und wird daher vom Pferd gern angenommen.

schen verwechselt werden darf), als erste Zäumung zu verwenden. Das Bosal wurde aus dem von den Portugiesen und Spaniern mitgebrachten Kappzaum in Süd- und Nordamerika entwickelt.

Leider ist ein Bosal, wenn es keine billige Imitation sein soll, im Gegensatz zu einem Kappzaum (aus Kunstfaser preiswert und trotzdem gut) sehr teuer. Im Übrigen ist der richtige Umgang mit dem Bosal wesentlich schwieriger als mit einem Kappzaum.

Jean Claude Dysli, der große Meister des Westernreitens, zählt zu den wenigen, die mit dieser Zäumung richtig umzugehen verstehen. Er beherrscht sie meisterhaft, rät aber dringend davon ab, das Bosal zu benutzen, bevor das Pferd nicht in den seitlichen Biegungen befriedigend ausgebildet ist.

Erst wenn für das Pferd die Umstellung auf die Kandare ansteht, ist der Einsatz des Bosals oder weiterer Arten von gebissloser Zäumung diskutabel. Im Übrigen eignet sich auch nicht jedes Pferd zur Zäumung auf Bosal.

Manch einer, der glaubte, für sein Pferd das Beste zu tun, griff tief in die Tasche. Ein Bosal einschließlich der Mekate (ein Seil aus Pferdehaar) musste her. Nach den ersten Versuchen kam dann die herbe Enttäuschung, die teuer bezahlt worden war. Schließlich hing das Schmuckstück an der Wand. Mit dem Pferd mussten erst einmal die Grundlagen der Gymnastizierung mit einer Trense erarbeitet werden.

Auch vom Standpunkt der Sicherheit aus gesehen kann es recht kritisch werden, mit einer gebisslosen Zäumung einfach ins Gelände zu gehen. Zu wenig macht man sich Gedanken darüber, dass mit dieser Zäumung kein Pferd, wenn es darauf ankommt, wirklich zu halten ist.

So schön auch der Traum ist, mit einem gebisslos gezäumten Pferd unbeschwert durch die Landschaft zu reiten – erst muss es die Trense möglich machen. Und auch danach sollte es reiflich überlegt sein.

Die mechanische Hackamore

Die echte Hackamore in der Hand eines Könners kann Begeisterung erwecken. Den Traum des gebisslosen Reitens sieht man hier in schönster Form, wenn auch nur vorübergehend möglich, verwirklicht. Die mechanische Hackamore hingegen hat außer dem Namen und dem Umstand, dass sie ohne Gebissstück wirkt, nicht das Geringste mit der echten Hackamore zu tun.

Die Funktionsweise der mechanischen Hackamore besteht vereinfacht beschrieben darin, dass durch Anziehen der Hebelbäume, die außer mit dem Kopfstück mit Nasenteil und Kinnkette verbunden sind, das Pferdemaul zwischen diesen beiden, je nach Zugkraft, mehr oder weniger stark zusammengepresst wird.

Diese Zäumung darf grundsätzlich nur mit durchhängendem Zügel geritten werden. Auch kann man die Zügel nicht durch einseitigen Anzug einsetzen. Ein hierdurch entstehender seitlicher Druck könnte dem Pferd Schaden am und im Maul zufügen. Das Pferd kann lediglich durch Anlegen des jeweils äußeren Zügels an den Hals (Neck Reining) dirigiert werden. Weite oder enge Wendungen mit einer gymnastizierenden Biegung sind nicht möglich.

Hin und wieder ist es angebracht, das Pferdemaul durch eine gebisslose Zäumung zu schonen. Das Pferd macht einen zufriedenen Eindruck.

Je länger mit einer solchen Zäumung geritten wird, desto steifer wird das Pferd. Mehr Möglichkeiten als ein Stallhalfter bietet das Reiten mit der mechanischen Hackamore nicht. Der Unterschied besteht nur darin, dass man beim konsequenten Anhalten einem unwilligen Pferd mit der mechanischen Hackamore recht weh tun kann. Ob es dann auch tatsächlich stoppt, bleibt fraglich.

Die Trense – das Snaffle Bit

Für die Wahl eines bestimmten Gebisses ist nicht das Alter eines Pferdes entscheidend, sondern sein Ausbildungsstand.

Am Anfang ist es die Trense, mit der die *seitlichen* Biegungen wie Zirkel, Schlangenlinien, Volten aber auch Seitengänge und dergleichen begonnen werden.

Das gebrochene Mundstück ermöglicht dem Pferd am besten, die *seitlichen* Zügeleinwirkungen gerade in dieser Lernphase zu verkraften. Es muss ja erst begreifen, was diese bedeuten sollen. Seine anfängliche Steifheit wirkt hierbei zusätzlich behindernd und macht die Trense um so nötiger.

Eine starre Kandarenstange würde durch den seitlichen Zügelzug im Maul verkanten. Das Pferd reagiert darauf durch Verdrehen des Kopfes, um sich der seitlichen Biegung zu entziehen. Um überhaupt eine Wirkung zu erzielen, müssten zudem die Kandarenschenkel zu stark angezogen werden.

Ist das Pferd hingegen mittels einer Trense in der seitlichen Biegung sorgfältig gymnastiziert, so wird zur rechten Zeit ein leichtes „Klingeln“ am jeweiligen Schenkel der nun einsetzbaren Kandare genügen, um eine korrekte seitliche Biegung zu erreichen.

Zurück zur Trense. Als solche wird in der Freizeitreit-Akademie das kalifornische Snaffle Bit empfohlen. Die Kalifornier hatten sich über eine pferdegerechte Trense besondere Gedanken gemacht. Man kann sagen, mit viel Erfolg. Bestechend in seiner Einfachheit ist dieses Bit aus unlegiertem

Das kalifornische Snaffle Bit ist gewollt dünn. Durch bewusst weite Ösen für Gelenk und Ringe ist es extrem locker in seinen Befestigungspunkten. Hier ist nicht Kraft, sondern Gefühl zur Benutzung gefordert. Es darf und soll rosten können, um den Speichelfluss zu fördern. Sweet Iron (süßes Eisen) sagen die Kalifornier zu diesem Material.

Stahl. Als *Sweet Iron* (süßes Eisen) bezeichnen sie das Material. Süß deshalb, weil sie beobachtet hatten, dass die Pferde gern an rostigem Metall lecken, wenn sie Gelegenheit dazu haben. Und der einfache, das heißt, unlegierte Stahl dieses Bits kann rosten.

Die beiden Mundstückteile sind im Gelenk durch weite Ösen sehr locker zusammengefügt. Auch die Ösen für die Trensenringe haben eine großzügige Weite. Alles sitzt locker und ist dadurch extrem beweglich. Das Mundstück ist relativ dünn. Die Kalifornier sagten sich, dass es dem Pferd sicher nicht angenehm sei, wenn man ihm besonders viel Metall ins Maul packt.

Den Vorhaltungen, dünne Gebisse seien zu scharf, begegneten sie mit dem bekannten Argument, dass ein Gebiss nur so scharf sein kann wie die am Zügel einwirkende Hand. Im Übrigen braucht die Intensität der Einwirkung ja gerade nur so groß zu sein, dass das Pferd darauf reagiert.

Je dicker das Mundstück ist, desto mehr Kraft am Zügel muss angewendet werden, das heißt, das dickere Mundstück wirkt unsensibler als das feinere. Warum also mit viel Kraft, wenn es auch mit weniger geht? Es ist angenehmer für den Reiter, und für das Pferd ohnehin.

Auch hat man beim Snaffle Bit darauf geachtet, dass die Trensenringe größer ausgelegt wurden als üblich. Sie dienen zum Schutz gegen ein seitliches Durchziehen der Trense durch die Maulspalte. Zusätzlich muss aber ein lockerer Lederriemen von Ring zu Ring, um die Kinngrube geführt, angebracht werden. Bei einseitigem Zügelzug ist dann sichergestellt, dass der gegenüberliegende Ring quer zur Maulspalte anliegt.

Natürlich gilt auch beim Benutzen des Snaffle Bits die übliche Regel, nur so wenig wie möglich und so viel wie nötig die Zügel einzusetzen. Eindeutig gegebene kurze Zeichen mit dem Zügel lernt das Pferd sehr schnell richtig zu verstehen. Wenn es einmal nötig ist, sollte eine Zügelhilfe im richtigen Moment kurz, aber auch energisch gegeben werden. Das ist für das Pferd so deutlich, dass es bei der nächsten Situation dieser Art schon merklich sensibler reagiert.

Dieses kurzfristige Annehmen der Zügel (siehe Kapitel über Zügelhilfen) wird beim Gebrauch des relativ dünnen Snaffle Bits vom Pferd eher befolgt als der ständige Druck einer „fetten“ Wassertrense, durch den das Maul in der Regel mehr und mehr abstumpft.

Dass die Kalifornier mit der Konzeption dieses Snaffle Bits Recht hatten, beweist der Erfolg. Schenkt man den Amerikanern und Kanadiern Glauben, so hat es sich dort hunderttausendfach bewährt. Auch zu dem von mir gelehrten Reiten wird es seit Jahrzehnten mit bestem Erfolg eingesetzt. Dies gilt konsequent von Beginn der Ausbildung an für sämtliche Pferde, unabhängig von ihrem Alter oder ihrer Rasse.

Die Kandare – das Half Breed

Ein kleines Zupfen am jeweiligen Zügel genügt. Das Pferd gibt nach rechts oder nach links mühelos den Kopf, ohne ihn zu verdrehen. Zirkel, Volten und Seitengänge wie Schulterherein, Travers und Traversale klappen recht gut. Natürlich fehlt noch eine besonders ausgeprägte Hohlbiegung des Pferdes in die Bewegungsrichtung (Ausnahme: Schulterherein).

Während aber das eine Pferd bei einer seitlichen Biegung auf ein leichtes Verkürzen des äußeren Zügels den Kopf schon recht gut selbstständig senkt, tut es das andere Pferd nicht. Es trägt ihn trotz aller Biegearbeiten bei recht guter seitlicher Biegung ständig zu hoch. Dennoch ist für beide Pferde die Zeit für die Kandare reif, und dies im Besonderen für das Pferd mit der zu hohen Kopfhaltung.

Es ist immer wieder ein faszinierendes Erlebnis: Ein Pferd, das wie geschildert seinen Kopf hochstreckte, wodurch es die seitliche Biegearbeit erheblich in seiner gymnastizierenden Wirkung einschränkte, war praktisch von heute auf morgen nicht wiederzuerkennen. Mit dem Half Breed geht nun dieses Pferd wie von Zauberhand gelenkt, mit leicht gewölbtem Hals und einer Nasenlinie, die sich der Senkrechten nähert.

Oft genug haben die Teilnehmer eines Kurses kopfschüttelnd solch ein Phänomen erleben können. Die lange und geduldige Vorarbeit, ohne am Pferdemaul mit allen möglichen Hilfsmitteln zu manipulieren, hatte sich gelohnt. Die Zeit war reif für das Half Breed (sprich Haaf Bried), auch als Roller Bit oder LTJ-Bit (nach Linda Tellington-Jones, die es in ihrer Arbeit ebenfalls gern verwendet) bezeichnet. Dieses Gebiss verfehlt seine Wirkung weder beim Vollblutaraber noch beim Haflinger oder bei einem Hannoveraner.

Natürlich gibt es auch hier erhebliche Qualitätsunterschiede. Man muss beim Kauf eben aufpassen, und ich habe schon von mancher Sendung die Hälfte wieder zurückgehen lassen. Dafür kostet es auch weitaus weniger als andere Gebisse, von denen einige zwar sehr dekorativ aussehen, deren Wirkungsweise aber oftmals äußerst fraglich ist.

Mit dem Half Breed hingegen sind unzählige Pferde zufrieden und genauso viele Reiterinnen und Reiter glücklich geworden. Drei Meisterschaften habe ich mit dieser Zäumung bestritten und gewonnen.

Mit dieser Kandare können der Westernreitsport, das Freizeitreiten im Westernstil, jegliches Freizeitreiten überhaupt und alle Lektionen der Dressur (im Dressur-Turniersport aber nicht zugelassen) durchgeführt werden. Mit dem Half Breed kann auch mit vier Zügeln geritten werden. Die für das zweite Zügelpaar vorgesehenen Schlitze liegen genau in Höhe der Gebissstange. Sie wirken dann ähnlich wie die Unterlegtrense der offiziellen Dressurkandare.

Die geschickte Begrenzung der Zungenfreiheit durch eine entsprechend eingebaute Rolle ist sehr pferdegerecht. Diese Rolle ist so eingefügt, dass die Zunge einen Teil der auftretenden Belastung mitträgt und somit die Laden des Unterkiefers entsprechend entlastet. Die Rolle dient als beruhigendes Spielzeug für die Zunge. Sie muss natürlich ständig gangbar gehalten werden.

Das Half Breed, auch Roller Bit oder LTJ-Bit genannt, löst das Snaffle Bit ab, wenn das Lernziel mit diesem erreicht ist. Die beweglichen Schenkel sind das, was diese Kandare ausmacht. Ein leichtes Zupfen an diesen soll das Pferd sofort reagieren lassen. Muskelkraft des Reiters ist hier auf keinen Fall gefragt. Die Kupferrolle begrenzt die Zungenfreiheit und entlastet den Druck auf die Laden. Das Pferd kann mit ihr spielen, und das Kupfer regt die gewünschte Speichelbildung an.

Das für die Rolle verwendete Kupfer soll den Speichelfluss anregen.

Die Besonderheit des Half Breed liegt jedoch vor allem in der seitlichen Beweglichkeit beider Schenkel. Dieser Umstand ermöglicht eine äußerst sensible Anwendung und macht sie allen anderen Kandaren mit festen Schenkeln überlegen.

Die Beweglichkeit der Schenkel halte ich für einen unverzichtbaren Bestandteil jeder Kandare. Ein leichtes „Klingeln" an einem Zügel bewegt den entsprechenden Kandarenschenkel und sagt so dem Pferd, was hiermit gemeint ist. Es spricht aber nicht die Kandarenstange an, zumindest nicht so viel, dass diese sich im Maul verkanten könnte.

So sind mit dem Half Breed auch sensible einseitige (seitliche) Zügeleinwirkungen möglich.

Viele haben eine erhebliche Scheu vor der Anwendung einer Kandare. Gerade sie sind es, die solche Bedenken am wenigsten haben sollten, weil sie ohnehin vorsichtig genug mit ihr umgehen würden. Meistens wird die Wirkungsweise der Kandare nicht verstanden.

Man glaubt, dass Kandaren mit relativ langen Schenkeln auch besonders scharf seien. Viele trauen sich daher nicht zu, solch eine Kandare zu benutzen, obgleich jeder weiß, dass nach physikalischem Gesetz ein langer Hebel auch einen langen Weg hat.

Das bedeutet doch, dass durch die relativ langen Schenkel viel Spielraum vorhanden ist, bevor die Kandare eine Wirkung haben kann. Dadurch ist eine wunderbare Pufferzone bei noch nicht hundertprozentig kontrollierter Handhaltung gegeben. Man spricht hier von einer „langsamen" Kandare. Verschwiegen werden darf allerdings auch nicht, dass eine solche Kandare, wenn der Spielraum zu Ende ist, eine wesentlich schärfere Wirkung ausübt.

Und weiter zum besseren Verständnis der Funktion: Durch das Verkürzen der Zügel strafft sich die Kinnkette. Die Kandarenstange dreht sich nun im Maul mit ihrer Achse als Drehpunkt. Der obere Schenkelteil (Oberbaum) dreht nach vorne und zieht das Kopfstück nach unten. Es entsteht ein nützlicher Druck auf das Genick. Gleichzeitig werden die Laden im Unterkiefer und die im begrenzten Maße mittragende Zunge belastet.

Ein vorher annähernd im Snaffle Bit ausgebildetes Pferd mit normalen Reaktionen wird nun den Kopf in eine der Senkrechten sich nähernden Stellung bringen. Manche Pferde brauchen hierzu länger. Hier hilft ruhige Konsequenz. Geschafft hat es bisher, über kurz oder lang, jeder meiner Schülerinnen und Schüler.

Das Half Breed wird in der Regel so hoch eingeschnallt, dass sich im Gegensatz zum Snaffle Bit im Maulwinkel eine kleine Falte bildet. Zur Schonung der Kinngrube sollte eine extra breite, flache und mit Lederschlaufen versehene Kinnkette gewählt werden. Bei durchhängendem Zügel sollten je nach Dicke etwa ein bis zwei Finger zwischen Kette und Kinn Platz haben. Bei sehr empfindlichen Pferden kann ein im Handel erhältlicher Kettenüberzug aus Gummi verwendet werden.

Und als Letztes: Wer glaubt, mit einer besonders lose geschnallten Kinnkette seinem Pferd einen Gefallen zu tun, der irrt. Hier kann das Gegenteil eintreten, abgesehen davon, dass die Kandare dadurch ihre eigentliche Funktion verliert. Die nun zu weit nach hinten zu ziehenden Schenkel drehen die Gebissstange so, dass der Bogen für die Zungenfreiheit weit in den vorderen Rachenraum gelangt.

Nun kann bei Pferden der obere Rand der Ausbuchtung für die Zungenfreiheit gegen den knöchernen und „ungepolsterten" Gaumen stoßen und Schmerzen bereiten. Ferner müssen bei einer zu losen Kinnkette die Zügel sehr weit und mit erheblich verstärktem Zug verkürzt werden, um überhaupt eine Wirkung zu erzielen. Die besonders humane Absicht verkehrt sich hier ins Gegenteil.

Entspricht alles dem bisher zu erlernenden Ausbildungsstand, so wird das Reiten mit der Umstellung auf das Half Breed eine neue Wertigkeit erhalten. Spätestens jetzt kann man merken, dass es sich gelohnt hat, mehr Ansprüche an das Reiten zu stellen. So etwa würde es Ihr Pferd wohl auch formulieren.

Eine ganz besondere Kandare

Es ist geschafft. Das Pferd geht stolz und erhaben, den Hals, soweit rasse- und anlagebedingt möglich, in einem schönen Bogen gehalten, und der Kopf steht mit seiner Nasenlinie fast an der Senkrechten. Nie hätte man geglaubt, dass es erreichbar wäre. Aber ganz unmerklich ist man dem Ziel immer näher gekommen.

So oder ähnlich schildern meine Schülerinnen und Schüler immer wieder ihre Erfahrungen. Eigentlich waren sie gar nicht unbedingt darauf aus, die ideale Kopfhaltung zu erreichen. Nur: Wenn das Pferd mit geringsten Zügeleinwirkungen mit dem Half Breed in solch einer Haltung geht, ist die Freude um so größer.

Während andere Pferde mit dieser einfachen Kandare ein Leben lang glücklich und zufrieden geritten werden können, gibt es für viele Pferde aber noch eine Verfeinerung, und zwar das amerikanische „Billy Allan“ Bit. Leider kann es, im Gegensatz zu früher, nun von jedem hergestellt werden, wodurch Qualität und Ausführungsform oftmals nicht sichergestellt sind. Dieses Gebiss ist sozusagen ein Zwitter, aber ein genialer. An seiner Konstruktion haben verschiedene der Großen der amerikanischen Westernreit-Szene mitgewirkt. Einer von ihnen machte es unverwechselbar: Billy Allan. Er kreierte die dreigeteilte Gebiss-Stange besonderer Art.

Eigentlich gedacht als ein Gebiss nach dem Snaffle Bit und vor der üblichen Kandare, avancierte es bei mir zur feinstmöglichen Zäumung überhaupt. Eine „Kandare“, an der alles beweglich ist: Nicht nur die Schenkel, die sich in großen Hülsenscharnieren bewegen, auch die Gebiss-Stange bewegt sich. Sie hat aber, wie gesagt, eine Beweglichkeit besonderer Art.

Das aus meiner Sicht heikle Problem einer möglichen Nussknackerwirkung ist beim Billy Allan Bit außerordentlich einfallsreich gelöst. Während die äußeren Enden der beiden Hälften der Gebissstange mit langen Hülsen versehen sind, in denen sich die Schenkel bewegen, sind die zur Mitte zeigenden Enden der Gebiss-Stangenhälften mit Kugelköpfen versehen. Sie werden in der Mitte durch ein walzenförmiges, die Kugelköpfe umschließendes Mittelstück zusammengehalten. Hierdurch ist alles beweglich.

Eine „Kandare“ vom Feinsten stellt das „Billy Allan“ Bit dar. An diesem Zwitter ist alles beweglich, auch die dreigeteilte Gebiss-Stange. Das Besondere aber ist ihre begrenzte Beweglichkeit nach hinten. Weiter als im Bild gezeigt geht's nicht. Daher gibt es auch keine Nussknacker-Wirkung.

Die Kandarenschenkel können sich in den Scharnierhülsen der beiden Gebiss-Stangenhälften nach rechts und links bewegen, aber auch nach vorne und hinten. Nur eines geht nicht: Die beiden Hälften der Gebiss-Stange können nicht wie bei einer Trense nach innen zusammenklappen und eine Nussknackerwirkung auslösen.

Das sehr überlegt gefertigte Mittelstück, die Verbindung der beiden Gebisshälften, lässt zwar einen bestimmten Bogen in Zugrichtung zu, begrenzt aber diesen nach hinten so, dass keine negative Wirkung eintreten kann. Gleichzeitig bewirkt er eine gewisse Zungenfreiheit.

In der Überlegung genial, in seiner Einfachheit verblüffend, in seiner Konstruktion bestechend, durch seine Feinheit für den Gebrauch bei dem von mir gelehrten Reiten nicht mehr wegzudenken.

Hilfszügel und Ähnliches

Um kurz und bündig die Einstellung zu Hilfszügeln wie Martingal, Schlauf-, Stoßzügel, Ausbinder, Halsverlängerer oder sonstigen Hilfsmitteln dieser Richtung zu klären, hier einige Meinungen von François Robichon de la Guérinière sowie anderer alter Reitmeister, wie sie auch von mir sinngemäß vertreten werden.

- **Ein Martingal hat in einem guten Stall nichts zu suchen.**
- **Es ist unsinnig, ein Pferd durch solche Hilfsmittel (Martingal) in seiner Unart zu bestärken, anstatt sie ihm abzugewöhnen.**
- **Verspannungen bei Pferden durch diverse Verschnallungen zu beseitigen bedeutet, Gewalt anzuwenden, wodurch mehr verschlimmert als beseitigt wird.**
- **Wer festbindet, verschnallt und mit Hilfszügeln arbeitet, die wie Flaschenzüge wirken, der macht das Maul tot.**
- **Hilfszügel werden gegen das Pferd eingesetzt, ohne dass man sich um die Ursache für ihren Gebrauch kümmert.**
- **Hilfszügel geben dem Pferd keine Chance, etwas richtig zu machen, und dem Reiter keine, dies dem Pferd rechtzeitig zu bestätigen. Er wird mit seinem Nachgeben der Zügel als Belohnung durch unsinnige Umwege immer zu spät kommen.**
- **Hilfszügel sind etwas für Hilfsschüler.**
- **Die Ausbildung eines Pferdes braucht Zeit und Geduld, aber unter gar keinen Umständen Hilfszügel!**

In meinen Lehrgängen durften Hilfszügel jeglicher Art einschließlich atembeengender Sperrhalfter nicht benutzt werden. So manche Schülerin, so mancher Schüler musste vor Unterrichtsbeginn einen „Lederstrip" bei seinem Pferd durchführen. Die Klagen, dass das Pferd nun kaum reitbar sei, waren meistens berechtigt.

Die Tiere ähnelten in ihrer Haltung mehr Kamelen als Pferden, und Einwirkungen mit den Zügeln waren fast ein Kunststück. Nur hatte sich das in all diesen Fällen schon nach zwei bis drei Tagen geändert. Kamen diese erfolgreich Bekehrten wieder nach Hause, so war, wie häufig berichtet wurde, das Staunen groß.

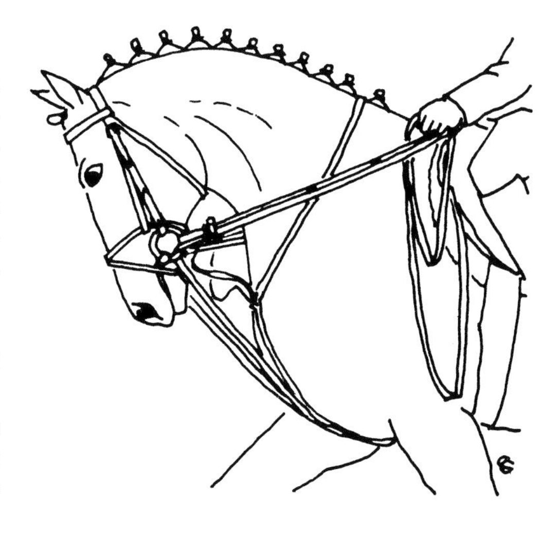

Sperrhalfter, Martingal und Schlaufzügel – ein Sortiment von Verschnallungen und Hilfszügeln, das in der hier gelehrten Art zu reiten nichts zu suchen hat (nach Beobachtungen auf einem Turnier-Abreiteplatz gezeichnet).

Noch etwas zum Thema

In den einführenden Bemerkungen wurde auf die Vielzahl verschiedener Gebisse hingewiesen. Im Laufe der Zeit hat sich aber herausgestellt, dass lediglich drei allerdings grundverschiedene Gebisse für das Reiten nach den hier gelehrten Kriterien vollauf genügen. Somit konnte sich die Beschreibung auf Ausführung und Wirkungsweise dieser Zäumungen beschränken. Der Lernende hat nun eine klare und eindeutige Auskunft, welches Gebiss er für sein Pferd benötigt und warum er es in den einzelnen Ausbildungsabschnitten benutzen sollte.

Begründet sind diese Empfehlungen durch die unendlich vielen Erfahrungen aus vielen Jahrzehnten praktischer Arbeit. Natürlich ist dies in vielfacher Hinsicht überzeugender als jede Theorie. Über die Wirkungsweise von Gebissen gibt es aber aus neuerer Zeit erstmalig eine wissenschaftliche Untersuchung. Professor Holger Preuschoft von der Ruhruniversität Bochum hat sich hier federführend verdient gemacht.

Die angewandten Zügelkräfte wurden in ihrer Wirkung auf das Pferdemaul durch die verschiedensten Arten von Zäumungen exakt mit moderner Elektronik ermittelt. Auch unterschiedliche Konstruktionsmerkmale einzelner Gebissteile sowie ihre verschiedenartigen funktionellen Auswirkungen wurden untersucht.

Eine zweckmäßige Ausrüstung, ob Gebiss oder Sattel, ist für das Reiten ein unabdingbares Erfordernis. Was dabei herauskommt, entscheidet allerdings ausschließlich der Reiter durch sein Können.

Sporen und Gerte

Der Sinn und Zweck von Sporen und Gerte sowie ihre Anwendungsmöglichkeiten werden im Kapitel über die Hilfen behandelt. Dort wird verdeutlicht, dass Sporen wertvoll für sensibles Reiten sein können. Beim Reiten von Seitengängen hingegen kann die touchierende Gerte wahre Wunder bewirken. Sporen und Gerte können je nach Veranlagung eines Pferdes somit Hilfen zum sensiblen und humanen Reiten sein.

Voraussetzung für das oben Gesagte ist natürlich ihr entsprechender Gebrauch und nicht, wie es leider auch vorkommt, ihr Missbrauch. Ein weiteres Erfordernis ist die Beschaffenheit der Mittel:

Zur Gerte:

- **Sie darf zwar etwas länger (110 bis 130 cm) sein, aber niemals zu kurz.**
- **Zu kurze Gerten erschweren das Touchieren dort, wo es erforderlich sein kann. Verrenkungen des Reiters stören den korrekten Sitz und damit das Pferd.**
- **Schwere, also dicke Gerten sind unhandlich und erschweren feines Touchieren.**

Zu den Sporen:

- **Sporen sollen bei kleinen bis mittelgroßen Pferden so hoch wie möglich am Fuß angebracht werden, um ein Anheben des Fußes zur Hilfengebung möglichst zu vermeiden.**
- **Je länger der Schenkel für das Sporenrad, desto leichter das Spornieren. Aber Vorsicht: Umso schneller passiert es auch unbeabsichtigt!**
- **Gute Sporen haben ein leichtgängiges und relativ großes Sporenrad mit vielen stumpfen Zacken.**
- **Je größer das Sporenrad, desto geringer sein punktueller Druck.**
- **Sporenräder mit wenigen spitzen und scharfen Zähnen sind Tierquälerei.**
- **Sporen ohne Sporenrad wirken scharf. Sie können am Pferdeleib nicht abrollen und bei einem Sturz des Pferdes erhebliche Verletzungen verursachen.**
- **Sporen müssen folglich so beschaffen sein, dass man mit ihnen das Pferd kitzeln, aber ihm keinen Schmerz zufügen, geschweige denn es verletzen kann.**

Eine Gerte ist keine Peitsche. Mit einer Gerte wird touchiert, das heißt, berührt. Um dies auch seitlich an der Kruppe tun zu können, sollte die Gerte mindestens 110 cm lang sein.

Je größer und damit Furcht erregender die Sporenrädchen, desto humaner sind sie in der Anwendung. Anstelle klopfender Stiefel, die nur abstumpfend wirken, rollen Sporenrädchen einfach am Pferdeleib ab und kitzeln an empfindlicher Stelle punktuell. Selbstverständlich sind die „Zacken" bei Westernsporen stumpf.

Hier die Rädchen etwas kleiner und mit gleichfalls stumpfen „Zacken". Sporen in preiswerter Serienqualität, aber sehr empfehlenswert.

Die Definition der Begriffe

In diesem Buch soll etwas mit aller Konsequenz strikt vermieden und etwas anderes strikt eingehalten werden. Strikt vermieden wird der Fachjargon. Schon mancher Lernbesessene kam durch ihn auf den Nullpunkt. Die Beherrschung eines Vokabulars von Begriffen, die Insidern nur so von den Lippen fließen, sollte hintenan gestellt sein. Gutes Reiten Lernen ist gefragt.

Warum also: *„Beizäumung", „Durchlässigkeit", „Losgelassenheit", „Anlehnung", „Rückengänger", „auseinanderfallen", „hinter dem Zügel", „auf die Hand laden", „zusammengestellt", „über den Schenkel geritten", „zwischen Kreuz und Schenkel reiten", „aus dem Kreuz heraus reiten"*?

Fraglich sind konsequenterweise aber auch *„linke Hand"* oder *„rechte Hand", „Vorhand", „Hinterhand"* und dergleichen mehr. Weshalb eigentlich nicht: *„Vorderbeine", „Hinterbeine"*?

Begriffe, die viele zur Verzweiflung bringen können, sind solche, die unterschiedliche Auslegungen zulassen, wie: *„innerer Zügel", „äußerer Schenkel", „nach innen gestellt"* usw.

Zwar ist für jeden Meister des Fachs vollkommen klar, wovon er spricht, wenn er den inneren oder äußeren Zügel erwähnt. Beim Studium von Zitaten verschiedener Meister kommt man allerdings erheblich ins Schleudern.

Der Zügel, der gerade noch als innerer Zügel unzweideutig bezeichnet wurde, ist bei einem anderen klar, eindeutig und selbstverständlich der äußere. Hat man mit großer Vorstellungskraft, durch Verrenkungen und mit vielen Skizzen sich schließlich in die Denkweise eines dieser Meister eingefunden, so zerstört der nächste mit größter Überzeugungskraft die so mühsam errungene Klarheit.

In diesem Buch soll daher eine konsequente, klare und eindeutige Linie auf einfachste Weise eingehalten werden. Bei Hinweisen zur inneren oder äußeren Seite des Pferdes wird daher zusätzlich stets in Klammern „links" oder „rechts" angefügt. Das gleiche System gilt für die Beschreibung von Körperhilfen.

Grundsätzlich sollen auch kleinste Zweifel oder Irrtümer durch Vermeidung exklusiver fachbezogener Wortschöpfungen überhaupt nicht erst aufkommen können. Lernende haben ohnehin den Kopf übervoll, um den überreichlichen Lehrstoff zu verarbeiten. Fehler aus solchen Missverständnissen sind das Letzte, was da noch kommen dürfte, vor allem wenn diese auch noch zu Lasten der Pferde gehen würden.

Die Redewendung, dass das Pferd „auf der linken Hand" oder „auf der rechten Hand" gehen soll, wird vermieden. Es heißt stattdessen: „linksherum" oder „rechtsherum". Die „konkav" gebogene Seite eines Pferdes ist hier die „hohl gebogene" und die „konvex" gebogene die „voll gebogene" Seite eines Pferdes. Ebenso verhält es sich mit der „lateralen" (= seitlichen) oder „vertikalen" (= senkrechten) Stellung des Pferdekopfes oder der Biegung im Genick. Hier wird der Hals seitlich nach links oder nach rechts gebogen oder der Kopf annähernd senkrecht gestellt.

Die große Verwirrung setzt aber wie gesagt bei den Begriffen „innen" und „außen" ein. Welche ist beim Pferd die innere und welche die äußere Seite? Welcher Zügel ist der innere und welcher Schenkel der äußere?

Um hier keine Zweifel aufkommen zu lassen, wird neben den sonst üblichen Bezeichnungen stets in Klammern dahinter gesetzt, ob es sich im betreffenden Fall um den linken oder rechten Zügel oder Schenkel handelt. Das Gleiche gilt für die Seiten des Pferdes.

Was ist nun „innen" und was ist „außen" beim Reiten?

Diese Frage ist wichtig zum zweifelsfreien Verständnis der Erklärungen zur Körperhaltung und zur Hilfengebung. Nun hatten Sie ja schon im ersten Teil dieses Buches lesen können, wie es eine Schülerin gelernt hatte, wo innen und außen beim Pferd ist. Sie erinnern sich, dass die Bahnbegrenzung dies bestimmen sollte?

Welcher Schenkel ist dann aber bei den Seitengängen wie Schulterherein, Travers, Renvers, Traversale oder etwa bei einer Volte der „innere"? Was ist bei einer Volte, einem Zirkel oder der Traversale, die diagonal durch die Bahn verläuft, „innen" oder „außen"? Wo ist „innen" oder „außen" beim Pferd, wenn man im freien Gelände oder auf einem Waldweg Seitengänge üben will? Es muss also etwas anderes geben, wonach

man sich grundsätzlich richten kann – und das gibt es auch. Das Pferd soll bei jedem der in diesem Buch beschriebenen Seitengänge wie Schulterherein oder Travers gebogen sein. Dadurch hat das Pferd eine *„hohl gebogene"* Seite, bei der es eine Innenkrümmung aufweist, so dass also in seiner Längsrichtung Kopf und Schweif mehr oder etwas weniger näher zueinander hin gebogen sind. So kann man sich merken, dass diese Seite grundsätzlich als die *„innere"* Seite bezeichnet wird.

Weiter gilt bis auf einige wenige Ausnahmen, die aber nicht die Regel in Frage stellen, der Grundsatz, dass sich das Pferd, mehr oder weniger gebogen, in die Richtung seiner „hohl gebogenen" Seite bewegt. Wird also ein Pferd im Travers nach rechts bewegt, so muss es auf seiner rechten Seite hohl gebogen sein. Die rechte Seite ist somit die „innere" Seite des Pferdes.

Grundsätzlich zeigt diese „hohl gebogene", also „innere" Seite des Pferdes in fast allen Seitengängen und Wendungen in die Bewegungsrichtung. Aufpassen muss man nur bei den wenigen Ausnahmen von dieser Regel, das heißt, wenn sich das Pferd in die Richtung seiner *äußeren*, also *voll gebogenen* Seite bewegen soll.

In dieser Hinsicht ist der Seitengang „Schulterherein" die große Ausnahme, da sich das Pferd hier entgegen seiner Bewegungsrichtung biegen soll. Der Verständlichkeit halber ist noch ein artverwandter Fall zu erwähnen, das „Volte-Vergrößern", das vom Bewegungsablauf dem Schulterherein sehr ähnlich ist.

Gut zu merken ist aber auch die „innere" beziehungsweise „äußere" Seite des Pferdes bei den Volten oder beim Reiten auf dem Zirkel. Geht das Pferd in der Volte oder auf dem Zirkel linksherum, so muss das Pferd natürlich nach links, also in diese Richtung gebogen werden. Folglich ist die innere Seite des Pferdes die linke.

Diese Regeln mussten sehr ausführlich erklärt werden, aber spätestens dann, wenn die Hilfen zu den einzelnen Lektionen dargelegt werden, wird man merken, weshalb.

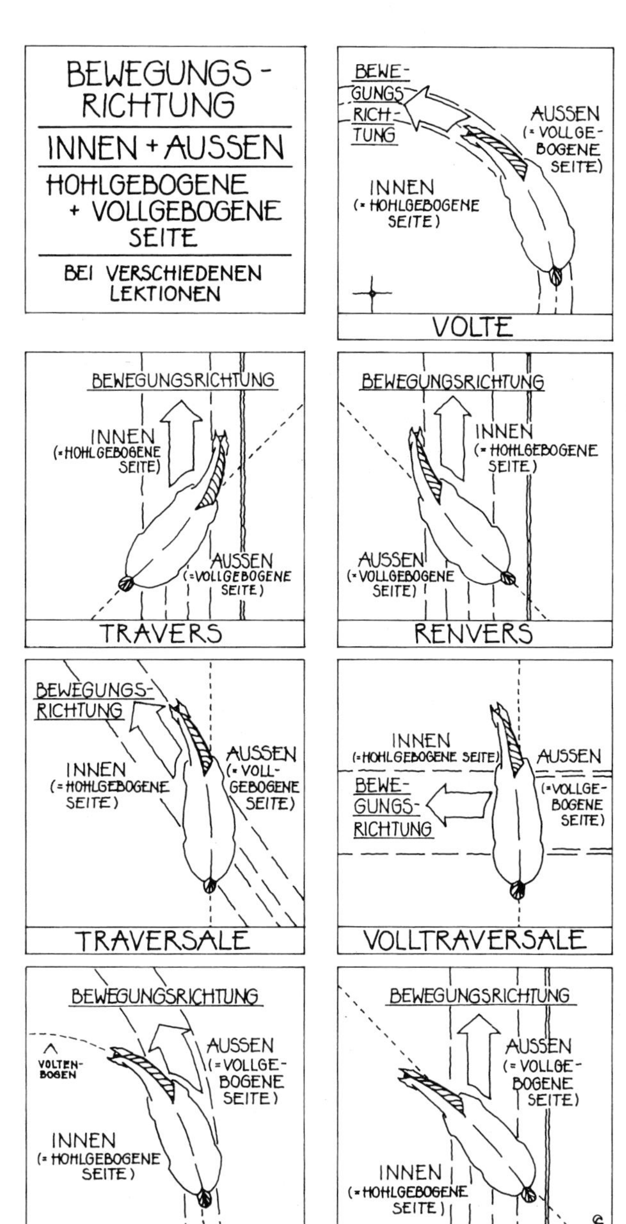

Links:
Wo ist beim Reiten die innere Seite des Pferdes? Hier in der Traversale nach rechts ist die Bewegungsrichtung rechts und die rechte Seite die innere.

Der Sitz

Ohne richtigen Sitz kein richtiges Reiten

Das dürfte einleuchten. Nur: Was ist ein richtiger Sitz und was ist richtiges Reiten? Seit Menschen sich von Pferden tragen lassen, bewegen und erregen diese Fragen immer wieder die Gemüter. Sie werden es auch noch weiter tun.

Während man früher in Sachen „Sitz" viele Jahrzehnte Erfahrungen zu einer Urteilsfindung sammelte, werden heutzutage fortschrittlich anmutende Theorien nahezu über Nacht aus dem Ärmel geschüttelt. Ohne auch nur im Geringsten über einen gut gesicherten und fachlich fundierten Erfahrungsstand zu verfügen, wird unter Vernachlässigung fundamentaler physikalischer und anatomischer Gesetzmäßigkeiten irgend etwas Aufgeschnapptes journalistisch aufgepeppt und zum Nonplusultra einer neuen Reitära erklärt.

Die Veröffentlichungen von Heilslehren für Pferd und Reiter überschlagen sich fast. Zwar verschwinden die meisten so schnell wieder, wie sie gekommen sind, doch die unbefriedigt Suchenden müssen dafür oftmals teuer bezahlen. Viele Arten von Sitz werden propagiert.

Richtig aber kann nur der Sitz sein, welcher pferdegerecht ist und bei dem Sie sich entspannen und damit wohl fühlen können.

Voraussetzung ist natürlich, dass dieser Sitz dann auch von kompetenten Lehrkräften richtig gelehrt und gegebenenfalls auch entsprechend korrigiert wird. Andernfalls sollten Sie genau nach den hier noch folgenden Anweisungen vorgehen und eine Kontrolle per Video veranlassen.

Selbstverständlich ist auch die Art des Reitens mitbestimmend für den Sitz. Zum Springen, Jagdreiten, Distanzreiten oder für das Reiten in besonderen Gangarten sollte der hierfür spezielle und dadurch am besten geeignete Sitz gewählt werden.

Ein langer Vorspann zum Thema Sitz, der aber gerechtfertigt wird durch die Bedeutung dieses Themas.

Warum so und nicht anders?

Viele Faktoren spielen für das Sitzen auf dem Pferde eine Rolle. So muss die Anatomie des Menschen mit dem Körperbau und den Bewegungsabläufen des Pferdes in Einklang gebracht werden. Daher nützen Theorien, die dem nicht Rechnung tragen, wenig. Ein Sitz, der nur mittels kraftanstrengender Verrenkungen und verspannter Muskulatur nach dem Motto: „Ohne Schweiß kein Preis" auf das Pferd einwirken soll, ist wohl kaum erstrebenswert.

Trotz dieser unschwer zu begreifenden Logik mussten (und müssen es vielleicht heute noch) Generationen von Schülern auf Kommando – „Brust raus! Bauch rein! Die Schulterblätter zusammen!" –, steif wie ein Brett, das Hohlkreuz noch hohler, sich und die Pferde strapazieren. Viele gaben und geben auch heute noch auf. An der Begeisterung fehlte es nicht, nur die Bandscheiben versagten den Dienst.

Und das alles, weil sie einfach nicht begreifen konnten, was es mit dem immer wieder geforderten „Kreuzanspannen" auf sich hatte. Auch ich wusste es viele Jahre nicht und musste mich gleichfalls mit dem geschilderten Problem herumplagen, bis nicht nur ich, sondern auch meine Wirbelsäule nicht mehr mitmachen wollte. Reiten müsste aber Spaß machen und sollte nicht heroisch ertragen werden. Daher hat die völlig unverständliche Forderung des so genannten „Kreuzanspannens" in meiner Freizeitreit-Akademie nichts zu suchen.

Dass es auch anders geht und umgekehrt sein kann, beweisen immer wieder Aussagen von Schülerinnen und Schülern aller Altersgruppen. Viele sehen es als ein kleines Wunder an, keine Rückenbeschwerden zu haben, obgleich sie in meinen Kursen täglich fünf Stunden im Sattel sitzen müssen. Weshalb das möglich ist, wird noch eingehend erklärt. Vorerst aber noch etwas zu den Anforderungen, die an einen Sitz zu stellen sind.

Der hier gelehrte Sitz soll

- nach kurzer Übung den Reiter weder anstrengen, noch übermäßige Anspannungen von ihm erfordern,
- Verspannungen bei Pferd und Reiter vermeiden,
- den Pferderücken schonen,
- die Hinterbeine zum vermehrten Untertreten veranlassen und damit die Lastaufnahme der Hinterbeine vergrößern und die Vorderbeine entlasten,
- den Schwung des Pferdes fördern können und auf ein hastiges Pferd beruhigend einwirken,
- ein Pferd zum konsequenten Anhalten (Stoppen) veranlassen können,
- verschiedenste Hilfen ermöglichen, unterstützen, verstärken oder ersparen können,
- das Gleichgewicht, die Balance des Pferdes herstellen und fördern,
- das Biegen und Beugen des Pferdes und somit seine Gymnastizierung ermöglichen und entscheidend fördern,
- die Aufrichtung des Pferdes unterstützen,
- einen ästhetisch harmonischen Eindruck vermitteln.

Der Sitz, der den hier aufgezählten Ansprüchen genügen soll, stammt weder aus der Retorte, noch ist er rein gefühlsmäßig zusammengebastelt. Er basiert vielmehr auf sehr alten Überlieferungen der Reitkunst. Später wurden sie mit wissenschaftlicher Akribie, das heißt, mit den Mitteln physikalischer Gesetze der Statik und Dynamik, untersucht und bestätigt.

Man benötigt aber weder besondere physikalische Kenntnisse, noch muss man etwas von Statik und Dynamik verstehen. Wer so sitzt, wie hier gelehrt wird, merkt sehr bald die Auswirkungen dieses Sitzes durch die erstaunlichen Reaktionen seines Pferdes.

Ästhetik und Harmonie vermittelt der Sitz, bei dem der Reiter sich entspannt dem Rhythmus des Pferdes anpassen kann.

Aber auch man selbst wird sich bald im Sattel immer wohler fühlen. Warum auch nicht, denn dieser Sitz ermöglicht es in besonderem Maße, den Bewegungsrhythmus des Pferdes zu erfühlen. Mit unmerklich werdendem körperlichen Aufwand harmonieren nun die eigenen Schwingungen mit denen des Pferdes. Ein herrliches, geradezu euphorisches Gefühl kommt auf. Je nach Stimmung und Veranlagung, ob kraftvoll und dynamisch oder tänzerisch sanft, immer wird das Reiten für den, der sich bemüht, nun harmonischer und dadurch schöner werden.

Mit dem Schwerpunkt im Einklang?

Nur ein wenig Theorie genügt, um besser zu verstehen, weshalb der hier zu erlernende Sitz so und nicht anders sein soll.

Man kann davon ausgehen, dass der Schwerpunkt des Pferdes im Allgemeinen unter dem tiefsten Punkt seiner Rückenlinie liegt, das heißt, etwas hinter dem Widerrist. Dieser Punkt ist somit der naturgegebene Platz für das Gesäß des Reiters.

Wer nun glaubt, sich nur auf den tiefsten Punkt des Pferderückens setzen zu müssen, um mit dem Schwerpunkt des Pferdes im

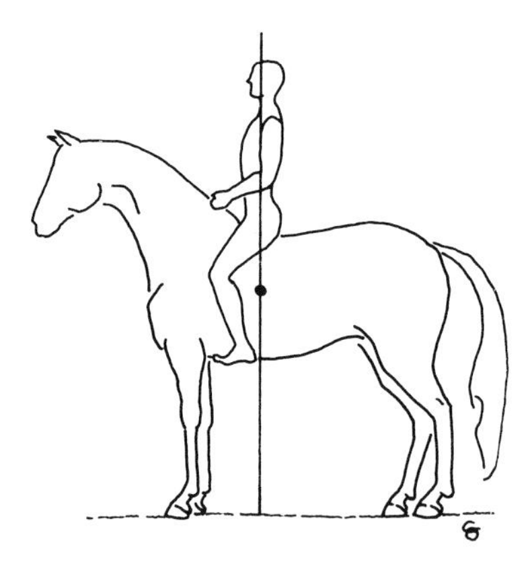

Wer unter „Kreuzanspannen“ ein verstärktes Hohlkreuz versteht, verlagert sein Gewicht vermehrt zu den Vorderbeinen hin. (Punkt und senkrechte Linie markieren den Schwerpunkt des Pferdes und die dazugehörige Schwerelinie.)

Bereits bei leichter Vorlage des Oberkörpers werden die Vorderbeine des Pferdes erheblich mehr belastet.

Einklang zu sein, irrt leider. Selbst bei geradem Sitz auf beschriebener Stelle liegt der größte Teil Ihres Körpers und somit Ihres Gewichtes immer noch *vor* dem Schwerpunkt des Pferdes. Dies lässt sich zeichnerisch deutlich nachweisen.

Entsprechend der physikalischen Erkenntnisse verlagert sich bekanntlich der Schwerpunkt eines Körpers mit der Änderung seiner Auflage. Das bedeutet, dass sich auch der Schwerpunkt des Reiterkörpers durch das Sitzen auf dem Pferde gegenüber einem stehenden Körper verändern muss.

Durch diesen gravierenden Umstand dürfte der Schwerpunkt wesentlich höher im Oberkörper liegen als allgemein angenommen. Er soll etwa in Höhe der Schulterblätter liegen. Über die Lage der Schwerpunkte von Pferd und Reiter hat Franz Mensch 1936 eine exakte reitphysikalische Studie veröffentlicht. Wenn auch stark vereinfacht, hierzu noch einige Erklärungen:

Durch die Abstützung des Reiterkörpers auf dem Pferd mittels einer beständigen Sitzverbindung hat die untere Körperhälfte des Reiters von den Gesäßknochen abwärts kaum eine Bedeutung für die Bestimmung des Reiterschwerpunkts. Vielmehr ist ein gesonderter Schwerpunkt für den Oberkörper oberhalb seiner Abstützung auf dem Pferdekörper, also von den Gesäßknochen aufwärts, zu betrachten. Dass dieser Oberkörper-Schwerpunkt relativ hoch über dem Pferderücken liegt, dürfte daher einleuchtend sein. Dadurch wiederum wirken sich Bewegungen des Oberkörpers recht stark auf den Schwerpunkt des Pferdes aus.

Die Bestimmung des Oberkörper-Schwerpunkts in der Senkrechten dürfte genügend geklärt sein. Die zweite wichtige Frage zum Schwerpunkt des Reiters ist die Bestimmung seiner Lage in der Horizontalen. Hier spielt der Unterkörper nun doch eine Rolle. Durch seine relativ feste Verbindung mit dem Pferdekörper verändert er den Schwerpunkt des Pferdes.

Die Reiterbeine befinden sich nämlich in Normalhaltung insgesamt **vor** dem Schwerpunkt des Pferdes. Daher wird dieser nach vorne verlagert. Bei einer geraden Haltung des Reiters auf dem Pferd kann auch sein Oberkörper-Schwerpunkt diese Verlagerung nach vorn nicht wieder ausgleichen.

Es gilt also:

- **Bereits bei leichter Vorlage des Oberkörpers werden die Vorderbeine des Pferdes erheblich mehr belastet.**

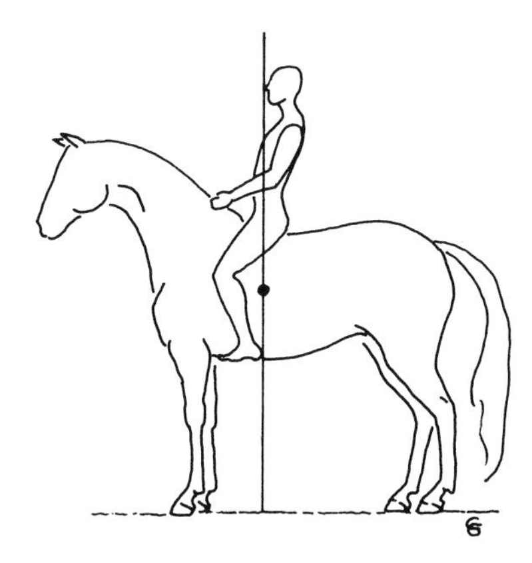

Durch Zurücklegen des Oberkörpers könnte der Reiter sein Gewicht nach hinten verlagern. So kann man aber weder ständig auf dem Pferd sitzen noch auf dieses einwirken.

So ist es richtig: Bei senkrecht gehaltenem Oberkörper wird das Becken nach hinten abgekippt. Dadurch verlagert sich das Reitergewicht nach hinten. Der Oberkörper befindet sich hier deutlich hinter der Schwerelinie des Pferdes.

- **Auch bei senkrecht gehaltenem Oberkörper liegt der größere Teil seines Gewichtes vor dem Schwerpunkt des Pferdes und belastet somit gleichfalls vermehrt seine Vorderbeine.**
- **Nur durch erhebliches Zurücklegen des Oberkörpers könnte der Schwerpunkt des Reiters mit dem des Pferdes in Übereinstimmung gebracht werden.**

Mit einem weit nach hinten geneigten Oberkörper kann man aber weder ständig auf dem Pferd sitzen, noch auf dieses einwirken. Eine dauernde vermehrte Belastung und damit verbundene Schädigung der Vorderbeine des Pferdes lässt sich also nur durch eine Schwerpunktverlagerung des Reitergewichtes vermeiden.

In diesem Zusammenhang darf auch die Welle, die aus den USA herübergeschwappt war, nicht unerwähnt bleiben. Es geht hierbei um die Verharmlosung der Folgen einer Überbelastung der Vorderbeine. Bekanntlich ist der Lastanteil auf den Vorderbeinen des Pferdes bereits in Ruhestellung größer als auf den Hinterbeinen. Das durch das Reitergewicht verstärkte Übergewicht, ein seit Jahrhunderten bekanntes und, seiner Bedeutung angemessen, sehr ernst genommenes Problem, soll plötzlich nicht mehr bestehen. Es beschäftigte wohl umsonst Generationen von Reitmeistern sowie die wissenschaftliche Veterinärmedizin. Die Schwerpunktverlagerung muss also auf eine andere Art erreicht werden. Nun gibt es seit Jahrhunderten – Experten glauben sogar seit Jahrtausenden – die Methode, das Becken dynamisch nach hinten abzukippen.

Hierzu muss man wissen, dass der knöcherne Teil des Gesäßes, also das Becken, sozusagen aus einem geschlossenen starren Ring besteht. Durch Entspannen und Nach-innen-fallen-Lassen des oberen Teils der Bauchdecke werden Muskeln im unteren Teil ohne besonderes Zutun angespannt.

Während durch diese Muskeln der vordere Teil des Beckenringes angehoben wird, sinkt zwangsläufig der hintere obere Rand des ja starren Beckenringes nach unten. Das Becken kippt nach hinten ab.

Es lässt sich aber auch anders erklären. Man drückt im Lendenwirbelbereich den Rücken durch, das heißt, man macht das bei fast jedem vorhandene Hohlkreuz noch hohler. Das wäre das Gegenteil von dem, was eigentlich getan werden sollte, nämlich dem Rücken an dieser Stelle etwas von seiner Hohlstellung zu nehmen.

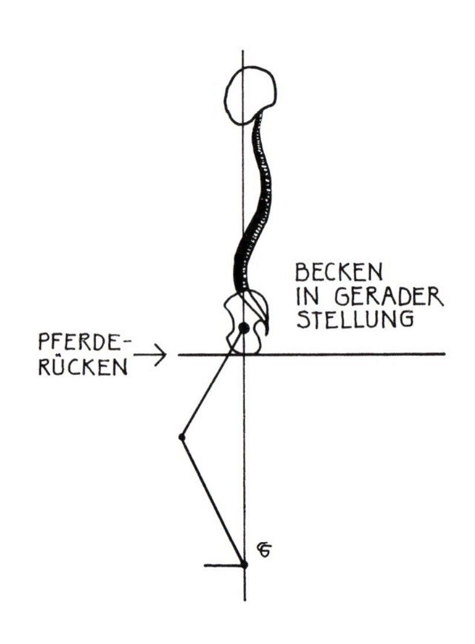

In dieser Sitzhaltung mit geradegestelltem Becken und einer Neigung zum Hohlkreuz müssen alle Schwingungen und Stöße von der Wirbelsäule aufgefangen werden.

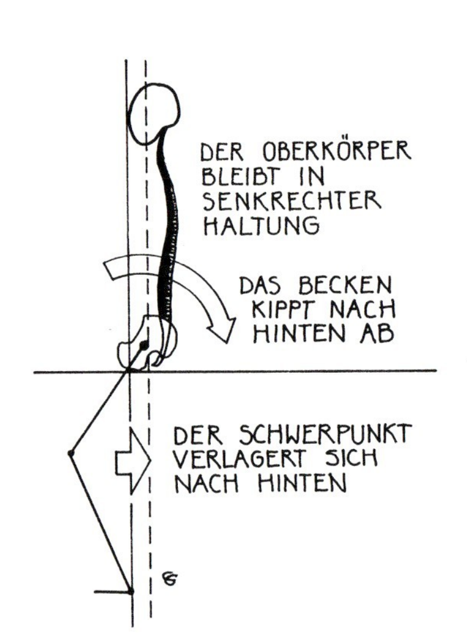

Erst durch das dynamische Abkippen des Beckens nach hinten kann der Körper den Schwingungen des Pferdes mühelos angepasst und die Wirbelsäule entlastet werden.

Man lässt also sein waagerecht in gerader Haltung stehendes Becken nach hinten abkippen. Während nun der untere Teil des Körpers mit dem Becken, leicht gekrümmt, etwas nach hinten sinkt, bleibt der Oberkörper in senkrechter Haltung. Jetzt ist das eingetreten, was vorher nicht möglich war:

Trotz aufrechter, aus den Hüften heraus senkrechter Haltung des Oberkörpers wird durch das dynamische Abkippen des Beckens Ihr Schwerpunkt nach hinten verlagert. Der mit Ihrem Pferd gemeinsame Schwerpunkt verschiebt sich dadurch nach hinten.

Hier ist kein Anspannen, kein Anziehen, kein Anpressen irgendwelcher Körperteile durch eigenes Zutun erforderlich. Ein weicher, schwingender Sitz, der sich bei aufrechter Haltung und vollem Sitzkontakt dynamisch den Schwingungen des Pferdes anpassen kann, wird nun möglich. Anstrengung und Verkrampfung kommen gar nicht erst auf.

Auf diese Art der Gewichtsverlagerung kann darüber hinaus, und das ist das hervorragendste Resultat, der gemeinsame Schwerpunkt von Pferd und Reiter und damit das waagerechte Gleichgewicht des Pferdes beeinflusst werden.

Das bedeutet, dass durch die vermehrte Belastung der Hinterbeine die unerlässliche Entlastung der Vorderbeine wesentlich verbessert wird.

Um es nochmals zu sagen:

Solch ein Sitz macht mühelose, voll auf das Pferd einwirkende und später so gut wie unsichtbare Hilfen überhaupt erst möglich. Er lässt alle gymnastizierenden Maßnahmen voll wirksam werden.

Und wer in diesem Sitz reitet, schont den Rücken seines Pferdes wie auch seinen eigenen in erstaunlichem Maße. Dies wurde immer wieder vor allem von den Schülerinnen und Schülern betont, die vorher unter erheblichen Rückenbeschwerden zu leiden hatten.

In diesem Sitz macht stundenlanges Reiten im Jog weder Pferd noch Reiter müde. In diesem Sitz habe ich mit meinem Shagya-Araber etliche lange Distanzrennen nahezu ausschließlich im Galopp (mit Westernsattel) geritten. Durch diesen Sitz gewann Watani nicht nur diese Ritte, er verdiente sich auch noch die so wichtigen und die eigenen Überlegungen bestätigenden Konditionspreise der Tierärzte.

Der richtige Sitz machte es für Pferd und Reiter möglich!

Das Aussitzen noch leichter gemacht

Durch das dynamische Abkippen des Beckens nach hinten wird also vieles möglich. Der eigene Schwerpunkt kann mit dem des Pferdes weitgehend in Übereinstimmung gebracht werden. Der Körper kann sich im Normalfall den Bewegungsabläufen des Pferdes ungewöhnlich gut anpassen. Schwierigkeiten entstehen nur noch bei Pferden, die im Trab besonders ausgeprägt „schwingen“.

Hier trotzdem aussitzen zu können erfordert zusätzliche Maßnahmen, da man sonst unweigerlich hochgeworfen wird und keine Zeit hat, rechtzeitig wieder im Sattel zu landen, bevor der neue Aufschwung des Pferdes einen voll erwischt.

Es besteht die Gefahr, dass das durch den ständigen gegenläufigen Aufprall des Gesäßes auf den Sattel verursachte erhebliche Unbehagen im Sitzbereich über alle guten Vorsätze dominiert. Dann geht nichts mehr. Die Konzentration wandert immer tiefer zu einem bestimmten Punkt, und nichts wird sehnlicher erwünscht als eine Linderung für die schmerzende Sitzfläche.

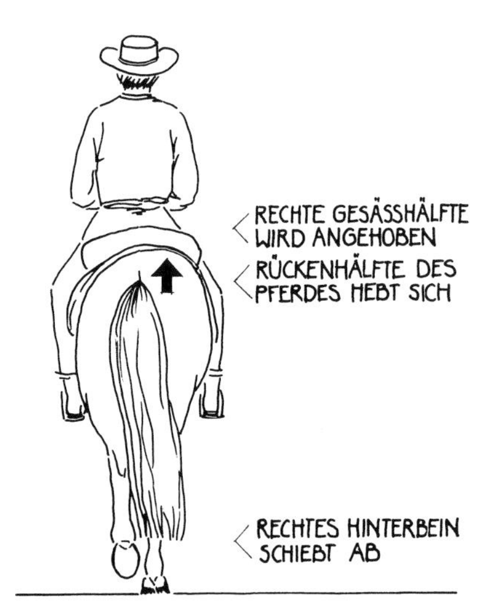

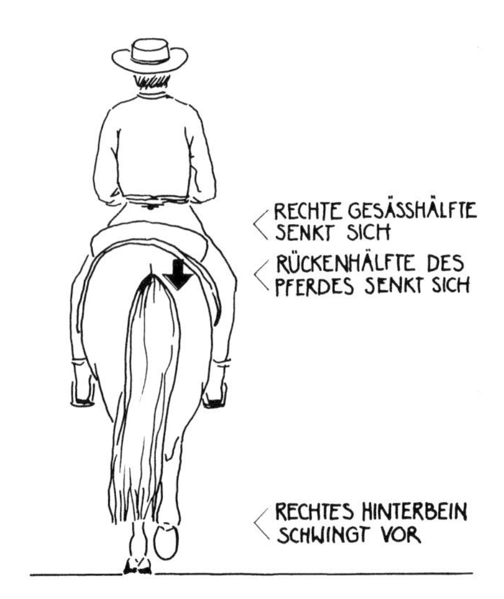

Wer es lernt, die im Trab und Jog auftretenden wechselseitigen Schwingungen aufzufangen, sitzt perfekt.

In solchen Fällen genügt für einen festen Sitz im Sattel das dynamische Abkippen des Beckens allein nicht. Damit es aber nicht so weit kommt, sollen wieder anatomische, physikalische und dynamische Gesetzmäßigkeiten Anwendung finden. Das hört sich hochtrabender an, als es ist. Übrigens: Die „hochtrabenden" Pferde verursachen das, wovon hier die Rede ist, und da spielt sich Folgendes ab:

Beim Abschieben eines Hinterbeines hebt sich deutlich die gleichseitige Rückenhälfte des Pferdes, während sich die gegenüber liegende Rückenhälfte durch das gleichzeitige Vorschwingen des dortigen Hinterbeines senkt. Bei Pferden, die das wechselseitige Abschieben und Vorschwingen ihrer Hinterbeine sehr intensiv durchführen und dadurch ihre jeweilige hintere Rückenhälfte stark hochwerfen, wirkt sich dies wie eine quer unter dem Sitz des Reiters liegende Wippe aus. Nun will man eigentlich ja reiten anstatt unsanft zu wippen.

Aufgrund dieser Erkenntnisse kann man aber entsprechend reagieren. Dazu muss – gewissermaßen vorausspürend – die jeweilige Gesäßseite in dem Moment angehoben werden, in dem auch beim Pferd die gleichseitige Rückenhälfte durch das Abschieben seines entsprechenden Hinterbeines hochkommt. Das klingt – „über den Kopf" erklärt – komplizierter, als es sich anfühlt, wenn man sich nur einmal die Zeit nimmt, ruhig und entspannt ins Pferd „hineinzuhorchen" und sich von der Bewegung mitnehmen zu lassen.

Wie bereits erklärt, handelt es sich beim menschlichen Becken um einen geschlossenen Ring. Hebt man nun den Beckenring beim Hochkommen der entsprechenden Rückenhälfte des Pferdes rechtzeitig *seitlich* an, so werden die geschilderten Bewegungen des Pferdes durch keinen Widerstand behindert.

Der geschlossene Beckenring sinkt zwangsläufig auf seiner Gegenseite in die Seite des Pferdes ab, die ebenso im Absinken begriffen ist. Das Becken wird nun wie beschrieben durch Anziehen der entsprechenden Muskeln diesem Rhythmus angepasst.

Haben Sie vorerst noch Schwierigkeiten mit dem Muskelanziehen, so ist als provisorische Hilfe ein wechselseitiges leichtes Abstützen mit den Füßen als vorläufige Notmaßnahme erlaubt. Bei dieser kleinen Mogelei müssen Sie nur peinlich darauf achten, dass Ihr Oberkörper stets in der Senkrechten bleibt, also nicht hin und her schaukelt.

Sind die Zusammenhänge erst einmal klar, wird es nur noch eine Übungssache sein, um einen ruhigen und festen Sitz zu erreichen und auch Pferde mit einem hohen Wurf in Harmonie, weich mitschwingend reiten zu können.

Der ganze Körper ist beteiligt

Die wichtigste Voraussetzung für das Funktionieren des hier gelehrten Sitzes ist sicherlich der richtige Einsatz des Beckens. Ohne entsprechende Beteiligung der übrigen Körperteile ist das aber kaum möglich. Daraus ergibt sich:

Ein pferdegerechter, bequemer und vielseitiger Sitz besteht aus einem physikalisch, anatomisch und dynamisch sinnvollen Einsatz aller Körperteile in bestimmten Positionen und bestimmten Zeitabläufen.

So spielt folglich die Haltung des gesamten Körpers für den Sitz eine wichtige Rolle. Zum Erlernen des Sitzes muss daher jede erforderliche Position der Körperteile im Einzelnen erläutert werden.

Der Oberkörper

Das dynamische Abkippen des Beckens nach hinten wurde eingehend erklärt. Das hat zur Folge, dass Ihr gesamter Oberkörper etwas nach hinten, aber senkrecht bleibend, zurücksinkt. Dies ist nicht etwa ein Nebeneffekt, sondern vielmehr als Resultat erwünscht. Hierdurch wird zum einen Ihr Schwerpunkt dahin verlagert, wo er, wie bereits beschrieben, hingehört. Zum anderen wird die Wirbelsäule wesentlich entlastet.

Kippten Sie aber das Becken nicht nach hinten ab, sondern drückten vielmehr den Rücken im Lendenwirbelbereich zu einem betonten Hohlkreuz, so würde sich der Rücken in ganzer Länge versteifen. Ein dynamisch in die Bewegung des Pferdes eingehendes, also weich mitschwingendes Reiten wäre dann unmöglich.

Gegen eine geringe Neigung nach hinten ist nichts einzuwenden. So stark wie hier darf sie allerdings nicht sein.

Der Oberkörper ist, wie hier zu sehen, stets senkrecht zu halten, das Becken dabei leicht nach hinten abgekippt.

So vornüber geneigt ist Pferde schonendes Reiten nicht möglich. Weder kann hier das Becken nach hinten abgekippt werden, noch sind feinere Hilfen möglich. Das Pferd kann nicht gymnastiziert und zum vermehrten Untertreten gebracht werden. Dem Pferderücken fehlt die federnde Spannung. Er ist wie die Vorderbeine vermehrt gefährdet.

Der Oberkörper ist also senkrecht zu halten. Gegen eine geringe Neigung nach hinten ist nichts einzuwenden, um so mehr allerdings gegen ein Vornüberneigen. Auf keinen Fall darf er seitlich, das heißt in der Hüfte, nach rechts oder links abgeknickt werden. Beides würde erhebliche Störungen verursachen und, wie später noch eingehend beschrieben ist, besonders das Reiten verschiedener gymnastizierender Lektionen unmöglich machen.

Arme und Hände

Weit nach vorn gestreckte Arme ermüden schnell. Auch erleichtern sie auf keinen Fall die Zügelführung oder geben mehr Sicherheit. Vielmehr werden die Schultern nach vorne gezogen, und die Brust wird eingeengt. Eine sensible Zügelführung ist so kaum möglich.

Weiterhin besteht die Gefahr, dass der Oberkörper sich unbemerkt nach vorne neigt und dadurch weitere Schwierigkeiten auftreten. Alles in allem somit nur negative Auswirkungen, die sich aber durch anfänglich vermehrte Konzentration ohne weiteres vermeiden lassen.

Wie man es richtig macht, muss oft geübt und lange im Gedächtnis gehalten werden. Zunächst lässt man die Arme seitlich senkrecht herunterhängen. Aus dieser Stellung heraus werden, ohne die Lage der Oberarme zu verändern, beide Unterarme bis maximal eine Handbreit über dem Widerrist angehoben.

Die Schultern müssen stets und ständig waagerecht gehalten werden.

Hängt eine Schulter, so knickt der Oberkörper in der Hüfte ein. Es kommt zu falschen Belastungen, die sich negativer als allgemein angenommen auf die Hilfengebung auswirken.

So soll es sein: Die Oberarme hängen nahezu gerade herunter. Unterarme und Hände bilden eine gerade Linie.

Vorgestreckte Arme ermüden schnell. Die Zügelführung wird ungenau und unsensibel. Vorgestreckte Arme engen die Brust ein, und häufig ziehen sie den Oberkörper vornüber. Die Körperhaltung insgesamt verändert sich negativ.

Die Oberarme dürfen weder an den Oberkörper angepresst noch von ihm abgespreizt werden.

Mit Armen wie Henkeltöpfchen ist eine korrekte Zügelführung nicht möglich.

Wird mit einem Westernsattel geritten, so hält man die Hände rechts und links vom Sattelhorn, aber nicht höher als dieses. Später, wenn einhändige Zügelführung angesagt ist, wird die Zügelhand direkt über dem Sattelhorn oder dem Widerrist gehalten.

Die Oberarme müssen also senkrecht herunterhängen. Hierbei ist unbedingt darauf zu achten, dass die Schultern nicht angehoben werden, sondern gleichfalls herabhängen, da dies sonst zu Verkrampfungen führen würde. Auch dürfen die Oberarme nicht vom Körper abgespreizt werden, etwa so wie die Henkel einer Suppentasse. Damit wäre weder eine unverkrampfte noch eine korrekte Haltung der Hände möglich.

Haben die Ellenbogen ständig leichten Kontakt mit den Hüften, so stimmt ihre Position. Die Hände werden in einer Linie mit den Unterarmen, also weder nach unten, oben oder nach innen abgewinkelt, gehalten (weiteres hierzu siehe unter Zügelhilfen).

Beine und Füße

Presst man einen Kirschkern zwischen Daumen und Zeigefingern, so macht er sich, je nach Intensität des Druckes, in einem hohen Bogen aus dem Staub. Presst ein Reiter Oberschenkel und Knie in kritischen Situationen an das Pferd, so kann er gleichfalls einen Bogen beschreiben, aber einen, der ihn *in* den Staub befördert.

Entgegen der weit verbreiteten Annahme verschlechtert das Anpressen der Oberschenkel und Knie die Festigkeit des Sitzes und stellt alle im Laufe der Ausbildung möglichen Verfeinerungen der Hilfen in Frage. Diese sehr wichtige Tatsache sollte man sich ständig vor Augen halten. Natürlich dürfen die Knie oder Unterschenkel aber auch nicht abgespreizt werden, so dass der Kontakt zum Pferd verloren geht.

Wie macht man es also richtig? Zuerst werden beide Beine vom Pferdekörper abgespreizt. Dadurch rutscht das Gesäß dahin, wo es sein soll, nämlich an die tiefste Stelle des Sattels. Nun werden Oberschenkel und Knie sanft angelegt. Die Unterschenkel haben hierbei wenig oder keinen Kontakt mit dem Pferdekörper. Sie hängen gerade herunter.

Die Füße werden parallel zum Pferdekörper gehalten. Wer anatomisch bedingte Schwierigkeiten hiermit hat, sollte es nur so viel tun, wie es ohne Beschwerden möglich ist. Das gilt überhaupt für alle Forderungen zur Körperhaltung. Selbstverständlich sollte sich jeder um eine Körperhaltung bemühen, die für das hier gelehrte Reiten erforderlich ist. Dies darf jedoch nicht um jeden Preis geschehen. Abstriche zugunsten einer unverkrampften Haltung sind auf jeden Fall richtiger.

Zur teleskopartigen Abfederung der Beine sind die Fersen etwas – also nur wenig – tiefer als die Fußspitzen zu halten.

Schließlich muss in diesem Zusammenhang auch die Bügellänge angesprochen werden. Eine Norm aufzustellen würde dem Vorhergesagten widersprechen. Es müssen die anatomischen Verhältnisse des Reitenden berücksichtigt werden. Faustregeln haben daher wenig Sinn.

Zu kurz oder zu lang geschnallte Bügel wirken sich ungemein negativ auf die Qualität des Sitzes aus. Aus den entsprechenden

Die Unterschenkel hängen gerade herunter, der Absatz wird nur etwas tiefer als die Fußspitze gehalten, und diese wiederum ist nicht nach außen abgewinkelt.

So wie im Bild sieht man es leider allzu häufig: die Beine nach vorne geschoben und mit extrem tiefem Absatz in die Bügel gestemmt. Dazu gehört aber noch, ...

... dass sie à la John Wayne weit vom Pferd abgespreizt gehalten werden.

Abbildungen in diesem Buch werden Sie das Gefühl für Ihre eigene Bügellänge entwickeln können. Wer aber einige Wochen mit dem Reiten pausieren musste, sollte für ein paar Tage die Bügellänge um ein bis zwei Loch verkürzen. Eine Regel, an die sich Könner seit Generationen halten. Na, dann tun Sie es natürlich auch.

Der Kopf

Wie man beim Reiten mit seinem Kopf richtig umgehen sollte, wird meistens zu wenig beachtet. Kein Körperteil findet bezüglich seiner Haltung so wenig Beachtung. Dabei ist der Kopf für die Balance des Reiters das Zünglein an der Waage. Eine falsche Kopfhaltung kann zu erheblichen Verspannungen im Hals-Nackenbereich führen. Sensibles Reiten ist hiermit aber nicht möglich. Das Resultat:

Eine falsche Kopfhaltung macht gutes Reiten unmöglich.

Wer, wie allzu häufig zu sehen ist, seinen Kopf nach vorne streckt, ihn nach unten neigt oder beides gleichzeitig, wird niemals so reiten können, wie es nach der hier gelehrten Form möglich sein kann.

Eine falsche Kopfhaltung bewirkt vieles, nur nichts Gutes. Natürlich ist hieran auch der Hals beteiligt. Wird dieser (meistens unbemerkt) angespannt, so setzt sich diese Verspannung im gesamten Bereich der Wirbelsäule fort und macht sich negativ bemerkbar.

Allein durch eine falsche Kopfhaltung wird die Balance der Wirbelsäule schon empfindlich gestört. Die Wirbel müssen sich der neuen Situation anpassen. Dies führt dazu, dass sich die natürlichen Krümmungen der Wirbelsäule insgesamt negativ verändern.

Das ist aber noch nicht alles. Als Endresultat kippt das Becken nach vorne ab. Nun ist alles aus. Aus mit dem Mitschwingen, aus mit dem Sitz, der auf dem Pferderücken wie angewachsen sein sollte und ihn dennoch entlastet. Aber das wurde bereits alles gesagt und im Detail erklärt. Trotzdem nochmals: Eine falsche Kopfhaltung macht einen guten Sitz und damit gutes Reiten unmöglich.

Umgekehrt wiederum verhält es sich auch nicht viel besser. Ein falscher, das heißt steifer Sitz, der den Wurf des Pferdes nicht auffangen kann, macht eine korrekte Kopfhaltung unmöglich.

Wohl jeder kennt die typischen Nick-Köpfe. Gemeint ist dieses rhythmisch-ruckartige Vor- und Rückwärtsstoßen des Kopfes. Der Hals ist selbstverständlich mitbeteiligt. Besonders bei Trabverstärkungen sind diese für Hühner oder Truthennen normalen Kopf- und Halsbewegungen zu sehen. Je schneller es vorwärts geht, desto ruckartiger werden die Kopfbewegungen, die nicht gerade Leichtigkeit und Eleganz ausstrahlen.

Und nicht zu vergessen: die Augen.

Sie befinden sich nun mal im Kopf und dort, wo sie hinsehen, wandert auch der Kopf meistens hin. Wer also ständig und punktuell auf sein Pferd starrt, der verursacht gleich zwei Fehler. Zum einen verbiegt er seine Wirbelsäule mit allen geschilderten Folgen, zum anderen schließt er sich psychisch ab.

Auch wenn es Ihnen zu Anfang unglaublich erscheinen mag: Unzählige Beobachtungen beim Lehrgang beweisen, wie drastisch die Folgen sind, wenn der Kopf abkippt und der Blick starr nach unten gerichtet ist. Körper und Geist verkrampfen. Der Atem wird flach. Die Körperhaltung sowie die Bewegungshilfen werden eckig und unpräzise.

Das Pferd reagiert entsprechend. Jede Weichheit und Geschmeidigkeit fehlt. Nichts geht mehr so wie gewollt. Was vielleicht schon einmal als Hauch erlebt wurde, rückt

Wie auf einer Balancierstange sitzt der Kopf auf dem Endpunkt der Wirbelsäule. Soll die Balance des Körpers im Ganzen stimmen, muss der etwa fünf bis acht Kilo schwere Kopf gerade gehalten werden. Hierbei blicken die Augen weit über das Pferd hinweg.

Der Kopf, mit nach vorn geschobenem Hals, ist gesenkt. Der Blick geht starr nach unten. Ein leider oft zu sehendes Bild. Die Folgen sind so krass, dass sie gutes Reiten unmöglich machen.

wieder in weite Ferne. Hier kann man wirklich sagen, dass kleine Ursachen große Wirkungen haben können.

Genug vom Fehlverhalten. Jetzt kann alles nur noch besser werden. Deshalb nun in Kurzform, wie es sein soll:

- **Der Kopf sitzt locker, gerade, weder nach vorn gestreckt, noch nach unten gerichtet und nicht in die Schultern gezogen, also ausbalanciert, auf der Wirbelsäule.**
- **Er ist in einem rechten Winkel zu den Pferdeschultern gerichtet, das heißt, Kopf- und Blickrichtung sind der Längsachse des Pferdes angepasst, gleich in welcher Schrägstellung es zu gehen hat.**
- **Der Blick geht weit über das Pferd hinweg in die Ferne. Der Atem des Reiters ist tief und ruhig.**
- **So fließen Haltung und Bewegung von Pferd und Reiter zusammen.**

Der Sitz auf einen Blick

- Der Sitz soll pferdegerecht sein, das heißt, vor allem den Pferderücken und die Vorderbeine entlasten.
- Der Reiter soll sich beim Sitzen entspannen und wohl fühlen können.
- Ein solcher Sitz entsteht erst durch die Beteiligung aller Körperteile.
- Anstelle des unbestimmbaren „Kreuz-anspannens“ wird das Becken dynamisch der Bewegung des Pferdes angepasst nach hinten abgekippt (das Gegenteil von einer Hohlkreuzverstärkung).
- Der Oberkörper ist im Prinzip stets senkrecht zu halten. Er darf weder vornüber noch merklich nach hinten geneigt werden.
- Der Oberkörper darf nicht in der Hüfte, also weder nach innen noch nach außen, abgeknickt werden.
- Die Schultern sollen locker herabgesenkt und leicht zurückgenommen ständig waagerecht gehalten werden.
- Die Oberarme sollen locker und senkrecht mit leichtem Hüftkontakt herunterhängen.
- Die Oberschenkel und Knie dürfen nur leicht, also ohne Anpressen, am Pferd liegen, aber auch nicht abgespreizt werden.
- Die Unterschenkel sollen senkrecht und ohne besonderen Druck am Pferdekörper herunterhängen.
- Die Füße sind im Prinzip parallel zum Pferdekörper zu halten. Die Fußspitzen werden leicht angehoben.
- Der Kopf wird locker und senkrecht ausbalanciert gehalten. Er darf weder nach vorn gestreckt noch nach unten gesenkt oder schief gehalten werden. Er ist in die Längsachse des Pferdes gerichtet.
- Der Blick geht weit über das Pferd hinweg in die Ferne. Der Atem ist tief und ruhig.

Viele Anforderungen werden an den Sitz gestellt. Aber schon nach kurzer Zeit wird er so selbstverständlich sein, dass bei lockerem und entspanntem Körper alles stimmt.

Die Hilfen

Was, warum, weshalb so?

Die Hilfen sind der Sprachschatz, mit dem Sie Ihrem Pferd verständlich machen können, was es tun oder lassen soll. So wie es sich mit der Sprache verhält, in der es einfache, gröbere, feine oder feinst geschliffene Worte und kunstvoll gewählte Wortkombinationen verschiedenster Art gibt, so gilt das Gleiche für die Einwirkungen auf das Pferd mittels so genannter Hilfen.

Diese „Sprache" muss vor allem am Anfang einer Ausbildung natürlich, klar, eindeutig und betont sein, wenn sie vom Pferd verstanden werden soll. Ist die „Sprache" nur heftig statt deutlich, wird das Pferd ebenso heftig oder unwillig reagieren.

Kennt also das Pferd diese Sprache noch nicht oder erst ungenügend, so muss sie mit sehr viel Ruhe, Geduld und entsprechendem Nachdruck – so, wie es ein Lehrer mit guten pädagogischen Fähigkeiten macht – beigebracht werden.

- **Gewichtshilfen**
- **Schenkelhilfen**
- **Zügelhilfen**
- **akustische Hilfen**
- **Schulterhilfen**
- **Hüfthilfen**
- **Sporenhilfen**
- **Gertenhilfen**

Eine ungewöhnliche Aufzählung von Hilfen. Üblicherweise werden nur die ersten drei Hilfen als solche in einer Aufzählung genannt. Die eine oder andere der übrigen Hilfen wird zwar hin und wieder erwähnt, dann aber kaum als eine Hilfe im üblichen Sinne. Dabei sind gerade sie es, die in einer feinen Sprache ausschlaggebend für die Verständigung zwischen Pferd und Reiter sein können.

Diese völlig unterschiedlichen Hilfen können einzeln oder im Verbund gegeben werden. Sie können die gewollte, aber auch andere Wirkungen beim Pferd auslösen. Auch die Intensität, also die Stärke oder Dauer einer Hilfe, kann völlig unterschiedliche Reaktionen beim Pferd bewirken.

So bestehen beispielsweise die Hilfen für das konsequente Anhalten häufig nur in einer „Zügelhilfe" und normalerweise aus Gewichts-, Schenkel-, Zügel- und akustischen Hilfen. Das Anhalten kann aber auch,

Irgendwann lernt das Pferd, auf feinste, fast unmerkliche Hilfen zu reagieren. Es scheint die Gedanken seines Reiters zu lesen. – Hier ein Stop, ohne das Maul zu berühren.

je nach Ausbildungsstand des Pferdes, völlig ohne Zügelhilfe erreicht werden, obgleich diese ja allgemein als die hierfür wichtigste Hilfe angesehen wird.

Schließlich kann eine kombinierte Schenkel- und Gewichtshilfe für das konsequente Anhalten genauso eingesetzt werden wie für das Vorwärts-, aber auch das Rückwärtstreiben. Welche Wirkungen diese Hilfen auslösen sollen, wird hier durch Art und Dauer der Zügelhilfe bestimmt. Später wiederum könnte die Zügelhilfe ohne weiteres völlig wegfallen. Nach dem Anhalten fortgesetzte Schenkel- und Gewichtshilfen veranlassen dann das Pferd zum Rückwärtstreten. Die Vielfalt der Möglichkeiten durch die verschiedenen Wirkungsweisen der Hilfen lässt sich schon an diesen Beispielen erahnen.

Natürlich ändern sich mit fortschreitender Ausbildung von Pferd und Reiter die Hilfengebungen in vielfacher Beziehung. Während anfangs die Hilfen überdeutlich gegeben werden mussten, kann man sie später so reduzieren, dass ein Außenstehender kaum noch zu ahnen vermag, was hier geschieht. Dem Pferd werden dann lediglich unmerkliche kurze Zeichen genügen.

So wird das Pferd nicht durch das Ziehen an einem Zügel gelenkt. Vielmehr genügt zur Richtungsangabe ein leichtes Vibrieren am entsprechenden Zügel, ohne dass ein Druck des Gebisses im Maul entsteht. Der eigentliche Auslöser für eine Richtungsänderung ist aber die entsprechende Drehung des Oberkörpers in die vorgesehene Bewegungsrichtung.

Der Vollständigkeit halber muss schon jetzt erwähnt werden, dass es noch weiter gehende Formen von Hilfen gibt, wie den Einsatz der Schultern, der Hüften und dergleichen. Aber auch Sporen und Gerte, die ja wie schon gesagt zur Verfeinerung der Hilfen dienen sollen, zählen hierzu.

Bevor nun die Hilfen beschrieben werden, noch einige grundsätzliche Erklärungen und Erinnerungen an Vorhergesagtes, da die hier vertretene Lehre Abweichungen zu den konventionell vertretenen Hilfengebungen, in Einzelfällen sogar in erheblicher Art, erforderlich macht.

Grundsätzliches in Kurzfassung

- Meine Lehrmethode ist abgestimmt auf ein Reiten, das allen, einfachen wie gehobenen, Ansprüchen eines Freizeitreiters und anderen Interessierten gerecht werden soll.
- Wichtigste Grundüberlegung für dieses Reiten ist seine einfache Durchführbarkeit für Pferd und Reiter.
- Diesen Überlegungen ist alles andere untergeordnet. Sie sind der Leitfaden, der das hier Gelehrte und Erklärte bestimmt. Nichts vom Grundsätzlichen ist neu. Es beruht auf jahrhundertealten, bewährten Erfahrungen verschiedener, aber verwandter Reitweisen.
- Neu ist das Zusammenfügen zu einer Reitweise, die in erstaunlich kurzer Zeit erlernt werden kann. Es ist ein Freizeitreiten, das trotz seiner Einfachheit wegen der altklassischen Lektionen zur Ausbildung und Gymnastizierung auch gehobenen Ansprüchen gerecht wird.
- Neu ist, dass verschiedene Hilfen anders erklärt werden und anders angewandt werden sollen. Manches bislang Gelernte und Gewohnte wird bedeutungslos. Wiederum erhält kaum oder nie Gekanntes besonderes Gewicht. Es gilt, in verschiedenen Dingen für ein anderes Reiten umzudenken.
- Alle theoretischen Überlegungen, Erläuterungen, Hinweise und Forderungen sind abhängig von einem variablen Faktor: dem Lebewesen Pferd. Nichts ist daher unbedingt festgeschrieben, es muss sich diesem Faktor unterordnen.
- Was hier zu einer Lehre für das Freizeitreiten zusammengetragen wurde, insbesondere im großen Kapitel der Hilfen, beruht auf jahrzehntelangen Erfahrungen. Die Richtigkeit dieser Überlegungen wird immer wieder durch den ungewöhnlichen Erfolg bestätigt.

Die Gewichtshilfen

Die Gewichtshilfen in allen ihren Feinheiten zu erfassen wird im Rahmen des hier Gelehrten nicht möglich sein. Ich schränke hier auch mit Absicht ein, weil die Gefahr, unbemerkt Fehler zu begehen und damit eher Schaden als Nutzen zu bewirken, einfach zu groß ist. Die Palette dessen, was hier erlernt werden kann, ist aber umfangreich genug, um verblüffende Ergebnisse zu erzielen.

Die rein mechanische Wirkungsweise einfacher Gewichtshilfen kommt Ihnen und Ihrem Pferd sehr entgegen. Für den, der einigermaßen geschickt ist, gibt es genügend Möglichkeiten, sofortige, klare und eindeutige Reaktionen des Pferdes zu bewirken. Im Zusammenspiel mit anderen Hilfen können Gewichtshilfen, für die das Pferd zum Verstehen keinen Lernvorgang benötigt, kleine Wunder bewirken. „Wunder" durch Gewichtshilfen sind aber nur in Verbindung mit einem guten Sitz zu erwarten.

Ein altklassischer Reitmeister bemerkte seinerzeit sehr richtig hierzu, dass zum Beispiel „Bügelsteher" und „Wackler" von den Gewichtshilfen keinen Gebrauch machen könnten. Nur wer weich und anschmiegsam im Sattel sitzt und im Gleichgewicht mit seinem Pferd reitet, hat Chancen, mit den Gewichtshilfen etwas zu bewirken.

So reagiert das Pferd – aber warum?

Das Vibrieren eines Zügels, im Zusammenspiel mit einer Drehung der Schultern und leichter entgegengesetzter Drehung der Hüften, leitet eine Wendung ein, so auch die einer Volte. Aber der Durchmesser der Volte wird wesentlich durch eine entsprechende Gewichtshilfe mittels Veränderung des Gleichgewichtes mitbestimmt.

So bewirkt die Verlagerung des Reitergewichtes, bei selbstverständlich gleich bleibender senkrechter Haltung des Oberkörpers, nach innen eine Verkleinerung, die Gewichtsverlagerung nach außen hingegen eine Vergrößerung der Volte. Das Pferd tritt also zu der Seite hin, auf der ein Übergewicht entstanden ist.

Begründet ist dieses Verhalten des Pferdes in dem instinktiven Bestreben, das Gleichgewicht wieder herzustellen. Das Pferd hat nichts anderes getan, als physikalische Gesetzmäßigkeiten zu befolgen. Spätestens jetzt ist eine dringende Warnung erforderlich:

Die Gewichtshilfe des Reiters in Form einer seitlichen Belastung des Pferdes darf unter keinen Umständen durch ein seitliches Herüberhängen des Oberkörpers mittels Einknicken in der Hüfte versucht werden. Das Pferd wäre hierdurch derartig irritiert, dass es eher in die entgegengesetzte Richtung ausweichen würde.

Hier ist das Gewicht gut ausbalanciert – es ist im Gleichgewicht mit seinem Träger.

Im Westernreiten wird die „Gewichtsverlagerung“ nach außen häufig bewusst angewandt. Hier will man mit einer der Volltraversale ähnelnden Seitwärtsbewegung das Pferd vor sich herschieben.

Ärgerlich wird es dann, wenn ein Tor geöffnet werden soll. Die Regeln schreiben vor, dass das Tor hierbei nicht losgelassen werden darf. Aber schon bei einem leichten seitlichen Herüberlehnen zum Öffnen des Tores verabschiedet sich das Pferd in die entgegengesetzte Richtung.

Welche Beweggründe zu dieser Art der Gewichtsverlagerung auch immer geführt haben mögen, es ist eine Sackgasse. Hier wird doch das zum Seitwärtsgehen aufgeforderte Pferd entgegengesetzt zur Bewegungsrichtung belastet. Das äußere Beinpaar, das hierdurch blockiert wird, muss nun seitwärts über das unsinnigerweise entlastete innere Beinpaar vorwärts-seitwärts treten. Hinzu kommt, dass ein seitliches Vor-sich-Herschieben des Pferdes viele andere Schwierigkeiten mit sich bringt und das hier gelehrte Reiten unmöglich macht.

Wer, wie schon vor zweihundertfünfzig Jahren verpönt, weiterhin in der Hüfte einknicken möchte, um eine Gewichtshilfe zu geben, der braucht also in diesem Buch nicht weiterzulesen. Durch diesen gravierenden Fehler werden Gesetzmäßigkeiten der Statik und Dynamik auf den Kopf gestellt. Diesen Naturgesetzen entgegen ist aber weiterführendes gutes, gymnastizierendes und psychologisch wertvolles Reiten nicht möglich.

Zum Thema Gewichtsverlagerung noch einen deutlich spürbaren praktischen Beweis. Man lädt sich, die Beine zusammengestellt, jemanden auf die Schultern. Wenn nun die obenauf sitzende Person ihr Gewicht zu einer Seite hin verstärkt verlagert, ist das Gleichgewicht erheblich gestört. Dies würde dazu führen, dass beide Personen in die Richtung des Übergewichtes fallen, es sei denn, der Träger macht einen Schritt in die Richtung der Gewichtsverlagerung. Dann ist das Gleichgewicht wiederhergestellt.

Nun dürfte alles klar sein. Verlagern Sie also Ihr Gewicht, ohne in der Hüfte abzuknicken, etwas auf die Seite des Pferdes, in die es gehen soll, so wird es auch zu dieser Seite unter Ihr Gewicht treten wollen, um so das Gleichgewicht wieder herzustellen. Allerdings hat Ihr Pferd anfangs viel Neues zu lernen, so dass Sie eine zufriedenstellende Reaktion nicht sofort erwarten können, zumal auch Sie selbst zu diesem Zeitpunkt noch ein Hinderungsgrund sein könnten.

Durch eine Verlagerung des Gewichtes zur Seite ist das Gleichgewicht erheblich gestört.

Durch einen Schritt des Trägers zur gleichen Seite kann das Gleichgewicht wiederhergestellt werden.

Die feinste Gewichtshilfe – der Bügeltritt

Korrekte Gewichtshilfen begreift das Pferd eigentlich relativ schnell. Eine einfache Begründung ist darin zu finden, dass das Pferd im Verhältnis zu seiner Länge gesehen recht schmal ist. Es bedarf somit nicht sehr viel, um das Gleichgewicht zur Seite hin in gewollter Weise zu beeinflussen.

Aber, um es nochmals zu sagen: Unerlässliche Voraussetzung für wirksame Gewichtshilfen ist ein korrekter Sitz. Dieser, einmal erlernt, stört weder das Gleichgewicht, die Balance, noch ruft er bei Ihnen Verspannungen hervor. So können Sie entspannt Ihrem Pferd jede erforderliche Hilfe locker und leicht in feinster Form verständlich machen.

Sind Sie so weit fortgeschritten, dass Sie Seitengänge mit bereits erheblich verminderten Hilfen reiten können, dann wird das Pferd bald auf feinste Gewichts- und Schenkelhilfen reagieren. Jetzt wird die Zeit reif für den Bügeltritt. Ein Tritt, bei dem nur der Druck des Fußes auf einen Steigbügel verstärkt wird.

Der so genannte Bügeltritt kann sowohl als eine Verfeinerung der Gewichts- als auch der Schenkelhilfe aufgefasst werden. Beide kann der Bügeltritt teilweise oder auch völlig ersetzen. So kann bei einem fein gerittenen Pferd ein deutlich verstärkter Tritt auf den inneren Steigbügel jegliche Schenkelhilfe erübrigen.

Die Schenkelhilfen

Große Bedeutung maßen die alten Reitmeister den Schenkelhilfen bei. Für sie waren die Schenkel eine verlängerte Sitzhilfe. Ihre unglaublich ausgeklügelten Schenkelhilfen haben noch heute Bestand. Die Überlegungen, welcher Teil des Beines eingesetzt werden sollte, wie groß die Stärke des Andrucks zu sein hat, welche Lage der Schenkel haben muss und welcher Zeitpunkt für seinen Einsatz der optimale sein würde, diese raffinierten, feinst abgestuften Hilfen grenzen im Ergebnis an Zauberei.

Ich will Sie hier jedoch nicht mit allen denkbaren Schwierigkeiten belasten, um Sie zum vollendeten Meister der Reitkunst zu machen. Die zu erlernenden Schenkelhilfen müssen wesentlich vereinfacht und dadurch von jedem realistisch nachvollziehbar sein. Relativ einfache Hilfen, die dem Pferd dafür aber *unmissverständlich* gegeben werden, sind natürlich besser als versuchte, aber nicht gekonnte Raffinessen. Sie werden vom Pferd nicht verstanden und führen entweder zu keiner oder aber zur falschen Reaktion des Pferdes. Ihre eigene Reaktion hingegen endet dann meistens in ungewollt groben Hilfen, gegen die sich das Pferd entsprechend seinem Temperament wehrt. Schon ist die Disharmonie perfekt!

Zunächst aber etwas Grundsätzliches. Allein durch die Schenkel, besser gesagt durch die Beine, hat man folgende fünf verschiedene Einwirkungsmöglichkeiten, und zwar durch den Einsatz:

a) des Oberschenkels,
b) des Knies,
c) des Unterschenkels,
d) des Fußes mit oder ohne Sporn,
e) des Fußes mittels Druck auf den Steigbügel (Bügeltritt).

Erst eine solche Aufzählung führt einem vor Augen, wie viel zwischen Oberschenkel und

Fuß an Hilfen möglich ist. Ein gewisser Wissensstand ist somit unerlässlich. So muss Etliches erklärt und anhand von Beispielen für die Praxis eingehend erläutert werden.

Der Zeitpunkt oder das Timing

Eingangs wurde gesagt, dass die Schenkel eine verlängerte Sitzhilfe darstellen. Hierzu eine praktische Erklärung: Verlagert man sein Gewicht zu der Seite des Pferdes, in die es sich bewegen soll, so hilft ein Schenkeldruck von der anderen Seite, die Hilfe wirksamer zu machen. So ergänzt und verstärkt durch das Zusammenspiel der Hilfen auch hier eine Hilfe die andere.

Weiterhin wurde gesagt, dass verschiedene Hilfen nur in vereinfachter Form Anwendung finden können, um Sie vor allem anfangs vor einer Überforderung zu schützen. Dies gilt auch für den richtigen Zeitpunkt des Einsatzes einer Schenkelhilfe.

Hierzu ein praktisches Beispiel für treibende Schenkelhilfen:

Hebt das Pferd im Schritt sein linkes Hinterbein (Sie spüren dies durch das beginnende Absinken der linken Rückenhälfte) und ist im Begriff, mit diesem Bein vorwärts zu treten, muss im gleichen Moment der gleichseitige, also linke, Schenkel als treibende Hilfe mit entsprechendem Druck angelegt werden.

Durch die Schenkelhilfe zu diesem Zeitpunkt wird das Pferd animiert, sein im Vorschreiten befindliches Hinterbein vermehrt unter seinen Körper zu setzen und damit den Schritt zu verlängern, aber auch zu beschleunigen.

Dieses Beispiel ist einfach, logisch, leicht begreifbar und in Bezug auf das Timing praktikabel. Besonders zugute kommt einem hier die Kenntnis über die Fußfolge des Pferdes in den verschiedenen Gangarten. Noch wichtiger allerdings ist es, das Vorschwingen des jeweiligen Hinterbeines zu erspüren, was im Schritt kaum schwierig sein dürfte (siehe hierzu das Kapitel über den Sitz).

Während das Timing für die Schenkelhilfen auch für das Treiben im Trab noch relativ leicht einzuhalten ist, erfordert es für den Galopp schon mehr Geschick. Aber was nützt es zu wissen, dass der Schenkeleinsatz im gleichen Moment erfolgen muss, in dem das äußere Hinterbein im Begriff ist vorzuschwingen, wenn man die galoppbedingte schnelle Fußfolge nicht schnell genug erfassen kann?

Auch der oft zu hörende vorwurfsvolle Hinweis, dass man die Fußfolge selbstverständlich erspüren müsse, mag sehr fundiert klingen, ist aber nur für einen besonders versierten Experten für solche Bewegungsabläufe hilfreich. Ihr Kontrollblick auf die Fußfolge der Vorderbeine kann Ihnen zwar eine nicht besonders witzige Bemerkung einbringen, aber mit solchen Bemerkungen werden Sie leben können.

Vor allem anfangs kommt einem der Bewegungsfluss im Galopp recht schnell vor. Die einfachste und vorerst praktikabelste Möglichkeit, sich den Zeitpunkt für den treibenden Schenkeleinsatz zu merken, ist tatsächlich, die Stellung der Vorderbeine zu beobachten.

Ist zum Beispiel beim Galopp linksherum das äußere (rechte) Hinterbein im Vorschwingen, geht zu gleicher Zeit das innere (linke) Vorderbein zurück und somit auch die innere (linke) Schulter des Pferdes. Dies ist, ohne die eigene Körperhaltung zu verändern, leicht feststellbar. Jetzt ist der richtige Zeitpunkt für den Einsatz des äußeren (rechten) Schenkels zum Treiben gekommen.

Schwieriger wird es beim konsequenten Anhalten aus dem Galopp. Hier sollen die Schenkelhilfen in dem Moment erfolgen, in dem die Hinterbeine aufgefußt haben und somit das innere (linke) Vorderbein sich nach vorne ausgestreckt in der Luft befindet. Natürlich darf der Reiter nicht lange überlegen, sonst kommt die Schenkelhilfe zu spät. Stimmen aber die weiteren erforderlichen

Hilfen, so wird das Pferd hier ausgleichen und respektabel anhalten.

Über das Timing für den Einsatz von Hilfen im günstigsten Bewegungsmoment des Pferdes gibt es genügend ausgeklügelte theoretische Überlegungen. Diese aber in der Praxis korrekt umzusetzen gelingt häufig nicht einmal Experten.

Die Intensität der Schenkelhilfen

Nach dem „Timing" noch etwas zur Intensität der Schenkelhilfen. Das heißt, mit wie viel Andruck und mit „wie viel Bein" soll eine Schenkelhilfe gegeben werden? Auch hier gilt der Grundsatz: so viel wie nötig und so wenig wie möglich. Ein leichtes Muskelzucken im Oberschenkel kann bei einem gut ausgebildeten Pferd genügen, um als treibende oder richtungsbestimmende Hilfe erkannt und korrekt befolgt zu werden.

Genügt dieser sozusagen mehr gedachte als gemachte „Hauch" von Hilfe nicht, so muss außer dem etwas verstärkten Druck des Oberschenkels noch das Knie mit eingesetzt werden. Im Weiteren würde dann der Unterschenkel zur Druckverstärkung hinzukommen. Reagiert das Pferd auch hierauf nicht oder zu langsam, so kommt der entsprechende „Sporenkitzel" hinzu (siehe auch „Die Sporenhilfe", S. 111).

Ist ein durch ständiges Klopfen und Andrücken der Schenkel abgestumpftes Pferd durch den punktuellen Einsatz der Sporen wieder schenkelsensibel geworden, dann können die verstärkten Schenkelhilfen in umgekehrter Reihenfolge wieder abgebaut werden. Beidseitige Schenkelhilfen dürfen nur in Ausnahmefällen gleichzeitig gegeben werden. So zum Beispiel mit den Unterschenkeln beim konsequenten Anhalten eines Pferdes im fortgeschrittenen Ausbildungsstand. Und noch ein Hinweis:

Wann im Einzelnen, in welcher Art, wozu Schenkelhilfen gegeben werden, warum, in welcher Verbindung mit anderen und mit welchem Druck, oder wie lange diese oder jene Schenkelhilfe erforderlich wird, alle diese Fragen verlangen unbedingt Beantwortung. Zum besseren und praxisnahen Verständnis sind die Antworten an entsprechender Stelle der jeweiligen, eingehend beschriebenen Lektionen und Übungen zu finden.

Die Zügelhilfen

Nur durch leichte Hilfen kann ein Pferd auch leicht gehen.

Etwa so lautete der Ausspruch eines der großen alten Reitmeister früherer Jahrhunderte. Diese Überlegung kann für nichts zutreffender sein als für die Zügelhilfen.

Eigentlich sollte man nicht von den „Zügel"-hilfen sprechen, sondern vielmehr von den Hilfen der Hand. Die Zügel sind doch lediglich die Verlängerung der Hilfe gebenden Hände zum Pferdemaul. Hiermit ist auch gleich ein Stichwort gegeben. Das Pferdemaul ist zwar von den Einwirkungen der Zügel direkt betroffen, aber der Kopf ist nur ein kleiner Teil des Pferdes. Die Zügelhilfen sollen jedoch auf das ganze Pferd einwirken.

Diese Überlegung weiter gedacht erklärt, dass die Zügelhilfen nur ein Teil einer Hilfenkombination sein können. Ihre Wirkung beruht in dem Zusammenspiel von Zügel-, Sitz-, Schenkel- und Gewichtshilfen.

Nichts gibt einer Sache mehr Glaubwürdigkeit als der Erfolg. Kursteilnehmer konnten oftmals kaum fassen, dass in fünf Tagen allein durch eine andere Zügelführung ihr Pferd deutliche Ansätze zeigte, etwas zu lernen, worum sie sich seit Jahren vergeblich bemüht hatten.

Auch bei den Zügelhilfen muss zwischen Pferden unterschieden werden, die noch steif sind, das heißt, die noch keine Biegung kennen, und solchen, die in ihrer Ausbildung bereits weiter fortgeschritten sind. Das Lebensalter der Pferde ist hierbei nicht entscheidend.

Geht es auch ohne Zügel?

Das Ergebnis des Reitens, so wie es hier gelehrt wird, kann unter anderem ermöglichen, irgendwann das Pferd so weit zu bringen, dass man es, ohne das Maul auch nur einen Augenblick zu berühren, also völlig ohne Zügel oder irgendwelche anderen Hilfsmittel, reiten kann.

Dass so etwas möglich ist, haben der Autor und einige seiner Schülerinnen und Schüler schon vielfach bewiesen. Es ist ein unbeschreiblich schönes Gefühl, ein Pferd mit freiem Kopf, also „naturbelassen", im offenen Gelände zu reiten. Ein „Schschsch", wie das einer Dampflok, bringt es aus vollem Galopp in den Jog, ein leises „Psst" in den Schritt oder schärfer artikuliert zum Stopp. Da kommt Euphorie auf, und man spürt, dass auch das Pferd den Hauch von Freiheit empfindet.

Dieses Reiten ohne Zäumung oder andere Mittel ist aber nicht unbedingt zur Nachahmung empfohlen. Auch braucht es eine lange vertrauensvolle Partnerschaft, um sich so sicher auf ein Pferd verlassen zu können. Durch die „zügellose" Vorführung verschiedener Lektionen aus dem Lehrprogramm als Show-Effekt kann aber auf sehr anschauliche Art und Weise gezeigt werden, dass eine gute Ausbildung des Pferdes zwar die verschiedensten Hilfen erfordert, nur keine Kraftanstrengungen für einen besonderen Druck im Pferdemaul.

Dass vieles völlig ohne Zügel möglich ist, wurde erklärt. Dadurch werden Zügelhilfen aber keineswegs überflüssig. Ganz im Gegenteil, denn die meisten Hilfen, die man einem Pferd gibt, werden erst durch eine zwar ausgeklügelte, aber leicht verständliche und richtig angewandte, hauchfeine Zügelhilfe im vollen Umfang wirksam. Auf

Es ist ein unbeschreiblich schönes Gefühl, ein Pferd mit freiem Kopf und ohne andere Hilfsmittel in jeder Gangart reiten zu können.

diesem Wege wird Reiten irgendwann zur Kunst. Nachstehendes Beispiel unterstützt diese Überlegung.

Fehlt in einem Konzert ein Instrument, wie zum Beispiel die vom Komponisten eigentlich vorgesehene Solovioline, so wird die Klanggröße eines großen Orchesters nicht merkbar beeinträchtigt. Bleibt aber der Solopart dieser Violine, die sonst durch das zarte Anstreichen weniger Saiten die Zuhörer erschauern ließ, aus, kann sich das Orchester noch so bemühen, die Wirkung wird immer unvollkommen sein.

So ungefähr verhält es sich auch bei der gekonnten Anwendung einer Zügelhilfe. Wer Zugang zu all den wunderbaren Möglichkeiten haben möchte, die er mit einem Pferd erleben kann, für den ist der Einsatz von Zügelhilfen, allerdings von ganz bestimmter Art, unerlässlich.

Zügelhilfen also ja. Nur werden hierbei unglaublich viele Fehler gemacht. Für denjenigen, der kaum noch so viel Kraft in den Armen hat, um sein Pferd zu halten, wird es wie nackter Hohn klingen, dass der Zügelzug im Pferdemaul nicht größer sein sollte, als ein Zwirnsfaden an Zugbelastung aushalten würde. Hierhin führt allerdings ein weiter, aber gangbarer Weg.

Andere wiederum glauben, dass wirklich pferdegerechtes Reiten nur mit hingegebenem Zügel möglich sei, nach dem Motto: je länger der Zügel, desto besser. Wer so auf Dauer verfährt, sollte richtiger sagen: Je länger die Zügel, desto länger das Pferd. Dieses hätte nämlich zur Folge, dass die Vorderbeine sich nicht genügend vom Boden abheben, die Hinterbeine nicht mehr zur Lastaufnahme unter den Körper treten und der Rücken sich mehr und mehr durchdrückt. Die unerfreulichen Folgen von alldem sind an anderen Stellen des Buches ausführlich beschrieben.

Richtiges gymnastizierendes, also Pferde schonendes sowie bequemes oder gar ästhetisches Reiten wäre so undenkbar. Somit sind – ich wiederhole – intelligent eingesetzte Zügelhilfen unerlässlich. Entscheidend ist aber, wie viel Zügel und welcher Zügel wann notwendig ist.

Wie viel Zügel?

Beobachtet man, wie ein Marionettenspieler mit seinen Händen die Fäden bewegt, so ist es erstaunlich, mit welch geringem Aufwand er in die eigentlich leblosen Puppen Bewegung und Ausstrahlung hineinzaubert. Bei dem hier gelehrten Reiten wird für die Zügelführung gleichfalls wenig Aufwand an Bewegungen und vor allem an Kraft gefordert. Um so mehr wird von der Geschicklichkeit eines Marionettenspielers benötigt, um zu gleichen Ergebnissen zu kommen.

Pferde werden nicht mit „harten" Mäulern geboren. Sie entstehen durch schlechtes Reiten. Nun kann man allerdings von zarten Zügelhilfen gut reden, wenn einem in der Praxis das Pferd im Renntrab wegstürmt, anstatt artig im ruhigen Jog zu gehen. Was nützen kreative Fingerspiele, wenn das Pferd im Galopp losrast, dass einem die Ohren ausfransen, obgleich es ein sehr ruhiger, verhaltener, also ein so genannter Canter, werden sollte. Was nützt es, mit geschickter Koordinierung leichtester Hilfenspiele das Pferd an einem bestimmten Punkt zum Halten bringen zu wollen, wenn es unbekümmert mit durchgedrücktem Hals weiter marschiert?

Hier hilft doch nur, die Beine in die Bügel zu stemmen und mit voller Kraft an den Zügeln zu ziehen, oder? So ging es mir bei den ersten Reiterfahrungen in meiner Ausbildungszeit, so ging es meinen Schülern, bevor sie sich Rat suchend an mich wandten, und so geht es vielen täglich, denen niemand beigebracht hat, was hiergegen getan werden müsste.

Natürlich hätte man es nicht erst so weit kommen lassen dürfen. Auf keinen Fall darf aber wieder die Kraft den Zügeleinsatz bestimmen. Hier heißt es, ein geeignetes Konzept zu entwickeln, das solche Situationen überhaupt nicht erst aufkommen lässt. Zunächst aber müssen besondere Maßnahmen zur Wiederherstellung der Sensibilisierung des Pferdes ergriffen werden.

Vorerst wird daher der Galopp im Reitprogramm gestrichen. Später dann sollte man einen vom Pferd gewollten zu flotten Bodengewinn gar nicht erst zulassen, sondern rechtzeitig in den Trab übergehen. Wenn das Pferd im Trab zu schnell werden will, ist es jedes Mal sofort zurückzunehmen (siehe auch zum Thema Jog, Seite 123/124), oder man geht zum Schritt über. Geht es auch in diesem noch zu schnell, dann wird für ein bis zwei Sekunden angehalten. Das müssen Sie x-mal wiederholen. So sollten Sie vorläufig mit zäher Konsequenz stets und ständig verfahren. Es lohnt sich.

Jetzt muss das Pferd auch lernen, an bestimmten Punkten anzuhalten und so lange stehen zu bleiben, wie Sie es wünschen. Hierüber erfahren Sie alles im Kapitel über das konsequente Anhalten.

Beherrscht das Pferd erst einmal die in weiteren Kapiteln beschriebenen Seitengänge und Wendungen einigermaßen, so sind auch alle etwa noch bestehenden Reste der vorgenannten Probleme so gut wie gelöst. Die bis ins kleinste Detail in Wort und Bild beschriebenen Lektionen können dann wirksam als „sanfte Bremse“ eingesetzt werden, zuerst im Schritt, dann im Trab oder Jog und später auch im Galopp.

Man wird sie schon nach relativ kurzer Zeit kaum wiedererkennen, so ruhig und ausgeglichen, jedoch nicht etwa träge werden die Pferde sich danach geben. Aus Kilos an Zügel-„kraft“ werden Gramm. Immer wieder sind Außenstehende hierüber verblüfft. Sie können es nicht fassen, dass man nahezu im Zeitraffer erleben kann, wie sich die Psyche der so genannten Problempferde so positiv verändert.

Welcher Zügel wohin?

Natürlich ist auch für sensibles Reiten ein Verkürzen der Zügel erforderlich. Aber es ist auch selbstverständlich, dass bei den Zügelhilfen mit „Zugkraft“ so sparsam wie möglich umgegangen werden muss. Einfach am Zügel zu ziehen, um etwas Gewünschtes zu erreichen, ist einfallslos und wenig intelligent.

Aber welcher Zügel an welcher Stelle gehalten und in welche Richtung hin verkürzt werden soll, das findet kaum genügende Beachtung. Dabei ist dies vor allem in der Ausbildungszeit des Pferdes, insbesondere während der Einübung jeder der hier beschriebenen Lektionen, eine unerlässliche Voraussetzung.

So wird das Einüben des Schulterhereins (linksherum) kaum möglich sein, wenn nicht die äußere (rechte) Zügelhand tief und mit dem erforderlichen Druck an den Widerrist angelegt wird. Hingegen muss der innere (linke) Zügel etwas höher, also direkt über dem Widerrist, und leicht verkürzt gehalten werden. Warum das alles so und nicht anders sein darf, ist in den entsprechenden Kapiteln für jede Lektion ausführlich beschrieben.

In welcher Höhe die Zügel gehalten werden sollen, ist keineswegs unerheblich. Je höher die Zügel, desto größer der Meister, hieß es früher, und so sollte es auch heute noch sein. Die Begründung liegt darin, dass der Druck auf die empfindlicheren Maulwinkel im Gegensatz zu den etwas belastbareren Laden unverhältnismäßig schärfer wirkt. Der hoch gehaltene Zügel erfordert daher eine sehr feine Hand. Jeder Fehler in der Zügelführung wirkt sich hier besonders negativ aus. In normaler Höhe gehaltene Zügel können wesentlich weniger Schaden anrichten.

Schließlich noch etwas zu extrem tief zu haltenden Zügeln. Sie werden für besondere Korrekturzwecke rechts und links in Kniehöhe des Reiters platziert. Diese Zügelführung kann bei kopfschlagenden Pferden oder solchen, die den Kopf kamelartig hoch reißen, angewandt werden. Sie braucht meistens nur kurzfristig eingesetzt zu werden, da Wendungen aller Art und die Lektionen der Seitengänge das beste Heilmittel sind gegen Unmutsäußerungen oder Angstverhalten des Pferdes – denn darum handelt es sich in der Regel.

Einhändige Zügelhilfen – wann?

Ein grundsätzliches Gebot zur Zügelführung: Der Mähnenkamm ist die absolute Grenze für die Zügel. Das heißt, kein Zügel darf zu keiner Zeit und mit keiner Ausnahme über den Mähnenkamm hinweggezogen werden.

Es ist mehr als pferdeunfreundlich und sieht ungemein hässlich aus, wenn durch den über den Mähnenkamm hinweggezogenen Zügel das Pferd, den Kopf wie ein Korkenzieher verdreht, sich jeder Einwirkung, die eigentlich eine Hilfe werden sollte, entzieht.

Am häufigsten ist dies bei einhändiger Zügelführung zu sehen. Meistens ist der Grund in einer Selbstüberschätzung zu finden. Einhändiges Reiten erfordert nämlich ein erheblich weiter fortgeschrittenes Können von Pferd und Reiter als oftmals angenommen. Nach den Regeln für den Western-Turniersport durften und dürfen Pferde ab dem sechsten Lebensjahr nur noch mit Kandare und einhändig geritten werden. So wird dann dem gefolgt, obgleich häufig genug weder die Zäumung noch die einhändige Zügelführung dem Ausbildungsstand entsprechen.

Im Neck Reining zu reiten, wie es in der Sprache der Westernreiter heißt, bedeutet, dass das Pferd veranlasst wird, in die Richtung zu weichen, die ihm durch ein leichtes Gegenlegen des äußeren Zügels an den Hals gezeigt wird. Einem gut gymnastizierten Pferd, das auf feinste Hilfen sofort und richtig reagiert, genügt eine solche Zügelhilfe.

Ein Pferd sollte also erst nach Erreichen des vorgenannten Ausbildungsstandes und dadurch erfolgter Umstellung auf eine Westernkandare einhändig geritten werden. Bei geschickter Handhabung der Zügel können diese, auch in einer Hand liegend, getrennt verkürzt werden, so dass der jeweils innere Zügel nach wie vor eine leichte Drehung des Kopfes in die Bewegungsrichtung bewirken kann. Dies wird jedoch nur durch Kandaren mit beweglichen Schenkeln wie beim Half Breed ermöglicht und ist ausschließlich auch nur für solche gedacht.

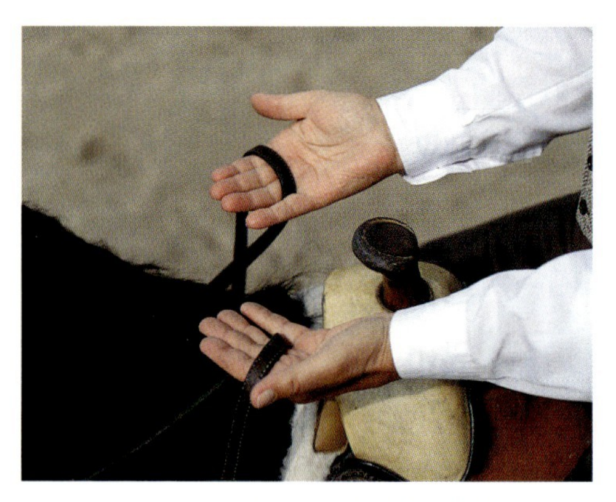

Voraussetzung für eine korrekte Zügelführung ist eine entsprechende Zügelhaltung. Hierzu werden zunächst die vom Pferdemaul kommenden Zügel von außen zwischen den kleinen Fingern und den Ringfingern über die Innenseiten der Handflächen und die Zeigefinger wieder nach außen geführt.

Für das nie aufhörende Training des Pferdes ist auch weiterhin auf die beidhändige Zügelführung nicht zu verzichten, da sie nach wie vor für die feine Übungsarbeit für unerlässlich gehalten wird. Im Gelände allerdings wird nun nahezu ausschließlich und selbstverständlich einhändig geritten. Nichts kann da schöner sein, als ständig eine Hand frei zu haben.

Zügelhilfen – vorwärts, Stopp oder rückwärts

Immer dann, wenn Gewichts- oder Schenkelhilfen erforderlich werden, kommt man ohne Zügelhilfen in der Regel nicht aus, denn gleiche Gewichts- und Schenkelhilfen

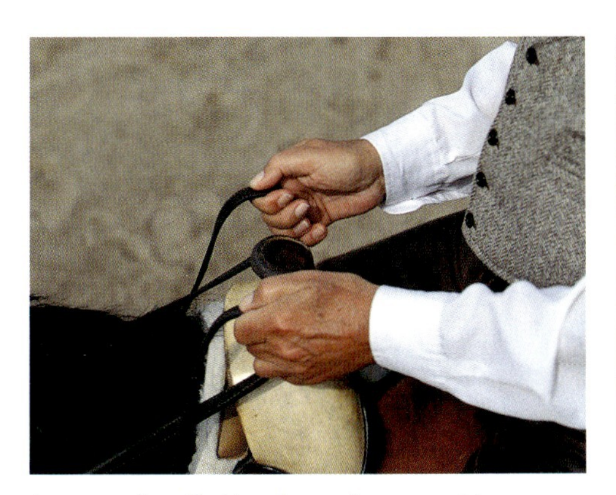

Jetzt werden die Hände zur Faust geschlossen und mit den Daumen nach oben gedreht. Die Daumen, auf der Faust liegend, werden aber so weit zurückgezogen, dass lediglich ihre Spitzen leichten Druck auf die Zügel ausüben können. So werden die Sehnen nicht so stark gestreckt, dass die Beweglichkeit der Handgelenke eingeschränkt werden könnte.

Bei geteilten Zügeln besteht, wie im vorherigen Bild deutlich erkennbar, die Gefahr, dass ein Zügel auf den Boden fallen kann und das Pferd, mit verschiedensten Folgen, auf diesen tritt. Als einfachste Lösung bietet sich an, die Zügel über Kreuz auf den Hals des Pferdes zu legen.

Erst nach Erreichen eines bestimmten Ausbildungsstandes darf einhändig geritten werden. – Hier ist alles falsch. Das Pferd reagiert noch nicht auf das Anlegen des äußeren (li.) Zügels, der auch noch über den Mähnenkamm hinweggezogen wird. Die Folgen sind offensichtlich.

So ist es beim einhändigen Reiten richtig: Ein leichtes Vibrieren des inneren (re.) Zügels zeigt, unterstützt von dem am Hals anliegenden äußeren (li.) Zügel, dem Pferd die Richtung. Beide Zügel hängen bei korrekter Kopfhaltung des Pferdes durch. Die Zügelhand liegt mittig über dem Widerrist.

können allein durch unterschiedliche Dauer der Zügelhilfen völlig verschiedene Reaktionen beim Pferd auslösen.

Wird zum Beispiel das Becken verstärkt abgekippt, werden die Schenkel mit entsprechendem Druck wechselseitig angelegt und die Zügel etwas bewegt, so sind diese Hilfen für das Pferd ein Zeichen, schneller zu gehen, zu traben oder zu galoppieren.

Bei gleich bleibenden Hilfen (die Schenkel jetzt gleichzeitig einsetzen), jedoch mit kurzfristigem leichtem Verkürzen der Zügel, wird das Pferd zum Anhalten veranlasst.

Werden die Zügel aber weiterhin verkürzt gehalten, das Becken weiterhin abgekippt und der Schenkeldruck weiterhin aufrechterhalten, so geht das geübte Pferd rückwärts.

Welcher Zügel – welche Wirkung?

Nach dem heute allgemein gelehrten Reiten haben der innere und der äußere Zügel, jeder für sich, fest umschriebene Aufgaben und Anwendungsregeln. Ebenso eindeutig sind die Auswirkungen auf das Pferd festgeschrieben. Dennoch wächst die Zahl der Unzufriedenen. Das Resultat ihrer Bemühungen entspricht allzu häufig nicht den Erwartungen. Zu kompliziert, oftmals falsch, aber auch lustlos gelehrt und dadurch nicht zu verstehen sind die Vorschriften. In der Folge wird mit Kraft statt Freude geritten, und der Frust nimmt wie in allen solchen Fällen zu.

Die Aufgaben des inneren und des äußeren Zügels sowie ihre Anwendung, das Zusammenwirken beider und ihre Auswirkungen auf das Pferd sind äußerst komplex. Von vielen Seiten wird immer wieder betont, dass der Erfolg der hier gelehrten Art des Reitens darauf beruht, dass die Hilfen dem Pferd in kürzester Zeit begreifbar vermittelt werden können.

Damit Ihnen dies genauso gut gelingt, sollten Sie dieses Buch immer wieder zum nochmaligen Nachlesen zur Hand nehmen. Indem Sie sich immer wieder vor Augen führen, warum welcher Zügel so und nicht anders eingesetzt werden sollte und dergleichen, werden Sie sehr schnell die Logik dieser Überlegungen erkennen. So haben Sie bald feste Grundlagen und können Irrtümer vermeiden.

Der innere Zügel

Angefangen wird mit Biegearbeiten auf dem Zirkel und in der Volte. Hier soll das Pferd in seiner ersten Ausbildungsstufe die seitliche Biegung oder die Längsbiegung erlernen. Auf eine besondere Stellung des Kopfes in der Senkrechten wird vorerst völlig verzichtet. Hierfür ist später der äußere Zügel weitestgehend verantwortlich. Für diesen Zeitabschnitt jedoch erhält der innere Zügel eine besondere Bedeutung.

Der innere Zügel ist neben seiner richtungweisenden Funktion hauptsächlich für die unglaublich wichtige seitliche Biegung des Pferdes zuständig. Selbstverständlich hängt auch hier alles vom Zusammenwirken mit weiteren Hilfen wie Schenkel-, Gewichts-, Schulter- und Hüfthilfen ab.

Anfangs muss einem Pferd, das noch nie eine seitliche, also Richtung ändernde Biegung erfahren hat, erst begreifbar gemacht werden, was von ihm gefordert wird. Gemeint sind außer den jungen Pferden in der Einreitphase auch solche, die noch nie anders als geradeaus geritten wurden. Hierzu kann es vorübergehend erforderlich sein, dass der innere Zügel seitlich etwa 30 cm vom Pferd abgespreizt und somit in die Richtung weisend, kurz zupfend, gehalten wird. Der äußere Zügel liegt ohne verkürzt zu werden am Hals an.

Im Normalfall wird das Pferd, wenn auch recht zögerlich, auf ein Zupfen am inneren, dicht über dem Widerrist gehaltenen Zügel, reagieren. Diese Position ist in diesem Fall unbedingt einzuhalten. Je weiter zum Beispiel beim Reiten einer Volte linksherum der innere (linke) Zügel nach innen, also vom Pferd entfernt, gehalten wird, desto mehr wird es sich nach innen gezogen fühlen. Die etwa auf acht Schritt Durchmesser geplante Volte wird bei dieser Zügelführung, wenn auch ungewollt, schnell bei null Schritt landen.

Der äußere Zügel

Während der ersten Anfänge einer Biegearbeit darf der äußere Zügel niemals dominieren. Im Gegenteil, er muss zugunsten des inneren Zügels erheblich „vernachlässigt" werden. Dass sich hierdurch anfangs lediglich der Hals, jedoch der übrige Körper kaum oder überhaupt nicht biegt, wird bewusst in Kauf genommen.

Dies bewirkt aber, dass sich das Pferd von Anfang an nicht durch die Zügel eingeengt fühlt. Abwehrreaktionen kommen so gar nicht erst auf. Vorerst muss also für das Biegen auf der Volte der äußere (bei linksherum, der rechte) Zügel völlig nachgegeben werden. Während aber der innere Zügel wie beschrieben über dem Widerrist platziert ist, muss die äußere Zügelhand etwas tiefer seitlich am Hals sichernd liegen. Sichernd deshalb, um ein mögliches Ausbrechen des Pferdes aus der Volte zu verhindern.

Hat das Pferd begriffen, dass es seinen Kopf in die Bewegungsrichtung stellen soll, und tut es dies auch, so ist mit dem äußeren Zügel nur noch so viel nachzugeben, wie der innere verkürzt wird. Jetzt zahlt es sich aus, für längere Zeit den äußeren Zügel weggelassen zu haben. Der geduldige Verzicht auf die korrekte Stellung des Kopfes in der Senkrechten wird schließlich belohnt.

Die so begehrte senkrechte Kopfstellung erhalten Sie nun durch leichtes „Klingeln" am äußeren Zügel fast geschenkt. Und dies alles, ohne irgendwelche so genannte Hilfszügel wie Schlaufzügel, Martingal oder was es sonst noch an pferdeunfreundlichen Zwangsmitteln gibt, eingesetzt zu haben.

Sie müssen aber anfangs noch sehr vorsichtig verfahren und immer nur für kurze Zeit das Biegen im Genick erlauben. Die dort sehr empfindlichen Muskeln müssen erst genügend gymnastiziert werden. Das Pferd kann sonst einen schmerzhaften Muskelkater erleiden, der einen Rückschlag in der Ausbildung nach sich ziehen würde.

In Kurzfassung

- Der innere Zügel ist zuständig für die seitliche Biegung, anfangs völlig ohne Beteiligung des äußeren Zügels. Darüber hinaus trägt der innere Zügel mit zur Aufrichtung des Halses bei.
- Der äußere Zügel ist zuständig für die senkrechte Stellung des Kopfes und die Aufrichtung des Halses. Er bewirkt in Verbindung mit anderen Hilfen ein stärkeres Untertreten der Hinterbeine unter den Körper und trägt zur Versammlung des Pferdes bei. Im Übrigen soll der äußere Zügel das bewahren, was der innere bewirkt hat.

Die korrekte Wirkung beider Zügel ist abhängig vom Zusammenspiel mit den Gewichts- und Schenkelhilfen sowie der Schulter- und Hüfthilfen.

Die akustischen Hilfen

In der Turnierreiterei, gleich welcher Fakultät, ist es zwar erlaubt, während des Reitens den Mund zu öffnen, jedoch untersagt, einen Ton hervorzubringen, ganz gleich, ob es ein Lob oder vielleicht etwas anderes werden sollte.

Die Stimme als Hilfe ist aber für den Freizeitreiter unverzichtbar. Sie kann keinen Schaden beim Pferd anrichten und bewirkt, richtig eingesetzt, mit kleinem Aufwand große Reaktionen.

Ein Pferd kann lernen, aus dem Galopp, nur auf ein weiches „Sch-sch-sch“ (wie eine Dampflok) hin in den Trab zu gehen, ohne dass die Zügel berührt werden. So kann es durch diesen Laut von einer schnelleren Gangart in eine langsamere gebracht oder in gleicher Gangart verlangsamt werden.

Durch ein scharfes „Pssst“ hingegen wird das hieran gewöhnte Pferd auch aus vollem Galopp ohne jegliche Zügeleinwirkung anhalten. Gleichzeitig sollten aber das Becken verstärkt abgekippt und die zurückgelegten Unterschenkel mit etwas Druck angelegt werden. Das gut gymnastizierte Pferd wird hierauf mit schöner Hankenbeugung (siehe das entsprechende Kapitel) und weit untersetzend konsequent anhalten.

Warum nun gerade „Pssst“ und „Sch-sch-sch“? Veterinärmediziner meinen, es läge an der hohen Frequenz des „Pssst“, welche die Pferde, aber zum Beispiel auch Hunde, veranlasse, hierauf so extrem zu reagieren. Das weiche „Schschsch“ wiederum empfinden die Tiere wohl als eine gemäßigter aufzufassende Abwandlung und reagieren auch entsprechend „weicher“.

Das könnte eine plausible Begründung sein. Jedenfalls funktioniert es landauf, landab, auch international, und das seit etlichen Jahrzehnten. Aber auch sonst sollte man mit dem Pferd sprechen. Weiche, dunkle Vokale beruhigen ein nervöses Pferd ungemein, während ein hartes, lautes „Nein“ das Pferd veranlasst, die geklaute Mohrrübe vor Schreck umgehend aus dem Maul fallen zu lassen oder sonstige unerwünschte Dinge sofort zu unterlassen. Hingegen wird ein Zungenschnalzen oder Ähnliches munter machend wirken und dem Pferd manchen körperlichen Druck ersparen, wie es ja wünschenswert ist.

So können Hilfen, die ohne eine manuelle Berührung des Pferdes erfolgen, oftmals ungeahnte Wirkungen erzielen und eine große Unterstützung bei der Ausbildung und im allgemeinen Umgang mit dem Pferd sein. Dr. Nathalie Penquitt, meine Tochter, hat sich auch auf diesem Gebiet recht Intelligentes einfallen lassen. Ihre Ergebnisse werden bestaunt und haben zu einer regen Nachfrage danach geführt, wie diese spezielle Kommunikationsmöglichkeit mit Pferden zu erlernen ist.

Die Schulter- und Hüfthilfen

Während Schenkel-, Zügel- und Gewichtshilfen in jeder Reitlehre ausführlich behandelt werden, ist über die Hilfen mittels der Schultern und Hüften recht wenig bekannt und selten etwas zu lesen. Dabei haben sie gravierende Funktionen, auf die unter keinen Umständen verzichtet werden kann. Sie haben zwar keine selbstständigen Aufgaben, wirken aber als unerlässliche Unterstützung der Gewichts-, Schenkel- und Zügelhilfen. Dies soll am Beispiel der Hilfen für eine Linksvolte erklärt werden.

Unterstützung der Gewichtshilfe durch die Schultern

Beim Linksherum ist die innere (linke) Schulter zurück- und die äußere vorzunehmen. Dadurch wird der Oberkörper in die Bewegungsrichtung gedreht. Das Körpergewicht verlagert sich hierdurch nicht nach außen, sondern wird vielmehr in die Bewegungsrichtung mitgenommen.

Es ist aber dringend darauf zu achten, dass die innere (linke) Schulter nicht nach innen abfällt. Beide Schultern müssen unbedingt bei der Drehung in gleicher Höhe gehalten werden! Die indirekte Gewichtshilfe würde sonst in die entgegengesetzte Richtung wirken.

Unterstützung der Zügelhilfen durch die Schultern

Wird die innere (linke) Schulter, wie zur Unterstützung der Gewichtshilfen beschrieben, zurückgenommen, so verkürzt sich der innere (linke) Zügel. Der äußere hingegen verlängert sich um so viel, wie die äußere Schulter vorgeht. So werden beide Zügel durch die korrekte Drehung der Schultern in die jeweilige Bewegungsrichtung ohne weiteres Zutun stets in der richtigen Art und Weise verkürzt beziehungsweise verlängert. Eine zusätzliche Korrektur erübrigt sich in den meisten Fällen.

Hier zeigt es sich, mit wie wenig Druck ein stumpfes Sporenrädchen angelegt werden muss. Der leichte punktuelle Druck eines ausgestreckten Zeigefingers genügt, um ein Pferd zur Seite weichen zu lassen.

Unterstützung der Schenkelhilfen durch die Hüften

Im gleichen Augenblick, in dem die innere (linke) Schulter, wie oben beschrieben, zurückgenommen wird, ist die innere (linke) Hüfte leicht vorzuschieben. Dies bewirkt, dass der innere (linke) Schenkel etwa an die Stelle gerückt wird, an der er wirken soll: am Gurt.

Der äußere (rechte) Schenkel hingegen wandert durch das Zurückgehen der äußeren (rechten) Hüfte zwangsläufig gleichfalls etwa an die richtige Stelle, und zwar etwas hinter den Gurt. Durch diese leichten Verschiebungen stehen beim Reiten einer Volte die Hüften des Reiters nun parallel zu denen des Pferdes.

Die Hilfen durch Sporen und Gerte

Die Sporen als Hilfe

Wohl jeder, der reitet, kennt den Spruch von den Sporen, die man sich erst verdienen muss. Richtig oder falsch, ist hier die Frage. Die Angst vor dem Gebrauch der Sporen wurzelt tief, nur meistens gerade bei denen, die dazu am wenigsten Anlass hätten.

Die alten Meister der Reitkunst bezeichneten die Sporen zwar „nur“ als ein Hilfsmittel, aber immerhin als das mächtigste, und damit dies nicht missverstanden wird, auch als das feinste Mittel einer Schenkelhilfe. Für sie waren die Sporen sowohl für die Ausbildung des Pferdes als auch für später

Sporen ermöglichen hochfeine, sensible Schenkelhilfen. Ein sanftes Kitzeln an richtiger Stelle, indem die Fußspitze etwas nach außen gestellt wird, vermag mehr auszurichten als ständiges stumpfes Klopfen mit den Absätzen. Je größer die Sporenrädchen sind und je mehr „Zacken" (natürlich stumpfe) sie haben, desto leichter rollen sie bei zu viel Druck am Pferdeleib ab.

und für jede Art des Reitens ein unentbehrliches Requisit.

Auch für das in der Freizeitreit-Akademie gelehrte Reiten wird der Gebrauch von Sporen in vielen Fällen für unentbehrlich gehalten. Bei den Kursen wurden den Teilnehmern häufig, und das meistens am zweiten Tag, Sporen „verordnet". Natürlich kam es auch vor, dass Sporen nicht erforderlich waren.

Die Scheu vor dem Sporentragen ist erstaunlich groß. Verständlicher wäre sie allerdings bei Sporen, deren scharfe Spitzen an den Rädchen Pferde quälen können. Nur – wer sich dazu aus Unbeherrschtheit und Wut hinreißen lässt, der würde es auch mit anderen Mitteln tun. Mit den von mir empfohlenen Sporen kann kein Schaden angerichtet werden. Immer wieder bitten mich Personen, die eigentlich in anderen Sparten des Reitens engagiert sind, ihnen solche Sporen zu beschaffen.

Sporenhilfen, richtig angewandt, machen Schenkelhilfen erst sensibel. Nichts ist schlimmer als stetiges Herumklopfen mit Schenkeln und Stiefelabsätzen am Pferdeleib. Irgendwann stumpfen hierdurch die Pferde derart ab, dass Schenkelhilfen über-

Die angehobene Ferse zum Sporeneinsatz ist nicht nur wirkungslos, sondern verdirbt auch die Haltung des dafür eingesetzten Beines.

haupt nicht mehr beachtet werden. Hier könnte man sagen: stumpfer Absatz, stumpfes Pferd.

Der punktuelle Druck des Sporns, an der Stelle, wo die Hilfe sonst ohne Sporn erfolgen würde, macht fünf- bis sechshundert Kilo Pferd unglaublich hellhörig und feinfühlig. Das beruht darauf, dass Pferde sehr kitzlig sind, und die abrollenden stumpfen Zacken des Sporenrades kitzeln nun mal. Nach einiger Zeit, in der das Pferd per Sporen genügend aktiviert wurde, sollte dazu übergegangen werden, die erforderlichen Schenkelhilfen mit lediglich seitlich angelegten Sporen zu geben.

Hat das Pferd hierauf korrekt reagiert, so wird bei der nächsten Schenkelhilfe nur noch der Unterschenkel angelegt. Dann probiert man es mit dem Kniedruck, und reagiert das Pferd auch hierauf, so reduziert man die Schenkelhilfe auf den Oberschenkel. Nun ist man bei der feinsten Hilfe angelangt, die zuletzt nur noch in einem für den Außenstehenden nicht mehr wahrnehmbaren leichten Zucken eines Muskels dieses Schenkels zu bestehen braucht.

Die Reaktion des Pferdes auf die immer feiner gewordenen Hilfen kann irgendwann nachlassen. Dann sind die Hilfen in rückwärts laufender Reihenfolge wieder zu verstärken und enden schließlich beim Sporn. So wird man bald ein äußerst schenkelsensibles Pferd haben und diese Sensibilität auch erhalten können.

Natürlich wird in manchen Situationen nur der direkte, sofortige Sporeneinsatz erforderlich sein.

Wie wirksam ein nur mäßiger, aber punktueller Druck ähnlich dem eines Sporeneinsatzes sein kann, sollte jeder einmal ausprobieren. Hierzu wird mit ausgestrecktem Zeigefinger an der Stelle, an dem der Sporn angesetzt werden soll, ein punktueller Druck ausgeübt. Dieser genügt, um Pferde, die auf intensivste Schenkelhilfen, auch mit dem Stiefelabsatz ausgeführt, nicht reagierten, zu einer flotten Volltraversale zu bewegen.

Das Loblied auf den Gebrauch von Sporen lässt sich beliebig fortsetzen. Sporen in richtiger Ausführung, zum richtigen Zeitpunkt an der richtigen Stelle und mit dem richtigen Druck eingesetzt, können eine der denkbar wirksamsten und sensibelsten Hilfen überhaupt sein. Und in Verbindung mit den entsprechenden Zügelhilfen

- **wird das Pferd damit aufhören, sich auf das Gebiss zu legen,**
- **wird es vermehrt unter seinen Körper treten,**
- **wird es das Hüft-, Knie- und Sprunggelenk mehr beugen**
- **und sich dadurch besser versammeln,**
- **wird es beim Anhalten so weit untertreten, dass die Vorderbeine die zur Schonung erforderliche Entlastung haben.**

Man könnte noch vieles aufzählen. Es sollte jedoch genügen, um zu der Überzeugung zu kommen, dass Sporen, wie beschrieben beschaffen und entsprechend eingesetzt, oftmals einfach unerlässlich sind. Wie humane und funktionsgerechte Sporen beschaffen sein sollen, ist dem Kapitel über die Ausrüstung des Pferdes zu entnehmen.

Die Gerte als Hilfe

Häufig wird die Gerte als Peitsche bezeichnet. Auch wenn die Peitsche im Umgang mit Pferden eine humane Funktion hat, so erweckt sie durch diese Bezeichnung doch negative Assoziationen, zumal sie auch heute noch im Umgang mit Menschen eingesetzt wird.

Zum Longieren wird sie als ein legales Hilfsmittel angesehen und hat hier ihre besondere Funktion. Nur zum Prügeln, wie oftmals angenommen, ist sie nicht gedacht. Um so weniger dürfte dies für den Gebrauch der Gerte wohl zutreffen.

Wieder muss ich die alten Reitmeister bemühen. Für sie stellte die Gerte das feinste aller Hilfsmittel der Hilfen dar. Dass es auch so gemeint war, besagt schon die Bezeichnung für ihre Anwendung, das „Touchieren", was ja „leicht berühren" heißt. Mit der Gerte also wird das Pferd berührt, aber wann, wo und wozu? Zum Verprügeln keineswegs, zur Bestrafung wohl kaum.

Wohin mit der Gerte beim einhändigen Reiten? Ein Problem, das so nach barocker Art gelöst werden kann.

Zum Muntermachen wäre eine Möglichkeit. Stellt sich die Frage, wie?
Bei Pferden, die sich allmählich in den Schlaf verabschieden, wirkt ein aufmunternder Klaps zur rechten Zeit sehr erfrischend. Hierzu wird die Gerte direkt hinter dem Schenkel angesetzt. Vor dem Schenkel ist sie überwiegend den Lektionen der Hohen Schule vorbehalten. Als Ausnahme hiervon käme noch der bedingte Einsatz an der Schulter für die Hinterhandwendung in Frage.

Touchiert wird für die hier gelehrten Zwecke zum Beispiel seitlich an der Kruppe. Dies hat seine besondere Bewandtnis. Wird das Pferd an dieser Stelle mit der Gerte sanft berührt, also touchiert, so hat dies bei acht von zehn Pferden zur Folge, dass sie

mit der Kruppe gegen die Gerte drängen. Für die Ausbildung des Pferdes in den Seitengängen wie Travers oder Traversale kann dieser recht merkwürdig anmutenden Reaktion mancher Pferde aber erhebliche Bedeutung zukommen.
Bei den genannten Seitengängen muss das Pferd zum Traversieren die Kruppe in einem bestimmten Winkel in die Bewegungsrichtung stellen. Einem noch nicht gymnastizierten Pferd kann es anfangs schwer fallen selbst die kleinste Abstellung der Kruppe nach innen zu bewerkstelligen. Und oftmals bringt selbst die intensivste Schenkelhilfe nicht den gewünschten Erfolg. Vielfach wird es daran liegen, dass das Pferd nicht begreift, dass es seine Kruppe schräg stellen soll.

Um so erstaunlicher ist es, dass die paar Zentimeter der an der Kruppe anliegenden und touchierenden Gerte das bewirken, was eine massive Schenkelhilfe nicht erreichen konnte: Das Pferd drängt gegen die Gerte und geht allein auf diese Hilfe in der sehnlich erwünschten Traversstellung.

So einfach kann Reiten manchmal sein. Haben Sie zufällig solch ein Pferd, dann probieren Sie es aus!

Die Hilfen – eine Schlussbetrachtung

Die Hilfen, ein umfangreiches Kapitel. Fast wäre man geneigt zu sagen, es sei das Wichtigste überhaupt. Nur verhält es sich hier so wie mit dem Minimumgesetz, das der berühmte Chemiker Justus Liebig entdeckte. Übertragen auf das Reiten bedeutet dies, dass der Erfolg aller Bemühungen für gutes Reiten einzig und allein von der Vollständigkeit aller Verhaltensregeln abhängt. Fehlt ein Glied in dieser Kette oder ist es mangelhaft, so wird das Gesamte fraglich.

Vieles von dem, was hier zu den Hilfen in Form von Lehrsätzen, Erläuterungen und Hinweisen gesagt werden musste, kann auf den ersten Blick als kompliziert, umständlich, also störend und daher für den Freizeitreiter als unpassend empfunden werden. Die Erfahrung hat aber immer wieder gezeigt, dass die Lernenden dies alles bald anders sehen.

Wenn sich nach zögernden Versuchen erste Erfolge abzeichnen, wird nach und nach alles klarer. Die Hilfen erhalten den Sinn, den sie haben sollen, und Ungewohntes, nicht oder nur anders Gekanntes wird vertraut. Man erkennt, dass die Mühe sich wirklich lohnt und eigentlich kaum im Verhältnis zu dem steht, was sich an Erfolgen einstellt. Plötzlich erlebt man mit seinem Pferd Fortschritte, die man kaum erhofft hatte.

Dies alles sind Erfahrungen, die Schülerinnen und Schüler dieser Reitlehre machten. Sie sollen Ihnen nach diesem komplexen Thema zwischendurch Mut zum Weitermachen geben.

Zu den Gangarten

Weniger kann mehr sein

Die Bewegungslehre in Sachen Pferd ist ein derartig großes wissenschaftliches Gebiet, dass es wohl nur wenige hippologische Experten wirklich umfassend beherrschen. Nach dem Motto: Weniger kann mehr sein, wird hier daher ein Zuviel an Theorie vermieden. Natürlich sollte jeder, der reitet, etwas über die Bewegungsabläufe in den verschiedenen Gangarten des Pferdes wissen.

Es gibt genügend Literatur, in der dieses Thema umfangreich behandelt wird. Ein tieferes Eingehen hierauf kann daher unterbleiben. Was aber in unmittelbarem Zusammenhang mit dem hier Gesagten steht und noch mehr verdeutlicht werden muss, wird selbstverständlich angesprochen.

Wissen ist Macht. Beim Reiten hilft dies aber nur dem, der auch in der Lage ist, es in die Praxis umzusetzen. Wiederum ist nicht jeder ein Naturtalent. Die es nicht sind, denen helfen dann die kleinen und in diesem Buch immer wieder angesprochenen unkonventionellen Umwege, die in der Regel zu verblüffenden Ergebnissen führen.

Der Schritt

Wer nicht mit der Materie vertraut ist, kann sich kaum vorstellen, wie viele Experten sich über die Gangart Schritt schon streng wissenschaftlich ausgelassen haben. Dabei ist doch der Schritt eigentlich die gemütlichste und unkomplizierteste Fortbewegungsart überhaupt. Im Schritt wird man nicht vom hochschwingenden Pferdekörper hin und her geworfen, kann also gut im Sattel bleiben.

Auch die Gefahr herunterzufallen ist im Schritt gering. Dies alles liegt vor allem daran, dass, bedingt durch die Schrittfolge, ständig zwei bis drei Beine gleichzeitig auf dem Boden sind. Bei einem normalen Schritt setzt kein Bein mit einem anderen gleichzeitig auf. Daher wird von einem Viertakt gesprochen.

Was macht ihn kompliziert?

Nun, das hängt von den Anforderungen ab, die an das Reiten gestellt werden. Wer sich ganz der konventionellen Dressur verschrieben hat, für den kann der Schritt zum Prüfstein seines Könnens werden. Für den Freizeitreiter und andere Interessierte kann das Thema Schritt gleichfalls problematisch werden. Nun, wir werden sehen.

Ihnen kann das Pferd auch etliche Schularbeiten aufgeben. Ungleicher Takt, Stolpern, Eilen, Trippeln, Zackeln und solcher unangenehmen Dinge mehr, das alles kann einem passieren. Eigentlich wollten Sie doch nicht mehr als „nur" einen fleißigen, taktreinen, raumgreifenden und schwingenden Schritt vom Pferd verlangen.

Unangenehm wird es beim Ausritt, wenn alle Pferde einer Gruppe manierlich Schritt gehen, nur das eigene nicht. Entweder eilt es überhastet, oder es trippelt ständig. Unangenehm ist es auch, als einsamer Punkt der Gruppe nur hinterherschleichen zu können, es sei denn, man trabt alle paar Meter. Und dies, das wissen Sie sehr genau, ist so ziemlich das Letzte, was Sie eigentlich machen dürften. Und allmählich dämmert's: Der Schritt hat es doch in sich!

Was nicht tun?

Wie immer in einer unangenehmen Situation stellt sich die Frage nach dem, was dagegen zu tun ist. Die Antwort, dass die meisten der geschilderten Unarten auf gravierende Fehler in der Ausbildung des jungen Pferdes zurückzuführen sind, nützt im konkreten Fall kaum etwas. Diese Erkenntnis kann höchstens dem nächsten Pferd zugute kommen, indem man zum Beispiel während der Ausbildung lange Zeit auf eine Kopfhaltung zur Senkrechten hin völlig verzichtet.

Warum wird eigentlich gerade von etlichen so genannten professionellen Ausbildern hartnäckig versucht, den Kopf des in seiner Ausbildung noch viel zu „jungen" Pferdes in eine senkrechte Haltung zu pressen? Es ist doch in der Praxis seit langer Zeit bewiesen, dass einem, wenn die Zeit reif ist, die erforderliche Kopfhaltung im Rahmen der gymnastizierenden Maßnahmen, wie in diesem Buch beschrieben, nahezu geschenkt wird.

Es ist ein unverständliches Unterfangen zu versuchen, durch zu frühes und daher gewaltsames Einwirken möglichst schnell die erwünschte senkrechte Kopfhaltung eines Pferdes zu erreichen. Natürlich glaubt man, dass sich hierzu der Schritt besonders gut eignet, weil hier der Widerstand des Pferdes am leichtesten zu brechen ist.

Vereinfacht wird das Zusammenschrauben des jungen Pferdes durch den Einsatz von Hilfszügeln. So wird das Pferd derart eingeengt, dass ihm jede Freude am munteren, raumgreifenden Ausschreiten schon genommen wird, bevor es überhaupt in die Hauptphase seiner Ausbildung kommt. Es kann einem dann passieren, dass das Pferd stattdessen in den Pass fällt. Bei diesem Zweitakt glaubt man auf einem Kamel zu sitzen anstatt auf einem Pferd.

Bei Pferden, die am Anfang einer Ausbildung einen zu langsamen Schritt gehen, ist durch schiebende Körperbewegungen bei angeklemmten Schenkeln nichts Wünschenswertes an Einwirkung zu erreichen. Das Pferd wird in seinen Bewegungen schneller. Meistens wird dabei aber nur ein trippelndes Eilen herauskommen, der erwünschte raumgreifende und taktreine Schritt jedoch weiterhin ausbleiben.

Was tun?

Hier kommt es wie immer auf den guten Sitz des Reiters an: Die Bauchdecke nach innen einfallen lassen, den Beckenring dadurch vorne anheben und das Becken dyna-

Der Schritt – locker, leicht, flott, aber nicht hastend oder trippelnd soll er sein.

misch nach hinten abkippen lassen, die Oberschenkel und Knie hauchzart anlegen – das zusammen macht es möglich, weich im Schritt des Pferdes mitzuschwingen.

So werden die Voraussetzungen für einen raumgreifenden Schritt geschaffen. Hierzu können nun erforderlichenfalls die Unterschenkel im Takt, das heißt, während des Vortretens des jeweiligen Hinterbeines, mit leichtem Druck abwechselnd angelegt werden. Unterstützt durch einen leichten Sporendruck bei tief bleibendem Fuß des Reiters können die treibenden Hilfen der Schenkel äußerst fein bleiben. So geritten wird der Sitz in keiner Weise negativ beeinflusst.

Die Zügel werden nur so weit wie unbedingt nötig eingesetzt. Das Pferd darf die ihm angenehme Kopfhaltung einnehmen. Auf die vielbeschworene senkrechte Kopfhaltung wird lange Zeit ganz verzichtet. Erst viel später, wenn das Pferd durch seine Gymnastizierung die Voraussetzungen mitbringt, wird es möglich sein, einen versammelten Schritt zu reiten.

Gegen ein zu starkes Eilen des Pferdes, das einen ausgewogenen und daher angenehmen Schritt unmöglich macht, wird die

„weiche Bremse" eingesetzt: eine Volte, die das Tempo sanft vermindert. Aber auch ein sofortiges kurzes und gegebenenfalls ständig wiederholtes Anhalten wird dem Pferd seinen Sauseschritt vergällen. In hartnäckigen Fällen einige Schritte rückwärts treten lassen verfehlt nach einiger Zeit kaum seine Wirkung.

Schließlich können auch die *Seitengänge* zur Beseitigung dieser unangenehmen Eigenart des Pferdes eingesetzt werden. Sie wirken sich gleich in doppelter Hinsicht äußerst positiv auf das Pferd aus. Zum einen wird der übermäßige Vorwärtsdrang in Form von hastigem Eilen und Trippeln in geregelte Bahnen gelenkt, zum anderen geht das Pferd in angenehmer Weise relativ flott in den Seitengängen. Allzu flottes Seitwärtsstreben kann durch den inneren – im Schulter herein den äußeren – Schenkel sehr leicht abgebremst werden.

Für die Merkfähigkeit des Pferdes

Immer wenn das Pferd eine neue Übung lernen und dann natürlich auch in Erinnerung behalten soll, muss sie ihm im wahrsten Sinne des Wortes Schritt für Schritt beigebracht werden. Sie muss langsam und bedächtig in das Gehirn einfließen können. Was also könnte dazu besser sein als der Schritt? Der Trab bringt den Schwung, den Pep in die Lektionen, im Schritt aber wird die „Software geladen".

Der Schritt, ein Thema, zu dem es noch vieles zu sagen gäbe. Fest steht: Wer zu viel am Schritt seines Pferdes herumdoktert, um dieses und jenes zu verbessern, der erreicht oft das Gegenteil. Die Erfahrung hat gezeigt, dass viele „Schwächen des Schrittes" sich nach einiger Zeit durch die gymnastizierenden Seitengänge und durch die Trabarbeit von selbst erledigen. Damit ist bereits das nächste Thema angesprochen.

Der Trab

Das Pferd schwebt mit weit vorschwingenden Beinen, mit wild wehender Mähne und weit geöffneten Nüstern im herrlichsten Trab über den Boden. So oder ähnlich könnte man träumen, wenn das Wort „Trab" fällt. Leider wird die Betonung auf „träumen" liegen, denn die meisten Pferde zeigen das geschilderte Bild nur dann, wenn sie sich ungestört bewegen können. Das wiederum bedeutet im Allgemeinen: ohne einen Reiter.

Und wenn er sich tatsächlich auf diesem Traumpferd im Traumtrab befinden würde, hätte er wahrscheinlich keine Zeit, diesen zu genießen. Er wäre vielmehr damit beschäftigt, sich mit Anstand auf dem in erheblichen Intervallen auf- und abschwingenden Rücken des Pferdes zu halten. Der Trab ist also nicht immer ein Traum, sondern für viele, die das Sitzproblem noch nicht gelöst haben, ein Albtraum.

Aber auch versierte Reiterinnen und Reiter haben im Trab Sitzprobleme, wenn ihr Pferd im wundervoll anzusehenden „Schwebetrab" durch die Bahn wechselt. Wer sich hier nicht etwas einfallen lässt, hat schlechte Karten.

Ein Sitzproblem?

Manche Pferde wollen besonders hoch hinaus – im Trab! Sie heben sehr schön die Beine, vor allem die hinteren. Dann hebt sich im ständigen Wechsel, einmal links und einmal rechts, der Pferderücken auf der entsprechenden Seite, immer dann, wenn ein Hinterbein abschiebt. Geht der Rücken links hoch, geht's rechts 'runter, denn dort schwingt das Hinterbein ja gerade nach vorne und strebt zum Boden. Und so weiter und so weiter.

Der Trab – neben den vielen gymnastizierenden Lektionen sollte ab und zu auch mal im verstärkten Trab diagonal durch die ganze Bahn gewechselt werden. Das macht den Pferden Spaß und hilft gegen die Neigung zum „Schlurfen", die durch anhaltendes Reiten im Jog entstehen kann.

Trabt das Pferd dabei schön langsam, ist das Sitzenbleiben im Sattel auch für noch nicht so versierte Reiter eine Anforderung, die sich bewältigen lässt. Wirklich problematisch wird es erst beim normalen oder flotteren Trab. Geht man hierbei mit seinem Körper nicht in die beschriebene Bewegung des Pferdes ein, wird es ungemütlich.

Noch schlimmer ergeht es dem, der sich durch Anklammern mit den Beinen am Pferdekörper festzuhalten versucht: Er wird sich, wie im Kapitel über den Sitz des Reiters eingehend beschrieben, selbst aus dem Sattel befördern!

Um es nochmals zu sagen:

- Nur wer sein Becken dynamisch nach hinten abkippt, so wie es in den Anweisungen zum Sitz eingehend beschrieben ist,
- seine Knie und Schenkel ohne besonderen Druck an das Pferd anlegt,
- weich und federnd, den Absatz etwas tiefer haltend, die Bügel leicht belastet,
- seinen Oberkörper stets senkrecht hält,
- seine Bewegungen geschmeidig denen des Pferdes anpasst, der wird sich im Trab mit seinem Pferd in schöner Harmonie wohl fühlen können.

Hart oder weich?

Zunächst etwas zum Ablauf der Fußfolge, dem Takt. Im Schritt fußt jedes Bein für sich auf dem Boden auf, also im Viertakt. Zwei oder sogar drei Beine gleichzeitig bleiben am Boden und geben dem Pferd somit einen guten Halt. Beim korrekten Trab hingegen heben immer zwei Beine gleichzeitig vom Boden ab, und zwar ein Hinterbein und das diagonale Vorderbein. So hebt zum Beispiel das linke Hinterbein gleichzeitig mit dem rechten Vorderbein ab. Kurz bevor dieses nun vorschwingende Beinpaar wieder auffußt, hebt schon das andere Beinpaar, also das rechte Hinterbein zusammen mit dem linken Vorderbein, zum Vorschwingen ab. Hierdurch befinden sich für einen kurzen Augenblick beide Beinpaare in der Luft. Es gibt also eine Schwebephase.

Man spricht von Pferden mit „weichen" Gängen und solchen mit „harten". Letztere machen sich ganz besonders im Trab unangenehm bemerkbar. Während die Pferde mit den weichen Gängen bei gutem Sitz zumindest in dieser Beziehung problemlos sind – was dann tun bei den anderen? Die Ursache könnte in der Veranlagung des Pferdes zu finden, also körperlich bedingt und damit unabänderlich sein. Meistens aber liegt sie woanders begründet.

So wie es steife und verspannte Menschen gibt, so verhält es sich auch bei den Pferden. Menschen werden in solchen Fällen mit sehr viel psychologischem Verständnis behandelt. Sie erhalten aufbauende Anwendungen für Körper und Psyche und werden zu gymnastischen Übungen angehalten. Pferde hingegen erfahren meistens eine rüdere Behandlung. Dabei könnte ihnen mit dem gleichen Rezept eindeutig geholfen werden, denn auch bei ihnen sind viele Steifheiten psychisch bedingt.

Häufig im Schritt, am relativ langen Zügel, lange Strecken durchs Gelände bummeln, anfangs mit nur kleinen Trabreprisen, das sorgt für Entspannung beim Pferd. Zur ständigen Abwechslung Geschicklichkeitsaufgaben einschieben wie vorwärts, rückwärts, seitwärts über oder zwischen Stangen und Ähnliches treten beziehungsweise traben. Auch Schritt oder Trab über Cavaletti (das sind Stangen, die in unterschiedlichen Höhen zwischen etwa 15 bis 45 cm eingestellt werden können) lockert Muskeln und Gelenke.

Vor allem das Schulterherein, aber auch Travers, Traversalen, Zirkel, Volten und geschlängelte Linien, im Schritt und im Trab geritten, lösen in wunderbarer Weise Verspannungen, gymnastizieren, beschäftigen das Pferd und festigen seine Psyche.

Jetzt sollte der Trab allmählich gleichmäßig und weich schwingend werden. Vielen wurde zu diesem Weg geraten, und sie hatten Erfolg!

Leichttraben wozu?

Leichttraben hört sich locker, freundlich, rundweg gut an. Aber wer soll hier eigentlich „leicht" traben? Für wen soll es leicht sein und wem soll es nützen, dem Pferd oder dem Reiter? Das ist hier die Frage.

Die Reitmeister früherer Jahrhunderte mit ihrer bislang wohl kaum übertroffenen Reitkunst kannten es jedenfalls nicht. Sie kamen ohne dieses ständige Rauf und Runter im Sattel, das durch ein Abstützen in den Bügeln erreicht wird, aus. Dennoch tummelten sich ihre Pferde auch noch mit über dreißig Jahren gesund und munter unter dem Reiter.

Besonders häufig festzustellende Fehler beim Leichttraben sind folgende:

- Knie und Schenkel werden zu stark angepresst.
- Der Reiter steht zu hoch aus dem Sattel auf.
- Fuß- und Kniegelenke werden versteift.
- Das Gesäß wird nach hinten herausgeschoben.
- Der Oberkörper neigt sich zu weit vornüber.
- Das Hohlkreuz wird noch hohler gemacht.

Mit dem Argument, dass das Leichttraben den Pferderücken schone, gehen meistens diejenigen hausieren, die dabei mehr an ihren eigenen Rücken und dessen Verlängerung denken. Natürlich wird ein gewichtiger Reiter, der von den Bewegungen des Pferdes geworfen wird, den Pferderücken erheblich belasten, vor allem bei Pferden mit langem Rücken.

Nur: Ehe ein solcher Reiter die beim Leichttraben mögliche Fehlerpalette überwunden hat, vergeht geraume und für das Pferd nicht besonders vergnügliche Zeit. Der in der Freizeitreit-Akademie zu erlernende Sitz dürfte nach den vorliegenden Erfahrungen kaum wesentlich mehr Zeit in Anspruch nehmen. Zur Überbrückung der sicherlich auftretenden Schwierigkeiten bringt eine stärkere Belastung der Bügel eine merkliche Entlastung für Pferd und Reiter, wohlgemerkt aber nur als eine kurze Zwischenlösung.

Für Schülerinnen und Schüler der Freizeitreit-Akademie war das Leichttraben kein Thema. Sie lernten von vornherein, bei jedem Reiten im Sattel sitzen zu bleiben und ihre Bewegungen den Schwingungen des Pferdes in jeder Situation leicht und locker anzupassen. Viele von ihnen glaubten hiermit überfordert zu sein. Sie konnten gar nicht fassen, wie schnell sich die Schwierigkeiten überwinden ließen.

Mit dem Schwerpunkt im Einklang im Sattel zu bleiben gilt auch für die Ausbildung junger Pferde. Wie verunsichert muss ein junges Pferd sein, wenn der Reiter bei jedem zweiten Trabschritt über dem Sattel „schwimmend" das Gleichgewicht stört, Schenkel und Gewichtshilfen unmöglich macht und vielleicht noch zur eigenen Abstützung die Knie und Schenkel anpresst!

Viele schon seit Jahren im Sinne meiner Reitlehre arbeitende Ausbilder von Pferden wie auch selbstverständlich die autorisierten Trainerinnen und Trainer der Freizeitreit-Akademie würden nie auf den Gedanken kommen, sich bei der Ausbildung eines jungen Pferdes im Sattel auf und ab zu bewegen, gleich ob es sich um ein New Forest Pony, einen Araber, ein Deutsches Warmblut, einen Friesen oder einen Lusitano handelt.

Die so ausgebildeten Pferde kann man häufig dort antreffen, wo gutes Reiten gepflegt wird, einige auch als erfolgreiche Westernpferde auf Turnieren. Anfängliche Sitzprobleme beim Traben löst man am einfachsten durch langsames Reiten. Nur ist das leichter gesagt als getan. Aber auch hierfür gibt es eine brauchbare Lösung.

Eine Spezialität: der Jog

Der Jog, ein Import aus Amerika, lässt Sitzprobleme vergessen. Vorausgesetzt, das Pferd macht mit. Leichter und bequemer ist traben wohl kaum möglich. Zehn Stunden in brennend heißer Sonne Viehzäune im Trab kontrollieren halten weder Pferd noch Reiter aus. Im Schritt dauert es aber zu lange. Da mussten sich die Cowboys etwas einfallen lassen. Sie taten es und ritten schneller als Schritt, aber langsamer als Trab. Sie hatten den Jog erfunden. So etwa muss es gewesen sein.

Wer möchte jetzt noch auf den Jog verzichten? Nur: Was sagt das Pferd dazu? Natürlich muss es den Jog erst lernen. Keine Pferderasse ist hierzu talentierter als eine andere. Das im normalen Trabtempo gehende Pferd wird mit Stimme, Sitz und Zügel zum Jogtempo „abgebremst".

Aber Achtung, aufpassen! Wer sein Pferd kennt und sich darauf konzentriert, wird vorausahnen, wann es in den Schritt fallen will. So werden die anfänglichen Probleme sich erheblich reduzieren lassen. Ein dosiertes dynamisches Abkippen des Beckens und ein leichtes Zucken der Muskeln in den Schenkeln, eventuell unter Zuhilfenahme einer angemessenen stimmlichen Hilfe, werden als treibende Hilfe genügen, um das Pferd weiterhin im Jog zu halten.

Selbstverständlich ist alles zu vermeiden, was das Pferd wieder zum schnelleren Traben veranlassen könnte. Angepresste Oberschenkel, Knie oder Unterschenkel, unruhige Füße, ein vornübergeneigter oder hin und her pendelnder Oberkörper – das alles kann ein Pferd zum Beschleunigen veranlassen. Um zum Jog zu kommen, ist also etwas überlegter Fleiß und der ohnehin zu allem Reiten notwendige korrekte Sitz erforderlich.

Wichtig zu wissen ist auch, dass der hier praktizierte Jog bis auf das Tempo, in dem er geritten wird, nichts mit dem im Western-Turniersport verlangten Jog zu tun hat. Genick, Widerrist und Kruppe sollen dort eine Linie bilden. Wer so Pferde in der Gangarten-Prüfung, dem Western-Pleasure, erlebt, kann Sprüche von szenenfremden Besuchern wie: „... sieht aus, als wenn die zu ihrer eigenen Beerdigung wollten" zu hören bekommen, womit natürlich die Pferde gemeint sind.

Der Jog – ein sehr verlangsamter Trab. Nicht „hochtrabend“, dafür weich schwingend lässt es sich auf dem Hufschlag bei gymnastizierenden Seitengängen oder stundenlang im Gelände bequem reiten.

Schwungvoll elegant und mit leichter Versammlung sieht ein Pferd bei einem solchen Jog nicht aus. Trotz allem Wohlwollen muss doch eher bemerkt werden, dass hier die Tendenz zum Schlurfen erkennbar ist.

Der Jog in der von mir gelehrten Art des Reitens ist, stark vereinfacht beschrieben, ein sehr verlangsamter Trab. Die Gefahr des Schlurfens würde natürlich auch hier bestehen – würde meine Reitlehre keine gymnastizierenden Lektionen enthalten. Hierbei denke ich vor allem an die bereits genannten Seitengänge.

So ergibt sich eine Wechselwirkung. Sind die Seitengänge im Schritt erlernt, müssen sie nun zur verstärkten Gymnastizierung des Pferdes im hierzu wesentlich schwieriger auszuführenden Trab absolviert werden. Hier kommt einem der langsame Jog sehr entgegen. Das schließt natürlich nicht aus, ab und zu einmal durch die ganze Bahn, also diagonal, einen sehr flotten Trab einzulegen. Das übt auf kurzer Strecke das Aussitzen ungemein und lässt das Pferd die Beine heben.

Zurück zum Jog. So verhilft dieser also zum erleichterten Erlernen der Seitengänge und diese wiederum wirken sich auf die Versammlung und damit verbunden auf die Haltung sowie den Schwung des Pferdes aus. Die Gymnastizierung – ein Anti-Schlurf-Programm für den Jog, oder andersherum: der Jog – ein Mittel zur Erleichterung der Gymnastizierung.

Wenn doch alles so logisch wäre wie das Reiten!

Der Galopp

Ginge es nach François Robichon de la Guérinière und vielen anderen der großen alten Reitmeister, so dürfte mit dem Galopp erst dann begonnen werden, wenn das Pferd die Piaffe und Passage beherrscht.

Man erkennt daran, welch hohen Stellenwert der Galopp seinerzeit hatte. Heutzutage jedoch will manch einer mit dem Galopp kaum warten, bis sein Pferd einen Sattel tragen kann. Oder richtiger gesagt, bis sein Pferd den erforderlichen Ausbildungsstand erreicht hat. Wie viele Reiter können mit ihrem Pferd nicht einmal das Schritt- und Trabtempo regulieren, und das sollte eigentlich die Mindestvoraussetzung für den Beginn der Galopparbeit sein.

Wer aber wirklich wartet, wird belohnt. Dann kann das galoppierende Pferd bald so im Tempo reguliert werden, dass es ohne besondere Zügeleinwirkung zum Jog übergeht. Man kann aber auch sein Pferd im Galopp so weit ausbilden, dass ein anderer mit seinem Pferd im Schritt nebenher geht. Ein Erlebnis, für das es sich lohnt, mehr zu tun.

Es geht aber nicht nur um das Tempo: Der Galopp ist viel differenzierter zu sehen. Ein gut zu sitzender, stoßfreier, also weich und rund schwingender Galopp sollte es sein. Die „Kraft“ des kleinen Fingers eines Kindes sollte genügen, um das Pferd in schöner Haltung im Galopp zu reiten.

Ein leises „Sch-sch-sch“ als akustische Hilfe hat das Pferd aus dem Galopp in den Trab zu bringen, und ein energisches „Pssst“ soll ein sofortiges Anhalten auslösen. Mit der entsprechenden Ausbildung kann sich jedes Pferd auf der Reitbahn oder bei einem Ausritt so verhalten.

Natürlich muss bis dahin einiges getan werden. Gerade hier könnte man aber sagen,

Der Galopp – beherrscht das Pferd ihn langsam und versammelt und der Reiter schwingt fest im Sattel sitzend mit, so ist diese Gangart die schönste.

dass der Weg das Ziel sein könnte. Ein schöner Weg, das hat die Erfahrung gelehrt. Ungezählte Schüler der Freizeitreiter-Akademie sind ihn gegangen, und das waren und sind Freizeitreiter und andere Interessierte, die einfach nur anders reiten wollten.

Ab wann?

Eines dürfte Ihnen inzwischen klar geworden sein: Wer nach dem hier gelehrten Reiten dies erlernen möchte, sollte es mit dem Galopp nicht so eilig haben. Shagya-Araber Watani 12, der gleich als Jungpferd zu mir in die Ausbildung kam, musste ein Jahr warten, ehe er den ersten Galopp gehen durfte, obwohl er für das Westernreiten gedacht war und der Galopp beim Westernreiten das A und O ist. Dieses Pferd hat später neben unglaublich vielen anderen Siegen und Shows im Westernreiten auch den Titel European-Champion-Superhorse gewonnen. Das lange Warten hatte sich gelohnt.

Warten allein genügt aber natürlich nicht. Die alten Reitmeister wussten es und nutzten die Zeit. Ihre Pferde mussten zunächst im Schritt und Trab die Seitengänge erlernen, mit denen sie optimal gymnastiziert wurden, ehe sie mit dem Galopp begannen. Daran hält sich auch der Lehrplan der Freizeitreit-Akademie.

Die Belohnung für dieses Vorgehen ist nur eine Frage der Zeit. Vor allem das Schulterherein, aber auch der Travers und die Traversalen sollten im Schritt und Trab oder Jog fließend geritten werden können. Wer sein Pferd so ausbildet, der erhält unter bestimmten Umständen einen „Bilderbuch-Galopp" fast geschenkt.

Wie diese Seitengänge von jedem erlernt werden können, ist in den entsprechenden Kapiteln eingehend erklärt.

Rhythmusstörungen

Das Pferd ist für den Galopp vorbereitet. Wie aber sieht es mit dem Reiter aus? Zwei Probleme stehen an. Das Erste wäre, in den Galopp zu kommen, das heißt, das Pferd zum Angaloppieren zu bringen. Hat man das geschafft, steht Problem Nummer zwei an. Es gilt, sich im Galopp nicht nur irgendwie auf dem Pferd zu halten, sondern dabei auch eine möglichst gute Figur zu machen, wozu natürlich auch ein fester Sitz im Sattel gehört. Letzteres ist aber leichter gesagt als getan.

Die Sprünge, aus denen der Galopp besteht, erzeugen einen recht erheblichen Auf- und Abschwung. Der Aufschwung befördert zwar jeden Reiter aufwärts, aber den ungeübten etwas höher. Dies wiederum trennt ihn leider vom Sattel und lässt ihn mit zeitlicher Verzögerung nach unten streben. Da aber kommt ihm der Pferderücken schon wieder entgegen. Die nun folgende unvermeidliche Begegnung ist es, die auf Dauer schmerzhaft wird.

Die beschriebenen unrhythmischen Begegnungen von Reitergesäß und Pferderücken versteht das Pferd gleichfalls als erheblich unharmonisch und damit störend. Ob hieraus resultierend oder weil es dies als eine unangenehme, aber treibende Hilfe empfindet, mag dahingestellt bleiben – es wird jedenfalls schneller. Das wiederum macht dem Lernenden noch mehr Schwierigkeiten. Die Rhythmusstörungen, bewirkt durch das Plumpsen in den Sattel, verstärken sich. Es ist ein Teufelskreis, in den man nun geraten ist.

Wie sitzt man richtig?

Die Fußfolge im Galopp ergibt normalerweise einen Dreitakt. Das Pferd stützt sich abwechselnd mit drei, mit zwei und mit nur einem Bein ab. Zwischendurch erfolgt eine Schwebephase, in der sich alle Beine in der Luft befinden. Die Fußfolge im Galopp ergibt, dass sich das Pferd einmal vorn hebt und einmal hinten.

Praktisch ist es eine – wenn auch leichte – Schaukelbewegung wie beim guten, alten Schaukelpferd. Manche Pferde „schaukeln" mehr, manche weniger stark. Die einen schwingen dabei extrem sanft und sind dadurch weich auszusitzen, andere hingegen bereiten einem die beschriebenen Sitzschwierigkeiten.

Die korrekte Haltung des Reiters im Galopp wird aber noch in anderer Weise erschwert. Die Schaukelbewegung, ob sanft oder nicht, verursacht einiges, was auch den Oberkörper in Bewegung bringt. Gibt man sich dieser Schwingung in falscher Weise hin, so pendelt der Oberkörper bildlich gesehen wie ein Pumpenschwengel.

Hier muss etwas geschehen, denn wer möchte sich im Galopp wie ein Pumpenschwengel verhalten? Leider gibt es reichlich viele, ob Freizeitreiter oder Turniersportreiter jeglicher Sparten, die es trotzdem tun. Nur: Sie merken und wissen es nicht, weil sie keiner darauf hinweist, und wenn, dann glauben sie es nicht. Hier könnte eine Film-Aufzeichnung so manchem zur erschreckenden Selbsterkenntnis verhelfen und zur beschleunigten Abhilfe anregen. Was aber ist zu tun, um nicht zu „pumpen"?

Da die Ursache bekannt ist, kann sie wesentlich leichter behoben werden. Wie in vielen gleich gelagerten Problemfällen sind auch hier anfangs Überbrückungshilfen erforderlich, auf die später selbstverständlich verzichtet werden muss. So sollte man sich vorläufig jedes Mal, wenn das Pferd vorn hochkommt, leicht in den Bügeln abstützen, um nicht gegen diese Bewegung zu sitzen. Vielmehr sollte man mit der Aufwärtsbewegung des Pferdes in senkrechter Haltung nach oben mitgehen.

Hierdurch wird man erstens nicht hochgeworfen und bleibt im Sattel, auch wenn das Pferd vorn wieder abtaucht und dafür hinten hochkommt. Zweitens pendelt der Oberkörper nun weder nach hinten noch nach vorn. Natürlich muss man – jetzt, wo man es weiß – bemüht sein, sich bei der Auf- und Abwärtsbewegung ständig senkrecht zu halten.

Wer hierbei wieder weich, der Bewegung des Pferdes angepasst, also dynamisch, sein Becken nach hinten abkippt, wird in angemessener Zeit keine Sitzprobleme mehr kennen. Man wird nicht nur anderen durch einen hervorragenden Sitz im Galopp gefallen, man wird auch selbst eine Befriedigung empfinden, die sich gleichfalls stark spürbar auf das Pferd überträgt. Und von zusätzlicher Belastung der Bügel ist längst keine Rede mehr.

Nun kann und wird sich das gut gymnastizierte und durch die hier gelehrte Ausbildung psychisch zufriedene Pferd mit den mehr gedachten als ausgeführten Hilfen in einem ruhigen, weich schwingenden und erhabenen Galopp souverän präsentieren.

Der Galopp wird zur ästhetisch schönsten Gangart.

Das Angaloppieren

Linksgalopp

Um im Galopp reiten zu können, muss das Pferd angaloppieren. Diese nicht besonders einfallsreiche Feststellung gibt dennoch Anlass zu verschiedenen Überlegungen, wie denn das Pferd in den Galopp zu bringen ist. Man könnte darauf warten, dass das Pferd irgendwann von selbst entscheidet, galoppieren zu wollen, oder man beschleunigt den Trab so lange, bis das Pferd genug von diesem hat und den Galopp vorzieht.

Die dritte Möglichkeit schließlich ist, das Pferd durch bestimmte Hilfen zu veranlassen, immer dann in den Galopp anzuspringen, wenn der Reiter es an bestimmter Stelle oder zu bestimmter Zeit und in bestimmter Art, das heißt, im Links- beziehungsweise Rechtsgalopp, möchte.

Diese Überlegungen, von Schülerinnen und Schülern in diversen Kursen als praktiziert vorgebracht, mündeten doch am Ende alle darin, dass man sich für die letzte Version entschied, obwohl sie für den Anfang auch die schwierigste ist. Es gilt also, das Pferd durch entsprechende Hilfen jederzeit und an jeder Stelle in gewünschter Art in den Galopp zu bringen.

Ein Pferd aus dem Stand in den Schritt zu bringen ist die leichteste Aufgabe. Aus dem Schritt anzutraben dürfte auch problemlos sein. Schwieriger wird es schon, aus dem Stand übergangslos in den Trab zu kommen. Richtig schwierig aber wird es erst beim Angaloppieren, aus welcher Situation heraus auch immer.

Auf den Ablauf der Fußfolge hier im Einzelnen einzugehen ist für Sie anfangs genauso wenig von Bedeutung wie die Feststellung, dass Ihr Pferd mit einem Hinterbein beginnend angaloppiert. Wichtig für Sie ist zu diesem Zeitpunkt einzig und allein, wie Sie (bevor Sie es spüren können) deutlich sichtbar feststellen können, ob das Pferd richtig, das heißt, wie gewollt entweder im Links- oder im Rechtsgalopp, angesprungen ist.

Ein ruhiger Galopp im Gleichgewicht und das Beherrschen des fliegenden Wechsels sind nach meinem Dafürhalten Voraussetzungen, um einen Kontergalopp auf gebogenen Linien zu üben. Gymnastizierung und Versammlung können dadurch weiter verbessert werden. Aus dem Zirkel von einem Kontergalopp in den anderen zu wechseln zeigt Gehorsam und Können.

Das lässt sich optisch leicht erkennen, da bei jedem Galoppsprung stets ein Vorderbein deutlich sichtbar vor dem anderen führt. Hierdurch steht auch bei jedem Galoppsprung eine Schulter des Pferdes etwas weiter vor als die andere. Daran kann man vom Sattel aus gut erkennen und später auch deutlich spüren, welches Vorderbein führt, das heißt, ob Sie sich im Links- oder im Rechtsgalopp befinden.

Geht also die linke Schulter und damit das linke Vorderbein zuerst und weiter vor als die rechte Schulter und das rechte Vorderbein, so spricht man vom Linksgalopp. Im Normalfall wird dieser Linksgalopp auf Hufschlag, Zirkel oder Volte linksherum geritten, da dieser Bewegungsablauf dem Pferd naturgegeben leichter fällt.

Anders verhält es sich, wenn zum Beispiel der Linksgalopp rechtsherum geritten wird. Dieser Galopp wird, wenn er so gewollt ist, im klassischen Verständnis als *Kontergalopp* und nicht gewollt als *Außengalopp* bezeichnet. In heutigen Dressurprüfungen ist allerdings immer von Außengalopp die Rede. Während dieser aus einem fehlerhaften Anspringen des Pferdes in den Galopp resultiert, wird der Kontergalopp in einem fortgeschrittenen Stadium der Ausbildung auch bewusst gefordert.

Angaloppieren kann man aus dem Stand. Das allerdings ist am schwierigsten und erst später möglich. Aus dem Schritt bereitet es anfangs auch Schwierigkeiten. Am einfachsten wäre es eigentlich aus dem Trab. Allerdings wird ein Pferd, welches ungern angaloppiert, oftmals so lange im selbst beschleunigten Trab weiterlaufen, bis es ihm zweckmäßiger erscheint, in den Galopp überzugehen. Einen korrekten Sitz beizubehalten wird dadurch natürlich ungemein erschwert.

Sie sollten also mittels deutlicher Galopphilfen aus dem Schritt angaloppieren. Geht das Pferd trotzdem einige Trabtritte, bevor es angaloppiert, so lassen Sie dies zunächst zu. Dieser „Schönheitsfehler“ lässt sich später noch beseitigen. Trabt das Pferd aber länger als acht bis zehn Tritte, anstatt anzugaloppieren, muss ihm durch konsequentes Durchparieren zum Schritt klargemacht werden, dass hier etwas falsch läuft. Anschließend wird *sofort* ein neuer Versuch gestartet.

Natürlich muss das Pferd, wie bei allem, was von ihm verlangt wird, erst einmal begreifen, worum es hier geht. Anfangs sollte daher alles getan werden, was zur Verdeutlichung des Gewünschten beiträgt. Aber zusätzlich können Sie sich auch noch bestimmte Eigenarten der Pferdenatur zunutze machen.

So zum Beispiel, indem Sie anfangs unmittelbar vor einer Ecke zur kurzen Bahnseite angaloppieren. Die meisten Pferde fangen nämlich nur ungern kurz vor dem Ende einer Bahnseite zu „rennen“ an. Werden sie hier nun zum Angaloppieren aufgefordert, so gehen sie lieber in den gewünschten Galopp als in einen Renntrab.

Ferner erkennt das Pferd durch die Begrenzung der Bahn, dass es unmittelbar nach dem Angaloppieren in eine Wendung gehen muss. Um nicht im Außengalopp in die relativ enge Wendung einer Bahnecke zu müssen, wird es wahrscheinlich mit dem richtigen Bein anspringen. Klappt das einige Male zufriedenstellend, dann sollten Sie das Angaloppieren so lange in die Bahnmitte verlegen, bis es bei Ihrem Pferd so gefestigt ist, dass es sich schließlich an jedem beliebigen Punkt angaloppieren lässt.

Es beginnt auf den Zirkeln

Dort wo sich die Zirkel in der Bahnmitte berühren, also bei Punkt X, soll nun mit dem Angaloppieren, dem einfachen sowie dem fliegenden Galoppwechsel und dem Schulterhereingalopp begonnen werden.

Zusätzlich zu den Hilfen zum Angaloppieren, die im Folgendem ausführlich aufgeführt werden, hier zunächst ein Tipp zur Überwindung anfänglicher Schwierigkeiten, durch den sich nach Angaben Verzweifelter das anstehende Problem sehr plötzlich lösen ließ.

Sie wollen auf dem Zirkel linksherum galoppieren. Hierzu gehen Sie mit Ihrem Pferd auf den Punkt X zu. Kurz vor diesem beugen Sie sich, im Schritt weitergehend, nach vorne links vor und richten sich übertrieben ruckartig auf. Diese Bewegung muss so stark sein, dass Sie fast nach rechtshinten fallen. Im gleichen Augenblick muss eine treibende Hilfe mit dem äußeren (rechten) Schenkel erfolgen. Ferner sind die Zügel für den Moment des ersten Galoppsprungs unbedingt stark nachzugeben. Tun Sie dies nicht, wird das Pferd in die angezogenen Zügel springen, dann aber sofort zum Trab übergehen, und alles war vergebens.

Mit dem ruckartigen Aufrichten haben Sie übrigens nichts anderes getan als den äußeren (rechten) Gesäßknochen kurzfristig extrem belastet. Mit dieser anfänglichen „Sonderhilfe“ wird Ihr Pferd bald auf den Punkt genau und im richtigen Galopp anspringen.

Eine Bemerkung zwischendurch

Wollte ich dieses Kapitel erschöpfend behandeln, so wäre bald der Leser erschöpft. Es gibt einfach zu viel, was hierzu gesagt werden könnte. Wer aber das, was hier geschrieben steht, gelernt und verstanden hat, wird bei seiner Umsetzung in die Praxis überraschend positive Ergebnisse erzielen. Im Übrigen wird in den weiteren speziellen Kapiteln in vielfältiger Weise immer wieder auf die Gangarten praxisbezogen eingegangen.

So wird zum Beispiel der Galopp bereits beim Thema Zirkel eingehend angesprochen. Hier wird untersucht, inwiefern sich der Galopp durch die Zirkelarbeit positiv beeinflussen lässt. Ähnlich verhält es sich auch mit den anderen Gangarten. In diesem Zusammenhang möchte ich darauf hinweisen, dass zwar die meisten Kapitel für sich aussagefähig sind, dass aber kaum ein Thema isoliert angesehen werden darf.

Körperhaltung – Bewegungshilfen – Erläuterungen

Zum Linksgalopp

1. Der äußere (rechte) Schenkel soll etwa eine Handbreit hinter dem Gurt anliegen.
2. Der innere (linke) Schenkel soll gerade herunterhängend und ohne besonderen Druck am Pferd liegen.
3. Beide Zügel liegen relativ eng zusammen gehalten eine Handbreit über dem Widerrist des Pferdes. Die Oberarme hängen senkrecht herunter.
4. Der Oberkörper und Kopf werden senkrecht gehalten. Die Schultern sollen jeweils parallel zu den Schultern des Pferdes ausgerichtet sein. Das Becken ist leicht nach hinten abgekippt.
   Die Positionen 1 bis 4 gelten für den normalen geradeaus führenden Galopp. Bei vielen Lektionen wie zum Beispiel den Seitengängen können völlig unterschiedliche Körperhaltungen und Bewegungshilfen erforderlich werden. Diese sind in den jeweiligen Abschnitten ausführlich beschrieben.
5. Den meisten Pferden fällt der Linksgalopp leichter. Gegebenenfalls dann auch vorerst linksherum beginnen.
6. Für das erste Angaloppieren ist der Start vor der Ecke einer kurzen Seite zu empfehlen.
7. Angaloppiert wird vorerst aus dem Schritt und Trab, später aber auch aus dem Stand.
8. Der äußere (rechte) Gesäßknochen ist verstärkt zu belasten. Gleichfalls ist das Becken verstärkt nach hinten abzukippen. Tiefes Einatmen nicht vergessen!
9. Durch entsprechenden Druck des äußeren (rechten) Unterschenkels, unter Zuhilfenahme des Sporns – die Fußspitze soll leicht nach außen gedreht sein – ist der Galopp zu fordern. Der Schenkel darf nicht angehoben werden.
10. Die Zügel sind zur Einleitung des Galopps leicht verkürzt zu halten. Im Moment zum ersten Galoppsprung ist zumindest der innere (linke) Zügel bis zum zweiten Galoppsprung nachzugeben, damit das Pferd ungehindert anspringen kann. Ein Pferd, das trotz der genannten Hilfen nicht angaloppiert, bedarf zusätzlicher Hilfen.
11. Als zusätzliche Hilfe ist der Oberkörper leicht nach vorn-innen zu beugen und ruckartig, mit deutlicher Belastung der äußeren (rechten) Gesäßhälfte aufzurichten. Achtung! Hierbei darf nicht versehentlich an den Zügeln gezogen werden.
12. Zur Gewichtshilfe sollen die treibenden Hilfen deutlich verstärkt und die Stimme zu Hilfe genommen werden.
13. Zum Treiben wird der jeweils äußere Schenkel eingesetzt. Nur in besonderen Fällen kann es ratsam sein, den inneren Schenkel einzusetzen. Diese Ausnahmen sind in den entsprechenden Kapiteln besonders beschrieben.
14. Bei Pferden, die partout auf einer Seite ungewollt in den Außengalopp springen, hilft das Angaloppieren in Travers-Stellung. Eine andere und elegantere Variante wäre die unter dem einfachen Galoppwechsel beschriebene.
15. Mit zunehmendem Verständnis des Pferdes für die Galopphilfen

müssen diese gleichermaßen reduziert werden. Ein kurzes verstärktes Abkippen des Beckens, mit leichter Mehrbelastung der äußeren (rechten) Gesäßhälfte, unterstützt durch ein Antippen mit dem äußeren (rechten) Sporn, genügt dann als Hilfe.

Der einfache Galoppwechsel

Linksgalopp

Sie beginnen nunmehr Ihre weiteren Galopp-Starts bei X. Hier werden die meisten Galoppübungen ihren Anfang finden und über diesen Punkt auch häufig genug wieder hinweg führen, so dass es sinnvoll ist, dort auch an den Start zu gehen. Im Hinblick darauf, dass das Pferd spürt, dass mit den Galoppübungen etwas Besonderes im Anzug ist, und sich auch Ihre besonders intensive „Konzentration" hinzu addiert, ist es ohnehin zweckmäßig, für längere Zeit die Galoppübungen auf den Zirkeln mit ihrer recht bald einsetzenden sanften physischen und psychischen Bremswirkung abzuwickeln.

Zunächst ging es um das Angaloppieren überhaupt und danach darum, dass dieses auch mit dem richtigen Bein erfolgt. Später werden Sie ohne hinsehen zu müssen erfühlen, ob das Pferd im richtigen Galopp geht und nicht etwa mit dem falschen Bein angesprungen ist. Dann würde das Pferd im Außengalopp gehen, und da Sie hierfür nicht die richtige Körperhaltung haben, werden Sie dies schon bald an Disharmonien in Ihrem Sitzgefühl, am holprigen Gestoßenwerden spüren.

Pferde können einen bestimmten Galopp besonders bevorzugen. Dann wollen sie also entweder nur im Links- oder nur im Rechtsgalopp gehen. Wer zum Beispiel im Gelände nie darauf geachtet hat, dem kann es passieren, dass sein Pferd einseitig wird. Das tut der Gesundheit des Pferdes gar nicht gut und kann mit der Zeit sehr unangenehm werden.

Hier sollte man zunächst nicht mit dem Pferd kämpfen, denn dann steht der „Sieger" schon vorher fest. Sie gehen also zunächst auf den Lieblingsgalopp ein, beispielsweise soll es der Linksgalopp sein, und reiten zwei Zirkel linksherum.

Etwa drei Meter vor X gehen Sie nun in den Trab über, um nach drei bis fünf Tritten wieder anzugaloppieren, aber – und jetzt kommt's – nach rechts, auf den rechten Zirkel im Rechtsgalopp. Und es klappt. Ohne Mühe für Sie und ohne Murren vom Pferd. Nach einigen Wiederholungen dieser Übung wird das Pferd dann aus jeder Situation heraus auch rechts angaloppieren.

Übrigens versprach die Überschrift zu diesem Abschnitt den einfachen Galoppwechsel. Nun, er wurde vorstehend beschrieben. Je weniger Trabtritte man zwischen den Wechseln braucht, um so besser. Und die Tritte sollten Trab bleiben, dann bleibt alles flüssiger.

Zuletzt noch eine weitere Möglichkeit, Ihr Pferd für ein korrektes Angaloppieren zu gewinnen. Sollte es sich also besonders hartnäckig für einen einseitigen Galopp, das heißt, nur für einen Rechts- beziehungsweise Linksgalopp, entschieden haben, so versuchen Sie es aus einer Travers-Stellung heraus anders herum anzugaloppieren. Sie lassen hierzu Ihr Pferd eine Zirkelrunde auf der ungeliebten Hand traben und gehen danach in einem Winkel zwischen 30 bis 40° auf die Bahnbegrenzung zu.

Kurz vor dem Hufschlag geben Sie die für anfängliche schwierige Fälle beschriebene Galopphilfe. Für zwei Galoppsprünge belassen Sie dann das Pferd noch in seiner Schrägstellung. Auch sollten Sie dies durch starkes seitliches Treiben noch unterstützen. Diese überdeutlichen zusätzlichen Hilfen haben selbstverständlich nur vorübergehend, als ein provisorisches Mittel zum Zweck, ihre Berechtigung.

Der fliegende Galoppwechsel

Vom Rechtsgalopp zum Linksgalopp

Der fliegende Galoppwechsel – ein fliegender Wunsch, für dessen Erfüllung manch einer vieles geben würde. Neid kommt auf, erlebt man einen „Naturwechsler". Bei diesen Pferden muss man nur an den fliegenden Wechsel denken, und schon ist's geschehen. Andere müssen recht lange an ihn denken, ehe sie – vielleicht – so etwas erleben. Die meisten müssen aber Etliches tun, ehe ihr Pferd korrekt im Fluge wechselt.

Aber zunächst noch etwas Grundsätzliches zur Ordnung der Themen. So gehörte eigentlich die Beschreibung des fliegenden Galoppwechsels an das Ende des Buches. Zu vieles, was vorher noch erlernt werden muss, ist zu tun, ehe an diesen zu denken ist. Um aber den äußerst komplexen Stoff, den der Galopp nun einmal darstellt, möglichst zusammengehalten abhandeln zu können, erscheint der Vorgriff an dieser Stelle erlaubt.

Ein guter, wirklich fliegender Galoppwechsel, das heißt, zum Beispiel vom Rechtsgalopp unmittelbar in den Linksgalopp zu wechseln, hat es in sich. Hier müssen auch im Normalfall etliche Vorbereitungen getroffen werden. Sind allerdings die wirklich wichtigen Voraussetzungen geschaffen, so schrumpfen die Probleme. Leider wird das von vielen Ungeduldigen anders gesehen, und es wird drauflos probiert. So addiert sich dann eine schädliche Auswirkung zur anderen, angerichtet an der Psyche des Pferdes.

Beim ersten Versuch, fliegend den Galopp zu wechseln, wird das Pferd mit großer Wahrscheinlichkeit sein Tempo so verstärken, als wenn es zum Fliegen durchstarten wollte, anstatt Ihnen einen fliegenden Galoppwechsel zu liefern. Für dieses Verhalten kann es verschiedene Gründe geben:

- In den meisten Fällen ist das Pferd noch nicht reif für den fliegenden Wechsel, das heißt, es ist noch nicht genügend durch Übungen im Galopp hierzu vorbereitet worden. Hier sind Galoppzirkel (auch im Schulterherein), Galopptravers und -traversalen gefragt.
- Es werden keine für das Pferd deutlich erkennbaren Zeichen gegeben, dass es den Galopp wechseln soll.
- Der Kopf des Pferdes wird zum Wechseln beim Punkt X von einer Zirkelrichtung in die andere herumgezogen. Das Pferd kann hieraus nur erkennen, dass es die Richtung, nicht aber, dass es auch den Galopp wechseln soll.
- Der Kopf des Pferdes wird zum Wechsel heftig in die neue Richtung gezogen. Das Pferd weicht dieser starken Biegung aus, indem es seine Hinterbeine gleich stark nach außen stellt. Ein korrekter fliegender Wechsel wird kaum möglich sein.
- Falls das Pferd mit den Vorderbeinen den Galopp gewechselt hat, wird es durch sein oben beschriebenes Ausweichmanöver nicht nötig haben, auch mit den Hinterbeinen zu wechseln. Es geht nun im Kreuzgalopp.

Eine kleine Auswahl aus dem großen Fehlerkatalog. Gehen wir nun aber davon aus, dass Ihr Pferd und auch Sie durch die angesprochenen gymnastizierenden Maßnahmen psychisch und physisch in guter Form sind. Erst jetzt sind die Voraussetzungen für einen weiteren enorm wichtigen Schritt in Ihrem Ausbildungsprogramm wirklich gegeben.

Ein ausgebildetes Pferd soll und kann den fliegenden Wechsel aus jeder erforderlichen Situation heraus absolvieren. Ob aus dem Zirkel oder der Volte heraus, ob auf geraden, gebogenen, geschlängelten oder im Zickzack verlaufenden Linien, das Pferd fliegt im Galopp wechselnd, wo und wann immer Sie wollen.

Anfangs sollten Sie allerdings bescheidener in Ihren Ansprüchen sein und dem Pferd zunächst durch geschickte Überlegungen das Erlernen des fliegenden Wechsels erleichtern. Erfahrungen haben gezeigt, dass Pferde aus bestimmten Situationen heraus den fliegenden Galoppwechsel leichter erlernen. Folglich müssen solche durch vorbereitende Lektionen geschaffen werden.

Zur Übung des fliegenden Wechsels: Im Traversgalopp durch die Ecke gekommen, geht es nun in der Traversale nach rechts diagonal auf den Bahnmittelpunkt „X“ zu (der hier zwischen den beiden Pylonen liegt) und noch 3–4 Meter darüber hinweg, um dann im fliegenden Wechsel in den Linksgalopp geradeaus überzugehen.

Der fliegende Wechsel aus der Traversale

Sowohl Zirkel – und diese auch im Schulterherein – als auch den Travers und die Traversale, alles im Galopp, aber nur mit einfachen Wechseln geritten, sollten Sie mit Ihrem Pferd nun in genügendem Umfang geübt haben. Sie werden diese nämlich gleich zur Einleitung des fliegenden Wechsels brauchen.

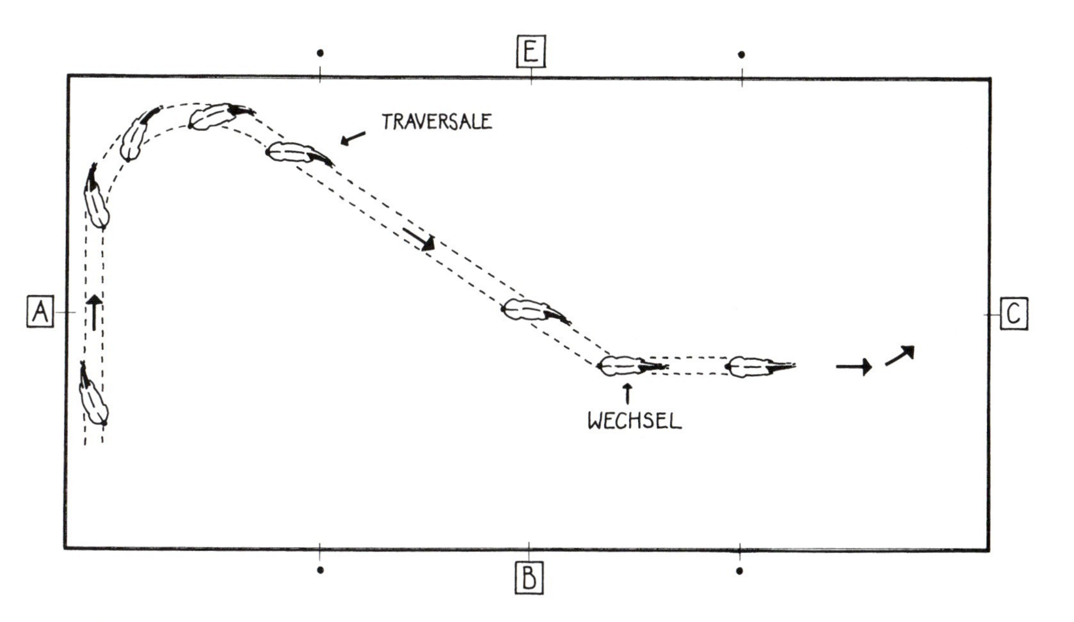

Der fliegende Wechsel aus der Traversale

Beispiel aus der Traversale

- Sie gehen im Schritt auf den Punkt X zu, stellen Ihr Pferd leicht nach rechts und galoppieren im Rechtsgalopp, also rechtsherum, an. Im Traversgalopp geht es dann die nächste lange und folgende kurze Seite sowie noch um die Ecke herum.
- Nach etwa zwei Pferdelängen, also am üblichen Punkt, gehen Sie vom Traversgalopp in eine Traversale von links nach rechts diagonal verlaufend über den Bahnpunkt X hinweg.
- Nach etwa drei bis vier Metern dahinter stellen Sie nun das Seitwärtstreiben mittels Ihres äußeren (linken) Schenkels ein. Gleichzeitig bremsen Sie durch den Einsatz Ihres inneren (rechten) Schenkels den Seitwärtsschub energisch und konsequent ab.
- Der Schenkel ist hierzu etwa eine Handbreit hinter dem Gurt anzulegen. Die Fußspitze ist etwas nach außen zu stellen, so dass falls erforderlich, der Sporn einen kurzen, leicht kitzelnden punktuellen Druck ausüben kann.
- Der noch innere (rechte) Gesäßknochen wird ruckartig kurz belastet.
- Die Zügel sind im gleichen Moment etwas nachzugeben, da nun der fliegende Wechsel erfolgen soll.
- Zur Unterstützung des fliegenden Wechsels müssen Sie nach der Unterbrechung der Traversale, die von links nach rechts führte, sich schon in die entgegengesetzte Richtung hineindenken. Dies wird Ihr Bemühen, das Pferd zum fliegenden Wechsel zu animieren stark unterstützen.
- Unmittelbar nach vollzogenem Wechsel ist entsprechend der neuen Richtung die Zügelhaltung zu ändern.
- Bei den Hilfen für die ersten fliegenden Galoppwechsel muss nicht nur fliegend schnell, sondern auch überdeutlich konsequent gehandelt werden.

Der fliegende Wechsel aus dem Schulterherein

Es wird zwar noch einige Zeit vergehen, ehe Zuschauer darauf angewiesen sein werden zu raten, mit welchen Hilfen Sie Ihr Pferd zum fliegenden Wechsel veranlassen, aber immerhin, der Anfang ist gemacht. Falls aber Sie, Ihr Pferd oder Sie beide mit dieser Möglichkeit zur Einleitung eines fliegenden Galoppwechsels noch nicht richtig zurecht kommen, sollten Sie es mit einer anderen, den fliegenden Wechsel einleitenden Lektion, und zwar aus dem Schulterherein, versuchen.

Beispiel aus dem Schulterherein

- Sie gehen im Schritt auf den Bahnpunkt X zu und galoppieren im Rechtsgalopp für zwei Zirkelrunden rechtsherum an.
- Etwa zehn Meter vor Beendigung der zweiten rechtsherum führenden Zirkelrunde stellen Sie das Pferd in eine Schulterhereinstellung.
- Der äußere (linke) treibende Schenkel wird nun vom etwa eine Handbreit hinter dem Gurt anzulegenden inneren (rechten) Schenkel abgelöst.
- Die Zügelhaltung bleibt unverändert. So auch die Biegung des Pferdes.
- Mit einer ca. 30° bis 40° Schrägstellung des Pferdes, also im Schulterherein, wird nun der Bahnpunkt X angepeilt.
- Dort werden Hals und Kopf des Pferdes gerade gestellt, das heißt, in einem rechten Winkel zur Bahnbegrenzung ausgerichtet.
- Das Pferd darf hierbei auf keinen Fall seine Hinterbeine nach rechts herausstellen können, wenn es nach links den fliegenden Wechsel absolvieren soll.
- Die Fußspitze des noch inneren (rechten), treibenden Schenkels ist nach

außen zu stellen, um mit dem Sporn einen kurzen Druck ausüben zu können.

- Die Intensität des Sporeneinsatzes ist sorgfältig auf die Sensibilität des Pferdes abzustimmen.
- Gleichzeitig erfolgt ein kurzer intensiver Druck mit dem (noch) inneren (rechten) Gesäßknochen.
- Haben Sie alles befolgt, wird das Pferd nun fliegend den Galopp nach links wechseln. Hiernach stellen Sie Ihre Körperhaltung und Hilfen auf den neuen Zirkel (linksherum) ein. Ein Pferd, das sich unsicher fühlt, den fliegenden Galoppwechsel korrekt durchzuführen, wechselt, wenn überhaupt, nur mit den Vorderbeinen. Die Hinterbeine wird es aus Stabilitätsgründen nach außen werfen und dadurch keinerlei Veranlassung haben, auch mit diesen zu wechseln. Nun hätten Sie das Kreuz mit dem Kreuzgalopp. Aber der vorstehend beschriebene Vorschlag hat schon sehr vielen geholfen.

Variationen im Wechsel

Gemeint ist der fliegende Wechsel, der nun Abwechslung in den Galopp bringt und das Reiten bunter macht. Hier gibt es einen breiten Spielraum für viele Variationen, mit denen fliegende Wechsel in kombinierten Lektionen und an verschiedensten Stellen des Reitplatzes eingebracht werden können. Ist der fliegende Wechsel wirklich fliegend und bedarf es hierzu nur noch relativ geringfügiger Hilfen, dann sollten Sie von ihm auch häufiger und mit etwas Fantasie Gebrauch machen.

Hierbei denke ich zum Beispiel an das von mir entwickelte Mäander-Muster mit Volten (s. Zeichnung S. 168). Dieses Muster, eigentlich im Schritt oder Trab/Jog geritten, bietet im Galopp mit den hierbei erforderlichen fliegenden Wechseln eine interessante Variante. So muss nach Überqueren der Mittellinie nach jeder Volte abwechselnd jeweils im Links- beziehungsweise Rechtsgalopp geritten werden.

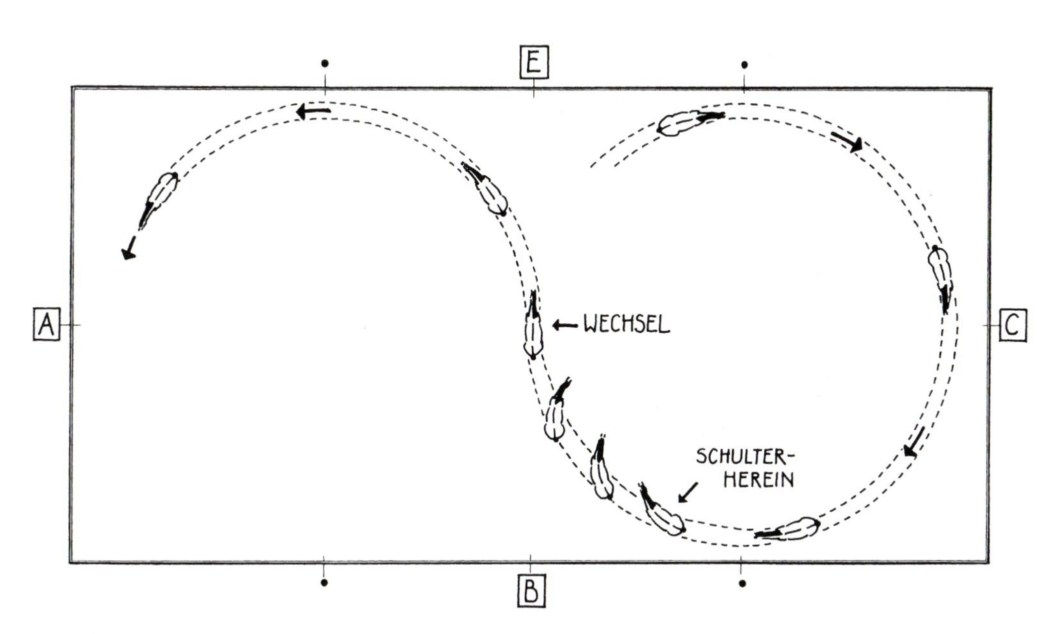

Der fliegende Wechsel aus dem Schulterherein

Eine weitere Möglichkeit, den fliegenden Wechsel zu üben: Noch im Linksgalopp auf dem Zirkel und hier in einer leichten Schulterhereinstellung geht es auf den Bahnmittelpunkt „X“ zu.

Auf „X“ ist das Pferd gerade gestellt und hat die Hilfen für den Rechtsgalopp erhalten. Es wechselt vom Links- in den Rechtsgalopp.

Aber auch ein Galopp-Slalom bringt Abwechslung. Er führt um Pylonen, die auf der Mittellinie im Abstand von ca. acht Schritt aufzustellen sind (s. Zeichnung S. 168). Sie sollten wie bei jedem Reiten auch hier darauf achten, dass die Lektion Ausdruck erhält. Dies erreichen Sie durch eine souveräne Körperhaltung und indem die fliegenden Wechsel jeweils in der Mitte zwischen zwei Pylonen erfolgen.

Schließlich sei noch auf die *Zickzack-Traversale im Galopp*, also mit fliegenden Wechseln, hingewiesen. Hierzu wird im Zickzack zwischen den auf der Mittellinie im Abstand von acht bis zehn Schritten aufgestellten Pylonen traversiert. Ruhig, gelassen und mit entsprechender Haltung geritten, wirkt diese Lektion besonders ausdrucksvoll. Sie zeigt einen erfreulich fortgeschrittenen Ausbildungsstand Ihres reiterlichen Könnens und natürlich auch den Ihres Pferdes.

Weiter geht es im Rechtsgalopp auf dem neuen Zirkel rechtsherum.

Fliegende Wechsel à tempi

Jetzt kommen wir in Gefilde, in denen Lektionen nicht unbedingt der Gymnastizierung des Pferdes dienen, zumindest aber ihr Wert in dieser Beziehung häufig umstritten ist.

Fliegende Galoppwechsel à tempi sollen vor allem als Konzentrationsübung für Sie und Ihr Pferd dienen. Natürlich ist es auch ein ästhetisch schöner Anblick, wenn ein Pferd als höchste Stufe von Sprung zu Sprung, also à tempo, wechselt. Wer es möchte, kann auch dies schaffen.

Diese Lektion soll hier nur kurz angesprochen werden. Vielleicht setzen Sie sich auch vorerst lieber die Wechsel à zwei tempi zum Ziel, die, in Gleichmäßigkeit und Ruhe geritten, Leichtigkeit und Eleganz ausstrahlen. Dazu sollte Ihr Pferd zunächst den fliegenden Wechsel so fließend beherrschen, dass es den Wechsel an jeder beliebigen Stelle ausführt – sei es nun in den Innen- oder Außengalopp.

Dann ist die Zeit reif, von Ihrem Pferd Wechsel in einem bestimmten Rhythmus, zum Beispiel von sechs, fünf, vier Galoppsprüngen zu fordern. Allmählich lässt sich der Rhythmus auf drei und schließlich zwei Sprünge verkürzen, ohne dass hierdurch noch grundsätzliche Schwierigkeiten zu erwarten sind. Sie werden allerdings erstaunt sein, wie schnell Ihr Pferd einen bestimmten Rhythmus erkennt und bald aus eigenem Antrieb wechseln will.

Anhalten und Rückwärtstreten

Das konsequente Anhalten

In einem guten Lehrbuch sollte eigentlich dieses Kapitel rein theoretisch eines der letzten sein. Das hat seinen guten Grund. Die volle beziehungsweise ganze Parade, das konsequente Anhalten oder Stoppen, gleich wie man es nennen will, erfordert, soll die Lektion Pferde schonend ausgeführt werden, einen weiter fortgeschrittenen Ausbildungsstand, als allgemein angenommen wird.

Nur: Ohne Anhalten kein Reiten. Man kann es nicht dem Zufall oder dem Pferd überlassen, wann die Tour zu Ende ist. Es muss also etwas geschehen, von Anfang an. Und da einem bei der Wahl der Mittel anfangs kaum etwas Besseres einfällt, wird am Zügel gezogen, so viel und so lange, bis das Pferd steht, und meistens noch darüber hinaus.

Für das Pferd heißt das: Ob ich anhalte oder nicht, der unangenehme Druck im Maul bleibt. So lernt das Pferd frühzeitig, dass es sich nicht lohnt, auf Zügelzug anzuhalten.

Wer das wieder in Ordnung bringen will, hat viel zu tun.

Schädlich fürs Pferd?

Das konsequente Anhalten, das Stoppen oder die volle Parade, wie man es auch nennt, sie alle haben das gleiche Ziel: das Tempo des Pferdes, gleich welches auch immer, so schnell wie möglich auf Null zu bringen.

Haben Sie und Ihr Pferd einen ungenügenden Ausbildungsstand, so können dem Pferd durch unsachgemäßes Stoppen im Laufe der Zeit Schäden zugefügt werden. Besonders die Vorderbeine sind stark gefährdet, und bevor Sie etwas merken, ist das Malheur bereits geschehen. Überdehnungen von Sehnen, Bändern, Muskeln, aber auch Überbeine und vor allem Hufgelenkslahmheiten sowie Spat sind in dieser Horrorliste zu Hause.

Darum, um es nochmals zu sagen, soll dieses Thema schon jetzt behandelt werden. Wenn das konsequente Anhalten – bei diesem Begriff soll es im Folgenden bleiben – einen bestimmten Ausbildungsstand erfordert, um körperliche Schäden vom Pferd abzuwenden, dann muss hierüber allein aus diesem Grunde so früh wie möglich gesprochen werden.

Mit oder ohne Sliden?

Das konsequente Anhalten ist eine alltägliche Notwendigkeit, nicht mehr und nicht weniger. Und doch hört man von Westernfans immer wieder die Frage: „Kann es gut stoppen?", wenn sie sich nach der Reitqualität eines Pferdes erkundigen wollen. Gemeint ist nicht das konsequente Anhalten. Hier geht es vielmehr darum, ob das Pferd einen guten „Sliding Stop" macht.

Der Sliding Stop hat eine Wertigkeit, ja, fast einen Mythos bekommen, von dem die alten Berufscowboys wohl kaum geträumt hätten. Es gibt immer wieder welche, die als wichtigsten Bestandteil ihres Reitens, neben dem Spin und dem Roll Back, den Sliding Stop ansehen. Es scheinen manchmal diejenigen zu sein, deren Pferde nicht einmal beim Aufsteigen still stehen können.

Der Sliding Stop ist gefragt, ein Stopp, bei dem die Gelenke der Hinterbeine in einer starken Winkelung blockiert werden. Das Pferd ist hinten tief gesenkt. Während es durch einen extrem starken Schwung vorn weiterläuft, „schliddern" die Hinterbeine auf der Piste. Die Rekorde im „Sliden" haben die Zwanzig-Meter-Marke überschritten.

Diese Wettkampfauswüchse haben mit Reiten nichts mehr zu tun. Das konsequente Anhalten hingegen ist auch in dieser Reitlehre angesagt und zwar:

- Ein Anhalten, das in entsprechender Haltung mit kaum sichtbaren Hilfen, sozusagen „mit dem Heben einer Augenbraue", das Pferd zum sofortigen Anhalten bringt,
- ein Anhalten, das aus dem Sitz, den Beinen, dem Denken,
- nicht aber aus den Zügeln kommt,
- ein Anhalten, bei dem das Pferd sich in den Hanken beugt, das heißt, im Hüft-, Knie- und Sprunggelenk so gebeugt ist, wie es im Kapitel über die „Versammlung" (Seite 154) beschrieben ist,
- aber kein Stoppen mit lediglich gebeugten, aber blockierten Gelenken.

Hier ist ein konsequentes Anhalten gemeint, wie es alltäglich aus dem normalen Tempo erforderlich wird. Aus dem Schritt, dem Jog und auch *mal* aus dem flotten Galopp, dies zur Schonung des Pferdes aber nicht zu oft. Leider wissen zu viele der „Amateur-Sliding-Stopper" zu wenig über dieses Thema. Der Stopp aus hohem Tempo, also der Sliding Stop, kann, wenn er pferdeschonend sein soll, nur unter ganz bestimmten Voraussetzungen erfolgen.

Zum einen ist eine entsprechende Gymnastizierung des Pferdes Voraussetzung, zum anderen sind technische Erfordernisse zu beachten. So braucht das Pferd zum „Sliden" ganz spezielle Sliding-Eisen sowie eine entsprechend präparierte Reitbahn. Wer mit diesem Eisen im Gelände reiten will, kann sich bei glitschigem Boden wie der sprichwörtliche Esel auf dem Eis vorkommen.

Das hier gelehrte Reiten ist für den anspruchsvollen Freizeitreiter und andere Interessierte gedacht, in der auch diejenigen, die zum „Freizeitreiten im Westernstil" tendieren, sehr gut aufgehoben sind. Nur wer zum Western-Turniersport Neigung verspürt, benötigt eine spezielle Anleitung, da die Ansprüche und Anforderungen hierzu anders gelagert sind.

Wie wird's gemacht?

Die Art, wie viele Reiter ihr Pferd im Allgemeinen anhalten, wurde bereits eingangs angesprochen: Man zieht so lange an den Zügeln, bis das Pferd steht, und meistens danach auch noch. Dies ist nicht ironisch gemeint, sondern leider normal. Es sind auch nicht nur Anfänger, die sich so verhalten, weil sie kaum eine andere Möglichkeit sehen.

Die nächste Überlegung wäre doch, wie viel Zug man ausüben muss, um das Pferd zum Anhalten zu veranlassen? Doch nur so viel wie nötig und so wenig wie möglich! Das so noch nicht gerittene Pferd muss hierauf aber vorbereitet werden. *Anfangs* sind daher die Zügel nicht gleichzeitig, sondern zeitmäßig *etwas* versetzt anzuziehen.

die Nervenstärke seines Reiters sehr gut austesten, indem es beim ruckartigen Nachlassen der Zügel sofort wieder weitergeht. Die Zügel werden dann unverzüglich nochmals wie eben beschrieben angezogen. Das wird so oft wiederholt, bis das Pferd endgültig auch ohne Zug, besser gesagt, ohne Druck im Maul, stehen bleibt und nicht erneut antreten will. Dieser Vorgang ist einfach in stoischer Ruhe durchzustehen. Das Pferd wird schnell begreifen, dass sofortiges Anhalten angenehmer ist, als der unangenehme Druck im Maul.

Ist dem Jungpferd nicht beigebracht worden, auf Stimme anzuhalten, so muss es dies später durch zusätzliches konsequentes Verkürzen der Zügel lernen. Natürlich mit so wenig Zügel wie möglich, aber auch mit so viel wie nötig.

Hat das Pferd angehalten, so müssen in gleicher Sekunde die Zügel völlig nachgegeben werden. Das Pferd lernt so den Zusammenhang zwischen seinem Stoppen und der damit verbundenen sofortigen Druckentlastung im Maul. Später wird als Zügelhilfe ein Anheben der Zügel genügen.

Das heißt, ein Zügel sollte ein wenig später als der andere im Wechsel möglichst leicht angezogen werden. Durch dieses „Spielen“ mit den Zügeln wird der Anzug weicher für das Pferd. Es wird sich nicht im Genick steif machen und gegen das Gebiss drücken.

Wie lange muss nun der Zug ausgeübt werden? Ist das Pferd im Begriff stehen zu bleiben, muss der Zug selbstverständlich sofort aufhören. Natürlich kann das Pferd

Anfangs muss das sofortige Nachlassen der Zügel für das Pferd überdeutlich erkennbar sein. Wer den Zügel weiterhin angezogen hält, auch nachdem das Pferd bereits angehalten hat, wird bald mit immer größeren Zugkräften das Halten erzwingen müssen. Man kann auch nichts anderes erwarten, wenn die Belohnung – den Druck vom Maul wegzunehmen – durch eigenes Fehlverhalten ausgeblieben ist.

Macht man es richtig, wird das Pferd bald anfangen, auf leichtestes Verkürzen der Zügel und der weiteren noch zu besprechenden Hilfen sofort anzuhalten. Es reagiert in der Erwartung, dass der beginnende Druck im Maul sofort aufhört. Später wird neben einigen anderen Hilfen ein leichtes Anheben der Zügel genügen, um ein konsequentes Anhalten auszulösen.

So viel vorerst zum Zügeleinsatz. Aber noch ein Nachtrag: Vom „Ziehen am Zügel" soll ab sofort nicht mehr die Rede sein. An diese Stelle tritt jetzt das „Verkürzen". Damit möchte ich erreichen, dass Sie sich nicht mehr an das Ziehen im Sinne von Zugkraft erinnert fühlen, zugunsten eines wohl überlegten und dosierten Einsatzes der Zügel. Hoffentlich hilft's!

Die nächste und eigentliche Hilfe gibt man durch den Einsatz seines Beckens in Verbindung mit den Schenkeln. Wie im Kapitel über den „Sitz" ausführlich beschrieben, ist das Abkippen des Beckens nach hinten die wichtigste Hilfe aus dem Sitz.

So merkwürdig es klingt: Die Hilfen zum Anreiten sind die gleichen wie die für das Anhalten. In beiden Fällen sollen durch treibende Sitz- und Schenkelhilfen die Hinterbeine an- beziehungsweise untertreten. Nur dass zum Anreiten die Zügel leicht nachgegeben, hingegen zum Anhalten mehr oder weniger verkürzt werden. Die Dosierung richtet sich selbstverständlich nach der Lernphase des Pferdes und der Empfindlichkeit seines Mauls.

Mit dem Üben des konsequenten Anhaltens wird grundsätzlich aus dem Schritt begonnen. Zu jeder Einleitung wird das Pferd für einen Augenblick leicht beschleunigt. Nach einem kurzen Aufrichten des Oberkörpers, verbunden mit einem deutlichen Einatmen, wird das Becken weich, aber intensiver als normal nach hinten abgekippt. Dabei wird ausgeatmet, wodurch die Bauchdecke nach innen fällt. Diese Hilfe hat die gewünschte treibende Wirkung.

Der Oberkörper muss gerade bleiben. Er darf nicht nach vorn und vor allem nicht zurückgelehnt werden, wie es häufig zu beobachten ist. Hierdurch würde man die Hinterbeine blockieren und sie am Untertreten hindern. Die Folgen bekämen die Vorderbeine durch die vermehrte Belastung zu spüren.
Gleichzeitig werden die Unterschenkel leicht zurückgenommen und als zusätzliche treibende Hilfe an das Pferd gelegt. Aber aufgepasst, weder die Oberschenkel noch die Knie dürfen hierbei aktiv werden. Dies würde zum Anklammern führen. Auch die Zügel sind jetzt, leicht angehoben, zu verkürzen.

Wirft das Pferd den Kopf hoch oder will nicht anhalten, so war sicherlich der Schenkeleinsatz für den Anfang noch verfrüht. Auch sollten beim Abkippen des Beckens die Bügel leicht belastet werden. Hierdurch wird eine zu starke Belastung des Rückens, der sich ja beim Untertreten der Hinterbeine federnd straffen und nicht durchdrücken soll, vermieden.

Als weitere äußerst wichtige Hilfe zum Anhalten kommt die Stimme hinzu. Mit einem bestimmten einfachen Laut kann in extrem kurzer Zeit jedes Pferd beim Reiten zum Anhalten gebracht werden, und das, wie die Erfahrungen immer wieder bestätigen, in jeder Situation.

Die Teilnehmer von Einführungskursen in meine Reitlehre lernten bei mir mit ihren Pferden innerhalb von fünf Tagen immerhin so viel, dass die Intensität der Körperhilfen für das konsequente Anhalten in Verbindung mit dem akustischen Signal mindestens halbiert werden konnten.

Die akustische Hilfe wird von vielen als ein Phänomen angesehen. Wie bereits erwähnt, ist ihre Wirkung insbesondere auf Frequenzen zurückzuführen, auf die Pferde offensichtlich stark reagieren. Für das sofortige Anhalten steht das: „Pssst", vorerst energisch hart artikuliert.

Haben die Pferde dieses akustische Signal mit den übrigen Hilfen für das Anhalten in Verbindung gebracht, so dauert es nicht lange, bis sie völlig ohne eine Körperhilfe, allein hierauf, in jeder Situation reagieren. Auch das Anhalten und Stehenbleiben ohne Reiter wird hierdurch möglich. So fantastisch das konsequente Anhalten nicht nur ohne jegliche Zügel-, sondern auch ohne sonstige Körperhilfen eigentlich ist, so hat dies dennoch einen Haken. Beim konsequenten Anhalten soll doch das Pferd durch die entsprechenden Sitz- und Schenkelhilfen mit den Hinterbeinen unter seinen Körper treten. Es soll mit tief gebogenen Hanken die schiebenden Kräfte auffangen und tragen, um somit die Vorderbeine vor dem Anprallen seiner Körperlast zu schützen.

Die akustische Hilfe soll das Pferd, unmittelbar vor den übrigen Hilfen, auf das Stoppen vorbereiten. Es ist sozusagen eine Vorwarnung in letzter Sekunde. Das Becken aber wird zeitgleich nach hinten abgekippt.

Mit der angedeuteten Verkürzung der Zügel werden gleichzeitig die Unterschenkel etwas zurückgelegt, bis das Pferd zum Stillstand gekommen ist. Etwas Druck sollen die Unterschenkel aber erst ausüben, wenn die übrigen Hilfen bereits genügen, das Pferd in angemessener Haltung anzuhalten.

Nochmals zurück zu den Zügeln. Durch korrekte Hilfen wurde dem Pferd beim Anhalten ermöglicht, mit den Hinterbeinen weit unter seinen Körper zu treten. Werden zu diesem Zeitpunkt die Zügel immer noch verkürzt gehalten, so kann vor allem das noch nicht genügend gymnastizierte Pferd sich äußerst eingeengt fühlen. Es würde sich daher durch einen Ausfallschritt nach hinten aus dieser unangenehmen Lage befreien wollen.

Nach dem Einleiten des konsequenten Anhaltens müssen daher die Zügel sofort wieder nachgegeben werden. Ist das Nachgeben versäumt worden oder durch eine Eigenart des Pferdes vorerst nicht möglich, so muss es unbedingt und unmittelbar nach dem Anhalten erfolgen. Dem Pferd muss gegebenenfalls erlaubt sein, zum Ausgleichen der Balance seiner eingeengten und stark belasteten Hinterbeine mit den Vorderbeinen einen Schritt zur Entlastung vorzugehen.

Da dieser Ausgleichsschritt nach vorn unmittelbar mit dem Anhalten zusammenhängt, ist er wie gesagt erlaubt. Ein grober Fehler wäre dagegen, wenn sich das Pferd aus dieser als unbequem empfundenen Lage durch Rückwärtstreten mit seinen Hinterbeinen selbst befreien müsste.

Selbstständig kann ein Pferd übrigens auch in anderer Weise werden. Herrscht zwischen Ihnen und dem Pferd eine besonders ausgeprägte Harmonie, so kann es irgendwann passieren, dass es sogar Ihre Gedanken erahnt. So werden zum Beispiel durch Ihre gedanklichen Vorbereitungen zum Anhalten unbewusste Reaktionen in Ihrem Körper ausgelöst. Ihr aufmerksames und personenbezogenes Pferd erspürt diese und hält sofort konsequent an.

Das vorzeitige Erfühlen von Hilfen ist erstaunlich für ein Pferd. Es gibt Anlass, über seine Feinfühligkeit nachzudenken und umzudenken.

Als Letztes noch ein Hinweis, der auch als Mahnung verstanden werden sollte: Das konsequente Anhalten, andere sagen Stoppen, sollte beim normalen Reiten zur Schonung des Pferdes aus dem Schritt oder Jog beziehungsweise Trab erfolgen. Für das Anhalten aus dem Galopp besteht üblicherweise keine Notwendigkeit. Natürlich können Ausnahmesituationen es erforderlich machen, und dann zahlt es sich aus, das konsequente Anhalten in Vollkommenheit zu beherrschen. Aber man sollte das Anhalten aus dem Galopp heraus dem Pferd zuliebe nicht allzu oft üben.

Hat das Pferd durch die noch zu lernenden gymnastizierenden Maßnahmen einen fortgeschrittenen Ausbildungsstand erreicht und beherrscht ein sauberes und dadurch auch ästhetisch wirkendes konsequentes Anhalten, dann werden Sie nicht von Abmühen und dergleichen sprechen, sondern sich nur erinnern können, wie viel Freude es gemacht hat, ein kleines Stück mehr zu Ihrem Pferd gefunden zu haben.

Während am Anfang das Pferd möglichst ständig an denselben Stellen angehalten werden soll, um ihm so die Verbindung der Hilfen mit dem Anhalten zu erleichtern, muss diese Gewohnheit anschließend schleunigst geändert werden.

Auf einen Blick

- Durch das konsequente Anhalten soll der Reiter das Pferd mit kaum sichtbaren Hilfen aus jeder Gangart zum Halten bringen.
- Anhalten muss aus dem Sitz, den Schenkeln, dem Denken, aber nicht aus den Zügeln kommen.
- Bei einem ungenügend gymnastizierten Pferd prallt seine „Schwungmasse" gegen die Vorderbeine und schädigt diese. Das Pferd stoppt mit den Vorderbeinen.
- Die Hilfen zum Anhalten sind die gleichen wie die für das Treiben. Nur die Zügel müssen zum einen leicht verkürzt und zum anderen leicht verlängert werden.
- Vor jedem konsequenten Anhalten ist die Haltung des Pferdes durch leichtes Beschleunigen zu verbessern.
- Der Sliding Stop (hier nicht weiter behandelt) erfordert besondere Kenntnisse und technische Voraussetzungen (Spezialeisen und speziell präparierte Bahn).

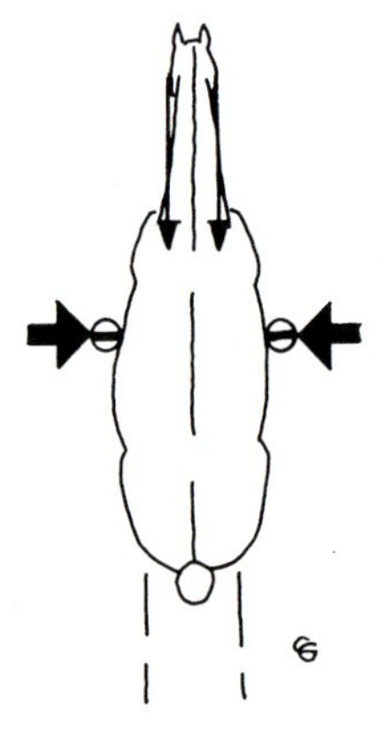

Welche Hilfen?

Konsequentes Anhalten

aus jeder Gangart

1. Mit kräftigem Einatmen wird der Oberkörper aufgerichtet. Beim anschließenden Ausatmen wird das Becken weich, aber intensiv und schnell nach hinten abgekippt.
2. Auch während des Anhaltens wird der Oberkörper bei abgekipptem Becken senkrecht gehalten. Die Oberarme hängen senkrecht herunter. Die Ellenbogen werden leicht an die Hüften gelegt.
3. Die Unterschenkel werden ohne Beteiligung der Oberschenkel und Knie leicht zurückgelegt und – nachdem das Pferd das Anhalten beherrscht – auch mit entsprechendem Druck angelegt. Beide Bügel sind leicht zu belasten.
4. Beide Zügel werden zur Einleitung des Anhaltens leicht verkürzt. Nach dem Anhalten sollen sie sofort zur Entlastung des Mauls und zur Belohnung des Pferdes vorschnellen. In der Lernphase sind die Zügel einzeln und in zeitlich kurzer Folge versetzt zu verkürzen. Später genügt ein leichtes Anheben der Zügel.
5. Der Kopf des Reiters bleibt senkrecht. Der Blick geht über das Pferd hinweg in die Ferne.
6. Unmittelbar bei der Einleitung des Anhaltens erfolgt als akustische Hilfe ein „Pssst", energisch und hart artikuliert.

SCHENKEL- UND ZÜGELHILFEN

Das Rückwärtstreten

Rückwärtstreten durch Vorwärtstreiben

Die Überschrift hört sich zumindest merkwürdig, wenn nicht widersprüchlich an. Aber wer sie ernst nimmt, liegt richtig. Die Hilfen für das Rückwärtstreten sind nämlich bis auf einen minimalen Unterschied in den Zügelhilfen die gleichen wie für das Vorwärtstreiben.

Dies gilt ja auch im ähnlichen Sinne für das konsequente Anhalten. Und ein Pferd mit fortgeschrittenem Ausbildungsstand wird nach dem Anhalten in das Rückwärtstreten übergehen, sofern die treibenden Schenkel am Pferd bleiben und die Zügel nicht sofort nachgegeben werden.

Der Übergang zum Thema „Rückwärtstreten" ist deutlich erkennbar. Sein Platz in diesem Kapitel ist hierauf begründet. Korrektes Rückwärtstreten verlangt vom Pferd mehr als vermutet. Um dies mühelos wirkend durchführen zu können, muss das Pferd schon etliches an Gymnastizierung erfahren haben. Es ist ein guter Gradmesser und sagt viel über den Ausbildungsstand des Pferdes aus.

Es soll rückwärts tretend – mühelos schwingend, nicht schlurfend – die Beine unter seinen Körper setzen. Die Gelenke der Hinterbeine sollen gut gewinkelt die Kruppe absinken lassen. Das Pferd darf nicht, sich dem Zügel widersetzend und mit hohem Kopf und Hals rückwärts flüchten. Vielmehr soll es im Genick elastisch nachgeben und, mit dem Maul weich dem Zügel gehorchend, in gerader Linie Schritt für Schritt rückwärts treten.

Hier wird allerhand gefordert, und es wird hoffentlich auch einige Leser nachdenklich stimmen, denn allzu häufig wird das korrekte Rückwärtstreten sowohl im Schwierigkeitsgrad seiner Ausführung als auch in seiner positiven Auswirkung auf das Pferd unterschätzt.

Hier geht es auch nicht um eine Dressurlektion ohne Hintergrund oder etwa um eine Strafaktion. In meiner Reitlehre stellt das Rückwärtstreten vielmehr ein nützliches Element für ein feines, sensibles und anspruchsvolles Freizeitreiten dar.

Wie fängt man's an?

Das Pferd sollte normalerweise schon bei der dem Einreiten vorausgehenden Bodenarbeit auf das Rückwärtstreten vorbereitet worden sein.

Natürlich ist das vom Boden aus geforderte Rückwärtstreten etwas anderes als das beim Reiten, wobei ja der Pferderücken belastet wird. Trotzdem: Ist die Bodenarbeit versäumt worden, so muss sie für das Rückwärtstreten nachgeholt werden, es sei denn, das Pferd reagiert auf Ihre ersten Versuche vom Sattel aus mit ein bis zwei Schritten rückwärts.

Ein bis zwei Schritte rückwärts genügen für den Anfang.

Wie erreicht man das? Eigentlich ist es ganz einfach. Das Pferd wird mit vorwärtstreibenden Hilfen zum Antreten aufgefordert und dann durch die konsequent gegenhaltenden Zügel hieran gehindert. Zwar sollte man anfangs einen kleinen Schritt nach vorn noch erlauben, dann aber heißt die Richtung nur noch rückwärts.

Das verwirrte Pferd wird anfangs seine Welt nicht mehr verstehen. Es tritt, wenn man Glück hat, allein aus Protest gegen die scheinbar widersinnige Behandlung, ein bis zwei Schritte rückwärts. Hiernach muss es gelobt und mit einem Leckerli belohnt wer-

Das korrekte Rückwärtstreten lernt das Pferd leichter, wenn es in eine Sackgasse geführt wird. Durch leicht angelegten Schenkel und ein bestimmtes Kennwort, das man ständig wiederholt, wird das Pferd aufgefordert, langsam und ohne die Stangen dieser Gasse zu berühren, rückwärts zu gehen.

den. Beim Rückwärtstreten vom Boden aus sollte man das Pferd auf den Hufschlag stellen und die Einzäunung (Bande) als feste Begrenzung zu einer Seite hin nutzen.

Parallel zum Hufschlag werden in angemessenem Abstand ein paar Stangen hingelegt. Das in diesen „Gang" vorerst einige Schritte hineingeführte Pferd wird sich üblicherweise etwas eingeengt fühlen. Dies ausnutzend stellen Sie sich vor das mit Halfter und Strick ausgerüstete Pferd und führen es die wenigen und danach mehr werdenden Schritte rückwärts heraus. Eine lange seitlich gehaltene Gerte hilft mit, das seitliche Ausbrechen des Pferdes nach innen zu verhindern.

Das Pferd in einen Gang zu stellen empfiehlt sich danach auch für perfekt gerades Rückwärtstreten vom Sattel aus.

Jetzt noch etwas ungemein Wichtiges. Es geht um die stimmliche Hilfe für das Rückwärtstreten des Pferdes. Die Westernreiter benutzen hierfür das Wort „back". Ich machte daraus das stimmlich fast identische „weg". Wo auch immer sich die Gelegenheit bot, wendete ich es an. So zum Beispiel führte ich ein junges Pferd dicht an das Weidetor. Um es öffnen zu können, musste das Pferd zwangsläufig wieder einige Schritte zurücktreten. Hierzu forderte ich es bei gleichzeitigem Öffnen des Tores mit der stimmlichen Hilfe „weg" auf. Ein Beispiel von unzähligen das zeigt, dass die Stimmhilfe oftmals jegliche andere Hilfen überflüssig machen kann.

Nochmals zu den Hilfen vom Pferd aus: Das Pferd beginnt das Rückwärtstreten immer mit dem weiter nach vorn stehenden Hinterbein. Dieses Bein muss mit Ihrem gleichseitigen Schenkel aktiviert werden, um anzutreten. Der diagonale, also auf der anderen Pferdeseite liegende Zügel unterstützt durch Verkürzen den treibenden Schenkel. Ist das Pferd einen Schritt zurückgetreten, muss sofort das folgende Hinterbein durch die nun wechselnden Schenkel- und Zügelhilfen gleichfalls zum Zurücktreten angetrieben werden.

Um dem Pferd das Abheben der Hinterbeine beim Rückwärtstreten zu erleichtern, wird allgemein versucht, den Pferderücken durch Vorbeugen des Oberkörpers zu entlasten. Diese Überlegung kann ich nicht teilen. Wie in dem Kapitel über den Sitz des Reiters ausführlich erläutert, sind wirksame Hilfen bei einem vornübergebeugten Oberkörper nicht möglich. Demnach ist eine für das Rückwärtstreten wirksame Hilfe in dieser Haltung gleichfalls nicht durchführbar. Vielmehr sollte es genügen, falls Sie es für erforderlich halten, durch leicht vermehrten Druck auf die Steigbügel den Pferderücken zu entlasten. Das ständige gewollte Vornüberbeugen beim Rückwärtsgang kann bei anderen Aktionen zu recht ungewollten Situationen führen, ja, diese erheblich verschlimmern.

Hier eins von vielen Beispielen: Ein ungeübtes Pferd ist von einem Schüler nicht zu bewegen, dicht genug an ein Tor heranzutreten. Um es zu öffnen, muss er sich vorbeugen – und schon legt das Pferd einen rasanten Rückwärtsgang ein. Der Schüler hält sich natürlich vornübergebeugt am Pferd fest und landet im Rosenbeet, wo

Reiter und Pferd sich trennen. Ein sehr unterhaltsames Thema mit vielen Variationen, aber nicht immer so lustig für den jeweils Betroffenen.

Unkorrekte Hilfen, ungeduldiges, zur Beschleunigung angewandtes Zerren im Maul sind beim Rückwärtstreten der Pferde leider häufig zu beobachten. Damit das Pferd um jeden Preis und möglichst flott rückwärts geht, wird oftmals alles in Kauf genommen, auch wenn es schief und krumm aussieht und auch so zugeht.

Bei dem hier zu lernenden Rückwärtstreten des Pferdes ist behutsam vorzugehen (das heißt, natürlich rückwärts). Dabei müssen die Hilfen jedoch auch der jeweiligen Situation angepasst werden. Drängt zum Beispiel ein Pferd beim Rückwärtstreten nach links, so wird ausschließlich der linke Schenkel zum Treiben benutzt.

Gleichzeitig ist der linke Zügel so zu verkürzen, dass das Pferd vorn nach links gestellt ist. Die Unlust des Pferdes, sich freiwillig zu biegen, unterstützt diese Korrektur. Um der Biegung vorne zu entgehen, weicht es nun in aller Regel hinten nach rechts aus und tritt dadurch wieder gerade zurück.

Durch Fehler in der Ausbildung gewöhnen sich andere Pferde wiederum an, unkontrolliert rückwärts zu eilen, um irgendwann anzuhalten, nur nicht dort, wo es eigentlich vorgesehen war. Soll sich nun solch ein Pferd in einer Geschicklichkeitsübung rückwärts durch ein Labyrinth schlängeln, so wird es einen gehörigen „Stangensalat" produzieren.

Dabei ist es kein Problem, das Pferd nur die begrenzte Anzahl von Schritten rückwärts treten zu lassen, für die es entsprechende Zeichen erhält. Dies muss natürlich durch sinnvolles Training geübt werden, so zum Beispiel wie folgt:

Ist das Pferd in der Übungsphase ein bis zwei Schritte rückwärts getreten, müssen die Zügel blitzartig nach vorn schnellen. Gleichzeitig erfolgt ein zischendes „Pssst" sowie das Anlegen beider Unterschenkel und ein Abkippen des Beckens als vorwärtstreibende Hilfe.

Gehen Sie systematisch genug vor, erkennt das Pferd sehr schnell, was von ihm verlangt wird. Das stellt sich dann so dar, dass es mit seinem rückwärts abfußenden Hinterfuß eher in der Luft verharren wird, als nur einen Zentimeter weiter rückwärts zu gehen.

Im konventionellen Reiten hat das Rückwärtstreten (dort noch militärisch Rückwärtsrichten genannt) einen hohen Stellenwert. Es wird als ein Maßstab für gute Rittigkeit des Pferdes und entsprechendes Können des Reiters angesehen. Dem kann nur zugestimmt werden, obgleich diese Lektion in meiner Freizeitreit-Akademie nicht höher angesiedelt wird als die der hier mit Selbstverständlichkeit verlangten Seitengänge.

Das Rückwärtstreten von mehr als sechs Schritten wird im konventionellen Reiten allgemein abgelehnt. Schritte darüber hinaus sind meistens als eine Bestrafung des Pferdes gedacht. Hier vertrete ich eine andere Auffassung.

Wenn das Rückwärtstreten von acht bis zehn Schritten hin und wieder sporadisch von Pferden verlangt wird, die nervös und unaufmerksam sind oder zum Stürmen neigen, so wird dies nicht als Bestrafung gewertet. Es erweckt beim Pferd vielmehr Aufmerksamkeit, wirkt aber auch beruhigend, was durch eine Bestrafung im engeren Sinne wohl kaum erreichbar sein dürfte.

Es besteht keine zwingende Notwendigkeit, besonders viele Rückwärtsschritte vom Pferd zu fordern. Hat das Pferd aber durch die hier geforderten gymnastizierenden Lektionen einen entsprechenden Ausbildungsstand erreicht und im Laufe der Zeit die Logik der Hilfen für das Rückwärtstreten erkannt, so wird es in einem erstaunlichen Tempo sauber, in gewollter Richtung und leicht schwingend rückwärts treten können.

Um dies zu beweisen, habe ich meinen Shagya-Araber auf Shows hin und wieder dem staunenden Publikum im Rückwärtstrab vorgestellt. Man sollte sich jedoch davor hüten, schnelles Rückwärtstreten für Show-Effekte zu Lasten der Qualität und schließlich des Pferdes in Kauf zu nehmen.

Auf einen Blick

- Zum Rückwärtstreten treibt man vorwärts, hält aber mit den Zügeln gegen.
- Das Rückwärtstreten erfordert vom Pferd Erfahrungen, daher sollte man es erst vom Boden aus üben. Hierzu ist eine seitliche Begrenzung (Bande) angebracht. Ein bis zwei Schritte rückwärts genügen am Anfang.
- Als Hilfsmittel vom Pferd aus benutzt man parallel auf den Boden gelegte Stangen. Das Pferd möchte aus dieser „Gasse" schnell wieder hinaus. Erlaubt ist dies nur rückwärts.
- Rückwärtstreten durch Stangen-Labyrinthe macht Pferde aufmerksam, wendig und nervenstark.
- Gerades Rückwärtstreten ist für den Normalfall erwünscht. Dem vom Pferd versuchten Ausweichen wird durch Gegenhalten mit dem Schenkel und einseitiges Verkürzen des entsprechenden Zügels entgegengewirkt.
- Das Rückwärtstreten hat einen hohen Stellenwert. Es gibt Auskunft über den Ausbildungsstand des Pferdes und das Können des Reiters.
- Das Rückwärtstreten ist in dieser Reitlehre nicht auf eine bestimmte Schrittzahl begrenzt. Sie richtet sich nach dem Ausbildungsstand des Pferdes.
- Rückwärtstreten wird nicht als Bestrafung angewandt.
- Korrektes Rückwärtstreten verlangt viel vom Pferd: Es soll mühelos seine Beine abheben und unter den Körper setzen. Infolge der gut gewinkelten, federnden Gelenke der Hinterbeine senkt sich die Kruppe. Die Genickmuskeln geben weich nach, so dass der Kopf in einer nahezu senkrechten Stellung bleibt.
- Das Rückwärtstreten ist somit ein nützliches Element meiner Reitlehre zum feinen, sensiblen und gymnastizierenden Reiten.

Biegen und Beugen

Biegen und Beugen – was ist das?

Biegen und Beugen könnte fast zum Titel dieses Buches erklärt werden, so sehr wird hier die Wichtigkeit immer wieder herausgestellt und so vieles dreht sich um diese beiden Begriffe. Das Biegen und Beugen ist für das Pferd eine Offenbarung, dessen bin ich mir ganz sicher.

Die Erfüllung vieler Wünsche, Hoffnungen und Erwartungen, die man mit dem Pferd in seinem Umgang und dem Reiten verknüpft, hängen wesentlich von seiner Gymnastizierung und der damit verbundenen Schulung ab. Ebenso ist hiermit die physische Gesundheit und psychische Zufriedenheit eng verknüpft.

Die seitliche Biegung des Pferdes und seine Beugung der Hanken (Hankenbug) sind ein unverzichtbarer Bestandteil dieser Überlegungen. Schließlich soll deutlich gemacht werden, dass die Begriffe Biegen und Beugen in der hier gelehrten Art und Weise – wie auch alles andere, was hier vertreten wird – im Einklang stehen mit einer besonders fairen, also humanen und damit pferdegerechten Ausbildung.

Dass die Überlegung, Biegen und Beugen in einfacher und für jeden nachvollziehbaren Art in den Vordergrund der Ausbildung von anspruchsvollen Freizeitreitern und ihren Pferden zu stellen, richtig war und ist, beweisen die hiermit erzielten ungewöhnlichen Erfolge. Das muss den Lernwilligen, die diesen Weg gehen wollen, für ihre Motivation immer wieder gesagt werden.

Beim seitlichen Biegen des Pferdes, also nach links oder rechts, soll seine Wirbelsäule, soweit es anatomisch möglich ist, gebogen werden, das heißt, bis etwa hinter dem Sitz des Reiters. Ob weiter nach hinten noch irgendeine Biegung möglich sein kann, wird aus veterinärmedizinischer Sicht als fraglich angesehen.

Dies ist nur deshalb von Bedeutung, weil immer wieder von einer gleichmäßigen Biegung vom Genick bis zum Schweifansatz gesprochen und geschrieben wird. Niemand sollte sich aber vergeblich um ein Ideal bemühen, das sehr wahrscheinlich überhaupt nicht existiert und daher auch nicht machbar ist.

Das seitliche Biegen des Pferdes soll aber auch, wie bei einer Spirale, ein Zusammenrücken der Rippen an der inneren und damit hohl gebogenen Seite des Pferdes bewirken. Hingegen wird die äußere Seite, also die voll gebogene, sich analog dehnen. In welchem Umfang dies möglich ist, können jedoch auch Anatomie-Experten nicht befriedigend beantworten.

Der seitlichen Biegung sind enge anatomische Grenzen gesetzt, der senkrechten Biegung nicht. Die ab einem bestimmten Zeitpunkt der Ausbildung unverzichtbare Biegung des Halses, wodurch der Nasenrücken eine fast senkrechte Stellung einnimmt, kann das Pferd leider auch übertreiben. Diese Überbiegung des Halses und die damit verbundenen unangenehmen Folgen machen Reiterinnen und Reitern seit Generationen Kopfschmerzen. Die „richtige" Kopfstellung und Halsbiegung ist für viele ein Problem von besonderer Bedeutung. Dass dies nicht so zu sein braucht, wird an späterer Stelle noch behandelt.

Oftmals wird Biegen und Beugen in einen Topf geworfen. Hier muss aber unterschieden werden. Das seitliche Biegen ist bereits erklärt. Das Beugen wird durch das Verkleinern der Winkelung der Hüft-, Knie- und Sprunggelenke erreicht. Die Hanken sind der Gesamtbegriff für diese Gelenke. Der Vorgang wird als Hankenbeugung oder Hankenbug bezeichnet. Näheres dazu im Abschnitt über die Versammlung (Seite 154).

In der Praxis wodurch?

Das unumgängliche Erfordernis des Biegens und Beugens wird beim alltäglichen Reiten zu einer Abwechslung besonderer Art. Die „Pflicht" wandelt sich zum „Spaß". Sie und Ihr Pferd werden in einer sinnvollen Weise gefordert. Die vermeintliche „Öde" der „Dressurarbeit" wird zur positiven Überraschung. Dies wird von vielen, insbesondere von denen, die anfangs wenig Neigung verspürten, nach meinen Überlegungen zu verfahren, immer wieder bestätigt.

Jetzt werden Sie auch den Begriff der „Dressurarbeit" gegen „Gymnastizierung des Pferdes" auswechseln. Es geht um das Biegen und Beugen in der Praxis. Dies ist nun in vielen Varianten möglich. Zum Beispiel so:

a) Auf dem Zirkel

Die einfachste Art der Biegung fängt auf der schwachen Rundung des Zirkels an. In einer zweiten Phase wird der Zirkel schneckenförmig bis auf Voltengröße verkleinert.

b) Durch die Ecken

Die Ecken bieten sich für das Biegen des

Biegen durch Zirkel und Volten

Pferdes allein schon durch die Bahnbegrenzung an. Kurz vor der Ecke wird das Pferd leicht nach innen gebogen (das heißt, die hohl gebogene Seite zeigt zum Bahninneren) und so durch die Ecke geführt.

c) In der geschlängelten Linie

Eine weitere Biegungsübung einfacher Art ist die leicht geschlängelte Linie durch die Länge der Bahn um die Pylonen herum. Ihre korrekte Ausführung stellt schon einige Anforderungen an Pferd und Reiter.

d) In der Volte

Nun wird mit den Volten in allen möglichen Variationen begonnen. Die deutliche Wirkung der Oberköperdrehung und der entsprechende Einsatz des inneren Zügels bringen wichtige Erkenntnisse, so auch beim Vergrößern von Volten bis zur Zirkelgröße und vielen weiteren Möglichkeiten zum Biegen und Beugen des Pferdes. Natürlich werden noch etliche Schwierigkeiten zu überwinden sein, um die optimale Form der Gymnastizierung, die hierdurch möglich ist, zu erreichen. Aber der Erfolg wird zum Erlebnis werden.

e) Durch Geschicklichkeitsübungen

Bekanntlich lernt es sich am leichtesten bei sinnvollem Spiel. Geschicklichkeitsaufgaben aus der Trail-Disziplin des Westernreitens bieten sich hierzu an. Spielerisch leicht geritten, überwiegt hierbei der psychologische Effekt, der von so vielen Pferden dringend benötigte *Balsam für die Seele.* Die zweifellos ebenfalls vorhandene gymnastizierende Wirkung dieser Übungen wird dadurch noch zusätzlich im Wert gesteigert.

f) Durch die Seitengänge zum Ziel

Die „Hohe Schule“ des Biegens und Beugens ist aber letztlich in den Lektionen der Seitengänge zu sehen. Mit diesen Übungen eröffnen sich Möglichkeiten der physischen und psychischen Veränderung eines Pferdes in kaum vorstellbaren Dimensionen.

Immer wieder erfüllte nach einer gewissen Zeit des Lernens viele meiner Schülerinnen und Schüler Bewunderung und Erstaunen hierüber. Die vielseitigen Anforderungen an Pferd und Reiter sowie die verschiedenartigen Auswirkungen der einzelnen Seitengänge werden im Folgenden ausführlich und in einzelne Lehrabschnitte gegliedert dargelegt.

Biegen durch Geschicklichkeitsübungen

Biegen durch Seitengänge – hier im Gelände: der Travers im Trab

Versammlung – was ist das?

Auch wenn es vielen das höchste Glück bedeutet, sich einfach aufs Pferd zu setzen und am hingegebenen Zügel durch die Gegend zu reiten, sollten Sie die nun folgenden Ausführungen dennoch aufmerksam zur Kenntnis nehmen.

Sich ein Pferd anzuschaffen und wie geschildert durch die Natur zu streifen hört sich schön, vernünftig und pferdegerecht an. Schön ja, aber pferdegerecht? Wohl doch nur dann, wenn das Pferd so gymnastiziert wird, dass es das Reitergewicht ohne

Schaden zu nehmen einigermaßen verkraften kann. Auf Dauer so unbekümmert reiten zu wollen bekommt, auch wenn es kaum zu glauben ist, weder dem Rücken noch den Beinen des Pferdes. Das sind leider gesicherte Erkenntnisse.

Irgendwann ist es soweit. Während das Pferd anfangs noch in natürlicher Haltung ging, tritt kaum merklich eine Veränderung ein. Im Trab und Galopp kommt der Kopf hoch und höher, der Rücken wird durchgedrückt, die Hinterbeine schleppen hinterher. Das Gewicht, das sonst von diesen zum erheblichen Anteil mitgetragen wurde, verlagert sich mehr und mehr auf die Vorderbeine, und der Reiter merkt von alldem nichts.

Eines Tages muss der Tierarzt gerufen werden. Meistens – und das ist schlimm – steht man ratlos da. Man habe doch nichts Besonderes mit dem Pferd gemacht. Eben!

Es muss also etwas geschehen. Dazu ist schon eine Menge gesagt worden, nur über die Versammlung noch nicht. Es wird Zeit.

Warum Versammlung?

Diese Frage habe ich eigentlich im vorigen Kapitel schon beantwortet. Aber etwas mehr sollte man über die Zusammenhänge schon wissen. So zum Beispiel, dass beim Pferd von Natur aus die Vorderbeine mehr Gewicht tragen müssen als die Hinterbeine. Allerdings kann das Pferd mit dieser Mehrbelastung gut leben. Es kompensiert dies auf eigene Art und Weise und ohne Schaden zu nehmen.

Kommt jetzt aber ein zusätzliches Gewicht, nämlich das des Reiters, hinzu, werden die Gewichtsverhältnisse völlig gestört. Noch schlimmer wird es dadurch, dass dieses Gewicht weder ausbalanciert ist, noch sich gleich bleibend verhält. Vielmehr schwankt es hin und her und verursacht hierdurch noch zusätzliche Belastungen. Werden diese fundierten Erkenntnisse ignoriert, so kommt es zu gesundheitlichen Schäden.

Die Überbelastung der Vorderbeine führt irgendwann und unweigerlich zu einer krankhaften Veränderung. Abgesehen davon fehlen dem Pferd jeglicher Schwung und Pep, jegliche Eleganz. Auch wer darauf verzichten kann, möchte aber bestimmt kein Pferd, das ihm zeigt, wo die Grenzen der Belastbarkeit seiner Gesäßpolsterung und seiner Bandscheiben sind. Es muss also etwas geschehen, aber was?

„Versammlung“ heißt das Zauberwort! Bei kritischen Freizeitreitern ist aber das, was sie unter dem Begriff „Versammlung“ leider zu oft kennen lernten, mit Recht in Verruf geraten. Schlechte Beispiele gibt es als Begründung genug. Darum soll erst einmal geklärt werden, was Versammlung nicht ist, um mit diesem Begriff besser umgehen zu können.

Was Versammlung nicht ist

Was Versammlung nicht ist, kann man nur allzu häufig sehen, und mit Recht finden die Freizeitreiter und andere Interessierte, dass solch ein Reiten doch genau das ist, was entschieden abgelehnt werden muss: dieses Herumriegeln an den Zügeln mit verbissener Kraft, frei nach dem Motto: „vorne kräftig gegenhalten und hinten entsprechend treiben, dann kommt sie schon, die Versammlung“. Man muss eben nur genügend Kraft in den Armen und Schenkeln haben.

Ein Pferd aber, dessen vermeintliche „Versammlung“ durch Zwang erreicht werden sollte, ist in Wirklichkeit nicht versammelt, sondern zusammengeschraubt. Die Verspannungen sind in einem solchen Pferd dann so groß, dass für etliche Zeit keine der positiven Auswirkungen einer echten Versammlung zum Tragen kommen kann.

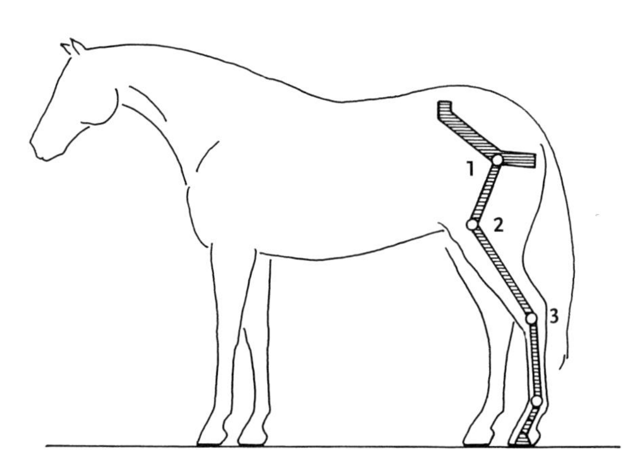

Auf die Winkelung dieser Gelenke kommt es beim Hankenbug an: (1) Hüftgelenk, (2) Kniegelenk, (3) Sprunggelenk.

Hüft-, Knie- und Sprunggelenk sind in dieser Darstellung eines galoppierenden Pferdes gut gewinkelt. Das Pferd ist hinten deutlich tiefer gestellt und entlastet durch diesen „Hankenbug" seine empfindlicheren Vorderbeine.

Was also ist Versammlung?

Ein in Versammlung gehendes Pferd verlagert durch einen Gewichtsausgleich die übermäßige Belastung der Vorderbeine auf die wesentlich kräftigeren Hinterbeine. Man kann deutlich erkennen, wie die Hinterbeine unter den Schwerpunkt des Pferdekörpers treten.

Durch das vermehrte Untertreten der Hinterbeine senkt sich die Kruppe des Pferdes deutlich sichtbar. Das Pferd wird hinten niedriger. Die Hüft-, Knie- und Sprunggelenke, zusammen als „Hanken" bezeichnet, werden vermehrt gebeugt. Man spricht von der so sehr ersehnten „Hankenbeugung" oder dem „Hankenbug".

Nun schieben die Hinterbeine nicht mehr die eigene Körperlast sowie das Reitergewicht den Vorderbeinen zu. Vielmehr tragen die kräftigeren Hinterbeine diese Lasten in einem erheblichen Anteil selbst und entlasten somit die Vorderbeine auf ein erträgliches Maß.

Aber noch etwas wird durch eine korrekte Versammlung erreicht: ein elastisch federnder Rücken des Pferdes, was wiederum eine Aufrichtung des Halses zur Folge hat. Wer dies ohne Versammlung erreichen möchte, handelt sich einen weggedrückten Pferderücken mit all seinen negativen Folgen ein. Es gibt also Zusammenhänge.

Ein in guter Versammlung gehendes Pferd, das nach den Kriterien der hier gelehrten Lektionen der Gymnastizierung hierzu gebracht wurde, wird seinem Reiter viele Jahre ein hohes Maß an Reitkomfort, bei schonender Belastung des Pferderückens sowie der Beine, in großer Harmonie bieten können.

Dass diese Lehrmethode Hand und Fuß hat, beweisen die vielen so aus- und fortgebildeten Freizeitreiter und andere, die diese Erkenntnisse professionell weitergeben.

Beugen durch Versammlung – die Beine treten vermehrt unter, das Pferd ist hinten tiefer, der Hals gut gewölbt, die Kopfstellung korrekt, die Zügel nur leicht angenommen.

Biegen und Beugen – zum Lernen leicht gemacht

Nach dem Motto: „Lernen leicht gemacht“ sind die für die jeweiligen Lektionen erforderlichen Hilfen in der Folge in zwei getrennte Lehrsatzblöcke eingeteilt. Ein dritter Block hilft, Ihr mögliches Fehlverhalten aufzuklären. Hier für Sie die Reihenfolge:

a) Die Körperhaltung
b) Die Bewegungshilfen
c) Die häufigsten Fehler und deren Folgen

Die Trennung der Lehrsatzblöcke hat für Sie als Lernenden den Vorteil, dass Sie zuerst Ihre Körperhaltung, das heißt, wie Sie Ihre Arme, Ihre Beine, Ihren Kopf, Ihre Schultern usw. halten müssen, in Ruhe erlernen können. Die Schwierigkeiten, die durch die Konzentration auf die Bewegungshilfen aufkommen können, werden hierdurch weitaus geringer. Reagiert das Pferd falsch oder gar nicht auf die gegebenen Hilfen, so sollte man nach den Ursachen unter „c) Die häufigsten Fehler und deren Folgen“ suchen. Befolgt man die Lehrsätze korrekt, so müsste jede Lektion nach gewisser Zeit ständig besser gelingen.

Ein Pferd ist aber keine Maschine und reagiert seinem Temperament entsprechend. Während das eine auf leichten Druck des treibenden inneren Schenkels einem fast wegläuft, wird das andere nur in Zeitlupe gehen wollen. Die Intensität der Hilfen muss also auf die jeweilige Sensibilität und Reaktionsfreudigkeit des Pferdes abgestimmt werden. Beachten Sie diesen Hinweis nicht oder nur ungenügend, so können Sie in erhebliche Schwierigkeiten geraten.

Auch sind die oftmals erheblich unterschiedlichen Reaktionen der Pferde auf die verschiedenen Hilfen unbedingt zu beachten. So spricht das eine Pferd zwar normal auf Schenkeldruck und Zügelhilfen an, dafür umso weniger vielleicht auf die Gewichtshilfen. Andere Pferde dagegen können mit Oberkörper und Gesäß, bei kaum merklichem Einsatz der Zügel und Schenkel, hervorragend in den Lektionen geführt werden.

Auch die mit fortschreitender Ausbildung sich mehr und mehr einstellende Sensibilität des Pferdes spielt eine Rolle. Ist das Ausbildungsziel von Ihnen und Ihrem Pferd im erlernten Seitengang erreicht, so wird nur noch ein Hauch von allen Hilfen genügen, um das Pferd in dieser Lektion in Harmonie zu reiten.

Ecken, Zirkel, Volten und dergleichen

Ohne Wendungen kein Biegen, ohne Biegen keine Wendungen! Dieses Motto sei zum Thema vorweggeschickt.

„Die weiten Wendungen“ wäre der fachlich korrekte Oberbegriff für die in diesem Kapitel zusammengefassten Lektionen. Es sind also Wendungen in mehr oder weniger großen Rundungen. Spricht man von den Wendungen, so muss zugleich auch das Biegen und Beugen mit erwähnt werden. Ohne diese beiden Faktoren sind weder weite noch enge Wendungen mit gymnastizierender Wirkung möglich. Das Gleiche gilt auch umgekehrt.

Die Wendungen geben Auskunft über den Grad der Gymnastizierung eines Pferdes. Ein ungenügend gymnastiziertes Pferd kann erhebliche Schwierigkeiten mit seinem Gleichgewicht haben. So wird es auf dem Zirkel oder in der Volte immer wieder versuchen, entweder nach außen (meistens) oder nach innen zu drängen.

Ein Pferd, das sich nicht oder nur ungenügend biegen kann, wird ferner sein äußeres Hinterbein vermehrt nach außen (beim Linksherum also nach rechts) herausstellen. Dies hat zur Folge, dass die äußere (also rechte) Rückenhälfte sich erheblich senkt und den Reiter nach außen (rechts) kippen lässt. Hierdurch kommt der Reiter besonders im Galopp auf dem Zirkel oder in der Volte in eine unangenehme Lage. Er wird dann wohl versuchen, durch verstärkten Druck auf den äußeren (rechten) Bügel und nach innen (links) Lehnen des Oberkörpers die Balance wiederzufinden, was wiederum ein Abknicken in der Hüfte zur Folge hat.

Diese Bemühungen werden kaum verhindern, dass das Gesäß samt Sattel nach außen (rechts) rutscht. Der Notstand ist perfekt. Wer nicht spätestens jetzt die Notbremse zieht, nimmt einen „Abgang“ in Kauf. Viele haben eine solche Situation erleben müssen, aber die wenigsten wissen die tatsächliche Ursache.

Um eine Volte auch im Galopp entspannt und locker reiten zu können, darf das Pferd keine Schwierigkeiten mehr mit dem Gleichgewicht haben.

Die Regel für den Wechsel der Richtung

Vor dem Wechsel der Richtung von einer Wendung in eine andere ist das Pferd unbedingt gerade zu stellen!

Dies ist eine unumstößliche Regel. Wird auf das Geradestellen des Pferdes nach einer Wendung nicht geachtet, bevor man in eine entgegengesetzte Richtung wendet, kann das Pferd mit einer völlig falschen Biegung in die neue Wendung gehen. Es wird sich mit vorgeschobener anstatt zurückgenommener Schulter unkontrolliert in die neue Richtung „werfen".

Der Reiter wirkt bei dieser äußerst eigenmächtigen Aktion des Pferdes recht hilflos. Besonders extrem ist das vom Reiter verursachte Fehlverhalten bei noch ungenügend gymnastizierten Pferden zu beobachten. Das Geradestellen des Pferdes zwischen den Richtungsänderungen bei Wendungen gilt natürlich für jede Art von Wendungen.

So ist darauf sowohl beim Wechsel von einem Zirkel in den anderen als auch bei den Volten oder den geschlängelten Linien zu achten. Auch gilt dies für die später noch zu behandelnden Zickzack-Traversalen und dergleichen mehr.

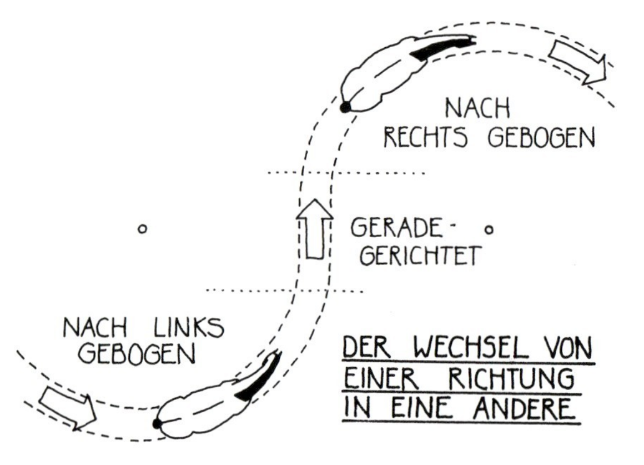

Das Ecken-Ausreiten

Die einleitend erklärten Zusammenhänge sind für jeden, der sich für die Gymnastizierung seines Pferdes entschieden hat, klar und einleuchtend geworden. So erscheint ihm auch das Ecken-Ausreiten wohl kaum als die abartige Manie eines Reitbahn-Fetischisten. Es ist vielmehr eine sehr nützliche Gelegenheit, dem Pferd in den ersten ernsthaften Anfängen des Biegens und Beugens das Zusammenspiel von Zügel- und Schenkelhilfen zu erklären.

Pferde wissen, wo es langgeht, und wollen die Ecken abkürzen.

Das in gebogener Innenstellung ausgeführte Durchreiten einer Ecke, das dem Reiten einer Viertelvolte entspricht, ist eine gute Vorübung für weiter fortführende Biegungen des Pferdes. Diese Vorarbeit erleichtert sowohl dem Pferd als auch Ihnen das Erlernen des Schulterhereins.

Später wiederum wird man sehr deutlich merken, dass durch die gymnastizierende

Wirkung des Schulterhereins das Pferd in ganz anderer Art durch die Ecken geht. Es ist dann Folgendes festzustellen:

Das Pferd geht durch die Ecken

- **mit kaum noch merklichen Hilfen,**
- **nicht abkürzend, sondern die Ecke gut ausfüllend,**
- **in gut gebogener Körperhaltung,**
- **mit gut untertretenden Hinterbeinen,**
- **ohne dass die Hinterbeine nach außen, also zur Abgrenzung der Bahn hin, ausweichen,**
- **mit korrekter oder zumindest wesentlich besserer Kopfhaltung als vorher.**

So hängt das eine vom anderen ab. Vorerst aber wird ein nicht gymnastiziertes Pferd mit gesunder Psyche beim Reiten in der Reitbahn nie eine Ecke ohne besondere Hilfen gut gebogen und ohne erhebliche Abkürzung, gehen.

Ecken auszureiten heißt nicht, das Pferd mit kräftigem Einsatz aller zur Verfügung stehenden Mittel in die Ecke zu quetschen. Das Ecken-Ausreiten muss zwar mit aller erforderlicher Konsequenz, aber mit gut durchdachten Hilfen und Behutsamkeit ausgeführt werden. Wie bei allen anderen Übungen führt also auch hier die überlegte Konsequenz zur Gewohnheit für das Pferd. Wie das zu machen geht, wird zusammen mit den anderen Wendungen noch eingehend erklärt.

Zum vorläufigen Abschluss des so wichtigen Themas „Ecken“ noch eine grundsätzliche Erklärung:

Alles, was in diesem Buch behandelt wird, soll bis ins kleinste Detail klar und eindeutig sein. Das gilt auch für den Ablauf der einzelnen Abhandlungen, die einer deutlich erkennbaren Systematik folgen. Aus Gründen der Zweckmäßigkeit können Abweichungen von der Regel erforderlich werden, die das Prinzip aber nicht in Frage stellen. So sollen zum Beispiel die Lehrsätze zur Körperhaltung des Reiters sowie zu den Bewegungshilfen für das Durchreiten der Ecken erst später, das heißt mit denen für den Zirkel sowie den Volten und den geschlängelten Linien gemeinsam, abgehandelt werden.

Um korrekt durch die Ecken zu gehen, sind daher anfangs besondere Hilfen nötig …

… so führen der innere (rechte), mit der Hand tief und verkürzt an den Widerrist angelegte Zügel sowie der in der Gurtlage angelegte innere Schenkel das Pferd gebogen durch die Ecke.

Später geht das Pferd mit kaum noch merklichen Hilfen gut gebogen durch die Ecke.

Zirkel reiten

Auf einem sanften, großen, kreisrunden Bogen, das Pferd in einer sanften Biegung diesem angepasst, bis zu seinem Ausgangspunkt geritten, das ist Auf-dem-Zirkel-Reiten. Der große Zirkel ist ein Kreisbogen mit einem Durchmesser von zwanzig Metern bei einer normalen Reitbahngröße von 20 x 40 m. Der Zirkel kann auf jeder Reitbahnhälfte geritten werden. Beide Zirkel berühren sich in der Bahnmitte am Punkt X.

Jeder dieser Zirkel wird von drei Bahnseiten und dem Punkt X begrenzt. Es kann aber erforderlich oder zweckmäßig werden, auf einem Mittelzirkel zu reiten. Dieser hat den Punkt X, also die Bahnmitte, als Mittelpunkt und berührt somit lediglich die zwei sich gegenüber liegenden langen Bahnseiten.

Zirkel reiten warum?

Auf dem Zirkel lässt sich vieles machen, in jeder Gangart. Man kann, wie vorstehend beschrieben, einfach in einer Gangart oder aber mit ständig wechselnden Gangarten oder mit Volten kombiniert auf dem Zirkel reiten. Man kann den Zirkel verkleinern oder daraus wieder vergrößern, im Trab oder Jog und später im Galopp. Besonders für die Galopparbeit ist der Zirkel unentbehrlich. Ob jung oder alt, viele Pferde werden „heiß", wenn der Galopp auf dem Programm steht. Manchmal kommen dabei Ängste und Befürchtungen auf – ein Fall für den Zirkel.

Der „Dampf“, den viele Pferde beim Galopp in der Ausbildungsphase entwickeln, wird meistens mit dem Unvermögen des Reiters zusammenhängen, sein Pferd in der richtigen Art zu reiten und damit zu beruhigen. Das fängt mit dem Klammersitz an und hört damit auf, dass der Oberkörper wie ein Pumpenschwengel vor- und zurückschwingt.

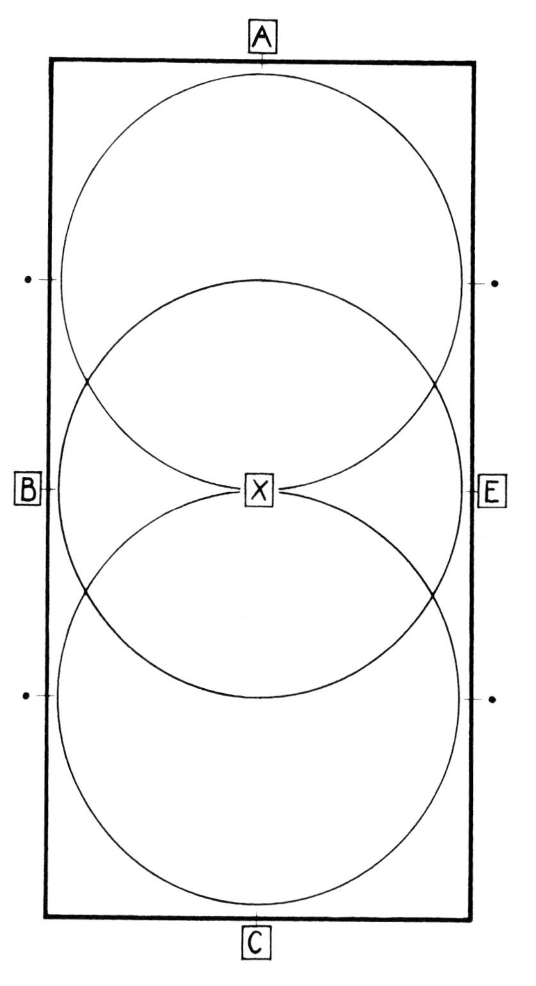

Auf einem Reitplatz, der üblicherweise doppelt so lang wie breit ist, gibt es drei Möglichkeiten, einen Zirkel zu reiten: die beiden zu einer 8 verbundenen Außenzirkel und den Mittelzirkel um den Bahnpunkt X herum.

Beliebt ist auch, das Pferd durch gewaltiges Am-Zügel-Ziehen zurückhalten zu wollen. Sehr oft im Übrigen von denen praktiziert, die sonst, aus welchen Überlegungen auch immer, eine „Zügelallergie“ haben.

Solange das Verhalten des Reiters dazu beiträgt, das ohnehin flotte Pferd im Galopp zu schnell werden zu lassen, sollte man sich beim Geradeausreiten nur auf kurze Abschnitte im Galopp beschränken. Besser allerdings wäre, die eigene Ungeduld zu zügeln und mit dem Galopp noch zu warten.

Auf dem Zirkel lernt das zu flotte Pferd, sich eher zu bescheiden. Hier kann es durch die andauernde und dadurch Tempo behindernde Rundung seiner Galopptour sich nicht so recht in seinem Sinne entfalten. Werden jetzt auch noch in kurzer Folge die Gangarten gewechselt, dann entspannt sich die Lage nach einigen Runden. Hiernach sollte das Pferd aber unbedingt gelobt und nur noch im Schritt am hingegebenen Zügel bewegt werden. An Galopp hat es genug an diesem Tag getan.

Was für zu schnelle Pferde dämpfend wirkt, kann bei zur Trägheit neigenden das Gegenteil bewirken. Ein ständiger Tempowechsel auf dem Zirkel bewirkt Wunder. Vor allem ein in extrem kurzen Abständen verlangter Wechsel der Gangarten bringt Frische in den Galopp und macht Bummelpferde flott. Galopp, Trab, Schritt in beliebiger Folge und mit mehreren Wiederholungen, das alles muss frisch und putzmunter, von Ihnen aus energisch und konsequent, in recht kurzen Abständen auf Ihr Pferd einwirken. Auch die Pausen sollten kurz und von Ihnen bestimmt sein.

Das zur Trägheit neigende Pferd merkt bald, dass die selbst verordnete Ruhe dahin ist. Diese ständigen mal schneller, mal langsamer im raschen Wechsel und energisch geforderten Gänge findet es bald noch anstrengender als alles andere vorher. Bald geht's rund zu auf dem Zirkel. Es will nur noch vorwärts, und das wollte man ja gerade erreichen.

Dann sind da noch die verschiedenen Seitengänge wie Schulterherein oder Travers. Diese auf dem Zirkel geritten wirken sich besonders gymnastizierend aus, aber in der Regel erst dann, wenn sie auf dem Hufschlag in gerader Richtung korrekt geritten werden können.

Auch im Western-Turniersport sind Galopp-Zirkel gefragt. Sie dominieren vor allem in der „Reining", der Western-Dressur. Mit dem Zirkel lässt sich also vieles anfangen. Aber wie soll's aussehen?

Ungebogen und in Schräglage – so sehen die ersten Versuche aus, mit einem jungen Pferd einen Galoppzirkel zu reiten. Die dabei entstehenden Sitzprobleme kann die Reiterin Ines Rolke jedoch souverän ausgleichen.

Wie soll's aussehen?

Das Pferd soll theoretisch auf dem Zirkel so gebogen sein, dass es sich hierbei mit seinen Vorder- und Hinterbeinen der Krümmung der Zirkellinie anpasst. Weder das vordere noch das hintere Beinpaar sollten auf einer Parallelspur gehen.

Das hört sich einfach an, ist es aber nicht. Wer das Kapitel über „Biegen und Beugen" nicht nur gelesen, sondern schon einiges in die Praxis umgesetzt hat, weiß sich in seinen Bemühungen zu bescheiden.

Mit Pferden, die noch recht steif sind, also solchen, die lediglich „geradeaus" geritten wurden, ist eine Biegung auf dem Zirkel natürlich überhaupt noch nicht möglich. Entweder die Vorder- oder die Hinterbeine werden sich nach innen respektive außen, also neben dem Zirkelbogen, bewegen.

Das noch mangelhaft gymnastizierte Pferd wird aber auch, und das vor allem im Galopp, nicht mit seinem äußeren (bei linksherum rechten) Hinterbein untertreten, sondern vielmehr dieses zum Abstützen seines Körpers weit nach außen stellen. Dies hat zur Folge, dass die äußere (rechte) Rückenseite des Pferdes erheblich spürbar absinkt.

Hierdurch kann ein recht unangenehmes Sitzproblem entstehen. Im Bemühen, einen Ausgleich für die ungewollt schiefe Sitzunterlage zu finden, wird der ungeübte Reiter seinen Oberkörper in der Hüfte nach innen (bei linksherum nach links) abknicken. Dadurch schiebt er sein Gesäß nach außen. Jetzt wird die Situation kritisch. Das Pferd reagiert auf das verstärkte Ungleichgewicht durch weiteres Ausstellen seines äußeren Hinterbeines. Wie mir häufig berichtet wird, kann eine Trennung vom Partner nun unmittelbar bevorstehen, wenn das Unternehmen nicht rechtzeitig abgebrochen wird.

Mit der anfänglichen Steifheit solcher Pferde muss man einige Zeit leben. Um so mehr aber hat man sich vorerst darum zu kümmern, dass der Zirkel, der ja rund sein sollte, es auch wirklich ist. Häufig wird hier anstatt eines Kreises lediglich ein Quadrat mit gut abgerundeten Ecken geritten.

Das liegt daran, dass manches Pferd sich nicht vom Hufschlag trennen will, obwohl dieser, beim korrekt gerittenen Zirkel, ja nur an drei Stellen für jeweils ein bis zwei Schritte berührt werden sollte. Solche Pferde reitet man besser auf dem bereits beschriebenen Mittelzirkel.

Im Idealfall sollen also beide Beinpaare durch eine entsprechende Biegung des Pferdes auf der Zirkellinie gehalten werden. Da das anfangs erhebliche Schwierigkeiten bereitet, kann das Pferd vorerst nur ungebogen auf dem Zirkel bewegt werden. Nach einiger Zeit empfiehlt sich als Zwischenlösung ein *leichtes* Hereinstellen von Kopf, Hals und Schulter. Man könnte es als „Schultervor" bezeichnen, eine Vorstufe zum Schulterherein auf dem Zirkel. Dieses wird dem Pferd keine besonderen Schwierigkeiten bereiten. Allerdings wird es ihm noch oft genug gelingen, auf dem Zirkel (linksherum) die Hinterbeine nach außen (rechts) zu stellen, um sich selbst dieser leichten Biegung zu entziehen.

Wenn das Pferd die Seitengänge einigermaßen beherrscht, kann mit dem eigentlichen Schulterherein im Schritt und Trab auch auf dem Zirkel begonnen werden. Dies wird dem Pferd durch die gymnastizierende Vorarbeit auch nicht mehr besonders schwer fallen, zumal es sich dabei immer mit seiner hohl gebogenen Seite entgegen der Bewegungsrichtung befindet, was ihm ja wesentlich leichter fällt.

Eine lange gymnastizierende Ausbildung setzt dagegen dieses Bild voraus. Hier reitet Susanna Carminati ihren Neptun in einem verkleinerten Zirkel einhändig im Galopp.

Später kann auch der Travers auf dem Zirkel geritten werden. Beim Zirkel (linksherum) ist das Pferd mit den Hinterbeinen nach innen (links) gestellt. Jetzt ist aber, im Gegensatz zum Schulterherein, die hohl gebogene Seite des Pferdes in die Bewegungsrichtung gestellt. Das äußere (rechte) Beinpaar muss nun über das innere (linke) Beinpaar, also zur hohl gebogenen Seite hin, kreuzen.

Es lässt sich denken, dass diese Übung schon einiges an vorangegangener Gymnastizierung des Pferdes verlangt. Aber auch dies stellt an Sie keine zu hohen Anforderungen, wenn Sie systematisch nach den Anleitungen dieses Buches vorgehen.

Da meistens die linke Seite bevorzugt wird, wurde für den Anfang der Zirkelarbeit alles zum Linksherumreiten erklärt. Selbstverständlich muss jede der hier angesprochenen Übungen nicht nur gleich viel, sondern falls erforderlich, um so viel mehr andersherum geritten werden, wie für den etwa fehlenden Gleichstand der Beweglichkeit des Pferdes erforderlich ist.

Zirkel verkleinern und vergrößern

Linksherum

Eine weitere gute Möglichkeit, das Pferd zu gymnastizieren, ist das Verkleinern und wieder Vergrößern des Zirkels. Mit dem leicht nach innen gebogenen Pferd werden anfangs im Schritt, dann im Trab oder Jog ein bis zwei Zirkel in normaler Größe geritten. Danach verkleinert man den Zirkel schneckenförmig bis auf Voltengröße, um dann wieder mit der Vergrößerung zu beginnen.

Wie bereits erwähnt, wird sich das Pferd anfangs kaum in die Bewegungsrichtung (links) biegen, und je kleiner der Bogen, desto schwieriger also die Biegung fürs Pferd. Deshalb sollte beim Verkleinern des Zirkels der Durchmesser des Kreisbogens vorerst nicht weniger als zwölf Schritt betragen.

Ist der Ausbildungsstand weiter fortgeschritten, kann der Zirkel auch im Galopp geritten und der Durchmesser bis auf etwa sechs Schritt, die kleinste Voltengröße, verkleinert werden. Noch kleiner wäre es dann – so ganz nebenbei, für den, der Spaß daran hat – die Vorbereitung zu einer Galopp-Pirouette.

Aber bleiben wir auf dem Teppich, das heißt, zunächst noch bei einem kleinen Voltendurchmesser. Hieraus ist auch wieder, und das ist zu diesem Zeitpunkt das Wichtigste, ein fließender Übergang zum Vergrößern des Zirkels möglich.

Das Pferd wird beim Zirkel Vergrößern linksherum ohne besondere Schwierigkeiten nach innen (links) gebogen werden können. Es geht nun vorwärts-seitwärts nach rechts. Das ist sehr einfach, da es dem Pferd ja nicht besonders schwer fällt, in Richtung seiner voll gebogenen Seite seitwärts zu gehen.

Trotz ihrer Einfachheit ist diese Übung, die zunächst natürlich im Schritt ausgeführt wird, in verschiedener Hinsicht von großem Nutzen. Das Pferd wird leicht, wenn auch entgegengesetzt zur Bewegungsrichtung, gebogen. Es lernt, auf die Schenkelhilfen zu reagieren, ohne dabei schwierigen Beanspruchungen ausgesetzt zu sein.

Man selbst lernt, wie das Pferd auf die Hilfen eingeht, und kann ihm auch bei eventuellen eigenen Fehlern kaum Schaden zufügen. Schließlich wird das Pferd, wenn auch in bescheidenen Anfängen, bereits auf den wichtigsten Seitengang, den es überhaupt gibt, das Schulterherein, vorbereitet.

Volten reiten

Volten sind Kreise, die mit einem Durchmesser von zehn, acht oder sechs Schritt geritten werden.

Die Größe der Volte richtet sich nach dem Ausbildungsstand des Pferdes. Je kleiner die Volte, desto schwieriger, aber intensiver die mögliche Biegung des Pferdes. Normale Volten sollen wie Zirkel auf einer Spur geritten werden. Das heißt, das Pferd sollte im Idealfall so gut gebogen gehen, dass die Hinterbeine genau der Spur der Vorderbeine folgen, und nicht rechts oder links daneben. Kleine Abweichungen hiervon sind hinzunehmen. Ohne Volten weniger Biegung, also auch weniger Gymnastizierung. Wohl kaum eine Figur ist vielseitiger einsetzbar als die Volte. Eine Übungsstunde ohne Volten ist wie eine Suppe ohne Salz.

Warum?

- Volten biegen das Pferd. Volten reiten heißt, das Pferd auf einer relativ engen Kreisbahn reiten. Das erfordert vom Reiter ein erhebliches Maß an Verständnis für das Zusammenspiel von Hilfen verschiedener Art.
- Volten zeigen dem Reiter, ob seine Hilfen beim Pferd ankommen, ob es versteht, was ihm durch Körperhaltung und Bewegungshilfen gesagt werden soll.
- Wer die Volte nutzt, lernt sie schätzen. Wird das Pferd zu schnell, im Jog, im Trab oder im Galopp, so reitet man eine Volte. Sie ist die „sanfte Bremse".
- Volten können dem Pferd aber auch als „Schwungmacher" dienen. Beim Lernen eines schwierigen Seitenganges, auf einer langen Bahnseite, kann sie, wenn die Übung immer zäher wird, die rettende Unterbrechung zu neuem Schwung sein.
- Volten gehören auch in Kombinationsübungen zum Biegen und Beugen des Pferdes.
- Volten können elegante Übergänge von einem Seitengang in den anderen, bei gleich bleibender Biegung, ermöglichen.

Diese Aufzählung dürfte genügen, um von der Volte überzeugt zu werden.

Wie soll's aussehen?

Volten können in den Ecken der Reitbahn, mit einer optischen Begrenzung durch zwei Seiten, geritten werden. Aber auch viele andere Möglichkeiten bieten sich auf der Reitbahn an (siehe auch Beispiele S. 168).

Wo es im Gelände erlaubt ist, um Bäume herum zu reiten oder um Strohballen auf einem Stoppelfeld, sollte auch diese Gelegenheit für Volten genutzt werden.

Man kann Volten vom Hufschlag aus beginnen und beenden. Hierzu sollten bestimmte Bahnpunkte gewählt werden. Dadurch haben Sie und Ihr Pferd einen Fixpunkt für Beginn und Ende einer Volte. Häufig aber sind Ähnlichkeiten mit einem Kreis hierbei beim besten Willen nicht erkennbar.

Zum Leidwesen des Lernenden trennen sich die meisten Pferde zunächst nur sehr ungern vom Hufschlag. Wenn sie schließlich doch am weitesten Punkt der Volte angelangt sind, zieht es sie fast schlagartig zum Hufschlag zurück. So entstehen die bekannten, aber als Volten ungeliebten „Eierpflaumen".

Diesem Mangel kann durch Volten um Pylonen, die auf der Reitbahn in verschiedenen Anordnungen und mit entsprechenden Abständen aufgestellt sind, abgeholfen

Wer die Volte nutzt, lernt sie zu schätzen. Eine kreisrund gerittene Volte sagt viel aus über das Können von Pferd und Reiter und ihr Zusammenspiel.

werden. Der Pylon als Mittelpunkt der Volte bietet eine gute Orientierungshilfe zur Einhaltung des Halbmessers. Mit Hilfe der Pylonen lassen sich vielseitige Voltenübungen durchführen.

Die einfachste Übung ist, um die auf der Mittellinie in entsprechenden Abständen hintereinander aufgestellten Pylonen herum Volte hinter Volte zu reiten: Von links kommend biegen Sie etwa drei Schritte hinter der Mitte einer kurzen Bahnseite ab. Dann reiten Sie je nach Ausbildungsstand des Pferdes im Abstand von drei bis vier Schritten von den Pylonen entfernt und parallel zur langen Seite geradeaus bis auf die Höhe des letzten Pylonen. Um diesen legen Sie die erste Volte an und kehren dann Volte für Volte (siehe Abbildung) zur kurzen Seite zurück.

Anschließend gibt es eine Erholungsrunde am hingegebenen Zügel. Ihr Pferd hat eine Belohnung verdient. Nachdem die Zügel wieder aufgenommen sind, wechseln Sie diagonal durch die ganze Bahn und führen die gleiche Übung auf die gleiche Weise rechtsherum aus.

Geschlängelte Linien oder Slalom

Eine geschlängelte Linie wird am einfachsten in Form eines Slaloms zwischen den auf der Mittellinie der Reitbahn aufgestellten Pylonen geritten.

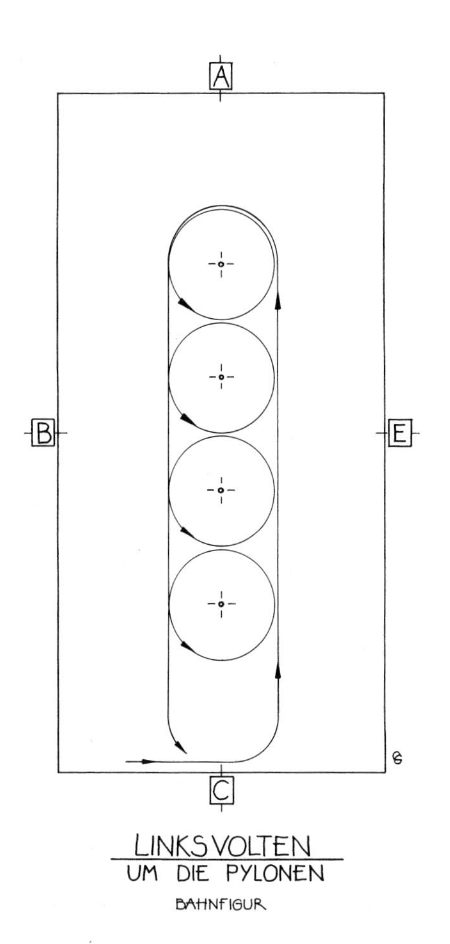

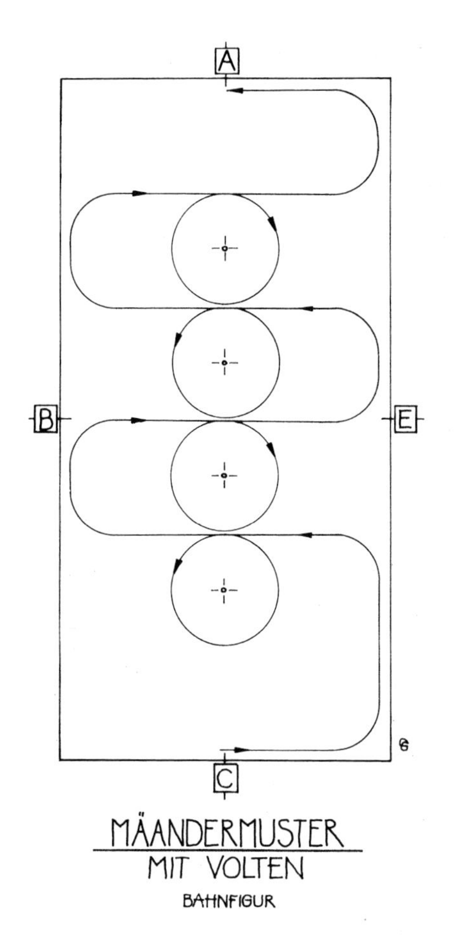

Dieser Slalom ist eine sehr gute Einstiegsübung. Hierbei lernen Sie ohne besondere Schwierigkeiten, die Hilfen für Wendungen und Biegungen wirksam auf das Pferd zu übertragen. Voraussetzung ist aber, dass die eingangs dieses Kapitels für den Richtungswechsel bei Wendungen aufgestellten und eingehend begründeten Regeln unbedingt eingehalten werden.

So muss selbstverständlich auch beim Slalom das Pferd beim Wechsel von einer Wendung in die andere, das heißt, vor jeder neuen Wendung in eine andere Richtung, gerade gestellt werden. Das Pferd muss also zwischendurch einige Schritte geradeaus gehen.

Bei der geschlängelten Linie kann man sehr gut die unglaublich große Einwirkung der eigenen Schultern zur Richtungsänderung des Pferdes kennen lernen. Dreht man die Schultern betont in die vorgesehene Richtung, so wird das Pferd in kurzer Zeit lernen, unverzüglich in diese Richtung zu gehen. Es ist aber darauf zu achten, dass der Oberkörper gerade bleibt, das heißt, nicht in der inneren, also beim Linksherum in der linken, Hüfte abknickt. Die innere Schulter muss also ständig auf gleicher Höhe mit der äußeren sein.

Das anfangs gleichfalls betont erforderliche Anlegen des jeweils äußeren Schenkels und Zügels für den Richtungswechsel wird bald zum Hauch reduziert werden können. Es genügt dann, zusätzlich mit dem inneren

A
B
E
C
1
2
3
4

VOLTEN - KLEEBLATT
DREIVIERTEL-VOLTEN
LINKSHERUM
BAHNFIGUR

Es ist kaum zu glauben, wie viele Dinge beim Reiten einer geschlängelten Linie zu beachten sind. Hierbei lernt man aber auch die besondere Einwirkungsmöglichkeit der eigenen Schultern zur Richtungsänderung des Pferdes kennen.

Zügel (beim Linksherum dem linken) dem Pferd ein kurzes Zeichen zu geben, seinen Kopf leicht in die Bewegungsrichtung zu stellen.

Beherrscht das Pferd das Slalom-Muster bereits längere Zeit und reagiert auf das Drehen der Schultern unmittelbar, wird bald das einhändige Reiten um die Pylonen möglich sein. Wenn hierbei noch der jeweils innere Zügel durch geschicktes Handling etwas verkürzt wird, so lässt sich der Kopf des Pferdes leicht in die Bewegungsrichtung stellen.

Die Körperhaltung

Zirkel und Volten – linksherum Lehrsätze für den Standardfall

1. Der äußere (rechte) Schenkel soll etwa eine Handbreit hinter dem Gurt anliegen.
2. Die äußere (rechte) Zügelhand soll tief gehalten am Widerrist liegen.
3. Der innere (linke) Zügel soll etwa eine Handbreit über dem Widerrist gehalten werden.
4. Der innere (linke) Schenkel soll gerade herunterhängend am Pferd liegen.
5. Die Schultern sollen anfangs deutlich mehr als die Schultern des Pferdes nach innen (links) gerichtet sein und dabei ständig waagerecht gehalten werden.
6. Die innere (linke) Hüfte soll leicht nach vorn geschoben sein.
7. Der Kopf soll aufrecht gehalten werden. Er wird anfangs etwas weiter nach innen (links) gedreht gehalten, als die Innenstellung des Pferdekopfes beträgt.

Wie wird's gemacht?

Linksherum

Ecken, Zirkel, Volten und dergleichen haben etwas Gemeinsames: Es geht zwar einmal mehr, einmal weniger gebogen zu, aber immer rund. Daher sind sowohl die Körperhaltung des Reiters sowie die Bewegungshilfen als auch die möglichen Fehler des Reiters vielfach gleich oder sehr ähnlich. Somit können die Abschnitte zu diesem Thema auch weitgehend zusammengefasst abgehandelt werden.

Die Lehrsätze zur Körperhaltung des Reiters und seinen Bewegungshilfen müssen für diese Lektionen in zwei Gruppen eingeteilt werden. Dies hängt mit dem verschiedenartigen Verhalten der Pferde bei Änderung der Bewegungsrichtung zusammen, das heißt, bei der Einleitung einer mehr oder weniger großen Bogenlinie, zum Beispiel eines Zirkels, und bei der weiteren Bewegung auf dieser.

So ist zu unterscheiden:

a) Das Pferd verhält sich nach allgemeiner Erkenntnis „normal". Das bedeutet, es drängt auf der Bogenlinie nicht nach innen (links), sondern eher nach außen (rechts), um sich nicht biegen zu müssen. Hier treffen die Standardhilfen zu.
b) Das Pferd drängt nach innen (links). Es will damit die vorgesehene Bogenlinie abkürzen und somit den Zirkel oder die Volte von sich aus verkleinern. Beim Ausreiten der Ecken würde dieses Pferd entsprechend versuchen abzukürzen. Hier sind die besonderen Hilfen für die Anfangsphase des Ausreitens von Ecken anzuwenden.
c) Schließlich gibt es auch noch Pferde, die einmal nach innen und einmal nach außen drängen. In diesem Fall muss der Reiter schnell umdenken und entsprechend handeln können. Das Pferd wird bald zur Einsicht kommen, dass es sich eher lohnt, auf seinen Partner einzugehen, als den auf Dauer weitaus anstrengenderen Eiertanz fortzuführen. Natürlich muss das Pferd durch entsprechende Gymnastizierung in der Lage sein, den Anforderungen nachzukommen.

Die Bewegungshilfen

Zirkel und Volten – linksherum
Lehrsätze für den Standardfall

1. Der äußere (rechte) Schenkel treibt durch entsprechenden Druck das Pferd vorwärts und begrenzt die Bewegungsrichtung sowie das Ausweichen der Hinterbeine nach außen (rechts).
2. Die äußere (rechte) Zügelhand unterstützt falls erforderlich durch entsprechenden seitlichen Druck am Widerrist den äußeren Schenkel bei der Begrenzung der Bewegungsrichtung.
3. Der innere (linke) Zügel unterstützt durch entsprechendes Verkürzen die Biegung des Pferdes nach innen (links).
4. Der innere (linke) Schenkel hält das Pferd bei Bedarf durch entsprechenden Druck am Gurt auf der Bogenlinie.
5. Der Oberkörper wird betont in die Bewegungsrichtung gedreht, das heißt, die innere (linke) Schulter wird entsprechend nach hinten, die äußere nach vorne genommen. Beide Schultern bleiben aber waagerecht.
6. Die innere (linke) Hüfte wird, im Gegensatz zur inneren Schulter, leicht vorgeschoben.
7. Der Kopf wird aufrecht gehalten und etwas mehr, als die Bewegungsrichtung ausmacht, nach innen gedreht. Der Blick geht in dieser Richtung über den Pferdekopf hinweg in die Ferne.

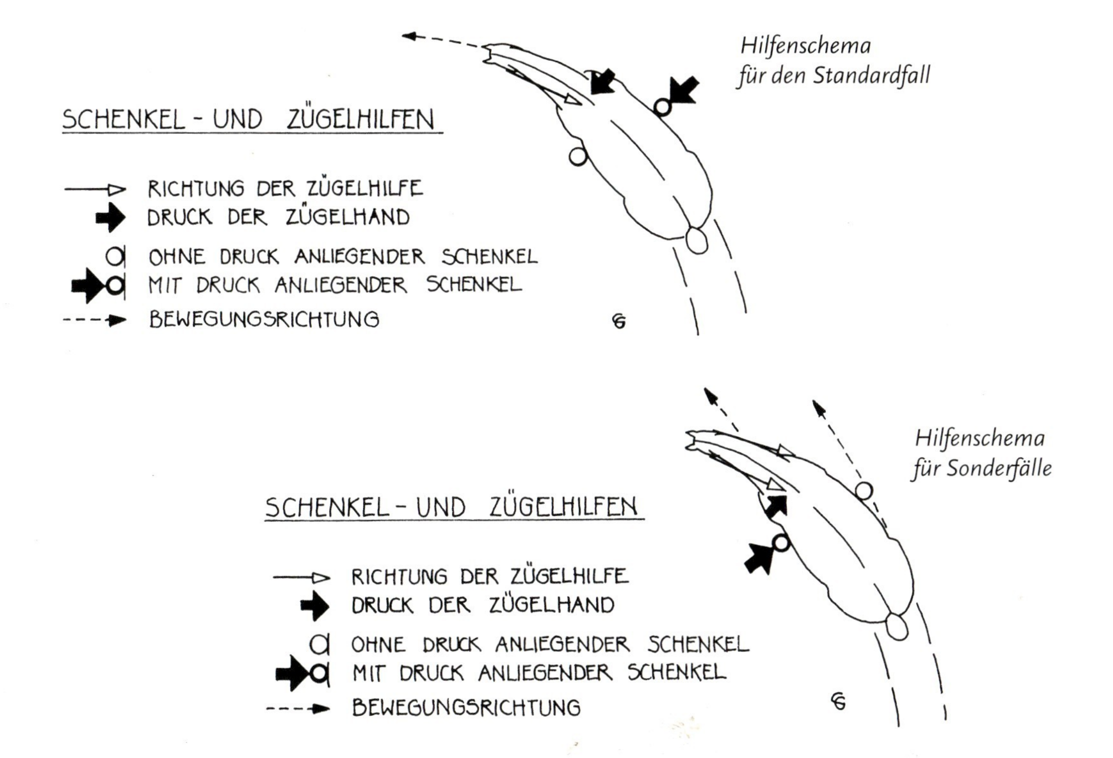

Hilfenschema für den Standardfall

Hilfenschema für Sonderfälle

Lehrsätze für Sonderfälle

linksherum

Zusammengefasst für:
a) das Reiten durch die Ecken in der Anfangsphase dieser Übung
b) Pferde, die auf dem Zirkel und in der Volte nach innen drängen
c) die Vergrößerung von Volten

Achtung!
In allen drei Sonderfällen gelten gleich lautend die nachfolgend genannten, besonderen, also vom Standard abweichenden Lehrsätze für die Körperhaltung und die Bewegungshilfen des Reiters.

1. Der innere (linke) Schenkel wird am Gurt mit entsprechendem Druck angelegt. Er hilft, das Pferd in die Ecke zu biegen, es auf dem Zirkel oder in der Volte auf der Bogenlinie zu halten oder die Volte zu vergrößern.
2. Die innere (linke) Zügelhand ist mit entsprechendem seitlichen Druck am Widerrist angelegt. Sie hilft mit gleichzeitigem Verkürzen des Zügels, das Pferd in die Ecke zu biegen, es bei der Volte oder dem Zirkel auf der Bogenlinie zu halten oder diese zu vergrößern.
3. Der äußere (rechte) Zügel wird etwas über dem Widerrist und zirka eine Handbreit vom Pferdehals entfernt gehalten. Dies ist für die Bewegungsfreiheit des Pferdes nach außen (rechts) erforderlich.
4. Der äußere (rechte) Schenkel wird etwa eine Handbreit hinter dem Gurt angelegt. Er verhindert, ggf. auch mit entsprechendem Druck, dass das Pferd sich der Biegung durch Ausweichen der Hinterbeine nach außen (rechts) entzieht. Beim Volten Vergrößern nur im Extremfall anwenden.
5. Der Oberkörper wird senkrecht gehalten und beim Durchreiten der Ecke betont in die Bewegungsrichtung gedreht. Hierzu wird die innere (linke) Schulter zurück- und die äußere vorgenommen. Dies gilt gleichfalls beim Reiten von Zirkeln und Volten.
6. Die innere (linke) Hüfte wird im Gegensatz zur inneren Schulter leicht vorgeschoben.
7. Der Kopf wird senkrecht gehalten und in die Bewegungsrichtung gedreht. Der Blick soll über das Pferd hinweg in die Ferne gerichtet sein.

Anmerkung:

Es geht um das Reiten durch die Ecken!
Pferde wissen, wo es langgeht, und sie kürzen zu Recht ab. So wird aus einer eckigen Bahn bald eine ovale. Wer hierauf nicht achtet, vergeudet vier Biegemöglichkeiten für sein Pferd bei einer Bahnrunde. Dies wieder möglich zu machen, bedarf es vorerst besonderer Hilfen, insbesondere Zügelhilfen. Das Pferd wird diese Hilfen nur kurze Zeit brauchen, um korrekt – ohne noch abkürzen zu wollen – durch die Ecken zu gehen. Natürlich muss auch der als Ovalbahn getretene Hufschlag sofort glatt gezogen werden. Nun kann ein Hufschlag entstehen, der den alten Trott bald vergessen lässt. Das „Durch-die-Ecken-Reiten" kann beginnen.

Bald können Sie zu den für das Reiten von Volten vorgesehenen üblichen Zügelhilfen übergehen. Nur eins noch: Treiben Sie das Pferd nicht so weit in die Ecke, um es dann im letzten Augenblick herumzuziehen. Lassen Sie es vielmehr rechtzeitig mit korrekter Innenstellung in einer Viertelvolte durch die Ecke „gleiten". Innerer Schenkel und innerer Zügel helfen Ihnen hierbei.

Die engen Wendungen

Was sind das?

Im vorigen Kapitel ging es um Ecken, Zirkel, Volten und geschlängelte Linien, also im weitesten Sinne um „weite Wendungen". Wären die „engen Wendungen", um die es hier geht, dort nicht gleichfalls richtig platziert? Schließlich unterscheiden sich die Hilfen auf den ersten Blick nicht sonderlich. Warum dennoch eine getrennte Behandlung erfolgt, wird sich aber bald zeigen.

Die praktische Ausführung der hier beschriebenen Wendungen, mit Ausnahme der Vorhandwendung, muss noch warten. Bevor nicht die später beschriebenen Seitengänge, vor allem das Schulterherein, der Travers und die Traversale, einigermaßen beherrscht werden, ist hieran nicht zu denken. Danach aber werden diese Wendungen für Sie und Ihr Pferd erfahrungsgemäß wesentlich leichter. Der längere Weg kann im Endeffekt eben sehr wohl der kürzere sein. Bei den engen Wendungen sind vorwärts treibende Hilfen unerlässlich. Der daraus resultierende Vorwärtsdrang des Pferdes wird aber in eine kreisrunde Seitwärtsbewegung umgelenkt.

Die Wendung um das innere Hinterbein, also die Hinterhandwendung, wird entweder im Stand, das heißt, mit einem sich auf der Stelle drehenden Hinterbein, durchgeführt oder aber aus der Bewegung, bei der jedes Bein des Pferdes mittreten muss. Genauso verhält es sich bei der Vorhandwendung, wobei sich jedoch das Pferd hier um sein inneres Vorderbein zu drehen hat.

Enge Wendungen, die hier besprochen werden, sind:

- **die Vorhandwendung,**
- **die 180°-Hinterhandwendung aus dem Stand,**
- **in ihrer schnellen Version der Roll Back,**
- **die 360°-Hinterhandwendung aus dem Stand,**
- **in ihrer schnellen Ausführung der Spin,**
- **die 180°-Hinterhandwendung aus der Bewegung,**
- **die 360°-Hinterhandwendung aus der Bewegung: die Pirouette.**

Zu den hier verwendeten Begriffen „Vorhand" und „Hinterhand" noch eine Anmerkung: Konsequenterweise sollte von den „Vorderbeinen" anstelle der „Vorhand" und von den „Hinterbeinen" anstelle der „Hinterhand" gesprochen werden. Bei so geläufigen Begriffen wie „Vorhand-" und „Hinterhandwendung" sind Verständigungsschwierigkeiten auch für Nichtexperten in diesem Kapitel aber wohl ausgeschlossen.

Daher bleibt es also bei der Ausdrucksmöglichkeit „Vorhandwendung", die hier aber hin und wieder auch völlig korrekt und sogar noch besser verständlich als „Wendung um das innere Vorderbein" bezeichnet werden soll. Ebenso verhält es sich mit der „Hinterhandwendung", womit eine „Wendung um das innere Hinterbein" gemeint ist.

Und noch etwas. Um Missverständnisse zu vermeiden, noch einmal der Hinweis:

Alle Wendungen, die hier behandelt werden, müssen gleichermaßen linksherum wie rechtsherum geübt werden. Zur Vereinfachung für den Lernenden werden hier die Übungen in ihrem funktionellen Ablauf und die hierzu erforderlichen Hilfen grundsätzlich nur für das Linksherum-Wenden erklärt.

Die Vorhandwendung

Die Vorhandwendung aus dem Stand ist eine ruhige Sache. Sie wird nur im Schritt

Vorhandwendung linksherum – zum Rückwärtstreten durch einen Stangengang wird hier mittels einer Wendung um das innere (li.) Vorderbein eingefädelt.

Der Kopf des Pferdes ist leicht nach links gestellt. Da das Pferd sich nur ungern unnötig biegt, gehen, etwas vom angelegten inneren (li.) Schenkel unterstützt, die Hinterbeine wie gewollt nach rechts.

Nach einer gelungenen Vorhandwendung steht das Pferd schön ausgerichtet rückwärts im Stangengang.

ausgeführt. Nach dem Anhalten müssen die Hinterbeine und das äußere (bei linksherum das rechte) Vorderbein um das innere auf der Stelle tretende Vorderbein herumtreten. Für die Vorhandwendung aus der Bewegung tritt aus dem Schritt heraus, also ohne anzuhalten, nicht nur das äußere (rechte) Vorderbein einen Kreisbogen, sondern auch das innere (linke) Vorderbein auf einem – wenn auch minimalen – Kreisbogen.

Bei der Wendung um das innere Vorderbein können die seitlich in einem Kreis gehenden Hinterbeine nicht genügend unter den Körper treten. Daher sind sie auch nicht in der Lage, die bei dieser Lektion besonders beanspruchten Vorderbeine zu entlasten. Durch die stattdessen entlasteten Hinterbeine fällt dem Pferd diese Wendung aber relativ leicht, und es kann sie auch entsprechend schnell erlernen.

Sicherlich beruht dies auch darauf, dass Pferde ihr Hinterteil sehr oft und schnell drehen können, so zum Beispiel bei spielerischen Drohgebärden gegenüber anderen Pferden oder, wenn es ernst wird, auch zum Auskeilen. Einen gymnastizierenden Wert hat die Wendung um das innere Vorderbein meines Erachtens nicht.

In einem frühen Stadium der Ausbildung geübt, lernt das Pferd dabei in den ersten Ansätzen, dem Schenkel nachzugeben, also zu *weichen*. Dies ist ein wesentlicher Faktor, den bereits die alten Reitmeister erkannten und daher die Vorhandwendung entsprechend anwandten.

Aber auch für Geschicklichkeitsübungen ist sie unentbehrlich: wenn zum Beispiel

Zu den engen Wendungen gehört die Wendung um das innere Hinterbein, kurz die Hinterhandwendung, hier gezeigt von Nathalie Penquitt mit Amber.

ein Stangenmuster in Form eines doppelten „L" oder „U" rückwärts passiert werden soll. Für ein elegantes „Einfädeln" bedient man sich dann der Vorhandwendung.

Hierzu wird das Pferd mit Blick auf den Stangendurchgang etwa eine knappe Pferdekörperlänge davor aufgestellt. Nun fädelt man mittels einer Wendung um das innere (linke) Vorderbein die Hinterbeine zum Rückwärtstreten in den Durchgang ein. Auch das Öffnen und Schließen eines Tores vom Sattel aus kann eine Vorhandwendung erfordern.

Die Hinterhandwendung

Die 180°-Wendung aus dem Stand

Enge Wendungen aus dem Stand sind erheblich leichter durchführbar als aus der Bewegung. Wendungen aus dem Stand werden teilweise im iberischen Reiten praktiziert. In den Regeln für das Westernreiten sind sie sogar vorgeschrieben. Nicht zuletzt

Die Hilfen für die Vorhandwendung

Aus dem Stand – linksherum
Lehrsätze und Erläuterungen

1. Bei der Vorhandwendung muss das Pferd um sein inneres (linkes), sich auf der Stelle drehendes Vorderbein herumtreten.
2. Daher muss der innere (linke) Schenkel weiter nach hinten, das heißt, etwa eine Handbreit hinter dem Gurt angelegt, treiben.
3. Der äußere (rechte) Schenkel liegt ohne besonderen Druck am Gurt. Er sorgt dafür, dass das innere (linke) Vorderbein bei der Wendung auf der Stelle bleibt. Der Bügel ist leicht zu belasten.
4. Der äußere (rechte) Zügel hat die gleiche Aufgabe wie der äußere Schenkel. Er soll das innere (linke) Vorderbein bei der Wendung auf der Stelle halten. Hierzu wird die Zügelhand mit entsprechendem Druck seitlich an den Widerrist gelegt.
5. Der innere (linke) Zügel wird etwa eine Handbreit über dem Widerrist gehalten. Um dem Pferd die Wendung zu erleichtern, wird der Kopf leicht nach innen (links) gestellt. Da das Pferd sich nur ungern biegt, wird es folglich seine Hinterbeine in die entgegengesetzte und damit gewünschte Richtung bewegen. Dieses Prinzip ist der leichteste Weg, um zu einer Vorhandwendung zu kommen.
6. Das Körpergewicht ist auf die äußere (rechte) Gesäßhälfte zu verlagern. Hierdurch wird das innere (linke) Hinterbein, das vorwärts-seitlich über das äußere Hinterbein treten muss, entlastet.
7. Die innere (linke) Schulter wird stark zurück, die äußere (rechte) entsprechend vor genommen. Die innere Schulter darf hierbei nicht absinken.
8. Mit der Drehung der Schultern sind auch die Hüften in die gleiche Richtung zu drehen. Dies gilt nur bei engen Wendungen.
9. Der Oberkörper bleibt ständig senkrecht. Er darf weder nach vorne noch nach hinten oder zu einer Seite hin bewegt werden.
10. Der Kopf bleibt senkrecht. Der Blick soll weit über das Pferd hinweggehen.
11. Wenn das Pferd auf leichteste Hilfen bei der Vorhandwendung reagiert, kann diese auch einhändig durchgeführt werden.

wegen ihrer relativ einfacheren Ausführung werden die engen Wendungen aus dem Stand auch in meiner Reitlehre erwähnt. Jedoch unterscheiden sich die Übungsmethoden wesentlich von denen für das Westernreiten.

Eine enge Wendung aus dem Stand, um das innere Hinterbein in die entgegengesetzte Richtung gedreht, ist eine „180°-Wendung". Sie ist die Einstiegsübung, mit welcher der Roll Back, die 360°-Wendung sowie der Spin dem Pferd beigebracht werden. Aus dem Schritt oder Trab konsequent angehalten, danach eine 180°-Wendung in die entgegengesetzte Richtung – das ist die einfachste Form einer Hinterhandwendung. Einfach aber nur dann, wenn sie vorerst auf dem Hufschlag mit einer Bahnbegrenzung geübt werden kann. Einzelheiten werden bei der Beschreibung der hierzu erforderlichen Hilfen noch eingehend erklärt.

Wenn auch als Ausnahme, so gibt es doch einige Pferde, die partout nicht auf dem Hufschlag wenden wollen. Hier muss diese Übung aus dem Travers oder der Traversale heraus erfolgen. Die Wendung um das innere Hinterbein wird also sofort frei in den Raum verlegt. Aus einer halben Traversvolte oder der Traversale heraus wird nun die Wendung eingeleitet.

Hierzu ist der Seitengang nach etwa einer halben Volte im Travers oder einigen Schritten in der Traversale in eine Wendung auf der Stelle überzuleiten. Dazu kann anfangs der innere Zügel seitlich abgespreizt werden. Nach einer ca. 90°-Wendung soll das Pferd etwas beschleunigt aus dieser Wendung geradeaus herauskommen. Anschließend wird das Ganze zur anderen Seite hin geübt. Es ist erstaunlich, wie schnell die Pferde die Übung nun auf diese Weise lernen. Eine 180°-Wendung ist dann nur noch eine Frage von wenigen Tagen Zeit.

Zurück zum Hufschlag und damit zur normalen Übung der 180°-Wendung. Die gleiche Wendung, nur ungleich schwerer,

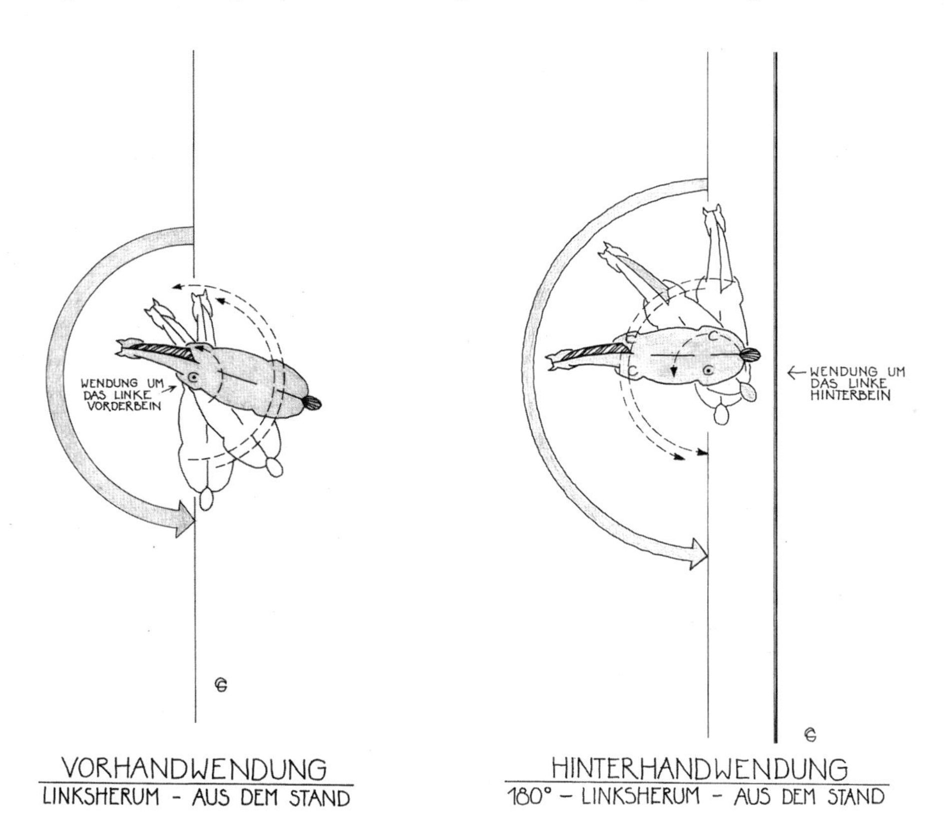

Anfangs wird die 180°-Wendung mit Hilfe der Bahnbegrenzung auf dem Hufschlag geübt. Christina Ott demonstriert hier mit Sandy, wie der weit vom Pferdekörper abgespreizte innere (li.) Zügel dem Pferd deutlich den Weg zeigt, den seine Vorderbeine um das innere (li.) Hinterbein zu gehen haben. Der äußere (re.) Zügel ist so verkürzt und fest an den Widerrist gelegt, dass das Pferd den Hals nicht nach innen (li.) biegen kann. In der Lernphase sollte natürlich ein Snaffle Bit verwendet werden.

Auch ohne die anfänglich überdeutlichen Zügelhilfen …

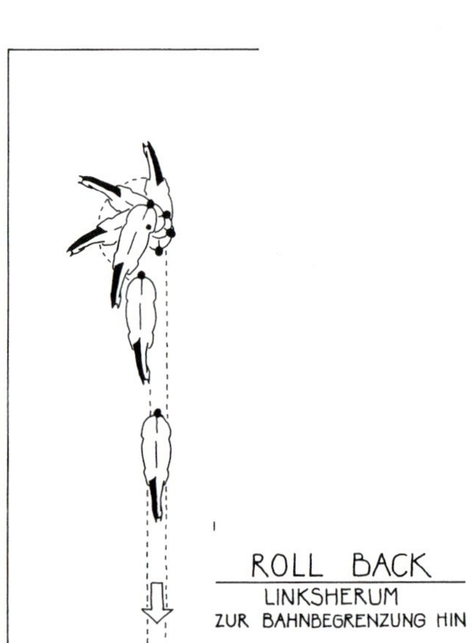

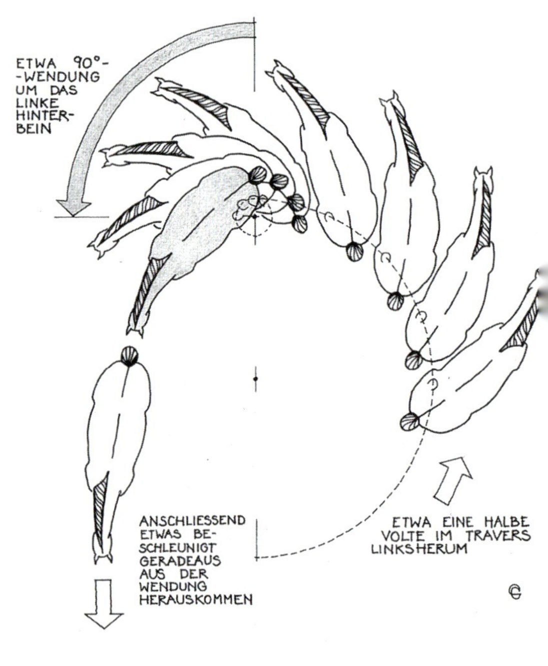

... wendet das Pferd ...

... später, wenn es die 180°-Wendung genügend kennt, korrekt.

weil aus dem Galopp eingeleitet, ist der Roll Back. Hier wird das Pferd aus dem Galopp heraus gestoppt. Dann hat es sofort, ohne jede Verzögerung, die 180°-Wendung auszuführen und aus dieser heraus den Galopp in die Richtung, aus der es gekommen war, fortzusetzen.

Eine heiße Sache, der Roll Back. Aber auch hier gilt das Gleiche wie für andere spektakuläre Lektionen: Nur wenn Sie und Ihr Pferd eine bereits fortgeschrittene Grundausbildung haben, wird diese Übung einen ästhetischen Ausdruck erhalten und vor allem dem Pferd keinen Schaden zufügen. Und wer zu oft den Roll Back fordert, geht ein erhebliches Risiko zu Lasten der Gesundheit seines Pferdes ein.

In diesem Zusammenhang ist eine Bemerkung erforderlich. Es gibt leider eine wesentliche Anzahl von Ausbildungsmethoden, die von mir strikt abgelehnt werden. Hierzu gehört auch, das Pferd gegen die Bahnbegrenzung rennen zu lassen. Nur wenn es im letzten Augenblick noch stoppt und wie verlangt wendet, holt es sich keine blutige Nase. Sonst hat es eben selbst Schuld und muss die Übung so lange wiederholen, bis sich der Reiter hoffentlich seinerseits von einem Zuschauer eine blutige Nase geholt hat.

Diese „Wildwest-Methoden" sind für gutes Westernreiten genauso wenig erforderlich wie zum Beispiel das Zusammenbinden von Trense und Schweif mit Boxenarrest, zum angeblichen Biegen des Pferdes. Solche und ähnliche Maßnahmen sind eindeutige Tierquälereien und schädigen berechtigt den Ruf dieser Sportart.

Die 360°-Wendung aus dem Stand

Bei der 360°-Hinterhandwendung aus dem Stand wendet sich das Pferd um das auf der Stelle drehende innere Hinterbein (das linke bei linksherum). Diese Art der Hinterhandwendung erscheint einfacher durchführbar als diese Wendung aus der Bewegung heraus. Hierbei müsste das innere Hinterbein in einem kleinen Kreis fast auf der Stelle mittreten. Dennoch bereitet die angeblich einfache Ausführung oftmals erhebliche Schwierigkeiten.

Jetzt hilft nämlich kein Hufschlag und keine nach hinten sichernde Bahnbegren-

Übungen, zu denen Hufschlag oder Bahnbegrenzung nicht erforderlich sind, sollten möglichst häufig im Gelände durchgeführt werden. – Zur Einleitung dieser beidhändig gerittenen 360°-Wendung zeigt der innere (li.) Zügel dem Pferd deutlich die Wendung nach links an, …

zung mehr. Für diese Wendung, frei im Raum gedreht, wird das Pferd es sich bequem machen wollen und versuchen, den Drehpunkt von den Hinterbeinen in die Mitte seines Körpers zu verlagern. So etwas nennt man in der Fachsprache eine Mittelhandwendung und in der Praxis eine „Flaschendrehung“. Mit den ersten Silben sollen hier aber nicht die Reiter angesprochen sein (Abbildung Seite 181).

Um diesem allzu häufig zu beobachtenden Problem beizukommen, müssen solche Wendungen nach einem Plan systematisch geübt werden. Auch bei den Hilfen ist es erforderlich, bestimmte Eigenarten des Pferdes zu berücksichtigen. Vorher aber noch etwas über die „flotte“ Version einer Wendung um das innere Hinterbein, den so genannten Spin.

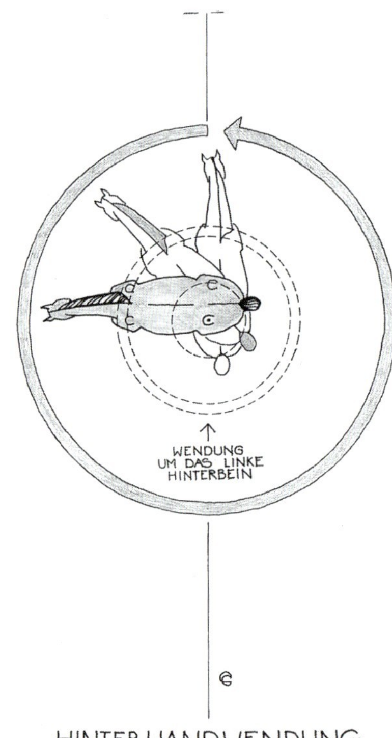

... und so kreuzen dann die Vorderbeine in der Wendung. Äußerer (re.) Schenkel und Zügel liegen am Pferd an. Das Gewicht wird leicht nach innen verlagert und liegt auf dem inneren (li.) Bügel (Nathalie Penquitt mit Lucky).

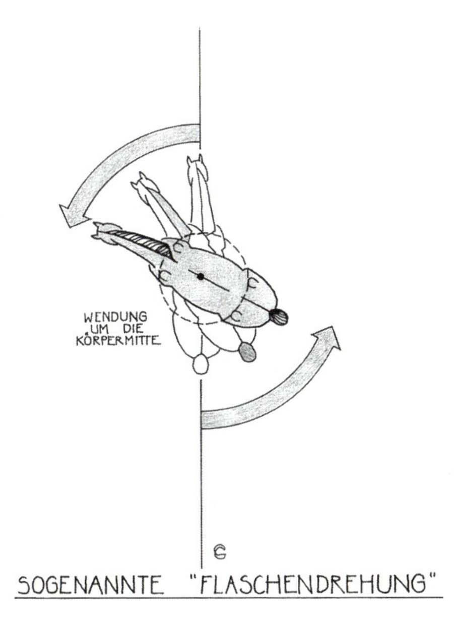

Der Spin

An dieser Stelle halte ich einen informativen Ausflug zum turniermäßigen Westernreiten für angebracht. Hier wird der Spin verlangt. Unter einem Spin versteht man eine *schnell gedrehte* 360°-Wendung um die Hinterbeine. Der Spin unterscheidet sich von der hier gelehrten 360°-Hinterhandwendung im Wesentlichen durch die beim Westernreiten geforderte extreme Drehgeschwindigkeit.

Diese Art der Wendung wird grundsätzlich aus dem Stand eingeleitet. Das Pferd wendet sich zum Beispiel linksherum um den auf der Stelle drehenden inneren (linken) Hinterfuß. Der Spin, mehr als einmal in einer 360°-Wendung gedreht, hat weder für die Rinderarbeit noch für anderes Reiten irgendeine Bedeutung. Dafür begeistert er

Empfehlenswert ist es, eine 360°-Hinterhandwendung aus der Bewegung aus einer Traversale kommend zu üben. Dabei darf zu keinem Zeitpunkt angehalten werden.
Hier dreht sich nun alles um das innere (rechte) Hinterbein, das lediglich einen minimalen Kreisbogen beschreiben soll. Nathalie Penquitt auf ihrer Amber dreht ihren korrekt gerade gehaltenen Körper so in die Bewegungsrichtung, dass das Pferd sich hierzu gleichfalls mitdreht. Um diese Wirkung zu verstärken, ...

aber, ähnlich wie der Sliding Stop, sowohl den Westernreiter als auch sein Publikum um so mehr. Ob auch das Pferd, halte ich zumindest für fraglich. In der spanischen „Doma Vaquera“ wird die schnelle, mehrfach auf der Stelle gedrehte Hinterhandwendung gleichfalls gefordert. Hier allerdings in einer gemäßigteren Form.

Natürlich kann auch der Spin als ein Gehorsamkeitsbeweis angesehen werden. Er ist aber nur etwas für Könner. Leider wird er oftmals unschön gezeigt und auch viel zu häufig gefordert. Beides strapaziert nicht nur die Nerven des Pferdes, sondern kann auch erheblich seine Beine schädigen.

Die 360°-Wendung aus der Bewegung

Sicherlich von den alten Reitmeistern übernommen schreibt das Reglement der heu-

tigen Dressurreiterei vor, dass die engen Wendungen nur aus einer ununterbrochenen Bewegung zu erfolgen haben. So hat bei dieser Art der Hinterhandwendung nicht nur das äußere (beim Linksherum rechte) Hinterbein des Pferdes in einem Kreisbogen um das innere Hinterbein zu gehen, sondern auch das innere (linke) Hinterbein muss einen – wenn auch minimalen – Kreisbogen beschreiben. Es bewegen sich dann alle vier Beine auf mehr oder weniger kleinen Kreislinien.

Natürlich ist es kaum möglich, eine solche Wendung korrekt aus dem Stand zu entwickeln. Sie wird daher nur aus der fortlaufenden Bewegung erfolgen. Die Hinterhandwendung aus der Bewegung wird folglich im Schritt eingeleitet und ohne anzuhalten auch in diesem ausgeführt.

Diese Hinterhandwendung kann man auch korrekt als Schritt-Pirouette bezeichnen. Enge Wendungen in anderen Gangarten sind die Piaffe-Pirouette und die Galopp-Pirouette.

Enge Wendungen in Kurzfassung

Bevor die Hilfen für die Durchführung von engen Wendungen nun ausführlich beschrieben werden, soll nochmals in einer Kurzfassung eine Übersicht der verschiedenen Möglichkeiten enger Wendungen gegeben werden (Seite 184/185). In dieser Reitlehre wurde aus gutem Grund zwischen den Wendungen aus dem Stand und denen aus der Bewegung unterschieden.

… schaut Nathalie etwas voreilend in die gewollte Richtung. Anschließend wird die Traversale fortgesetzt.

Die Wendungen aus dem Stand sind, wenn das Pferd sie erst einmal begriffen hat, und vorausgesetzt, es erhält korrekte Hilfen, relativ einfach. Hingegen stellen Wendungen aus der Bewegung eine ständige Herausforderung dar. Als Standard-Wendung halte ich die Wendungen aus dem Stand für genügend erstrebenswert. Wer sie korrekt vorführen kann, hat einen guten Leistungsstand erreicht.

Wenn Sie mehr zum klassischen Reiten im Rahmen meiner Reitlehre neigen, dann sollten Sie sich die Wendungen aus der Bewegung zum Ziel setzen. Nicht zuletzt im Interesse des Pferdes ist es dann angebracht, irgendwann vollends hierauf umzustellen. Das Pferd würde sonst unnötigen Irritationen ausgesetzt werden, die ein sensibles Pferd stören könnten.

Wie es aussehen soll, zeigt Ihnen meine Tochter Nathalie in der Bildsequenz auf den Seiten 182–185.

Aus dem Stand – linksherum

- Enge Wendungen aus dem Stand sind, erst einmal erlernt, einfacher zu reiten als aus der Bewegung.
- Bei einer Vorhandwendung aus dem Stand drehen sich die Hinterbeine und das äußere (rechte) Vorderbein um das innere (linke), auf der Stelle drehende Vorderbein.
- Eine Vorhandwendung ist nur im Schritt möglich. Sie ist für den Anfang der Ausbildung des Pferdes – zum Lernen, dem Schenkel nachzugeben – und später bei verschiedenen Geschicklichkeitsaufgaben, wie zum Beispiel dem Öffnen und Schließen von Toren, unentbehrlich.
- Die 180°-Wendung, um das auf der Stelle drehende innere (linke) Hinterbein und auf dem Hufschlag mit einer

Bahnbegrenzung geritten, ist die einfachste Einstiegsübung für eine Hinterhandwendung.

- Aus dem Galopp gestoppt, dann eine 180°-Wendung um das innere (linke) Hinterbein gedreht und in die entgegengesetzte Richtung, also zurück galoppiert, ist ein Roll Back, wie er in manchen Westerndisziplinen verlangt wird.
- Die 360°-Hinterhandwendung aus dem Stand wird in der Regel im Schritt durchgeführt.

Aus der Bewegung – linksherum

- Enge Wendungen werden nach klassischen Vorstellungen aus der Bewegung geritten. Ihre korrekte Ausführung ist aber weitaus schwieriger als aus dem Stand.
- Zur Einleitung einer engen Wendung wird die Vorwärtsbewegung ohne anzuhalten zur Seite in einem kleinsten Kreisbogen fortgeführt.
- Während einer engen Wendung aus der Bewegung darf kein Pferdebein zum Stillstand kommen.
- Bei einer Vorhandwendung muss das innere (linke) Vorderbein den minimalen Kreis beschreiben und das äußere Vorderbein um das innere Vorderbein herumtreten.
- Bei der Hinterhandwendung linksherum soll das innere (linke) Hinterbein einen minimalen Kreis beschreiben. Das äußere (rechte) Hinterbein muss hierbei um das innere Hinterbein herumtreten.

Wie wird's gemacht?

Die Hilfen
Lehrsätze und Erläuterungen zu den „engen Wendungen“

Auch für das Üben der engen Wendungen gilt der Grundsatz, dass anfangs jede Übung nur in langsamer Ausführung verlangt wird. Das Pferd erhält hierdurch Gelegenheit, die ihm durch vielfache Wiederholung gegebenen Muster in relativer Ruhe zu begreifen und zu speichern. Hierzu gehört auch, dass für einige Zeit jede Hilfe überdeutlich und intensiv gegeben werden muss.

So können je nach Begriffsvermögen des Pferdes die Hilfen bald verringert und irgendwann nur noch angedeutet werden. Für das Erlernen von engen Wendungen gelten vor allem für die Zügelführung vorübergehend andere Regeln als üblich, etwa so wie beim Einreiten von Pferden, denen auch die kleinste Richtungsänderung mit dem Zügel deutlich angezeigt wird.

Die außergewöhnliche Zügelführung erklärt sich aus der Besonderheit von engen Wendungen sehr leicht: Das Pferd muss mit jeweils zwei Beinen einen extrem langen seitlichen Weg zurücklegen, während es mit den beiden anderen völlig bzw. nahezu auf der Stelle zu treten hat und das auch noch bei treibenden Hilfen. Wer hierüber einmal nachdenkt, wird mit viel Verständnis für das Pferd dann auch das Richtige tun. Als Belohnung für Einsicht und Einfühlungsvermögen kann man dann auch bald erfreuliche Ergebnisse erzielen.

Die Hilfen für die 180°-Wendung

Aus dem Stand – linksherum

1. Die 180°-Wendung um das innere (linke) Hinterbein wird anfangs auf dem Hufschlag geübt. Die Bahnbegrenzung hilft, ein durch Fehler verursachtes Zurückweichen des Pferdes während der Wendung zu verhindern.
2. Die wichtigste Voraussetzung für das Gelingen der Wendung ist der Vorwärtsdrang des Pferdes. Hierzu ist das Zusammenspiel von treibenden Hilfen und dem ständig abzustimmenden Verkürzen der Zügel entscheidend. Ein Zuviel des einen oder ein Zuviel des anderen lässt das Pferd entweder aus der Wendung herauslaufen oder sich nach hinten „verkriechen“.
3. Um dem Pferd begreiflich zu machen, dass es nach links abwenden, aber nicht rückwärts gehen soll, wird der innere (linke) Zügel zunächst ca. 30 bis 40 cm seitlich vom Pferd entfernt gehalten. In dieser Stellung wird er im Zusammenspiel mit dem äußeren Zügel so viel verkürzt, dass die Hinterbeine des Pferdes den Hufschlag nicht verlassen können.
4. Der äußere (rechte) Zügel wird mit der Hand und entsprechendem Druck direkt seitlich an den Widerrist gelegt. Er ist so zu verkürzen, dass das Pferd daran gehindert wird, nur Kopf und Hals nach innen (links) zu wenden. Denn so gebogen würde das Pferd dieser ungewollten Biegung während der Wendung durch plötzliches Ausscheren der Hinterbeine zum Bahninneren entgegenwirken und somit eine so genannte „Flaschendrehung“ ausführen.
5. Nochmals der eindringliche Hinweis: Neben ihren anderen wichtigen Aufgaben müssen anfangs beide Zügel während der Wendung so intensiv verkürzt gehalten werden,

dass das Pferd sich nicht mit den Hinterbeinen vom Hufschlag entfernen kann.

6. Der äußere (rechte) Schenkel wird weit nach vorne an den Gurt gelegt. Er treibt mit entsprechendem Druck die Vorderbeine seitlich in die Wendung.
7. Der innere (linke) Schenkel liegt ohne besonderen Druck, etwa eine Handbreit hinter dem Gurt am Pferd. Er hat zu helfen, die Hinterbeine auf dem Hufschlag zu halten. Der innere Bügel wird bei gerader Körperhaltung relativ stark belastet.
8. Die innere (linke) Schulter wird stark zurück-, die äußere (rechte) entsprechend nach vorne genommen. Die innere Schulter darf hierbei nicht absinken.
9. Mit der Drehung der Schultern sind auch die Hüften in die gleiche Richtung zu drehen. Dies gilt nur bei engen Wendungen!
10. Der Oberkörper bleibt ständig senkrecht. Er darf weder nach vorne noch nach hinten oder zu einer Seite hin bewegt werden.
11. Das Körpergewicht wird auf die innere (linke) Gesäßhälfte verlagert. Der Oberkörper darf hierbei nicht in der Hüfte abgeknickt werden!
12. Der Kopf wird senkrecht gehalten und früher als der übrige Körper etwas in die Bewegungsrichtung gedreht.
13. Der Blick soll vorausschauend in die Bewegungsrichtung und über das Pferd hinweggehen.
14. Hat das Pferd die Wendung erlernt und reagiert auf nur noch angedeutete Hilfen, so wird der innere (linke) Zügel nicht mehr seitlich abgespreizt. Jetzt kann auch die 180°-Wendung unabhängig von Hufschlag und Bahnbegrenzung getrennt, an jeder x-beliebigen Stelle durchgeführt werden.

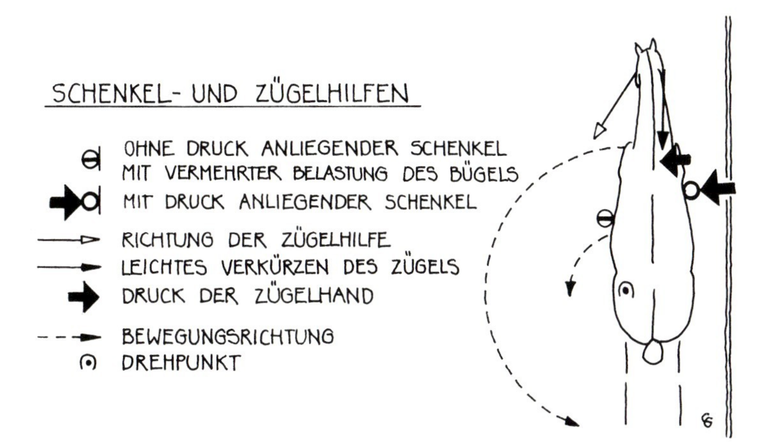

Die Hilfen für den Roll Back – linksherum

Lehrsätze und Erläuterungen

1. Voraussetzung für den Roll Back ist zunächst die einwandfreie 180°-Wendung. Diese Wendung erfährt nun als weitere Vorstufe für den Roll Back einige weitere Schwierigkeitsgrade.
2. Zur Durchführung der Vorübungen für den Roll Back kann auf die Unterstützung durch Hufschlag und Bahnbegrenzung als Hilfe noch nicht verzichtet werden, zumal die Wendung nun etwas schneller abläuft.
3. Die Vorübung für den Roll Back wird im Trab eingeleitet. Unmittelbar nach dem Stopp erfolgt die Wendung, und aus dieser heraus geht es dann in den Galopp.
4. Nach einer 180°-Wendung linksherum muss auch links angaloppiert werden. Dies bedeutet, dass das Pferd nun rechtsherum auf dem Hufschlag im Kontergalopp geht. Nach einigen Metern im Galopp wird zum Schritt übergegangen und das Pferd belohnt.
5. Diese relativ ruhige und sympathische, aber allgemein nicht angewandte Art einer Vorstufe zum Roll Back muss so lange im Übungsprogramm bleiben, bis das Pferd die Wendung nahezu selbstständig ausführt und auch zügig aus dieser angaloppiert.
6. Bevor nun der eigentliche Roll Back ausgeführt wird, ist die unter 1. bis 3. beschriebene Übung einige Schritte vom Hufschlag entfernt in das Bahninnere zu verlegen. Jetzt wird grundsätzlich in Richtung Bahnbegrenzung gewendet. Erst wenn auch hierbei alles ordnungsgemäß klappt, darf der Roll Back von Zeit zu Zeit auf dem Programm stehen.
7. Zum unbegrenzten Training kann der Roll Back in einer pferdeschonenden eingeschränkten Version empfohlen werden. Hier wird auf den harten Stopp verzichtet, indem zur Wendung hin getrabt wird. Erst nach der Wendung geht es aus dieser in den Galopp. Dies entspricht der Version unter 3., nur spielt sich jetzt alles in freier Bahn ab.
8. Sämtliche zur 180°-Wendung festgelegten Lehrsätze (Punkt 1–14) für die Hilfengebung und die dazugehörenden Erläuterungen treffen auch für die Durchführung des Roll Back zu.
9. Der Roll Back wird in folgenden Phasen durchgeführt: Galopp – Kurzstopp – 180°-Wendung – Galopp.
10. Unmittelbar nach dem Abstoppen muss sofort die Wendung eingeleitet werden.
11. Bereits ein Schritt vor Beendigung der Wendung ist wieder anzugaloppieren. Hierdurch wird das Pferd bei einer Wendung, zum Beispiel nach links, auch im Linksgalopp anspringen und diesen korrekt in gerader Linie beginnen.

Die Hilfen für die 360°-Wendung

Lehrsätze und Erläuterungen
Aus dem Stand – linksherum

1. Der Hufschlag und die Bahnbegrenzung haben dem Pferd das Erlernen der 180°-Wendung erheblich erleichtert. Obwohl es nun eine enge Wendung kennt, stellt die neue Übung dennoch neue Anforderungen, da die 360°-Wendung von Anfang an frei im Raum geübt werden muss.
2. Voraussetzung für das Gelingen dieser Wendung ist auch hier der Vorwärtsdrang des Pferdes. Hierzu hat das Zusammenspiel der treibenden Hilfen mit der Zügelführung entscheidende Bedeutung. Ein Zuviel oder Zuwenig des einen oder anderen lässt das Pferd entweder aus der Wendung herauslaufen oder sich nach hinten „verkriechen".
3. Auch zu der 360°-Wendung darf vorläufig noch der innere (linke) Zügel beim Verkürzen gleichfalls ca. 30 bis 40 cm vom Pferd entfernt zur Seite gehalten und in dieser Haltung verkürzt werden. Hierdurch wird das Pferd deutlich zum Seitwärtstreten aufgefordert und somit einem Rückwärtstreten entgegengewirkt.
4. Die äußere (rechte) Zügelhand muss mit entsprechendem Druck seitlich an den Widerrist gelegt werden. Der Zügel ist so zu verkürzen, dass das Pferd daran gehindert wird, Kopf und Hals nach innen „einzuklappen". Damit wird ein Ausscheren der Hinterbeine zum Ausgleich der ungewollten Biegung und somit die leidige „Flaschendrehung" verhindert.
5. Beide Zügel müssen während der Wendung ständig zum Verkürzen bereit sein, so dass jederzeit ein Vorwärtstreten aus der Wendung verhindert werden kann, ohne dem Pferd den Vorwärtsdrang zu nehmen (siehe auch unter 2.).
6. Der äußere (rechte) Schenkel wird, wie auch bei der 180°-Wendung, weit nach vorne an den Gurt gelegt. Er treibt mit entsprechendem Druck die Vorderbeine in die Wendung.
7. Der innere (linke) Schenkel liegt ohne besonderen Druck etwa eine Handbreit hinter dem Gurt am Pferd. Er wird nur dann eingesetzt, wenn das Pferd versucht, mit den Hinterbeinen nach innen (links) zu drücken. Der innere Bügel wird relativ stark belastet.
8. Die Lehrsätze und Erläuterungen zur 180°-Wendung gelten auch für die 360°-Wendung.

Die Lehrsätze und Erläuterungen zur Vorhandwendung sind aus Gründen der Zweckmäßigkeit bereits vorher abgehandelt worden (siehe Seite 173 f.).

Die Seitengänge

Das Schulterherein

Schulterherein – warum?

François Robichon de la Guérinière schuf mit seinem Buch „Ecole de Cavallerie“, das 1733 veröffentlicht wurde, ein Werk, das noch heute als *die* Reitlehre der klassischen Reitkunst schlechthin gilt.

Guérinière machte sich besonders Gedanken über die systematische Schulung des Pferdes mittels gymnastischer Lektionen. Schließlich stellte er fest, dass alle seinerzeit bekannten Übungen nicht genügten, um die so wichtige Lösung der Schultern oder, deutlicher gesagt, die größtmögliche Beweglichkeit und Geschmeidigkeit der Schultern des Pferdes zu erreichen und zu erhalten.

Ohne diese „Schulterfreiheit“ aber lässt sich ein Pferd kaum leicht, locker, schonend und in Harmonie reiten. Die zur Gymnastizierung erforderlichen weiteren Lektionen machen ohne gelöste Schulter Ihnen und Ihrem Pferd erhebliche Schwierigkeiten. Dies erkannte Guérinière bereits vor über 280 Jahren. So kreierte und propagierte er zur Abhilfe einen neuen Seitengang, das Schulterherein. Es wurde und ist mit Abstand der wichtigste aller Seitengänge.

Schulterherein bewirkt aber nicht nur die unglaublich wichtige Lösung und Lockerung der Schultern. Bei entsprechender Schrägstellung des Pferdes muss ferner das jeweils innere Hinterbein – bei linksherum das linke – weiter als normal unter den Körper treten, um über das äußere Hinterbein kreuzen zu können. Hierbei muss das Pferd die jeweilige Hüfte senken und somit die Gelenke der Hinterbeine beugen (Hankenbeugung). Darüber hinaus lernt das Pferd durch die besondere Art dieses Seitenganges, schnell und präzise auf Ihren Schenkeleinsatz zu reagieren.

Schulterherein betrachtete Guérinière als Anfang und Ende der gymnastischen Ausbildung. Auch meinte er: „Die Wirksamkeit geht so weit, dass ein Pferd, das einmal diese Lektion beherrscht hat und dann von einem Anfänger oder einem schlechten Reiter allgemein verdorben wurde, in der Hand eines guten Reiters mit Hilfe des Schulterherein in wenigen Tagen seine Losgelassenheit wiederfindet."

Doch auch eine große Zahl anderer alter Meister der Reitkunst ergeht sich über das Schulterherein in vielfältigen Lobeshymnen. Nun braucht man aber kein großer Meister zu sein, um sehr bald selbst dahinter zu kommen. Das eigene Pferd wird es einem sagen.

Ich meine, dass solange ein Pferd geritten wird, auch das Schulterherein erforderlich ist. Man wird feststellen, dass das Pferd nach einer Vorarbeit durch Schulterherein wesentlich gelöster ist, was sich zum Beispiel durch einen weicheren Trab bemerkbar macht.

Durch Schulterherein werden auch die Voraussetzungen für die anderen später folgenden Seitengänge geschaffen. Das beginnt mit größerer Sensibilität und Gehorsamkeit des Pferdes gegenüber den Schenkelhilfen. Die wichtigste Voraussetzung stellt aber die besagte Lösung der Schultern des Pferdes dar.

Dies wird einem besonders klar, wenn man zum Beispiel den Seitengang Travers reitet. Geht das Pferd im Schulterherein linksherum willig und den Lehrsätzen dieses Buches entsprechend, so ist das ein Zeichen für eine gut gelöste linke Schulter. Eine gut gelöste linke Schulter ist aber eine der Voraussetzungen für den Travers rechtsherum. Und rechtsherum verhält es sich analog. Der Zusammenhang ist geklärt und bewiesen.

Das Schulterherein beeinflusst wie gesagt in kaum hoch genug einzuschätzendem Maße die für jedes Pferd unabdingbar erforderliche Versammlung. Durch Schulterherein treten die Hinterbeine des Pferdes vermehrt unter den Körper. Hierdurch werden Hüft-, Knie- und Sprunggelenk gleichmäßig gebeugt. Das Pferd wird hinten tiefer. Die zu tragenden Lasten werden nicht mehr vermehrt den Vorderbeinen zugeschoben. Die empfindlicheren Vorderbeine sind so entlastet. Die wesentlich tragfähigeren Hinterbeine können die zusätzliche Last ohne Schaden aufnehmen. Vor allem im Hinblick auf die durch nichts zu übertreffende Lösung der Schultern kann ohne den geringsten Anflug einer Überbewertung gesagt werden:

Schulterherein stellt die wichtigste Lektion aller gymnastischen Übungen dar.

In diesem Zusammenhang nochmals zur Motivation:

- Gymnastizierung ist gleichzeitig hervorragende Schulung.
- Schulung bedeutet geistige Forderung des Pferdes.
- Die intensiv geforderte Mitarbeit des Pferdes löst überraschend positive Veränderungen in der Psyche des Pferdes aus.
- Vertrauen und Bereitschaft des Pferdes zur Mitarbeit sind die Folge.

Ein Hinweis vor Beginn

Bevor Sie Ihr Pferd satteln, sollten Sie das gesamte Kapitel zum „Schulterherein" durchlesen. Unter Umständen wird es Ihnen dann besser erscheinen, zunächst Ihr Pferd mittels Volten Vergrößern auf das Schulterherein vorzubereiten. Auch bietet sich ein vom Hufschlag unabhängiges Schulterherein mit wenig Schrägstellung auf der Länge der Bahn, also parallel vom Hufschlag entfernt, geritten an. In beiden Fällen wenden Sie bereits die für das Schulterherein erforderlichen Hilfen an. Weiteres hierzu finden Sie an späterer Stelle.

Wie soll's aussehen?

Schulterherein ist in vielerlei Beziehung ein ungewöhnlicher Seitengang. Das Pferd wird, wie auch beim später zu erlernenden Renvers, mit seinem Kopf in Richtung Bahninneres mit entsprechender Schräge gestellt. Dabei soll es leicht nach innen gebogen sein. Das Ungewöhnliche ist aber, dass es mit seiner voll gebogenen Seite in die Bewegungsrichtung gehen soll.

Schrägstellung des Pferdes um 30°

In der ersten Phase dieser Übung auf dem Hufschlag linksherum genügt es, das Pferd so weit vom Hufschlag nach innen (links) zu stellen, dass der innere (linke) Vorderfuß neben dem Hufschlag geht. Das können Sie ohne Veränderung des Sitzes und ohne den Kopf nach unten zu neigen gut kontrollieren, denn schon eine Kopfneigung würde das Gleichgewicht empfindlich stören.

Der innere (linke) Hinterfuß bildet dann mit dem äußeren (rechten) Vorderfuß eine zweite Hufspur. Durch den äußeren (rechten) Hinterfuß entsteht die dritte Hufspur. Man spricht vom Schulterherein *„auf drei Hufspuren"*. Das innere (linke) Vorderbein tritt dann vorwärts-seitwärts kreuzend über das äußere (rechte) Vorderbein.

Bei einer Schrägstellung des Pferdes von 30° wird der innere (linke) Hinterfuß sich zwar vorwärts-seitwärts vor den äußeren (rechten) Hinterfuß stellen, aber diesen nicht kreuzen. Anfangs sollte aber Schulterherein in dieser Form vollauf genügen. Kopf, Hals und Schultern des Pferdes müssen leicht nach innen (links) gestellt sein.

Schulterherein linksherum in 30°-Stellung – Hier geht das Pferd auf drei Hufspuren, indem das äußere (re.) Vorderbein und das innere (li.) Hinterbein gemeinsam eine Hufspur bilden.

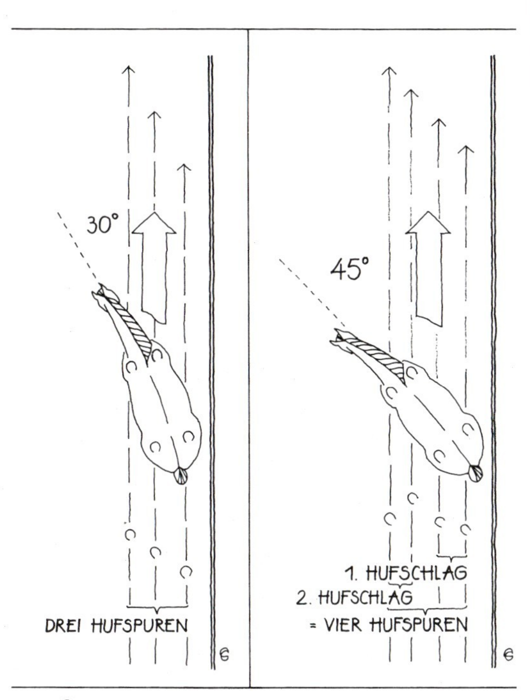

SCHULTERHEREIN LINKSHERUM
AUF DREI HUFSPUREN MIT 30° SCHRÄGSTELLUNG UND AUF ZWEI HUFSCHLÄGEN MIT 45° SCHRÄGSTELLUNG

> Der Winkel der Schrägstellung des Pferdes beträgt in der ersten Lernphase 30°. Man spricht von einem Schulterherein „auf drei Hufspuren".

Schulterherein linksherum in 45°-Stellung – hier geht das Pferd auf vier Hufspuren oder, anders gesagt, auf zwei Hufschlägen.

Der Winkel der Schrägstellung des Pferdes beträgt in der zweiten Lernphase 45°. Man spricht von einem Schulterherein „auf zwei Hufschlägen“ oder anders gesagt „auf vier Hufspuren“.

Schrägstellung des Pferdes um 45°

Geht das Pferd im Schulterherein bei einer Schrägstellung von 30° flüssig und willig, beginnt die zweite Phase der Übung.

Jetzt ist der Winkel der Schrägstellung des Pferdes auf bis zu 45° zu vergrößern. Hierdurch gehen nunmehr beide Vorderbeine neben dem Hufschlag. Während bei einer Schrägstellung des Pferdes von 30° nur das innere (linke) Vorderbein vorwärts-seitwärts über das äußere (rechte) Vorderbein kreuzt, tritt jetzt auch das innere (linke) Hinterbein in gleicher Weise kreuzend über das äußere (rechte) Hinterbein.

Wie wird's gemacht?

Das Schulterherein, auf dem Hufschlag geritten, beginnen Sie zum Lernen am einfachsten aus der Ecke heraus. Das Pferd wird, im Schritt auf dem Hufschlag einer kurzen Bahnseite gehend, mit starker Biegung so durch die Ecke geritten, als sollte es von dort aus diagonal zur gegenüberliegenden Ecke der Bahn wechseln. Aber aufpassen, das Pferd will wirklich wechseln! Daher müssen an dieser Stelle beide Zügel zum Verkürzen in Bereitschaft sein.

Die speziellen Hilfen für das erste Üben des „Durch-die-Ecke-Reitens“ sind nun nicht mehr nötig. Bereits vor der Ecke wird daher die für das Schulterherein erforderliche Körperhaltung eingenommen und mit den Bewegungshilfen begonnen.

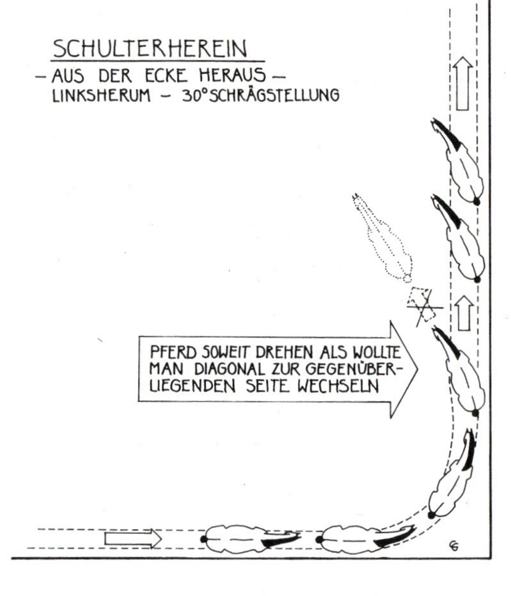

Schulterherein linksherum – die äußere (re.) Zügelhand liegt tief und fest am Widerrist und bestimmt mit weiteren Körperhilfen den Winkel der Schulterherein-Stellung. Der innere (li.) Zügel wird deutlich höher und direkt über dem Widerrist gehalten. Er wird so viel verkürzt, dass der Kopf leicht nach innen gestellt ist.

Die Körperhaltung

Schulterherein – linksherum

1. Der innere (linke) Schenkel soll etwa eine Handbreit hinter dem Gurt anliegen.
2. Die äußere (rechte) Zügelhand soll tief gehalten seitlich am Widerrist liegen.
3. Der innere (linke) Zügel soll etwa eine Handbreit über dem Widerrist gehalten werden.
4. Der äußere (rechte) Schenkel soll gerade herunterhängend am Pferd liegen.
5. Oberkörper und Kopf werden senkrecht gehalten. Die Schultern sollen parallel zu den Schultern des Pferdes ausgerichtet sein. Das Becken ist leicht nach hinten abgekippt.
6. Der Kopf ist in Richtung der Schrägstellung des Pferdes zu halten. Der Blick geht in Verlängerung dieser Richtung über das Pferd hinweg in die Ferne.

Die Bewegungshilfen

Schulterherein – linksherum

1. Der innere (linke) Schenkel treibt durch entsprechenden Druck das Pferd seitwärts.
2. Die äußere (rechte) Zügelhand übt seitlich am Widerrist so viel Druck aus, wie erforderlich ist, um das Pferd mit seinen Vorderbeinen in gewünschter Abstellung vom Hufschlag zu halten.
3. Der innere (linke) Zügel unterstützt durch entsprechendes Verkürzen die leichte Biegung des Pferdes nach innen (links).
4. Der äußere (rechte) Schenkel liegt ohne besonderen Druck am Pferd. Der Bügel wird durch leichten Druck belastet.
5. Die Schultern und das Gesäß werden parallel zu den Schultern des Pferdes gedreht. Der Kopf ist gleichfalls in diese Richtung gestellt. Der Reiter blickt über das Pferd in die Ferne.
6. Der Oberkörper und das Gesäß werden bei senkrecht bleibender Stellung leicht in die Bewegungsrichtung (nach rechts) verlagert. Das Becken wird dynamisch leicht nach hinten abgekippt.

Zur Haltung der Schenkel siehe auch Seite 200.

Beim Durchreiten der Ecke (linksherum) werden zusätzlich Schultern und Gesäß so weit energisch nach innen (links) gedreht, dass das Pferd dieser Drehung folgen muss. Mit entsprechender Schrägstellung kann nun das bereits beim Durchreiten der Ecke vorbereitete Schulterherein auf der langen Seite beginnen.

Vorerst ist es aber noch nicht soweit.

Erst einmal müssen die ausführlichen Lehrsätze über die Körperhaltung und die Bewegungshilfen des Reiters als „Software“ ins Hirn. Dadurch bleiben den Pferden etliche Missverständnisse erspart. Im Übrigen kann man die Körperhaltung für das Schulterherein sehr gut im „Trockenen“ üben. Am besten geeignet wäre hierfür ein Holzpferd, sonst muss ein Baumstamm oder Hocker genügen.

Erläuterungen zu den Bewegungshilfen

Diese und die noch folgenden Erläuterungen zu den Bewegungshilfen sollten die gleiche Beachtung finden wie die Lehrsätze selbst. So werden oftmals durch weitere Erklärungen Zusammenhänge deutlicher erkennbar und bestimmte Regeln für die Praxis transparenter. Dies gilt auch für die übrigen hier beschriebenen Seitengänge.

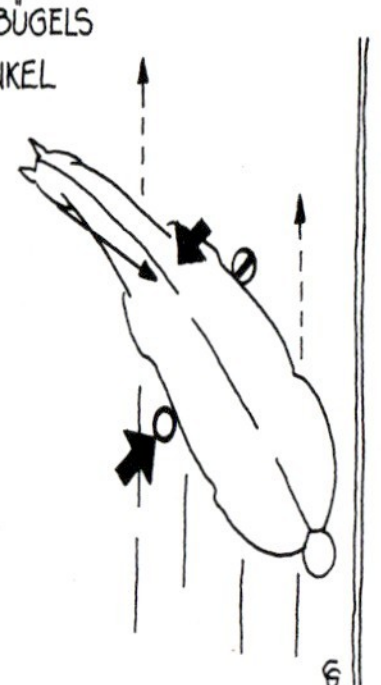

Zu 2. und 3.

Eigentlich gehörte in diese beiden Lehrsätze ein Hinweis auf das Verkürzen der Zügel, wodurch verhindert werden soll, dass das Pferd vom Hufschlag nach innen in die Bahn geht. Dies ist bewusst weggelassen worden, da viele Pferde ohnehin dazu neigen, sich nach rückwärts zu verkriechen, und an der Seitenbegrenzung entlangscheuern. Oftmals ist zu sehen, wie das Pferd mit den Hinterbeinen auf der vom Hufschlag aufgeworfenen Bodenwelle (die eigentlich weggeharkt sein sollte) entlang torkelt.

Sie selbst sind meistens völlig in die Lektion vertieft und merken von diesen Schwierigkeiten, die das Pferd hat, kaum etwas. Zumindest ist Ihnen die Ursache nicht klar. Anstatt mit den Zügeln nachzugeben und eventuell etwas mehr zu treiben, wird man meistens erst wach, wenn das Pferd nicht mehr im Schulterherein weitergehen will.

Es gibt aber auch Pferde, die vor allem am Anfang einer Längsseite der Bahn oder im letzten Viertel vom Hufschlag nach innen in die Bahn drängen. Hier müssen Sie rechtzeitig aufpassen und nicht erst, wenn das Pferd sich bereits etliche Schritte vom Hufschlag entfernt hat. Anfangs wird die Zügelführung neben anderen Aufgaben in einem ständigen Annehmen und Nachgeben bestehen.

Zu 4.

a) Der äußere (rechte) Schenkel wird während der Lernphase nur dann eingesetzt, wenn das Pferd eilen will. Mit ruhigem, direkt am Gurt angesetztem Schenkeldruck wird es hieran gehindert (siehe Seite 100). Später, wenn das Pferd die Lektion „Schul-

Die genaue Einhaltung der Körperhaltung und der Bewegungshilfen erleichtert Ihnen den Weg, das Schulterherein zu einer selbstverständlichen Übung zu machen.

terherein“ beherrscht, und vor allem, wenn man selbst in der Ausbildung fortgeschritten ist, kann der äußere Schenkel auch zum zusätzlichen Treiben eingesetzt werden.

Das Zusammenspiel von innerem und äußerem Schenkel wird dem Reiter früher oder später klar werden, so dass er beide nach Bedarf stets vorsichtig ausgleichend einsetzen kann. Ohne dieses Gespür könnte es passieren, dass das Pferd sich in dieser noch frühen Ausbildungsphase ungewollt in eine Zange genommen fühlt und entsprechend verwirrt reagiert.

b) Neun von zehn Schülern neigen dazu, beim Üben von Schulterherein (linksherum) unbewusst mit dem Oberkörper nach innen (links) zu fallen und in der Hüfte nach innen (links) abzuknicken. Dadurch wird die innere (linke) Seite des Pferdes stärker belastet und damit auch sein inneres (linkes) Beinpaar. Es wird, wenn auch ungewollt, „blockiert“.

Das Pferd kann nun nicht mehr mit dem inneren (linken) Beinpaar in genügender leichter Beweglichkeit vorwärts-seitwärts treten, um über das äußere (rechte) Beinpaar kreuzen zu können. Das Pferd versteift sich. Es besteht die Gefahr, dass es sich am Kronrand (dem empfindlichen Bereich oberhalb der festen Hornschicht des Hufes) verletzt. Ein korrektes Schulterherein ist nicht mehr möglich.

Dass der äußere (rechte) Steigbügel leicht belastet werden soll, hat daher einen sehr handfesten Grund. Wer den äußeren (rechten) Bügel bei senkrechter Körperhaltung belastet, wird zwangsläufig auch sein Gewicht in die Bewegungsrichtung verlagern. Der gewünschte und äußerst wichtige Effekt des seitlichen Vorwärtsdranges des Pferdes stellt sich so ganz nebenbei ein.

Zu 5.

Eine entsprechende Drehung des Körpers unterstützt die Hilfen zur Schrägstellung des Pferdes wesentlich. Werden zum Beispiel die innere (linke) Schulter, die Hüfte und das Gesäß etwas nach innen (links) gedreht, so verstärkt dies wesentlich die Hilfen zur Vergrößerung des Abstellwinkels des Pferdes. Dies können Sie leicht auf einem Rollenstuhl nachvollziehen. Selbstverständlich muss auch der Kopf in die gleiche Richtung gestellt sein. Man blickt über das Pferd hinweg in der Verlängerung des Abstellwinkels in die Ferne.

Zu 6.

Wollen Sie, dass Ihr Pferd flüssig in der Bewegungsrichtung geht, so dürfen Sie nicht selbst das Hindernis hierzu sein. Um nicht der Bewegung des Pferdes nachzuhinken, sollten Sie Ihren Körper leicht in die Bewegungsrichtung verlagern wollen. Das bedeutet aber nicht etwa, den Körper in diese Richtung in der Hüfte abzuknicken. Der Oberkörper muss absolut senkrecht bleiben. Dies soll wegen seiner grundsätzlichen Wichtigkeit nochmals gesagt werden.

Die häufigsten Fehler und deren Folgen

In die für das Schulterherein erforderliche Körperhaltung können sich unbemerkt Fehler einschleichen. Gleiches gilt für die Bewegungshilfen. Man beginnt mit allen guten Vorsätzen das Schulterherein. Die Lehrsätze für die Hilfen sind im Kopf. In konzentrierter Versunkenheit glaubt man, dass alles in Ordnung sei. Plötzlich, nach halber Bahnlänge, geht nichts mehr.

Aus mit dem Schulterherein! Woran liegt's? Am Pferd wohl kaum, denn das hat ja anfangs seine Lektion dem Ausbildungsstand entsprechend absolviert. Es kann nur so viel bringen, wie die Hilfen ihm sagen. Schließlich müssen die Hilfen auch logisch für das Pferd sein. Nur so kann es wunschgemäß reagieren. Aber wo lag der Fehler? Besonders häufig beobachtete Fehler sowie deren Folgen sind nachstehend zusammengefasst:

Schulterherein – linksherum

1. Fehler: Der Oberkörper hängt nach innen (links) und knickt in der Hüfte ab. Der äußere (rechte) Schenkel ist hochgezogen und abgespreizt. Der Fuß hat keinen Bügelkontakt.
Folge: Das innere (linke) Beinpaar des Pferdes wird zu stark belastet. Es kann nicht mehr vorwärts-seitwärts treten. Das Pferd wird unwillig. Es mag nicht mehr im Schulterherein gehen.

2. Fehler: Der Oberkörper fällt vornüber.
Folge: Das Pferd wird rückwärts zur Bahnbegrenzung drängen. Das innere (linke) Beinpaar kann nur noch seitwärts treten. Ein Kreuzen über das äußere (rechte) Beinpaar und damit ein Schulterherein ist nicht möglich.

3. Fehler: Bei einem zum Eilen neigenden Pferd wird mit dem inneren (linken) Schenkel trotzdem seitwärts getrieben, anstatt mit dem äußeren (rechten) Schenkel den zu starken Schwung aufzufangen.
Folge: Das Pferd wird hektisch und übereilt hasten. Verspannungen heben die lösende Wirkung des Schulterhereins auf.

4. Fehler: Der Kopf des Reiters ist gesenkt, der Blick nach unten gerichtet. Der Reiter ist dadurch versteift, seine Wirbelsäule verformt. Die Hilfen sind ausdruckslos.
Folge: Das Pferd ist irritiert und reagiert nur noch unwillig.

5. Fehler: Der innere (linke) Schenkel liegt nicht genügend weit hinter dem Gurt.
Folge: Das noch nicht ausgebildete Pferd kann mit den Hinterbeinen nicht auf dem Hufschlag gehalten werden (siehe Seite 200).

6. Fehler: Der innere (linke) Zügel wird nicht genügend verkürzt, der äußere (rechte) ungenügend nachgegeben.
Folge: Kopf und Hals des Pferdes werden nicht genügend nach innen (links) gestellt. Die innere Seite des Pferdes ist nicht „hohl gebogen“. Die Wirkung des Schulterhereins tritt nicht ein.

7. Fehler: Durch das Ziehen am seitlich vom Pferd abgespreizt gehaltenen inneren (linken) Zügel und ohne weitere Hilfen soll die Schrägstellung zum Schulterherein erreicht werden.
Folge: Das Pferd wird Kopf und Hals nach innen (links) „klappen“ und anstatt im Schulterherein geradeaus weitergehen.

8. Fehler: Die äußere (rechte) Zügelhand wird mit ungenügendem Druck an den Widerrist angelegt. Das „Widerlager“ zum treibenden inneren (linken) Schenkel fehlt.
Folge: Die Vorderbeine gehen zum Hufschlag zurück. Das Pferd geht kein Schulterherein mehr.

9. Fehler: Der äußere (rechte) Zügel wird beim Andrücken zu hoch gehalten: Der Zügel wird dadurch über den Mähnenkamm des Pferdes gezogen.
Folge: Das Pferd nimmt den Kopf hoch und verdreht ihn. Weiterhin fehlt das „Widerlager“ für den seitwärts treibenden inneren (linken) Schenkel: Die Vorderbeine gehen zum Hufschlag zurück. Das Pferd geht kein Schulterherein.

10. Fehler: Beide Zügel werden zu kurz gehalten.
Folge: Das Pferd drängt rückwärts an die Bahnbegrenzung. Das innere (linke) Beinpaar kann nicht mehr vorwärts-seitwärts über die äußeren Beine treten: Das Pferd wird unwillig, es bleibt stehen.

11. Fehler: Oberkörper und Gesäß sind nicht in die Schrägstellung des Pferdekörpers gedreht.
Folge: Trotz korrekter Zügel- und Schenkelhilfen wird das Pferd ständig versuchen, sich zu entziehen.

Änderungen für Fortgeschrittene

Modernes Reiten – ich wüsste mit dem Begriff nichts anzufangen. Mit einer zeitgemäßen Reitlehre aber sehr viel. Sie soll jedem, der reiten möchte, dies auch ermöglichen. So werden oftmals unkonventionelle Hilfen und Verhaltensweisen erforderlich, weil sie bei Mensch und Pferd Missverständnisse vermeiden helfen. Beide lernen schneller und freundlicher.

Irgendwann zählen dann beide zu den Fortgeschrittenen. Sie können nun verschiedene Hilfen umstellen. Diese sollen daher von Fall zu Fall beschrieben werden.

Zitat eines Schülers:

„Durch die vielen neuen Brücken zeigte mir dieses Buch einen Weg, der es mir ermöglicht, in Harmonie mit meinem Pferd so zu reiten, wie ich es mir nicht einmal im Traum vorgestellt hatte."

Schulterherein – linksherum

Änderungen der Schenkelhilfen:

Es kommt der Zeitpunkt, wo Ihr Pferd lediglich Ihrer korrekten Körperhaltung bedarf, um im Schulterherein dahinzugleiten. Allerdings mit einer Einschränkung, indem die maximal mögliche seitliche Biegung des Pferdes mit den erlernten Schenkelhilfen noch nicht erreicht werden kann. Aber diese „Übergangshilfen" waren nun einmal nötig.

Auch de la Guérinière beklagte die häufigen Schwierigkeiten seiner Schüler, die Hinterbeine ihrer Pferde auf dem Hufschlag zu halten. Allzu häufig drückten sie mit ihren Hinterbeinen in das Bahninnere. Dementsprechend wird von mir zunächst gelehrt, den inneren (linken) Schenkel etwa eine Handbreit hinter dem Gurt mit Druck anzulegen. Mit dem inneren (linken) Schenkel deshalb, weil es dem lernenden Pferd widersinnig erscheinen würde, sich gegen einen von außen (rechts) einwirkenden Schenkel (nach rechts) bewegen zu sollen.

Auch diese Schwierigkeiten gehören bei Ihnen längst der Vergangenheit an. Sie können nunmehr den inneren (linken) Schenkel am Gurt anlegen. Mit leichtem Druck wird er nun das Widerlager für den äußeren (rechten) Schenkel. Eine Handbreit hinter dem Gurt angelegt, wird dieser nun zum treibenden Schenkel. Gleichzeitig kontrolliert er das seitliche Weggehen des äußeren (rechten) Hinterbeins vom Hufschlag nach außen zur Bahnbegrenzung. Das Pferd wird nun um den inneren (linken) Schenkel gebogen.

All dies setzt voraus, dass nicht nur Ihr Pferd auf leichteste Schenkelhilfen reagiert, sondern, dass auch Sie spüren, welcher Schenkelhilfe es in jedem Moment gerade vorrangig bedarf. So geht Ihr Pferd zwischen den spielerisch eingesetzten Schenkeln und ist weit davon entfernt, sich „in die Zange genommen" zu fühlen.

DAS SCHULTERHEREIN

Änderungen der Zügelhilfen:
Der äußere Zügel hat in der besonderen und unentbehrlichen Funktion für die Schrägstellung des Pferdes nun seine Schuldigkeit getan. Ihr Pferd braucht diese Hilfe in seinem so weit fortgeschrittenen Ausbildungsstand nicht mehr.

Jetzt können Sie beide Zügel in gleicher Höhe halten, das heißt, dicht zusammen etwas über dem Widerrist. Bei einhändigem Reiten würde sich eine solche Zügelführung ohnehin ergeben.

Wann, wie oft, wie lange und in welchen Gangarten?

Wann?

Bei dieser Überlegung darf nur vom Ausbildungsstand des Pferdes ausgegangen werden. Im Idealfall sollte ein Pferd vor seinem Einreiten bereits ein intensives, fachlich angelegtes Bodentraining absolviert haben. Optimal ist, wenn hierbei auch das Schulterherein eingeübt wurde (siehe Dr. Nathalie Penquitt „Meine Pferdeschule"). In der Praxis bringen aber die wenigsten Pferde solch eine Vorbereitung mit.

Viele Volten, Volten-Figuren, geschlängelte Linien, enge Wendungen, aber vor allem auch das Volten Vergrößern dienen zur Vorbereitung des Pferdes für das erste Üben des Schulterhereins.

Die Vorbereitung des Pferdes auf die eigentliche „Arbeit" sprich Gymnastizierung ist, wie Sie wissen, unerlässlich. Ob die Pferde aus der Box kommen, aus dem Auslauf oder von der Weide, sie müssen zumindest zur Ausbalancierung des Reitergewichtes grundsätzlich vorher nach bestimmten Kriterien bewegt werden. Auch müssen Sie und Ihr Pferd eine Zeitspanne haben, um sich mental frei zu machen für die anstehende Zusammenarbeit (siehe Seite 53).

Es ist also festzuhalten:

- Nach dem Aufsitzen kommt das „Vorwärmen", und vor jedem weiteren Reiten sollte das Schulterherein kommen.
- Jedes Gymnastizieren beginnt grundsätzlich mit dem Schulterherein.

Zum Erlernen des Schulterhereins sollte ein abgegrenzter Platz zur Verfügung stehen. Die Größe sowie das Verhältnis von Länge zu Breite spielen eine untergeordnete Rolle. Beherrschen Reiter und Pferd das Schulterherein, ist ein Reitplatz für diese Lektion nicht mehr zwingend erforderlich. Das Schulterherein kann nun, wie auch andere noch zu erlernende Seitengänge, ins Gelände verlegt werden. Hierzu eignet sich jedes zum Bereiten erlaubte Feld. Aber auch auf einem Feld-, Wald- und Wiesenweg kann Schulterherein bestens geritten werden.

Um es nochmals zu sagen:

Schulterherein ist so wichtig, dass nichts unversucht bleiben darf, um diese Lektion bei jedem Reiten durchzuführen.

Wie lange?

Schulterherein ist für das Pferd vorerst für eine längere Zeit anstrengend! Wie viel man einem Pferd ohne es zu überlasten zumuten kann, hängt von Kondition und Ausbildungsstand ab. Während bei einer Platzgröße von beispielsweise 20 x 40 m anfangs eine lange Seite im Schulterherein geritten schon zuviel sein kann, sollte das Pferd nach einiger Zeit ohne weiteres eine Bahnrunde gehen können. Dazwischen wird zur Auflockerung eine Runde im Jog oder Trab geritten.

Etwa zwei Pferdelängen nach dem Beginn einer langen Bahnseite wird diagonal bis etwa zwei Pferdelängen vor der Ecke der anderen langen Seite die Richtung gewechselt. Die dann kommende kurze Seite dient, im Schritt geritten, vorerst zur Vorbereitung des Schulterhereins rechtsherum. Später, wenn Schulterherein im Trab geritten hinzukommt, werden es dann maximal je eine Bahnrunde links- und rechtsherum im Schritt und je eine Runde links- und rechtsherum im Trab. Nach Abschluss jeder Lektion ist eine Entspannungspause einzulegen. Das Pferd erhält ein „Leckerli" und darf als zusätzliche Belohnung eine Runde im Schritt am lang hingegebenen Zügel gehen.

In welcher Gangart?

Im Schritt

Obgleich der Trab beziehungsweise Jog erst den richtigen Schwung ins Schulterherein bringt, kommt zum Erlernen nur der Schritt in Frage. Bedingt durch das langsamere Tempo lassen sich die Hilfen korrekter und für das Pferd besser begreifbar anwenden. Aber auch die Fehler des noch nicht so sicheren Reiters können bei einem gleichfalls noch unsicher im Schulterherein gehenden Pferd wesentlich besser korrigiert werden.

Wie bereits ausführlicher behandelt, ist von gleicher tragender Bedeutung, dass durch das langsame Schritttempo die Hilfen als Muster („Software") vom Gehirn des Pferdes besser und schneller aufgenommen und gespeichert werden können.

Im Trab oder Jog

Geht das Pferd nach einiger Zeit im Schritt willig und korrekt links- und rechtsherum im Schulterherein, so kann mit dieser Lektion im Trab oder Jog begonnen werden. Der Ablauf erfolgt in gleicher Weise wie im Schritt. Vorher aber müssen Sie und Ihr Pferd lernen, wie im Schulterherein korrekt durch die Ecken gegangen wird. Also erst die Ecken im Schritt (siehe Seite 204), bevor es flotter losgehen soll.

Im Galopp

Das Schulterherein im Galopp sollte erst geübt werden, wenn der Seitengang Travers in allen Gangarten vom Pferd gut beherrscht wird, also auch im Galopp. Hierdurch wird dem Pferd und auch Ihnen das Erlernen des Schulterhereins im Galopp wesentlich leichter fallen.

Schulterherein im Galopp gymnastiziert das Pferd in besonderer Art und Weise. Auch kann es auf seine Psyche erhebliche Auswirkungen haben. Hatten die Reitmeister früherer Jahrhunderte bei Ausübung ihrer Reitkunst Schwierigkeiten bestimmter Art, so wendeten sie eine zuverlässig wirkende Medizin an: das Schulterherein im Galopp.

Warum sollten nicht auch Sie sich dieses „homöopathischen" Mittels bedienen? Wie gesagt, die Wirkung des Galopp-Schulterhereins ist enorm. Sogar zum Durchgehen neigende Pferde vergaßen sehr schnell ihre Rennerei, wenn sie beim geringsten Ansatz hierzu sofort in den Schulterhereingalopp gehen mussten. Was de la Guérinière zur „Heilung" verrittener Pferde mittels des Schulterhereins sagt, kann durch den Schulterhereingalopp besonders bewirkt werden.

Schulterherein im Galopp kann anfangs Schwierigkeiten in der Verständigung zwischen Ihnen und dem Pferd bereiten. Zwar sind die Hilfen die gleichen wie zum Schulterherein in den anderen Gängen, aber diese geänderten Schenkelhilfen für die Ausbildungsphase können vom Pferd anders verstanden werden.

Der *innere* (linke) Schenkel ist zum Schulterherein (linksherum) wie bekannt für längere Zeit und wie gleichfalls bereits beschrieben mindestens eine Handbreit hinter dem Gurt mit entsprechendem Druck anzulegen. Dies kann das Pferd so stark irritieren, dass es in den Außengalopp umspringt. Das heißt, wenn es linksherum, also im Linksgalopp geht, wechselt es plötzlich in den Rechtsgalopp. Es geht nun in Kontergalopp.

Das geschieht wie gesagt, wenn der beim Schulterhereingalopp für das Seitwärtstreten des Pferdes und das Halten seiner Hinterbeine auf dem Hufschlag zuständige linke Schenkel als vermeintliches Signal zum Rechtsgalopp missverstanden wird. So kann es vorkommen, dass es in den Außengalopp umspringt, das heißt, es geht zwar auf der Bahn linksherum, galoppiert aber im Rechtsgalopp.

Das Pferd hat vielleicht einen wunder-

Die gymnastizierende Biegung, die das Pferd im Schulterhereingalopp schon bei einem Abstellwinkel von ca. 15° auf dem Zirkel geritten zeigt, wird an dem Untertreten des inneren (li.) Hinterbeines unter den nach innen (li.) gebogenen Körper deutlich.

baren fliegenden Galoppwechsel durchgeführt, nur mit dem Schulterhereingalopp ist es erst einmal aus und vorbei. Die Wahrscheinlichkeit des ungewollten Umspringens ist um so größer, wenn das Pferd die Schenkelhilfen für den Galoppwechsel bereits kennt. Was ist zu tun, um diese leider häufig vorkommenden Irritationen zwischen Pferd und Reiter auszuschließen?

Als Erstes ist der äußere (rechte) Schenkel mit leichtem Druck dicht hinter dem Gurt, zusätzlich zum seitwärts treibenden inneren (linken) Schenkel, anzulegen. Da beide Schenkel nie gleichzeitig bei einem Seitengang Druck ausüben dürfen, um das „In-die-Zange-Nehmen“ des Pferdes auszuschließen, sollte der innere (linke) Schenkel mit schwächerem Druck einwirken und dieses auch nur in Intervallen.

Wichtig ist in diesem Fall, dass der ebenfalls relativ leichte Druck des äußeren (rechten) Schenkels dem irritierten Pferd als Signal dient, den Linksgalopp weiterhin einzuhalten. Der Druck des weiter hinter dem Gurt angelegten inneren (linken) Schenkels kann dann sicherer bewirken, dass lediglich die Hinterbeine wie beabsichtigt den Hufschlag nicht verlassen.

Klappt es wie geschildert, ist alles in Ordnung. Und wenn nicht? Nun, dann sollte man den Schulterhereingalopp vorerst auf dem Zirkel entwickeln.

Sie gehen also (wie üblich zuerst linksherum) auf einen Zirkel und geben die gelernten Hilfen zum Schulterherein. Nur sollte die Schrägstellung des Pferdes, das heißt, der Abstellwinkel der äußeren (rechten) Schulter von der Zirkellinie, anfangs nicht mehr als etwa 15° und später 30° betragen. Trotz des relativ stark angelegten inneren (linken) Schenkels wird das Pferd nun nicht mehr Neigung verspüren umzuspringen, das heißt, in den Außengalopp zu gehen.

Nach zwei Zirkelrunden sollte das Schulterherein beendet werden und das Pferd auf dem Hufschlag noch eine Bahnrunde im Galopp geradeaus gehen. Danach wird das Pferd am hingegebenen Zügel im Schritt geritten und gelobt (Leckerli nicht vergessen). Später wird dann versucht, aus dem Zirkel heraus den Schulterhereingalopp auf der geraden Linie des Hufschlages fortzusetzen. Weitere Einzelheiten sind dem nächsten Abschnitt zu entnehmen.

Es wird nicht lange dauern, bis der Galopp im Schulterherein sowohl aus der Ecke einer langen Seite als auch durch die Ecken ohne Unterbrechung und in einen Zirkel übergehend usw. geritten werden kann. Diese Übungen werden, natürlich in angemessenem Umfang, aus einem Gymnastizierungsprogramm für das Pferd nicht mehr wegzudenken sein.

Schulterherein durch die Ecken, auf dem Zirkel, in der Volte

Durch die Ecken

Beim Erlernen des Schulterhereins ist es wichtig, dass das Pferd zuerst nur die langen Bahnseiten im Seitengang gehen sollte und von den Ecken vorerst verschont bleibt. Auch wenn es schon relativ willig auf die Hilfen eingeht, folglich das Muster „Schulterherein“ als solches erkannt hat, so ist dieses doch bei weitem noch nicht im Gehirn gefestigt.

Aber auch die körperliche Belastung darf nicht unterschätzt werden. Wohl kaum wurden vorher beim Pferd Muskeln, Sehnen, Wirbel, Gelenke und der Rippenbereich so wie jetzt durch das Schulterherein gedehnt, gestreckt, gebogen oder zusammengezogen.

Daher ist es richtig, die zusätzlichen Belastungen des Ecken-Durchreitens im Schulterherein zunächst zurückzustellen und vielmehr dem Pferd auf der kurzen Bahnseite lieber einige Schritte der Entlastung zu gönnen. Jetzt aber ist es so weit. Die Vorbereitungen hierzu beginnen bereits etliche Meter vor der Ecke. Merkt das Pferd nämlich, dass es auch durch die Ecke im Schulterherein gehen soll, so wird es viel zu früh damit beginnen wollen.

Es wird versuchen, die Ecke erheblich abzukürzen. Man muss also darauf vorbereitet sein, um beide Zügel rechtzeitig leicht verkürzen zu können. Hat das Pferd erst einmal den Hufschlag auch mit den Hinterbeinen verlassen, so stört die Korrektur die Harmonie derart, dass es besser ist, die Übung mittels einer Volte abzubrechen.

Hat aber alles geklappt, das heißt, ist das Pferd auf dem Hufschlag geblieben, so wird

es auf einem relativ kleinen Radius nun im Schulterherein durch die Ecke geführt. Die Ecke ist also ziemlich „eckig“ zu reiten, und die Hinterbeine müssen einen erheblich größeren Weg zurücklegen als die Vorderbeine. Diese dürfen aber auf keinen Fall stehen bleiben. Sie müssen vielmehr in einem kleinen Bogen mittreten.

Dies ist Schulterherein extrem. Dazu bedarf es auch einer Änderung der Hilfen, vor allem in ihrer Intensität. So müssen die Schenkel- und Gewichtshilfen anfangs deutlich verstärkt werden, ebenso wie der Druck der äußeren Zügelhand. Dies gilt auch für Schulterherein auf dem Zirkel und in der Volte.

Auf dem Zirkel

Pferde, die beim Erlernen des Schulterhereins schwer auf dem Hufschlag zu halten sind oder aus einer bereits beschriebenen Irritation heraus in den Außengalopp umspringen, sollten am Anfang häufiger zwischendurch auf dem Zirkel in *leichter* Schulterherein-Stellung geritten werden.

Hierbei ist nicht so sehr an eine gymnastizierende Wirkung gedacht. Im Vordergrund steht vielmehr die Gewöhnung des Pferdes an die Hilfen für diesen Seitengang. Auch von einer besonderen Biegung des Pferdes wird man kaum ausgehen können.

Der Nachteil des Schulterhereins auf dem Zirkel ist, dass weder Hufschlag noch die Bahnbegrenzung Ihnen und Ihrem Pferd Orientierung und Halt bieten. Das Pferd wird mit den Hinterbeinen ständig nach außen (rechts) drängen und sich somit der Biegung entziehen. Auch ist so ein vermehrtes Untertreten des inneren (linken) Hinterbeins nicht möglich. Auf dies alles kann aber zugunsten der Gewöhnung des Pferdes an das Schulterherein vorübergehend verzichtet werden.

Später, wenn diese Lektion „aus dem Handgelenk“ läuft, wird sie, auch auf dem Zirkel geritten, gymnastizierende Vorteile erbringen. Durch die leichte Rundung der Bewegungslinie kann dieser Vorteil noch vermehrt wirken. Später wird auch das im Galopp gerittene Schulterherein unverzichtbar für weiterführende Lektionen.

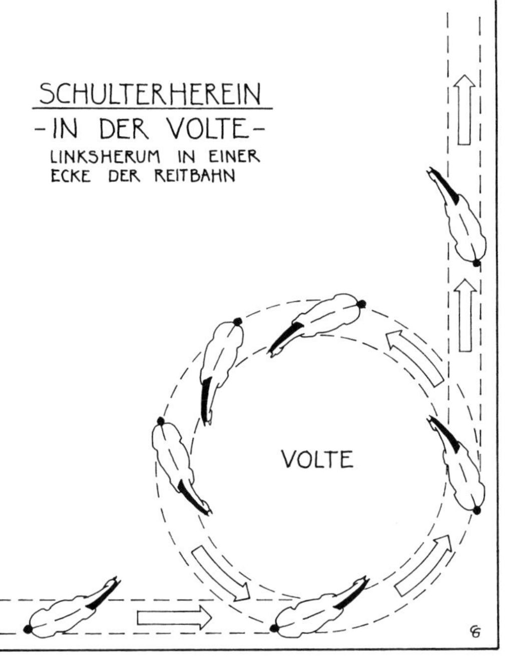

In der Volte

Am einfachsten lässt sich die Schulterherein-Volte in einer Ecke aus dem Schulterherein entwickeln. So hat man durch die Bahnbegrenzung an zwei Seiten einen gewissen „Halt“. Ungewöhnlich sind Quadrat-Volten mit abgerundeten Ecken, wie sie de la Guérinière empfiehlt. Seine Empfehlung beruht auf der Überlegung, dass Schulterherein durch die Ecken die extremste Gymnastizierung für das Pferd bringt.

Mit der Quadrat-Volte, die einen Durchmesser von etwa zehn Schritt haben sollte, wird diese in geballter Form möglich. Für den Lernenden gilt hier, wie es auch für die Travers-Volte empfohlen wird, mit dieser Übung erst dann zu beginnen, wenn der Ausbildungsstand wesentlich weiter fortgeschritten ist.

Tipps für Sonderfälle

„Keine Regel ohne Ausnahme“ trifft auch für das Erlernen des Schulterhereins zu. So gibt es junge Pferde, die unter keinen Umständen auf der geraden Bahn zum Schulterherein zu bewegen sind. Auch ältere Pferde, die bislang nur „geradeaus“ geritten wurden, das heißt, die keine gymnastizierenden Biegeübungen kennen, werden häufig ebenso reagieren.

Auch wenn schon viele Volten-Übungen, Schlangenlinien und dergleichen zur Vorbereitung mit diesen Pferden unternommen wurden, scheinen sie eine Dachlatte verschluckt zu haben, wodurch eine Biegung nicht möglich ist. Ihre Vorderbeine werden wie mit Magneten vom Hufschlag angezogen. Wie immer, wenn es nicht weitergeht, müssen Umwege helfen.

Bei Pferden, die also auf dem üblichen Wege nicht zum Schulterherein zu bewegen sind, hat es sich bewährt, das Schulterherein aus einer Volte heraus zu beginnen, und zwar über das

Volte Vergrößern

Die Volte wird um einen Zirkel-Mittelpunkt begonnen und in Schneckenform bis zum Hufschlag hin vergrößert. Ist das Pferd kurz vor dem Hufschlag, so muss es durch verstärkten Einsatz des inneren (linken) Schenkels sowie durch Gegenhalten der äußeren

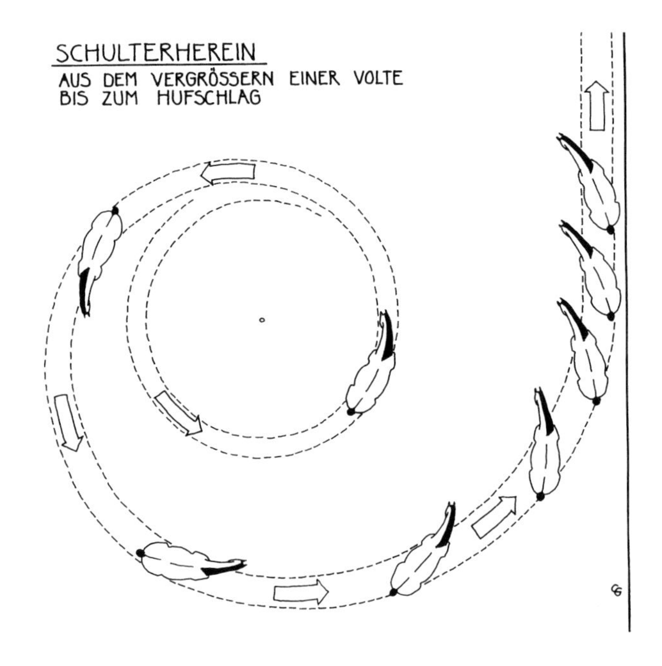

(rechten) Zügelhand am Widerrist so schräg gestellt werden, dass die *Hinterbeine* den Hufschlag *zuerst* erreichen. Jetzt ist das Pferd in Schulterherein-Stellung. Gelingt dies nicht, das heißt, auch das innere (linke) Vorderbein ist gleichfalls auf den Hufschlag gelangt, so muss die Übung abgebrochen und neu begonnen werden. Und dann wird Ihr Vorhaben auch klappen.

Ist die Vorarbeit gelungen, geht es nun, ohne anzuhalten und wie es bei Lernbeginn sein soll, in einem Winkel von 30°, also auf drei Hufspuren, im Schulterherein weiter. Hat alles geklappt, so müssen Sie das richtige Gespür haben, ob Sie bereits nach wenigen Schritten das Schulterherein beenden sollten oder erst nach einer halben Bahnlänge.

Aber aufgepasst, das Pferd kann versuchen:

a) mit der Schulter zum Hufschlag zurückzudrängen,
b) mit den Hinterbeinen vom Hufschlag weg in die Bahn zu drängen oder
c) völlig in die Bahnmitte zu gehen.

Diesem typischen Verhalten vieler Pferde wirkt man entgegen mit verstärktem Einsatz:

a) des äußeren (rechten) Zügels durch Gegenhalten,
b) des inneren (linken) Schenkels durch Druck,
c) der beiden Zügel, indem man sie verkürzt.

Während das Pferd nun glaubt, weiterhin das bekannte und daher von ihm akzeptierte „Volte Vergrößern“ auszuführen, ist es durch die üblichen – und je nach Verhalten des Pferdes unter Umständen verstärkten – Hilfen bereits etliche Schritte im Schulterherein gegangen.

Anfangs genügen wenige Schritte Schulterherein vollauf. Aber auch wenn alles klappt, sollte es wie gesagt vorerst nicht über die Hälfte einer langen Bahnseite ausgedehnt werden. Merkt das Pferd vorzeitig, dass es wirklich das tut, was es eigentlich nicht wollte, und fängt an unwillig zu reagieren, muss die Lektion sofort beendet werden.

Das Pferd wird in eine Volte genommen, danach gerade gestellt und einige Zeit geradeaus geritten. Es erhält eine Belohnung und soll sich am hingegebenen Zügel erholen können.

Noch einige Bemerkungen

Wie bei allen zu erlernenden Lektionen werden Sie sich anfangs reichlich abmühen. Aber schon nach erstaunlich kurzer Zeit setzt die Belohnung hierfür ein. Das Pferd fängt an, die Zusammenhänge zu begreifen. Im Gehirn entsteht ein Muster, das gespeichert wird. Irgendwann genügt es dann, die richtige Körperhaltung einzunehmen und

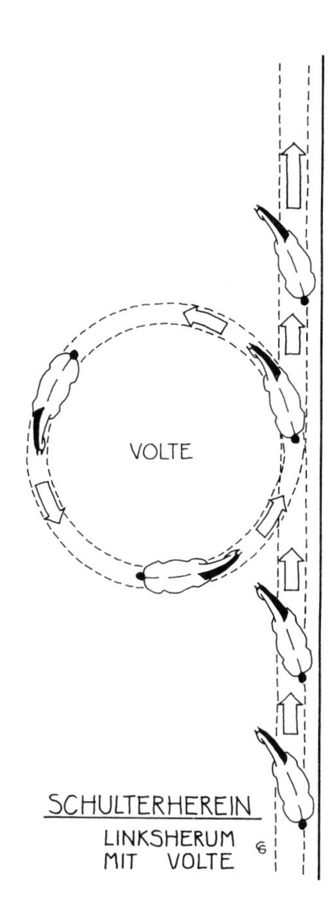

die Bewegungshilfen nur zu „wollen", um das Schulterherein beim Pferd auszulösen. Nur noch eins darf nie vergessen werden:

Man darf niemals mit seinem Körper hinter der Bewegung des Pferdes bleiben, das heißt, man darf nicht der seitlichen Bewegung des Pferdes „nachhinken".

Irgendwann genügt es, die Bewegungshilfen nur noch zu „wollen", um das Schulterherein beim Pferd auszulösen.

Dies ist der wohl gravierendste, häufigste und leider hartnäckigste Fehler, der auch noch nach längerer Zeit leider immer wieder beim Reiten der Seitengang-Lektionen auftreten kann.

Schulterherein lässt sich mit anderen Lektionen gut kombinieren. Die einfachste Art wäre eine nicht im Seitengang gerittene einfache Volte einzuplanen. Schon bald nach den ersten geglückten Schulterherein-Versuchen kann nach halber Bahnlänge, aus dem Schulterherein, eine Volte eingelegt werden. Aus dieser geht es dann wieder weiter im Schulterherein.

Die Biegung des Pferdes für diese Linksvolte ist durch das Schulterherein linksherum hervorragend vorgegeben. Auch können die Körperhaltung sowie die Bewegungshilfen nahezu beibehalten werden. Lediglich die Schenkelhilfen sind so einzurichten, dass das Pferd mit seinen Beinen auf der Voltenlinie bleibt.

Zurück am Ausgangspunkt der Volte, das heißt, am Hufschlag angekommen, behält man die Hilfen so bei, als sollte eine weitere Volte folgen. In dem Augenblick, in welchem das Pferd mit den Vorderbeinen wieder den Hufschlag verlässt und zur zweiten Volte ansetzt, wird dann das Schulterherein fortgesetzt.

Natürlich muss, gegebenenfalls durch Verkürzen beider Zügel, einen kurzen Augenblick lang aufgepasst werden, dass das Pferd nicht den Hufschlag auch mit den Hinterbeinen verlässt.

Diese kleine Übung sollte recht oft wiederholt werden, da sie für Pferd und Reiter eine Abwechslung bietet und etwa mögliche Verspannungen rechtzeitig abwendet. Das Kombinieren des Schulterhereins mit anderen Seitengängen und gymnastizierenden Elementen ergibt wundervolle elegante und nützliche Übungen und ist unerlässlich für das von mir vertretene Reiten. Vorerst müssen aber weitere Seitengänge erlernt und beherrscht werden.

Als Letztes zur Erinnerung noch einmal die sehr wichtige Regel:

Jede Lektion, die zum Beispiel linksherum geritten wurde, muss selbstverständlich auch rechtsherum geritten werden.

Was nützt eine gut gelöste linke Schulter, wenn die rechte steif geblieben ist, und das nur, weil Schulterherein rechtsherum vernachlässigt wurde?
Der Travers linksherum kann vom Pferd nur dann mühelos erlernt werden, wenn durch Schulterherein rechtsherum die rechte Schulter gut gelöst wurde. So hängt das eine vom anderen ab, und dies war nur ein Beispiel von vielen.

Es gibt da aber noch die bereits erwähnte „Schokoladenseite“ des Pferdes. Leider verleitet auch diese immer wieder zur Einseitigkeit. Das nämlich, was links- oder rechtsherum besonders gut klappt, wird dann aus Bequemlichkeit und weil es ja so toll geht, auch häufiger in dieser Richtung geritten. Man muss aber genau umgekehrt verfahren, dann wird das Schulterherein bald ein Spaß auf beiden Seiten.

Schenkelweichen – ein Seitengang, der keiner ist

„Heute haben wir in der Reitstunde wieder Schenkelweichen geübt. Es war ganz leicht. Die Pferde machten keine Schwierigkeiten, und der Reitlehrer war zufrieden.“

So weit der Bericht einer Schülerin über eine Reitstunde à Zehnerkarte. Beim Schenkelweichen fühlen sich alle wohl, die Schülerin, der Schüler, der Reitstundengeber, und auch die Pferde nehmen es gelassen hin. Die allgemeine Zufriedenheit rührt daher, weil diese Übung leicht zu vermitteln und einfach zu erlernen ist. Sie gibt einem das Gefühl, etwas Besonderes zu beherrschen, und bringt, ohne besondere Ansprüche an die Beteiligten zu stellen, Abwechslung in die Reitstunde.

Natürlich ist Schenkelweichen auch für das Pferd relativ einfach. In einem Winkel zwischen etwa 30° und 45° in Schrägstellung zu gehen, wenn keine Längsbiegung gefordert wird, stellt kein besonderes Problem dar. Dies insbesondere, und das ist das Entscheidende, weil es mit nach außen gestelltem Kopf, (also entgegen der Bewegungsrichtung) an der Bahnbegrenzung entlang gehen darf und auch soll. Eine gymnastizierende Anforderung, wie bei einem Seitengang, entfällt hier. Das macht die Sache einfacher, aber auch nutzloser.

In meinem Lehrprogramm ist das Schenkelweichen in der geschilderten Form nicht enthalten, da es bestehenden Grundsätzen widersprechen würde. Unter dem Begriff Schenkelweichen wurde in der altklassischen Reitkunst ein Hilfsmittel zur Gewöhnung des Pferdes, dem Schenkel zu weichen, in anderer Form gesehen. Es geschieht allerdings im Stand und ist nichts anderes als die bereits in allen Einzelheiten beschriebene Wendung um das innere Vorderbein (Vorhandwendung).

Diese Übung ist sehr gut dazu geeignet, sowohl dem (jungen) Pferd die Schenkelhilfen begreiflich zu machen, als auch dem (jungen) Reiter die Auswirkungen seines Schenkeleinsatzes zu demonstrieren. Zum üblichen Schenkelweichen geradeaus an der Bahnbegrenzung entlang meine ich, dass es absolut keinen praktischen Nutzen bringt, sondern vielmehr nur Schaden anrichtet.

Ohne einen gymnastizierenden und versammelnden Effekt zu erreichen oder überhaupt anzustreben, werden dem Pferd für seine weitere Ausbildung nur vermeidbare Schwierigkeiten bereitet. So muss es zu seiner Verwirrung unnötigerweise lernen, dass es hier den Kopf nach außen nehmen darf, was ihm später beim Erlernen des Travers strikt verboten wird. Zudem wird es bei häufigem „Üben" dieses Schenkelweichens sein Gewicht mehr und mehr auf die Vorderbeine verlagern.

Von verschiedenen alten Reitmeistern wurden diese Überlegungen in gleicher Weise beschrieben. Hier gab es häufig bittere Schelte über diese Art des Schenkelweichens. Nun wird sich verschiedentlich Enttäuschung breit machen. Wer aber die vorstehenden Warnungen ernst nimmt, wird das so populär gewordene Schenkelweichen in der üblichen Form gleichfalls ablehnen. Ihr Pferd wird es Ihnen später danken.

Das Konterschulterherein

Ein Schulterherein verkehrt herum

Es soll einfacher für Sie und Ihr Pferd sein, das andere Schulterherein, bei dem das Pferd mit dem Kopf in Richtung der Bahnbegrenzung gestellt auf dem Hufschlag entlang geht. Hierbei soll es gleichfalls eine leichte Biegung entgegen der Bewegungsrichtung haben. Als Schrägstellung wird 30° empfohlen, das heißt, das Pferd geht dann auf drei Hufspuren. Diese Lektion nennt sich Konterschulterherein oder auch Contre-Schulterherein.

Während François Robichon de la Guérinière es allgemein für falsch hielt, das Pferd zum Erlernen der Seitengänge mit dem Kopf zur Wand zu stellen, und er daher das Konterschulterherein überhaupt nicht beschrieb, hielten es andere Reitmeister für nützlich. Wieder andere widersprachen dem. Um das Hin und Her komplett zu machen, erklärten einige das Konterschulterherein zur Vorstufe des eigentlichen Schulterhereins, während andere es als nachfolgende Lektion ansahen.

Völlig anders verhält es sich beim Einsatz des Konterschulterhereins von hochkarätigen Experten für Experten empfohlen. Dies aber nur dann, wo es bei der Ausbildung von Pferden für höchste Anforderungen in kurzen wechselnden Reprisen mit ausgetüftelten speziellen Hilfen zur Korrektur bestimmter Mängel eingesetzt wird. Allerdings kann ein Fehler bei diesen Korrekturen, so wird geschildert, gravierende negative Folgen für das Pferd haben.

Für den üblichen Einsatz des Konterschulterhereins kann ich bei dem von mir vertretenen Reiten keinen Vorteil erkennen. Im Gegenteil. Hier verhält es sich doch für das Pferd so psychologisch konträr wie beim Schenkelweichen: Bringe ich ihm doch zunächst bei, mit an die Bahnbegrenzung und nach außen gestelltem Kopf, also entgegen der Bewegungsrichtung, zu gehen, um es wenige Zeit später mit aller gebotener Konsequenz – zum Beispiel für den Travers – hiervon abzuhalten.

Warum diese Stellung beim Konterschulterherein verlangen, um wenig später das Pferd wieder mühsam umzustellen? Ihr Pferd wird für diese Irritationen wenig Begeisterung aufbringen können. So meine ich, dass global gesehen, aus der Sicht des hier vertretenen Reitens, das Risiko eines psychologisch negativen Effektes für das Pferd in keinem Verhältnis zu einem möglichen Nutzen steht.

Der Travers

Travers – warum?

Für Freizeitreiter und andere an meiner Reitlehre Interessierte halte ich den Travers, in der hier gelehrten Art, für eine wichtige und unverzichtbare Lektion. Sie stellt eine weitere Stufe der Gymnastizierung des Pferdes dar und liegt, ohne besondere Schwierigkeiten zu bereiten, damit im Rahmen des Erlernbaren.

Der Travers kann, richtig geritten, Ausdruck und Gestalt des Pferdes so vorteilhaft verändern, dass ein Außenstehender glaubt, ein anderes Pferd vor sich zu sehen.

Auch der Travers hilft, sowohl die Längsbiegung der Wirbelsäule und die Dehnung im äußeren Rippenbereich des Pferdes als auch die wichtige Mehrbelastung der Hinterbeine zugunsten einer Entlastung und somit Schonung der vorderen Gliedmaßen zu verbessern. Die dadurch gewonnene Bewegungsfreiheit bei verstärkter Rückenmuskulatur lässt das Pferd freier und erhabener erscheinen.

De la Guérinière soll allerdings erheblich gegen den Travers gewettert haben. Er meinte, dass es falsch sei, das Pferd mit dem Kopf in Richtung Wand zu stellen. Seine Begründung: Das Pferd werde hierdurch rein mechanisch, infolge der Begrenzung, und nicht aufgrund der Hilfen des Reiters diese Lektion ausführen. Sie sei somit zumindest psychologisch wertlos.

Aus seiner Sicht wird diese Argumentation sehr wohl verständlich gewesen sein. Die Anforderungen an das Niveau der Ausbildung eines Pferdes konnten damals aus vielerlei Gründen wesentlich höher angesiedelt werden als heutzutage. Trotz seiner Einwände bietet der Travers unseren heutigen Pferden so viele nützliche Gymnastizierungsmöglichkeiten, dass hierauf unter keinen Umständen verzichtet werden darf.

Natürlich bedeutet die Stellung des Pferdes Richtung Bahnbegrenzung zum Erlernen dieser Lektion eine wesentliche Erleichterung für Pferd und Reiter. Es werden aber dennoch genügend Schwierigkeiten zu überwinden sein. So ist zum Beispiel zu erreichen, dass der Kopf des Pferdes in die Bewegungsrichtung gestellt wird oder, noch bescheidener angefangen, vorerst zumindest nicht entgegengesetzt zu dieser steht.

Im Übrigen wird der Travers auch für viele kombinierte Übungen mit anderen Seitengängen benötigt. So gesehen werden Langeweile und stupide Mechanik durch den Travers bei Pferd und Reiter wohl kaum aufkommen können.

Wie soll's aussehen?

Wie Sie wissen, kann man davon ausgehen, dass die biegsamere Seite des Pferdes meistens die linke ist. Darum wurde mit dem Schulterherein zur leichteren Ausführung für Sie und Ihr Pferd linksherum begonnen.

Zwischen Schulterherein und Travers besteht in Bezug auf die Beweglichkeit der Schultern ein Zusammenhang. Geht ein Pferd im Schulterherein linksherum besser als rechtsherum, so ist die linke Schulter beweglicher. Eine gut gelöste, also lockere und damit bewegliche linke Schulter aber ermöglicht dem Pferd ein leichteres Erlernen des Travers rechtsherum.

Beim Travers rechtsherum muss nämlich das linke Vorderbein aus der linken Schulter heraus den weiteren Vorwärts-Seitwärts-Weg zurücklegen. Mit dieser Erkenntnis muss das Training für diese Seitengänge entsprechend gesteuert werden.

Es wird also in der Regel rechtsherum mit dem Travers begonnen. Anfangs sollte das Pferd in einem Winkel von etwa 30°

schräg gestellt gehen. Am einfachsten beginnen Sie, von der kurzen Bahnseite kommend, durch ein kurzes Abschneiden der Ecke zur langen Seite der Bahn. Hierdurch erreichen Sie den Hufschlag gleich in dem gewählten Abstellungswinkel.

In der Anfangsstufe können die Vorderbeine auch vor dem Hufschlag, das heißt, an dessen innerem Rand und somit in einem etwas größeren Abstand von der Bahnbegrenzung entfernt, entlanggehen. Verschiedene Pferde werden es auch so anbieten.

Auch der Travers wird anfangs erst mit einer 30°-Schrägstellung geübt. Hierbei geht das äußere (li.) Hinterbein in der Spur des inneren (re.) Vorderbeins. Hier ist die Abstellung ein klein wenig größer.

Es kann aber auch vorkommen, dass ein Pferd an die Bahnbegrenzung drängt. Hält man es nicht rechtzeitig durch entsprechendes beidseitiges Verkürzen der Zügel zurück, so wird der Bewegungsfluss erheblich gestört. In einem solchen Fall kann anfangs die Einhaltung eines gewissen Abstandes vom Hufschlag nützlich sein.

Zuerst wird das Pferd noch nicht in die Bewegungsrichtung gebogen werden können. Allein den Kopf des Pferdes gerade zu halten wird schon reichlich Mühe kosten. Solange das Pferd noch nicht genügend gymnastiziert ist, fällt es ihm nämlich wesentlich leichter, beim Travers den Kopf nach außen (links), das heißt, entgegen der Bewegungsrichtung, zu halten.

Dies darf unter keinen Umständen geduldet werden, weil die gymnastizierende Wirkung gleich Null und die später ohnehin fällige Umstellung zum korrekten Travers wesentlich erschwert wäre.

Später, wenn das Pferd im Travers schon geschult ist, soll es im äußeren Rippenbereich so gut gedehnt sein, dass Kopf und Hals absolut in die Bewegungsrichtung gestellt sind. Nun ist es auch so weit, dass es mit seinen Vorderbeinen auf dem Hufschlag gehen soll. Gleichfalls ist die Schrägstellung des Pferdes, wegen des wesentlich größeren Wirkungsgrades der Gymnastizierung, spätestens jetzt von 30° auf etwa 45° zu vergrößern.

Der Gymnastizierungseffekt ist nun optimal. Gleichzeitig werden auch die Anforderungen an das Pferd erheblich größer. Um so erstaunlicher wird es sein, wie geschickt und selbstverständlich das Pferd schon jetzt auf die Hilfen reagiert.

Beim Schulterherein liegt die hohl gebogene Seite des Pferdes entgegen der Bewegungsrichtung.
Beim Travers weist die hohl gebogene Seite in die Bewegungsrichtung.

Dieser Unterschied ist für das Pferd wesentlich. So wie beim Travers erforderlich, also mit hohl gebogener Seite in die Bewegungsrichtung gestellt zu gehen, bereitet dem Pferd mehr Schwierigkeiten. Hier aber zeigt sich, wie viel Vorarbeit mittels Schulterherein geleistet wurde. Werden die leicht durchführbaren Hilfen dem Pferd verständlich gegeben, wird jedes Pferd den Travers ohne weiteres erlernen und auch korrekt ausführen können.

Sofern das Pferd seinen Kopf noch nicht in der angestrebten senkrechten Stellung hält, sollte dies auch auf keinen Fall verlangt werden. Es wäre im Lernprozess des Travers zu viel auf einmal. Eine gute Kopfhaltung – die Stirn-Nasenlinie verläuft dann nahezu senkrecht – wird sich ohnehin, durch die häufigen Biegearbeiten gefördert, später fast von selbst einstellen.

TRAVERS RECHTSHERUM

AUF DREI HUFSPUREN MIT 30° SCHRÄGSTELLUNG,
AUF ZWEI HUFSCHLÄGEN MIT 45° SCHRÄGSTELLUNG

Travers – rechtsherum

Beim Travers kreuzt, anders als im Schulterherein, das äußere (hier linke) Beinpaar vorwärts-seitwärts über das innere (rechte) Beinpaar. Das äußere (linke) Hinterbein kreuzt allerdings erst bei einer Schrägstellung des Pferdes von fast 45°. Wichtig ist, dass bei dieser Schrägstellung das Pferd

Travers in 45°-Stellung – Das Pferd geht in die Bewegungsrichtung gebogen auf vier Hufspuren oder, anders gesagt, auf zwei Hufschlägen.

seinen äußeren (linken) Hinterfuß weiter unter seinen Körper und damit unter seinen Schwerpunkt mit allen daraus resultierenden Vorteilen setzt. Die Hilfen des Reiters hierzu werden im nächsten Abschnitt ausführlich erklärt.

Beim Travers rechtsherum wird anfangs die innere (re.) Zügelhand tief und fest an den Widerrist angelegt. Durch den Druck soll die innere (re.) Schulter des Pferdes trotz des treibenden äußeren (li.) Schenkels nur so viel zur Seite weichen können, wie der Winkel der Schrägstellung des Pferdes maximal betragen soll. Gleichzeitig muss der Zügel so viel verkürzt werden, dass das Pferd den Kopf nicht entgegen der Bewegungsrichtung stellen kann. Der äußere Zügel wird etwa eine Handbreit über dem Widerrist leicht an den Hals gelegt gehalten.

Wie wird's gemacht?

Die Körperhaltung

Travers – rechtsherum

1. Der äußere (linke) Schenkel soll etwas hinter dem Gurt anliegen.
2. Die innere (rechte) Zügelhand soll tief gehalten seitlich am Widerrist anliegen.
3. Der äußere (linke) Zügel soll, etwa eine Handbreit über dem Widerrist gehalten, am Hals anliegen.
4. Der innere (rechte) Schenkel soll gerade herunterhängend am Pferd liegen.
5. Oberkörper und Kopf sind senkrecht zu halten. Die Schultern sollen parallel zu den Schultern des Pferdes ausgerichtet sein.
6. Die innere (rechte) Hüfte wird leicht vorgeschoben. Das Becken wird leicht nach hinten dynamisch abgekippt.
7. Der Kopf wird in Richtung der Schrägstellung des Pferdes gehalten. Der Blick geht in Verlängerung dieser Richtung über das Pferd hinweg in die Ferne.

Erläuterungen zur Körperhaltung

Zu 1.

Wie weit der äußere (linke) Schenkel zurückgelegt werden muss, richtet sich nach dem Körperbau des Pferdes. Im Normalfall etwa eine Handbreit hinter dem Gurt. Bei einem sehr kurzen Pferd wird er direkt hinter dem Gurt angelegt.

Zu 2. und 3.

Diese Zügelführung, das heißt, dass der innere (rechte) Zügel tiefer – also seitlich am Widerrist – liegt als der äußere (linke), über dem Widerrist gehaltene, gilt nur für die Dauer der Ausbildung im Travers. Später, wenn das Pferd das Muster im Gehirn gespeichert hat, werden ohnehin sämtliche Hilfen nur noch angedeutet. Natürlich muss auch ein fortgeschrittener Grad der Gymnastizierung erreicht worden sein. Jetzt kann der Travers hin und wieder in einhändiger Zügelführung geritten werden. Eine Haltung der Zügel in unterschiedlicher Höhe ist dann ohnehin nicht mehr möglich.

Die Bewegungshilfen

Travers – rechtsherum

1. Der äußere (linke) Schenkel treibt durch entsprechenden Druck das Pferd seitwärts.
2. Der innere (rechte) Zügel sorgt durch vorsichtiges Verkürzen für eine leichte Biegung des Pferdes nach innen (rechts). Die rechte Zügelhand sorgt durch seitlichen Druck gegen den Widerrist dafür, dass die Vorderbeine auf dem Hufschlag bleiben.
3. Der äußere (linke) Zügel unterstützt durch leichten Druck am Hals des Pferdes den äußeren (linken) Schenkel beim seitwärts Treiben.
4. Der innere (rechte) Schenkel liegt ohne besonderen Druck am Pferd. Er wird bei Bedarf als seitliche Bremse oder zum vermehrten Vorwärtsgehen eingesetzt. Der Bügel wird mit leichtem Druck belastet.
5. Die äußere (linke) Schulter und Hüfte sind bei zu geringer Schrägstellung des Pferdes zurückzunehmen.
6. Die innere (rechte) Schulter und Hüfte sind bei zu starker Schrägstellung des Pferdes entsprechend zurückzunehmen.
7. Ist die gewünschte Schrägstellung des Pferdes problemlos, sind die eigenen Schultern und Hüften stets parallel zu denen des Pferdes auszurichten.
8. Der Oberkörper und das Gesäß werden leicht in die Bewegungsrichtung (rechts) verlagert. Das Becken wird dynamisch nach hinten abgekippt.
9. Der Kopf ist senkrecht zu halten. Er darf auf keinen Fall nach unten absinken.

Erläuterungen zu den Bewegungshilfen

Nochmals zur Erinnerung:
Diese Erläuterungen sollten ebenso aufmerksame Beachtung finden wie die Lehrsätze selbst. Erst durch weitere Erklärungen werden oftmals Zusammenhänge erkennbar und bestimmte Regeln für die Praxis transparenter.

Zu 1. und 2.

Der äußere (linke) Schenkel und die innere (rechte) Zügelhand arbeiten eng zusammen. Sie „werfen“ sich gewissermaßen „die Bälle zu“. So sorgt der äußere (linke) Schenkel für das Seitwärtsgehen des Pferdes sowie für die seitliche Abstellung der Hinterbeine nach innen (rechts).

Die innere (rechte) Zügelhand hingegen sorgt durch entsprechenden Gegendruck dafür, dass sich die Vorderbeine nur so weit auf dem Hufschlag seitlich bewegen, dass die Hinterbeine sich ständig in dem gewünschten Abstellwinkel führen lassen können.

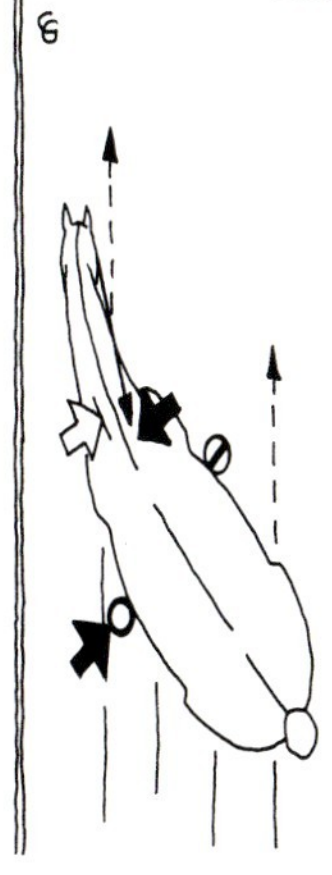

Zu 1. und 4.

Der Druck des äußeren (linken) Schenkels soll also das Pferd seitwärts treiben. Es kann aber vorkommen, dass das Pferd zwar seitwärts, dabei aber auch rückwärts geht, das heißt, es entfernt sich vom Hufschlag ins Bahninnere.

Hier muss der unter 4. angesprochene innere (rechte) Schenkel so lange durch entsprechenden Andruck zum Treiben eingesetzt werden, bis das Pferd wieder am Hufschlag angekommen ist. Der seitwärts treibende Druck des äußeren (linken) Schenkels wird während dieser Aktion ausgesetzt.

Der innere (rechte) Schenkel wird also nur kurzfristig, wie in vorstehender Situation erklärt, eingesetzt. Allerdings wäre für die Biegung des Pferdes in die Bewegungsrichtung ein leichter, in kurzen Intervallen erfolgender Andruck des inneren Schenkels in Verbindung mit einer entsprechenden Verkürzung des inneren (rechten) Zügels wünschenswert.

Sie sollten aber mit diesem besonderen Einsatz des inneren (rechten) Schenkels vorerst warten, da hierbei anfangs erhebliche Schwierigkeiten auftreten können, wie zum Beispiel durch ein ungewolltes „In-die-Zange-Nehmen" des Pferdes. Dies würde Irritationen auslösen, die man sich und dem Pferd ersparen sollte.

Zu 3.

Der mit leichtem Druck am Hals des Pferdes anliegende äußere (linke) Zügel darf auf keinen Fall über den Mähnenkamm hinweggezogen werden. Andererseits wiederum darf er nicht seitlich vom Pferd hinweggezogen werden, um damit den Abstellwinkel zu vergrößern.

Zu 5. und 6.

Durch entsprechende Drehung der Schultern und Hüften können die Hilfen zur Vergrößerung oder Verkleinerung des Abstellwinkels wesentlich unterstützt werden. Wird zum Beispiel die äußere (linke) Schulter etwas zurückgenommen, Hüften und Gesäß gleichfalls in diese Richtung gedreht, so unterstützt dies erheblich die Hilfen zur Vergrößerung des Abstellwinkels.

Diese zusätzlichen Hilfen dürfen nur als solche verstanden und nicht überbetont angewandt werden.

Zu 8.

Wollen Sie, dass das Pferd flüssig seitwärts geht, so dürfen Sie nicht selbst das Hindernis hierzu sein. Um der Bewegung des Pferdes nicht nachzuhinken, sollten Sie mit Ihrem Körper leicht in die Bewegungsrichtung wollen, also das Körpergewicht dorthin etwas verlagern. Das heißt aber nicht, den Oberkörper auch nur andeutungsweise in diese Richtung abzukippen. Die hieraus resultierenden negativen Folgen sind ausreichend beschrieben worden.

Die häufigsten Fehler und deren Folgen

Auch der Travers ist wie alle anderen Seitengänge durch logisch aufgebaute Hilfen für Sie und Ihr Pferd ohne Überforderung erlernbar. Doch bis die Hilfen ohne besondere Überlegungen fließend funktionieren, wird noch einiges zu tun sein nach der Devise:

Gelesen ist noch lange nicht verstanden, und verstanden ist noch lange nicht dem Pferd verständlich beigebracht.

So kann es vorkommen, dass die Hilfen, die Sie geben, nicht das auslösen, was man sich als Ergebnis erhofft. Nervosität kommt auf!

Die Hilfen werden ungewollt und unbemerkt fehlerhaft. Die so ersehnte Harmonie rückt in weite Ferne. Wenn man es nur wüsste, man würde es ändern. Natürlich würden Sie das, denn es sind immer die gleichen Fehler, die dem Lernenden unterlaufen.

Travers – rechtsherum

1. Fehler: Der Oberkörper hängt nach außen (links). Er ist in der Hüfte abgeknickt. Der innere (rechte) Schenkel liegt nicht mehr am Pferd.
Folge: Das äußere (linke) Beinpaar wird zu stark belastet. Es kann nicht vorwärts-seitwärts über das innere (rechte) Beinpaar kreuzen. Travers ist nicht mehr möglich.

2. Fehler: Der Oberkörper fällt vornüber.
Folge: Das Pferd wird rückwärts vom Hufschlag wegdrängen, das äußere (linke) Beinpaar kann nicht mehr kreuzen, sondern nur noch seitwärts treten. Verletzungen am inneren (rechten) Beinpaar sind möglich. Der Travers wird unterbrochen.

3. Fehler: Der Oberkörper wird zu weit nach innen (rechts) gehalten.
Folge: Ein zum Eilen neigendes Pferd wird darin bestärkt. Das innere Beinpaar wird blockiert, Verspannungen treten auf: Das Pferd kann nicht mehr traversieren.

4. Fehler: Der Kopf ist gesenkt. Der Blick ist nach unten gerichtet.
Folge: Nicht nur Ihre Wirbelsäule versteift sich, sondern der ganze Körper einschließlich Geist und Seele. Ihre „Hilfen“ werden unverständlich. Das Pferd reagiert nur noch unwillig. Harmonie und Verständigung sind gestört.

5. Fehler: Der innere (rechte) Schenkel ist vom Körper des Pferdes abgespreizt und hochgezogen. Der Bügel wird nicht belastet.
Folge: Der Oberkörper ist in der äußeren (linken) Hüfte abgeknickt. Er fällt nach außen (links). Die äußere Gesäßhälfte belastet das äußere Beinpaar. Das Pferd reagiert wie unter 1. beschrieben.

6. Fehler: Der äußere Schenkel wird zu weit hinter dem Gurt angelegt.
Folge: Das Pferd drückt zu stark mit den Hinterbeinen nach innen (rechts). Der Abstellwinkel (maximal 45°) wird weit überschritten. Die Schultern versteifen sich. Das Pferd bleibt stehen.

7. Fehler: Der äußere (linke) Zügel wird zur Vermeidung eines Ausbrechens des Pferdes nach rechts innen verkürzt eingesetzt.
Folge: Der Kopf des Pferdes zeigt entgegen der Regel nach außen (links). Die Biegung nach innen (rechts) oder zumindest eine gerade Längsstellung des Pferdes ist so unmöglich. Die Zügel„hilfe“ war sinnlos, der Travers nicht mehr möglich.

8. Fehler: Die innere (rechte) Zügelhand wird mit ungenügendem Druck seitlich an den Widerrist angelegt. Auch wird der innere (rechte) Schenkel nicht als vorübergehende Hilfe eingesetzt.
Folge: Es fehlt das „Widerlager“ für den treibenden äußeren (linken) Schenkel. Die Vorderbeine können nicht am Hufschlag gehalten werden. Das Pferd dreht nach rechts ab.

9. Fehler: Die innere (rechte) Zügelhand wird zu hoch gehalten. Sie liegt nicht seitlich am Widerrist an. Da so ein seitlicher Druck mit der Zügelhand nicht möglich ist, wird der Zügel bei erforderlichem Einsatz über den Mähnenkamm gezogen.
Folge: a) Das Pferd verdreht den Kopf. b) Es fehlt das Widerlager für den treibenden äußeren (linken) Schenkel. Die Vorderbeine können nicht am Hufschlag gehalten werden, das Pferd verabschiedet sich zur Bahnmitte.

10. Fehler: Beide Zügel werden zu stark angezogen.
Folge: Das Pferd geht rückwärts-seitwärts. Das äußere (linke) Beinpaar kann

nicht über das innere kreuzen. Travers ist nicht mehr möglich.

11. Fehler: Es wird zu viel oder ausschließlich mit dem äußeren Schenkel getrieben, anstatt in besonderen Fällen den inneren verstärkt einzusetzen.
Folge: Das Pferd wird sich vom Hufschlag rückwärts-seitwärts gehend entfernen.

12. Fehler: Die innere (rechte) Schulter sowie die innere (rechte) Hüfte sind zu weit zurückgenommen.
Folge: Da geeignete Maßnahmen fehlen, wird der Abstellwinkel für ein zum Hufschlag zurück drängendes Pferd zu gering. Ein Travers ist so nicht möglich.

13. Fehler: Die äußere (linke) Schulter sowie die äußere (linke) Hüfte sind zu weit zurückgenommen.
Folge: Ein Pferd, das dazu neigt, weit über den erlaubten Abstellwinkel von 45° zu drängeln, wird durch die fehlerhaften Hilfen hieran nicht gehindert. Aus dem Travers wird eine nicht gewünschte Volltraversale.

Travers – wann, wie oft, wie lange und in welchen Gangarten?

Die Lernstunde beginnt mit den obligatorischen Meditationsminuten, verbunden mit dem Warmreiten des Pferdes. Dann geht es mit Schulterherein, natürlich vorerst im Schritt weiter. Jeweils maximal eine Runde. Zur Erholung für das Pferd eine Schrittrunde am hingegebenen Zügel, dann sind Sie und Ihr Pferd sanft in die Lernstunde hinein geglitten. Geht das Pferd im Schulterherein schon recht flüssig, so folgt jetzt jeweils eine halbe Runde Schulterherein links- und rechtsherum im Trab oder Jog.

Nach der üblichen Erholungsphase im Schritt geht es nun endlich mit dem Travers los. Der Travers wird in gleicher Reihenfolge wie das Schulterherein geübt, das heißt anfangs noch vorsichtiger mit jeweils maximal einer halben Runde links- und rechtsherum, natürlich nur im Schritt. Auch hier gilt es, jede Überforderung des Pferdes zu vermeiden. Daher sollte dazwischen eine auflockernde ruhige Trab- oder Jogrunde eingelegt werden. Das hilft, das Pferd bei guter Laune zu halten, die Sie übrigens auch haben sollten.

Zum Einprägen für das Pferd ist auch der Travers selbstverständlich erst im Schritt zu lehren. Werden die Hilfen einigermaßen korrekt gegeben, wird das Pferd den Travers erstaunlich schnell begreifen.

Natürlich bringt, wie bei allen Seitengängen, erst der Trab beziehungsweise Jog den richtigen Schwung und Fluss in die Bewegungen des Pferdes. Das kann allerdings

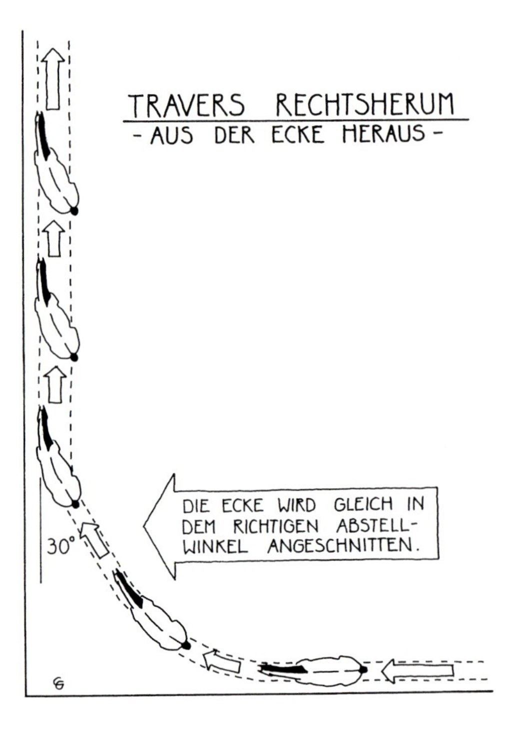

Die Freude am Reiten verstärkt sich, wenn das Pferd auch im Travers „wie am Schnürchen" geht.

auch dazu verleiten, zu viel vom Pferd zu verlangen. Daher Vorsicht: Weniger kann auch hier mehr sein. Geht das Pferd im Schritt willig im Travers und hat man selbst keine besonderen Unsicherheiten in der Hilfengebung mehr, so kann mit dem Travers im Trab beziehungsweise Jog begonnen werden.

Hierzu wird vorher eine halbe Bahnrunde im ruhigen Jog geritten. Am einfachsten ist es, wie im Schritt gelernt, die Ecke vor einer langen Seite wieder so anzuschneiden, dass der Travers gleich im richtigem Abstellwinkel von 30° beziehungsweise etwa 45° begonnen werden kann. Aber aufpassen: Man muss seinen Körper in die jetzt wesentlich schnellere Bewegung des Pferdes auch mitnehmen!

Wer zu sehr mit der Hilfengebung beschäftigt ist, bleibt leicht hinter der Bewegung des Pferdes zurück – und obgleich man sich das Gegenteil vorgenommen hatte, ist es nun doch passiert: Der Oberkörper fällt nach außen, also bei rechtsherum nach links, und knickt in der Hüfte ab. Um das Maß voll zu machen, wird dann zwangsläufig noch das innere (rechte) Bein vom Pferd abgespreizt. Hat man niemanden, der dies korrigieren kann, so wird der Fehler anfangs nicht einmal bemerkt, es sei denn, man erkennt ihn an der Reaktion des Pferdes.

Die Auswirkungen solcher Verhaltensfehler sind im Fehlerkatalog eingehend beschrieben. Man sollte sich diesen immer wieder vor Augen führen, um die Zusammenhänge in ihrer Logik besser zu erkennen.

Aber auch diese Zeit wird vorbeigehen. Irgendwann, und das braucht gar nicht so lange zu dauern, klappt plötzlich alles. Man selbst ist sicherer geworden. Das Pferd geht „wie am Schnürchen". Der Groschen ist gefallen. Wo sind die vielen Probleme von gestern? Die Freude am Reiten verstärkt sich. Es hat eine neue Dimension erhalten.

Durch die Ecken und in der Volte

Durch die Ecken

Sobald der Travers auf den langen Bahnseiten nahezu problemlos geritten werden kann, geht es an die vollen Runden. Das heißt, auch die kurzen Bahnseiten sollen einbezogen werden und somit auch die Ecken. Das Durchreiten der Ecken bereitet beim jetzt erreichten Ausbildungsstand keine besonderen Schwierigkeiten. Trotzdem: Wenn es geklappt hat, kann man mit sich und vor allem mit seinem Pferd zufrieden sein. Aber beim Durchreiten einer Ecke im Travers gelten wieder andere Anforderungen. Daher muss aufgepasst werden. Vor allem vorher!

Es ist zu spät, wenn man mit dem Pferd in der Ecke steht und sich hilflos fragt: Was nun? Geht man also zu tief in die Ecke, bleibt man in ihr stecken. Da hilft dann nur, das Pferd zurücktreten zu lassen und neu anzufangen.

Wird hingegen das Durchreiten einer Ecke zu früh eingeleitet, kommt man erst zum Hufschlag zurück, wenn die kurze Bahnseite fast zu Ende ist. Folglich muss man rechtzeitig vor Erreichen der Ecke überlegen, in welcher Abrundung diese im Travers geritten werden soll.

In der abgerundeten Ecke müssen die Vorderbeine aufgrund des wesentlich größeren Weges auch weiter ausschreiten. Sie müssen also stärker kreuzen als auf einer geraden Strecke. Wichtig ist aber, dass die Hinterbeine zu keiner Zeit auf der Stelle treten. Sie sollen ständig, wenn auch mit kleineren Schritten, vorwärts-seitwärts treten.

Leichtigkeit und Schönheit der Bewegungen strahlt der Travers beim Reiten eines Halbzirkels mit fließendem Übergang in eine Traversale aus. Das, später im Galopp geritten, lässt keinen Beteiligten kalt.

In der Volte

Die Travers-Volte ist eigentlich nichts anderes als die Fortsetzung des Durchreitens einer abgerundeten Ecke im Travers zu einem Kreis. Damit die Volte eine Ähnlich-

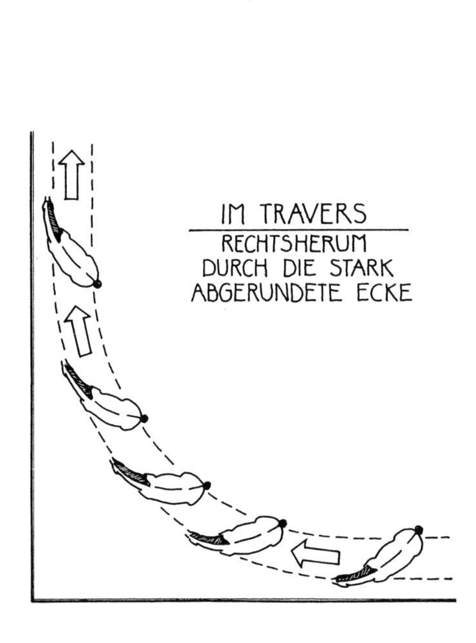

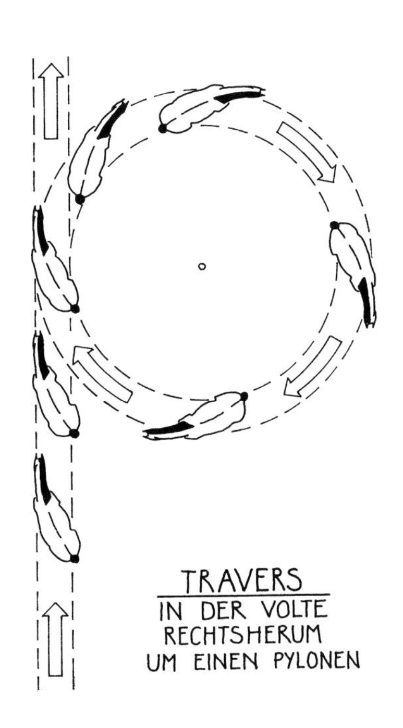

Bevor Sie sich an eine frei im Raum liegende Traversvolte heranwagen, sollten Sie mit Ihrem Pferd schon das Durchreiten abgerundeter Ecken im Travers beherrschen.

Das Drehen des Oberkörpers in die Bewegungsrichtung, also die Schultern parallel zu denen des Pferdes ausgerichtet und der vorausschauende Blick dürfen neben den anderen Hilfen auf keinen Fall vergessen werden.

Die Hilfen zum Travers durch die Ecken und in der Volte

Travers – rechtsherum

1. Der äußere (linke) Schenkel treibt, dicht hinter dem Gurt angelegt, kräftiger als üblich.
2. Der äußere (linke) Zügel wird gleichfalls mit verstärktem Druck seitlich an den Widerrist gelegt. Er soll mithelfen, die Vorderbeine auf ihrem längeren Weg stärker zum Traversieren anzuregen.
3. Der innere (rechte) Zügel wird etwas seitlich vom Widerrist entfernt gehalten und leicht verkürzt. Hierdurch soll das Pferd mehr Freiheit zum vermehrten Ausschreiten der Vorderbeine erhalten.
4. Der innere (rechte) Schenkel ist ständig auf Treiben eingestellt, um sofort ein Rückwärtstreten zu verhindern.
5. Der Oberkörper wird in die Bewegungsrichtung (rechtsherum) gedreht, das heißt, die eigenen Schultern werden parallel zu den Schultern des Pferdes gestellt.
6. Die innere (rechte) Hüfte wird so viel nach innen (rechts) gestellt, dass die eigenen Hüften parallel zu denen des in Längsrichtung gebogenen Pferdes stehen.

keit mit einer solchen erhält, hat es sich bewährt, diese um einen Pylon zu reiten. Der Abstand der Hinterbeine des Pferdes vom Pylon sollte etwa drei bis vier Schritt betragen. Anfangs wird man sich erheblich abmühen müssen, einem außenstehenden Betrachter erkennbar zu machen, was hier eigentlich geschieht.

Es ist schon ein erheblicher Unterschied, ob nur eine kurze Abrundung einer Bahnecke im Travers durchritten werden muss oder eine frei im Raum liegende Volte von ca. sechs bis acht Schritt im Durchmesser. Da sich die Travers-Volte bezüglich der Hilfen nicht vom Travers durch die Ecke der Bahn unterscheidet, sollte sie aber schon jetzt abgehandelt werden.

Erläuterungen zu den Hilfen

Zu 1, 2, 3 und 5.

Die Vorderbeine des Pferdes müssen also sowohl beim Durchreiten der Ecken im Travers als auch in der Travers-Volte den größeren Weg zurücklegen. Daher soll durch die Hilfen 1 und 2 sowie 3 und 5 dem Pferd geholfen werden, vor allem die Tritte der Vorderbeine zu verlängern.

Zu 2.

Zusätzlich soll daran erinnert werden, dass ein höher gehaltener Zügel, wenn erforderlich, zwar an den Widerrist beziehungsweise Hals angelegt werden kann, aber niemals über diesen hinweg.

Travers im Galopp

Rechtsherum

Zunächst soll die Traversale erlernt werden. Mit dem Travers im Galopp wird wie mit dem Schulterherein im Galopp einstweilen noch gewartet. Die Traversale macht ihn möglich, das heißt, der Traversgalopp fällt dem Pferd leichter, wenn es die Traversale gelernt hat. Um es noch einmal deutlich werden zu lassen: Erst wenn alle Seitengänge im Schritt und Trab vom Pferd sicher beherrscht werden, sollte mit der Gymnastizierung durch den Galopp begonnen werden. Dennoch soll das, was zum Traversgalopp

Wenn Ihr Pferd den Traversgalopp kennt, können Sie diese Übung auch einmal ins Gelände verlegen.

zu sagen ist, hier angesprochen werden. Die Hilfen sind erklärt, die Fehler hierbei und deren Folgen aufgezeigt. Auf einige spezielle Dinge ist noch einzugehen.

Am elegantesten ist es, am Bahnmittelpunkt X anzugaloppieren und anderthalb Zirkel zu reiten. Hinter der Mitte der kurzen Seite wird dann die Ecke in dem Winkel abgeschrägt, in dem das Pferd im Travers gehen soll. Anfangs kann Ihnen nun warm werden. Häufig wird das Pferd nicht oder auch nur annähernd in der gewünschten Schrägstellung gehen wollen. Vielmehr wird es mit den Hinterbeinen zum Hufschlag drängen.

So wie bei dem gleichen Verhalten des Pferdes im Schritt oder Trab beziehungsweise Jog müssen Sie dem entgegenwirken. Für den Traversgalopp allerdings werden Sie beim ersten Mal Ihre äußere (linke) Schulter und Hüfte extrem stark nach hinten drehen müssen, um wieder die gewünschte Schrägstellung zu erreichen. Auch muss der äußere (linke) Schenkel eine Handbreit hinter dem Gurt mit starkem Druck angelegt werden.
Nun wirken sich diese Aktionen auf das Pferd auch noch treibend aus. Das Tempo nimmt zu. Wird es zu schnell, dann brechen Sie alles ab und gehen etwas im Schritt, um dann erneut zu starten. Hier wurde der extremste Fall, der Ihnen unterkommen kann, geschildert. Aber mit jedem Galoppmeter im Travers – und die Hälfte einer Bahnlänge pro Übungstag genügt hierzu – wird alles zusehends besser.

Hat das Pferd nicht oder nur einige Sprünge im relativ ruhigen Tempo traversiert, dann sollten Sie im Galopp bleibend auf den Zirkel gehen und einen erneuten Versuch unternehmen. Vor allem das Vorhergesagte hört sich nach vielem, nur nicht nach Leichtigkeit und beschwingter Harmonie an.

Vielleicht haben Sie zu früh mit den gymnastizierenden Galoppübungen begonnen? Sonst aber muss Ihr Gefühl Ihnen sagen, dass Sie zäh weitermachen sollen. Der Erfolg wird sich bald einstellen, und die genannten Hilfen werden durch zart angedeutete Signale ersetzt werden können.

Eines Tages werden Sie dann tatsächlich ein wunderbares Gefühl empfinden, wenn Ihr Pferd mühelos im Traversgalopp dahingleitet. Mit gewünschter Schrägstellung wird es bei sanfter Zügelführung aus einer langen Seite in einen Zirkel übergehen, um aus diesem in eine Traversale zu schwingen, und ... nein, nein, so weit sind Sie ja noch nicht. Aber auch diese Zeit wird kommen. Erst sollten Sie den schönsten Seitengang im Schritt und Trab erlernen – die Traversale.

Änderungen für Fortgeschrittene

Travers – rechtsherum

Änderungen der Gewichtseinwirkungen

Auch beim Travers können Sie nun einige andere Hilfen, von denen eine noch stärkere Gymnastizierung erhofft wird, einsetzen. Das Erlernen des Travers mit den vereinfachenden Hilfen hat sich gelohnt. Bei korrekter Körperhaltung und mit kaum merklichen Hilfen traversieren Sie nun in allen

Gangarten. Er macht Ihnen Freude und dem Pferd nichts aus, der Travers.

Jetzt würde das Pferd auch eher eine Umstellung der Gewichtsverlagerung auf das äußere Beinpaar verkraften können als beim Erlernen des Travers, so wie es die FN (Deutsche Reiterliche Vereinigung) in ihren Richtlinien vorschreibt. Eine Gewichtsverlagerung entgegen der Bewegungsrichtung: Beim Erlernen und Vervollkommnen des Travers wäre dies wohl kaum so glatt gelungen.

Die von mir für Fortgeschrittene nun vorgenommene Umstellung der Gewichtshilfen für den Travers bereute ich aber bald bitter, widersprach diese doch ganz offensichtlich den physikalischen Gesetzmäßigkeiten. Dies hatte teilweise empfindliche Störungen für Pferd und Reiter zur Folge. Bewirken soll diese „Belastungsverwirrung" laut der FN ein vermehrtes Aktivieren des äußeren Hinterbeines, also ein vermehrtes Untertreten.

Aus meiner Sicht ist dies durch die von den alten Reitmeistern und auch von mir vertretenen Schrägstellung des Pferdes bis zu 45° bei Seitengängen zu erreichen. Hierzu muss das Pferd auch mit seinem äußeren Hinterbein weit untertreten, um über das innere Hinterbein kreuzen zu können.

Änderungen der Zügelhifen

Die innere (Zügel-)Hand hatte mit seitlichem Druck die Vorderbeine so in Position zu halten, dass das Pferd deutlich erkennen konnte, was es nicht durfte. Es wurde ihm hierdurch sehr schnell klar gemacht, dass es den Hufschlag mit den Vorderbeinen nicht verlassen durfte. Auch half die innere Zügelhand in einer für das Pferd einleuchtenden Form, es in jeder gewünschten Schrägstellung zu führen.

Nach einigen Jahren dieser Zügelführung braucht das Pferd nun keine so deutlichen Hilfen mehr. Jetzt genügt ein leichtes Vibrieren des inneren, in gleicher Höhe zum äußeren gehaltenen Zügels für die gewünschte Reaktion.

Die Traversale

Traversale – warum?

Die Traversale, auch Traversalverschiebung genannt, ist von den Seitengängen die wohl spektakulärste Lektion. Fein geritten, verleiht sie dem Pferd einen besonderen unnachahmlichen Ausdruck von Leichtigkeit und vollendeter Eleganz. Die Traversale ist aber auch Mittel zum Zweck. So sollte jeder diese wichtige Übung zumindest als ein Mittel zur Gymnastizierung seines Pferdes anwenden.

Die Traversale bringt ein hohes Maß an Verständigung zwischen Ihnen und Ihrem Pferd zustande. Bei keiner anderen Lektion wird einem das Zusammenspiel von Körperhaltung und Bewegungshilfen sowie von besonderer Feinfühligkeit der Intensität letzterer so eindeutig klar.

Ich habe Kursteilnehmer erlebt, die Tränen in den Augen hatten, als ihr Pferd mit nur angedeuteten und daher für den Zuschauer kaum sichtbaren Hilfen die Traversale ging – Freizeitreiter, die eigentlich „nur" spazieren reiten wollten, aber irgendwie darauf kamen, dass sie etwas tun mussten, um ihr Körpergewicht schonender auf die Beine ihres Pferdes zu verteilen.

Oftmals war es gerade ein gutes Jahr her, dass sie geglaubt hatten, niemals solche oder andere Lektionen erlernen zu wollen, vom Erlernen-Können ganz zu schweigen. Und niemals hätten sie gedacht, dass sich so viel Spaß am Reiten und Freude über die sich ständig weiter vertiefende Verbindung zu ihrem Pferd entwickeln könnte.

Wie soll's aussehen?

Traversale nach rechts

Beim Travers hat das Pferd zwei Leithilfen für die Bewegungsrichtung. Der Kopf findet Orientierung an der Bahnbegrenzung, und die Vorderbeine haben sie durch den Hufschlag. Die Traversale hingegen spielt sich im freien Raum ab und stellt daher beim Erlernen besonders hohe Anforderungen an Pferd und Reiter.

Bei der Traversale im Trab (nach rechts) kreuzt abwechselnd das äußere (li.) über das innere (re.) Hinterbein ...

Die Traversale ist eine Vorwärts-seitwärts-Bewegung, bei der das Pferd in die Bewegungsrichtung gebogen ist. Das Pferd muss hierzu auf einer gedachten schräg verlaufenden Linie gehen. In der Traversale nach rechts kreuzt das äußere (linke) Beinpaar vorwärts-seitwärts über das innere (rechte) Beinpaar. Während die Vorderbeine leicht führen, soll das Pferd durch seine Längsbiegung ständig parallel zur Bahnbegrenzung gestellt gehen. Eine ganze Menge auf einmal.

Das Pferd lernt aber die Lektion erstaunlich schnell. Hierbei hilft der vorausgegangene Travers, da die Hilfen, das heißt, sowohl die Körper- als auch die Bewegungshilfen, sich gleichen. Der wesentliche Unterschied liegt also in der unterschiedlichen Lage innerhalb der Reitbahn. Bei der Traversale fehlt wie gesagt dem Pferd plötzlich der stützende Halt durch Hufschlag und Bahnbegrenzung. Das Pferd soll nun auf einer gedachten schrägen Linie vorwärts-seitwärts traversieren.

Diese Linie kann diagonal durch die ganze Bahn von Ecke zu Ecke verlaufen beziehungsweise, korrekt gesagt, etwa zwei Pferdelängen nach der Ecke beginnend und entsprechend vor der diagonal liegenden Ecke endend. Die Schräge kann aber auch an jedem beliebigen anderen Punkt beginnen und enden.

Die Angabe einer Gradzahl für den Winkel, in dem die Traversallinie verlaufen soll, ist für die Praxis unbrauchbar. Ist eine Reitbahn doppelt so lang wie breit, so ist die Diagonale von Ecke zu Ecke eine gebräuchliche Schräglinie für die Traversale. Dieser Winkel kann als Richtmaß vor allem für den Anfang gelten.

Zurück zur Stellung des Pferdes. Zunächst wird man es kaum schaffen, den Kopf des Pferdes mittels einer sanften Halsbiegung in die Bewegungsrichtung zu stellen. Von einer seitlichen Biegung des Körpers ist noch gar nicht zu reden.

Das Pferd wird, wie auch beim Travers, versuchen, den Kopf zur Entlastung nach außen zu nehmen. Dies würde aber die positiven Eigenschaften der Traversale nicht wirksam werden lassen und die Regeln für eine effektive Gymnastizierung ad absurdum führen.

Man begnügt sich vorerst mit einer geraden Stellung des Pferdes ohne Biegung. Aber auch das zu erreichen wird anfangs einige Geschicklichkeit erfordern. Jetzt wird das Pferd auf die Idee kommen, durch Ausstellen der Hinterbeine nach außen (links) seine Schultern zu entlasten. So brauchte es nicht mehr zu traversieren, sondern lediglich normal durch die Reitbahn diagonal zu wechseln.

Andere Pferde hingegen versuchen sich noch anders zu drücken. Sie lassen sich einfallen, ihre Hinterbeine extrem in die Bewegungsrichtung vorzuschieben, um so mit den Hinterbeinen zu führen. Einige machen es so geschickt, dass sogar Profis darauf hereinfallen. Daher sollen die Vorderbeine deutlich sichtbar vor den Hinterbeinen führen.

Aber auch später müssen die Vorderbeine deutlich führen, wobei der übrige Pferdekörper unbedingt parallel zur Bahnbegrenzung gestellt sein muss. Dies wird von dem Augenblick an kein Problem mehr sein, wenn das Pferd in der Vorwärts-seitwärts-Bewegung längs gebogen gehen kann.

DAS PFERD IST PARALLEL ZUR BAHNBEGRENZUNG AUSGERICHTET

KOPF UND SCHULTERN DES PFERDES SIND IN DIE BEWEGUNGSRICHTUNG GESTELLT, ES FÜHREN DIE VORDERBEINE.

TRAVERSALE NACH RECHTS

STELLUNG UND BEWEGUNGSRICHTUNG DES PFERDES

... und das äußere (li.) über das innere (re.) Vorderbein.

Zusammenfassend:

Traversale nach rechts – wie soll sie aussehen?

- In der Traversale bewegt sich das Pferd auf einer schrägen Linie, nahezu parallel zur Bahnbegrenzung gestellt, vorwärts-seitwärts.
- Hierbei sollen die Vorderbeine etwas vor den Hinterbeinen des Pferdes führen.
- Anfangs genügt ein in gerader Längsstellung gehaltener Hals. Eine Längsbiegung des Pferdes in die Bewegungsrichtung kann noch nicht unbedingt verlangt werden.
- Sind die Anfangsschwierigkeiten überwunden, so muss das Pferd nach und nach in die Bewegungsrichtung gebogen werden.
- Die Vorderbeine sollen weiterhin, jedoch nur leicht, führen.
- Das äußere (linke) Beinpaar kreuzt vorwärts-seitwärts über das innere (rechte) Beinpaar. Das Pferd ist parallel zur Bahnbegrenzung ausgerichtet und in die Bewegungsrichtung gebogen.

Die Haltung der Hände zur Traversale ist gleich jener beim Travers. Auch hier helfen sie maßgeblich bei der Ausrichtung des Pferdes mit.

Wie wird sie geritten?

Für die Traversale sind sowohl die Hilfen für die Körperhaltung als auch die Bewegungshilfen mit denen für den Travers in vielen Punkten gleich. Zur besseren Übersicht werden jedoch sämtliche Hilfen nochmals aufgelistet.

Es wurde bereits angesprochen, dass Pferde insbesondere auf die Intensität der Bewegungshilfen sehr unterschiedlich ansprechen können. Dies kann sich bei der Traversale besonders ausgeprägt bemerkbar machen. Während ein als normal zu empfindender Druck des äußeren (linken) Schenkels bei dem einen Pferd zu kaum einer Reaktion führt, kann das andere schon eine Überreaktion zeigen und sich veranlasst fühlen, voll seitwärts, also ohne jeglichen Vorwärtsschub, loszugehen.

Bei solchen „Seitwärtsrennern" hilft auch der Einsatz des sonst die Situation rettenden inneren (rechten) Schenkels nichts. Hier muss zunächst der äußere (linke) Schenkel weitgehend „drucklos" werden. Zu ähnlichen Reaktionen kann es in anderer Situation bei den Hilfen mittels Schultern und Hüften kommen. Auch hier muss auf die Sensibilität des Pferdes unbedingt eingegangen werden.

„Mein Pferd ist zu stur, zu schwerfällig, um das zu begreifen." „Es ist zu nervig, um sich zu konzentrieren." – Solche Sprüche sind ein Offenbarungseid für eigene Mängel im Selbstvertrauen, die so manch einem das Reiten unbewusst erschweren. Vielleicht sollten Sie sich wieder mal an den Spruch: „Mit Pferden denken – Pferde lenken" erinnern und sich fest vornehmen, danach zu handeln.

Im Übrigen: Patentrezepte im engeren Sinn kann es für das Reiten nicht geben. Aber Vertrauen, Glauben, Zuversicht, Ausdauer, Wollen, Geduld, all das können Sie sich selbst verordnen. Schließlich beruhen auch meine persönlichen Erfolge auf dieser Erkenntnis.

Das, was für Sie in diesem Buch enthalten ist, gibt Ihnen einen großen Rahmen mit vielen bis in kleinste Details gehenden Aufschlüssen, die für Sie unerlässlich sind. Das „I-Tüpfelchen" auf Ihr Reiten mit Ihrem Pferd zu setzen bleibt allerdings Ihren Eingebungen überlassen.

Die Körperhaltung

Traversale – nach rechts

1. Der äußere (linke) Schenkel soll etwas hinter dem Gurt am Pferdekörper anliegen.
2. Die innere (rechte) Zügelhand soll tief gehalten seitlich am Widerrist anliegen.
3. Der äußere (linke) Zügel soll, etwa eine Handbreit über dem Widerrist gehalten, am Hals anliegen.
4. Der innere (rechte) Schenkel soll gerade herunterhängend am Pferd liegen.
5. Oberkörper und Kopf sollen senkrecht gehalten werden, die Schultern parallel zu den Schultern des Pferdes ausgerichtet sein. Das Becken soll leicht nach hinten abgekippt sein.
6. Die Hüften sollen parallel zu den Hüften des Pferdes stehen.
7. Der Kopf wird geradeaus gehalten. Der Blick geht über das Pferd hinweg in die Ferne.

Die Bewegungshilfen

Traversale – nach rechts

1. Der äußere (linke) Schenkel sorgt durch entsprechenden Druck dafür, dass das Pferd vorwärts-seitwärts geht.
2. Der innere (rechte) Zügel sorgt durch entsprechendes Verkürzen für eine leichte Biegung des Halses nach innen (rechts). Die Zügelhand drückt seitlich gegen den Widerrist und hält die Vorderbeine in Position.
3. Der äußere (linke) Zügel unterstützt durch entsprechenden Druck am Hals des Pferdes den äußeren Schenkel.
4. Der innere (rechte) Schenkel liegt ohne besonderen Druck am Pferd an. Er sorgt bei Bedarf für das Vorwärtsgehen des Pferdes. Der Bügel wird mit leichtem Druck belastet.
5. Der Oberkörper wird bei senkrechter Haltung leicht in die Bewegungsrichtung (rechts) verlagert. Der innere (rechte) Gesäßknochen ist stärker zu belasten.
6. Die innere (rechte) Schulter wird leicht zurückgenommen und so parallel zu den Schultern des Pferdes gestellt.
7. Die äußere (linke) Hüfte wird leicht nach außen zurückgenommen.

Erläuterungen zu den Bewegungshilfen

Zu 1. und 2.

Wie auch beim Travers arbeiten der äußere (linke) Schenkel und die innere (rechte) Zügelhand eng zusammen. So sorgt der äußere (linke) Schenkel für die Seitwärtsbewegung. Die innere (rechte) Zügelhand wiederum sorgt mit entsprechendem seitlichen Druck dafür, dass die Vorderbeine nicht zu viel führen. Mit „mal etwas Druck, mal nachgeben“ wird das Pferd in Parallelstellung zur Bahnbegrenzung gehalten.

Zu 3.

Der äußere (linke) Zügel darf beim Anlegen nicht über den Mähnenkamm des Pferdes gezogen werden.

Zu 1. und 4.

Wie beschrieben, soll das Pferd vorwärts-seitwärts gehend mit dem äußeren (linken) Beinpaar über das innere (rechte) Beinpaar kreuzen. Das soll auf einer bestimmten schrägen Linie erfolgen. Manches Pferd reagiert aber schon auf den leisesten Druck des äußeren (linken) Schenkels heftig und bewegt sich übereilt nur noch seitwärts.

Jetzt muss sofort der Druck des äußeren (linken) Schenkels aufhören. Dafür wird der innere (rechte) Schenkel mit entsprechendem Gegendruck eingesetzt. Dieser Schenkel soll ja ohnehin in ständiger Bereitschaft für das „Vorwärts“ beim Traversieren am Pferd liegen.

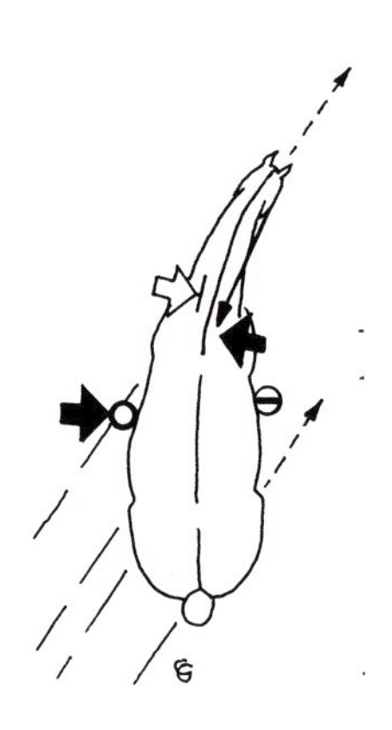

SCHENKEL- UND ZÜGELHILFEN

LEICHTES VERKÜRZEN DES ZÜGELS
DRUCK DER ZÜGELHAND
AM HALS ANLIEGENDER ZÜGEL
OHNE DRUCK ANLIEGENDER SCHENKEL MIT LEICHTER BELASTUNG DES BÜGELS
MIT DRUCK ANLIEGENDER SCHENKEL
BEWEGUNGSRICHTUNG

Tritt das Pferd nicht allzu heftig seitwärts, aber mehr als gewollt, so genügt in vielen Fällen schon allein das verstärkte Anlegen des inneren (rechten) Oberschenkels, um den Seitwärtsdrang zu bremsen und in eine ausgewogene Vorwärts-seitwärts-Bewegung umzulenken.

Zu 5.

Wie bei allen Seitengängen besteht auch bei der Traversale ständig die Gefahr, dass man hinter der Bewegung des Pferdes bleibt, das heißt, dass Ihr Körper nicht mit dem Pferd mitgeht. Vor allem im Lernstadium sind Sie zu sehr mit dem Pferd beschäftigt, um zu merken, dass sich der Oberkörper immer mehr nach außen (links), das heißt, entgegen der Bewegungsrichtung, neigt.

Die Folgen dieser Körperhaltung für das Pferd sind bekannt. Schwung und Glanz wird eine Traversale unter diesen Bedingungen nicht haben können. Daher sind Oberkörper und Gesäß, wie unter 5. empfohlen, in die Bewegung des Pferdes mitzunehmen. Das heißt aber nicht, den Oberkörper in diese abzukippen.

Zu 7.

Viele Pferde sind wenig geneigt, zu einer Traversale ihre Hinterbeine genügend parallel zur Bahnbegrenzung zu stellen. Durch ein deutliches Zurücknehmen der äußeren (linken) Hüfte können Sie dem Pferd mitteilen, was Sie von ihm wollen.

Änderungen für Fortgeschrittene

Durch dieses Buch läuft ein roter Faden. Er ist die Seele meiner Reitlehre. Es geht um das Bemühen, Ihnen auf die einfachste Weise verständlich zu machen, was Sie zu lernen haben und wie Sie auf die gleiche

Christina, Nicole, Kerstin und Heike können im Unterricht die Traversale schon in einer Formation zeigen.

Weise Ihrem Pferd mitteilen können, was Sie von ihm möchten.

Beherrscht das Pferd bereits über eine längere Zeit die Traversale in guter Ausführung, so kann auch hier etwas an den Hilfen geändert werden. Die Zügelhilfen mussten bislang für das Pferd überdeutlich sein, damit es einfacher lernen konnte, was von ihm verlangt wird.

Nun aber sind Sie und Ihr Pferd so weit fortgeschritten, dass Sie beide Zügel ständig in gleicher Höhe, etwa eine Handbreit über dem Widerrist, halten können. Auch dürfen Sie jetzt die Traversale unbekümmert einhändig reiten. Nach einer gewissen Zeit können sich allerdings Fehler einschleichen. Dann ist es angebracht, für einige Zeit zur alten Zügelführung zurückzukehren.

Die häufigsten Fehler und deren Folgen

Fehler, die man kennt, kann man abstellen. Reagiert ein Pferd nicht so, wie man es möchte, gibt es nur zwei Möglichkeiten:

Entweder es liegt am Pferd oder an einem selbst. Natürlich können die Hilfen korrekt gegeben worden sein, und trotzdem macht das Pferd noch nicht das, was gewünscht wurde. Wird es dafür bestraft, so fügt man ihm allerdings in den meisten Fällen Unrecht zu.

Vielleicht ist das Pferd in seiner Ausbildung noch nicht so weit, um die gegebenen Hilfen für eine bestimmte Lektion begreifen zu können? Das heißt, man sollte auf jeden Fall statt zu strafen wieder eine Stufe zurückgehen und es erst später erneut versuchen.

Die betreffenden „Fehler" des Pferdes muss man folglich ergründen und herausfinden, woran es nun wirklich liegt. Im folgenden Fehlerkatalog sind sie wieder ausschließlich beim Reiter zu suchen. Das hieraus resultierende Fehlverhalten des Pferdes wird einem hierüber Aufschluss geben.

Traversale – nach rechts

1. Fehler: Der Oberkörper hängt nach außen (links). Er ist in der Hüfte abgeknickt.
Folge: Das äußere (linke) Beinpaar wird zu stark belastet. Es kann nicht vorwärts-seitwärts über das innere (rechte) Beinpaar kreuzen.

2. Fehler: Der Oberkörper fällt vornüber.
Folge: Das Pferd wird nur noch seitwärts gehen, unter Umständen auch stehen bleiben oder rückwärts gehen wollen.

3. Fehler: Der Kopf ist gesenkt. Der Blick ist nach unten gerichtet.
Folge: Der Reiter versteift sich, engt sich psychisch ein. Korrekte Hilfen sind nicht mehr möglich. Das Pferd ist irritiert, es versteht nicht, was es machen soll. Die Traversale kann nicht gelingen.

4. Fehler: Der innere (rechte) Bügel wird nicht belastet. Der Schenkel ist hochgezogen und vom Pferd abgespreizt.
Folge: Der Oberkörper fällt nach außen (links) und knickt in der Hüfte ab. Die äußere (linke) Gesäßhälfte belastet das äußere Beinpaar. Das Pferd wird nicht mehr vorwärts-seitwärts traversieren.

5. Fehler: Die innere (rechte) Zügelhand ist in der Lernphase ohne genügenden Druck am Widerrist angelegt.
Folge: Die Vorderbeine schwenken nach innen (rechts). Die Traversale ist nur schwach ausgeprägt oder wird überhaupt nicht ausgeführt.

6. Fehler: Der innere (rechte) Zügel ist nicht entsprechend verkürzt angelegt.
Folge: Der Kopf des Pferdes zeigt nach außen. Eine Längsbiegung, das heißt eine Dehnung im äußeren Rippenbereich, wird so zu keiner Zeit möglich werden.

7. Fehler: Der äußere (linke) Schenkel übt zu viel Druck aus.
Folge: Das Pferd geht zu stark seitwärts.

8. Fehler: Der innere (rechte) Schenkel wird nicht vermehrt eingesetzt, obwohl es im speziellen Fall nötig wäre.
Folge: Das stark seitwärts drängende Pferd kann nicht zum Vorwärts-seitwärts-Gehen gebracht werden.

9. Fehler: Anstatt mit dem inneren (rechten) Schenkel und der gleichseitigen Zügelhand verstärkt das seitliche Wegdrücken des Pferdes nach innen (rechts) zu verhindern, wird der äußere Zügel durch starkes Verkürzen eingesetzt.
Folge: Der Kopf des Pferdes wird nach außen gedreht. Weitere Folgen siehe unter 6.

Traversale – wann, wie oft, von wo wohin und in welchen Gangarten?

Die Freude am „neuen Reiten" nimmt weiter zu. Immer fester und tiefer wird die Beziehung zwischen den Partnern: Mensch und Pferd. Die neue Lektion, die Traversale, nun schon der dritte erlernte Seitengang, bringt noch mehr Vielseitigkeit in das Lernprogramm.

Die Lektionen der Seitengänge, welche im Grunde lediglich für die Gymnastizierung und Schulung des Pferdes erlernt werden, führen dazu, dass das Reiten allmählich einen besonderen ästhetischen und harmonischen Ausdruck erhält.

Bald kann die Biegung des Pferdes im Schulterherein für den sanften Übergang in die Traversale genutzt werden. Vorher sind aber noch einige Überlegungen in Sachen Traversale anzustellen. Das „Warum?" ist einleuchtend, das „Wie soll's aussehen?" ist klar, und „Wie wird sie geritten?" ist zumindest theoretisch begriffen. Nun könnte man endlich anfangen, aber von wo? Vom Hufschlag aus? Anfangs „kleben" viele Pferde an diesem und machen erhebliche Schwierigkeiten, ihn zu verlassen.

Am zweckmäßigsten wird von der Mitte einer kurzen Seite aus und natürlich im Schritt begonnen. Sie biegen ab auf die Mittellinie. Zuerst soll das Pferd drei bis vier Schritte geradeaus gehen. Hierbei ist bereits die erforderliche Körperhaltung für die Traversale einzunehmen. Dann geht es nahtlos mit den entsprechenden Bewegungshilfen in die Traversale nach rechts.

Stimmt das Verhältnis von Länge zu Breite (2:1) beim Reitplatz, so ist das Einhalten einer entsprechenden Schräge kein Problem. Wird also die Traversale in der Mitte der kurzen Bahnseite begonnen, so sollte sie folglich auch etwa in der Mitte der langen Bahnseite beendet werden. Wer genau ist, rechnet noch die Geradeaus-Schritte vom Anfang hinzu. Im Übrigen sollen diese Angaben lediglich als Richtwert dienen.

Es wird nicht lange dauern, bis die Traversale recht gut klappt. Zwar zeigt das Pferd wohl kaum eine seitliche Biegung, das heißt, es ist noch nicht in die Bewegungsrichtung gebogen, aber das wäre im Moment auch etwas viel verlangt. Die Hauptsache ist zur Zeit, dass der Kopf nicht nach außen (links), sondern zumindest gerade gestellt ist.

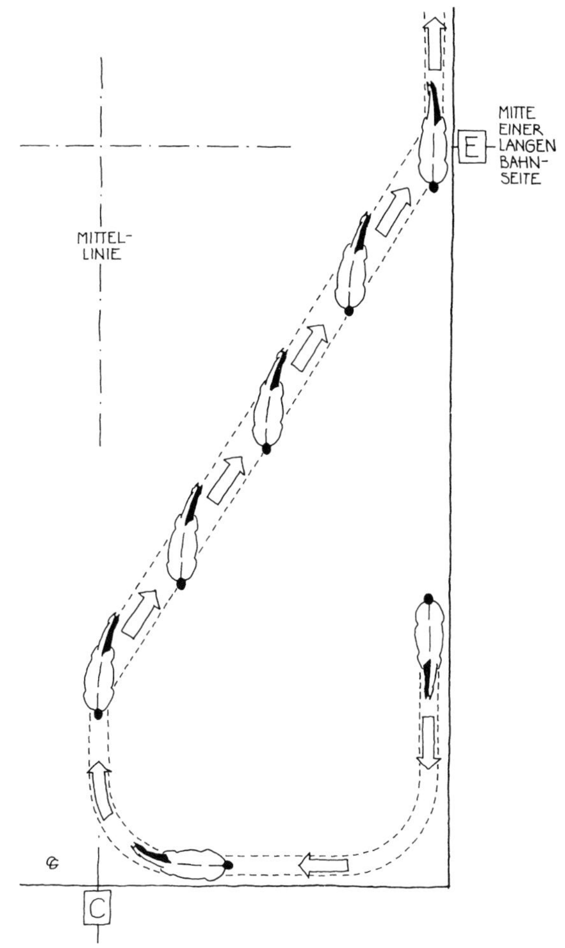

TRAVERSALE NACH RECHTS
IN DER LERNPHASE

Funktioniert die Traversale im Trab wie von selbst und hat das Pferd den Traversgalopp schon kennen gelernt, kann begonnen werden, die Traversale auch im Galopp zu reiten.

Hat sich das Pferd an die neuen Bewegungsabläufe etwas gewöhnt, so kann mit der Traversale diagonal durch die ganze Bahn wechselnd begonnen werden. Praktischerweise werden die nach einer Bahnrunde nötigen Wechsel von linksherum auf rechtsherum oder umgekehrt bei den verschiedenen Seitengängen durch eine Traversale vorgenommen. Dadurch kommt auch die so wichtige Abwechslung für Sie und Ihr Pferd ins Programm.

Ein Beispiel:
Sie wollen mit Ihrem im Schulterherein inzwischen auf beiden Seiten gleich gut gehenden Pferd nach einer Bahnrunde im Schulterherein rechtsherum zum Schulterherein linksherum übergehen. Dazu wechseln Sie in einer Traversale nach rechts diagonal durch die ganze Bahn. Bevor Sie damit beginnen, lassen Sie Ihr Pferd auch nach dem Passieren der Ecke noch zwei Pferdelängen weiter im Schulterherein an der langen Seite gehen. Dies sollten Sie unbedingt einhalten. Das Pferd würde sonst bald aus der Ecke heraus versuchen, mit den Hinterbeinen führend in die Traversale zu gehen, um sich vor der Biegung in die Bewegungsrichtung zu drücken. So würde Ihnen die schöne Biegung, die Sie aus dem Schulterherein mitbringen, verloren gehen. Eine Zeichnung wird Ihnen dies verdeutlichen.

Zum Beginn einer Traversale ist noch etwas sehr Wichtiges zu beachten. Beim Übergang des Pferdes vom Hufschlag auf die Traversallinie sollte es auf dieser zwei Schritte ohne Traversalstellung gehen und

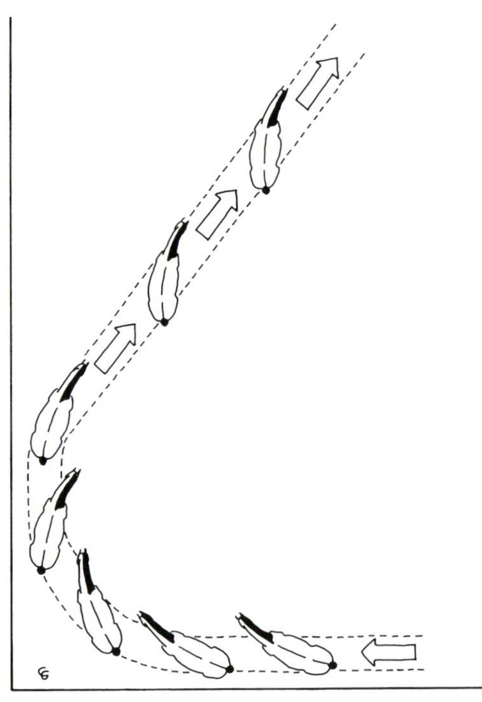

ÜBERGANG IN DIE TRAVERSALE
NACH RECHTS AUS DEM SCHULTERHEREIN DURCH DIE ECKE

erst beim dritten Schritt mit dem Traversieren beginnen. So wird verhindert, dass das Pferd nun doch noch fehlerhaft mit den Hinterbeinen führend in die Traversale geht.

Schließlich wird hierdurch noch etwas Wichtiges getan. Gesetzt den Fall, das Pferd geht rechtsherum im Schulterherein, dann kreuzt das innere (rechte) Beinpaar über das äußere (linke). Sollte es nun aus dem Schulterherein sofort in die Traversale überwechseln, wobei jedoch die Beinpaare genau umgekehrt kreuzen müssten, entstünden für das Pferd erhebliche Schwierigkeiten. Diese können Sie ihm wie vorstehend beschrieben ersparen.

Sind Sie in der Hilfengebung einigermaßen sicher und reagiert das Pferd entsprechend, können Sie anfangen, die Traversale auch im Trab zu reiten. Aber aufpassen: Nicht im ersten Eifer hinter der Bewegung des Pferdes mit Ihrem Körper seitlich nachhängen! Alle Mühe wäre vergeblich. Über die negativen Folgen gibt der Fehlerkatalog zur Erinnerung genügend Auskunft. Jetzt sollte die Traversale über längere Zeit im Trab geübt werden. Der Stand der Ausbildung lässt sich sehr einfach an der Reaktion des Pferdes auf die Hilfen ablesen.

Bei der Traversale im Galopp ist das verstärkte Mitgehen mit der Bewegung besonders wichtig.

Die Zickzack-Traversale

Treten bei der Traversale im Trab keine besonderen Schwierigkeiten mehr auf, so sollte mit dem Üben der Zickzack-Traversale begonnen werden. Hiermit ist ein weiterer wichtiger Punkt der Ausbildung Ihres Pferdes erreicht. Das Pferd reagiert durch die vorangegangenen Übungen ständig aufmerksamer und sensibler auf Ihre Hilfen.
Jetzt können Sie und Ihr Pferd zeigen, wie weit Sie in Ihrer Zusammenarbeit bereits gekommen sind. Bedingt durch die Zickzacklinie müssen schon nach wenigen Traversalschritten, -tritten oder -sprüngen die Hilfen immer wieder von links auf rechts und umgekehrt umgestellt werden. Sind sie korrekt, also zum richtigen Zeitpunkt und richtig dosiert, gegeben, so wird eine wohl kaum in diesem Maße erwartete Sensibilität auf Schenkel-, Zügel- und Gewichtshilfen beim Pferd erreicht.

Eine große Hilfe bei der Zickzack-Traversale sind wieder die Pylonen. Sie stehen wie üblich je nach Platzgröße im Abstand von acht bis zehn Schritten auf der Mittellinie verteilt. Auf dem Hufschlag einer kurzen Bahnseite wird etwa eine Pferdelänge hinter der Mitte im rechten Winkel abgebogen. Nach wenigen Metern geradeaus wird mit der Zickzack-Traversale begonnen.

Die Zickzack Traversale führt, in der beschriebenen Schräglinie, jeweils durch die

Mitte von zwei Pylonen. Dann geht es, parallel zur Mittellinie, zwei bis drei Schritte geradeaus. Dann muss für einen kurzen Augenblick das Pferd völlig gerade gestellt werden. Danach wird es umgestellt und kann zur anderen Seite traversieren. Die Länge der einzelnen Traversal-Abschnitte wird durch den Abstand der Pylonen bestimmt. Während der Geradeaus-Schritte ist die Körperhaltung zu ändern. Was bei „Zick" innen war, wird bei „Zack" außen.

Die Umstellung der Körperhaltung

Die Körperhaltung ist für die Bewegungshilfen nach rechts (Zick) eingestellt. Dann wird sie umgestellt für das Traversieren nach links (Zack).

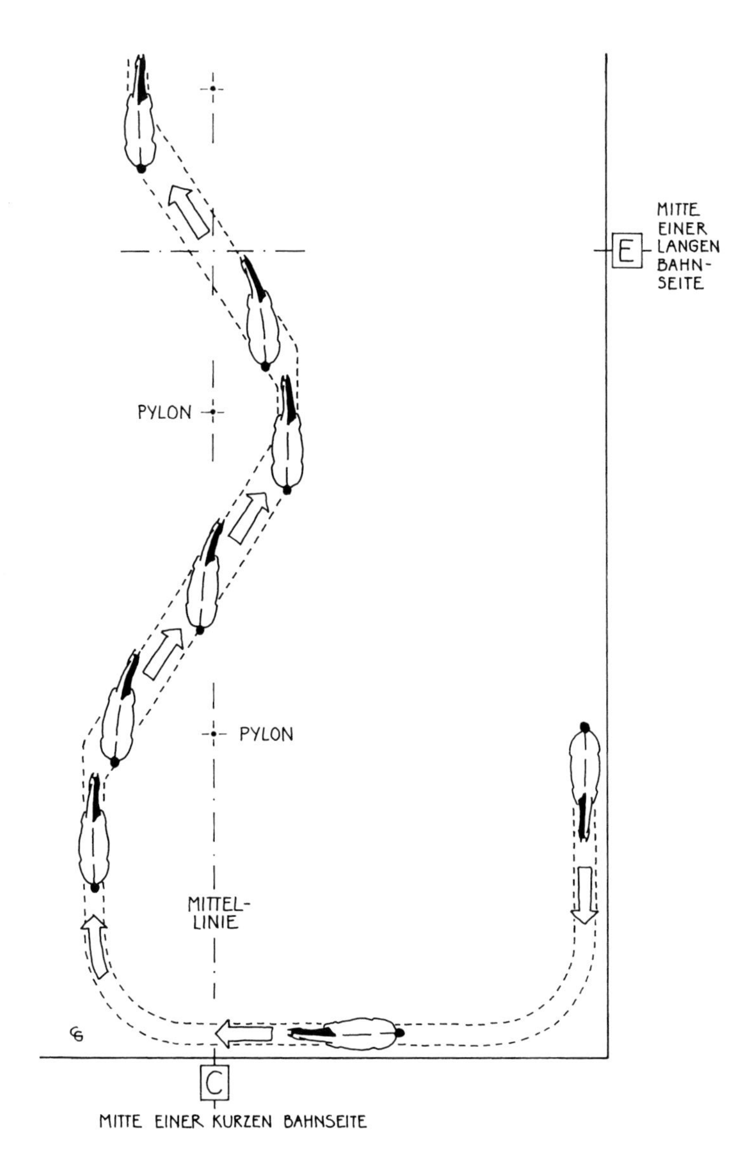

BEGINN EINER ZICK-ZACK-TRAVERSALE ZWISCHEN DEN PYLONEN

Umstellung der Körperhaltung von rechts nach links

in der Zickzack-Traversale

1. Aus der äußeren (linken) Zügelhand wird nun die innere Zügelhand. Statt über dem Widerrist gehalten, wird sie tiefer seitlich und mit entsprechendem Druck an den Widerrist angelegt.
2. Aus der inneren (rechten) Zügelhand wird die äußere Zügelhand. Statt seitlich tiefer am Widerrist wird sie nun über dem Widerrist gehalten.
3. Aus dem äußeren (linken) Schenkel wird der innere Schenkel. Statt hinter dem Gurt liegt er jetzt ohne Druck am Gurt.
4. Aus dem inneren (rechten) Schenkel wird der äußere Schenkel. Statt am Gurt wird er hinter dem Gurt angelegt.

Für eine gleichmäßig gerittene Zickzack-Traversale sind die Pylonen wertvolle Orientierungspunkte. Die Länge der einzelnen Traversal-Abschnitte wird durch den Abstand der Pylonen bestimmt.

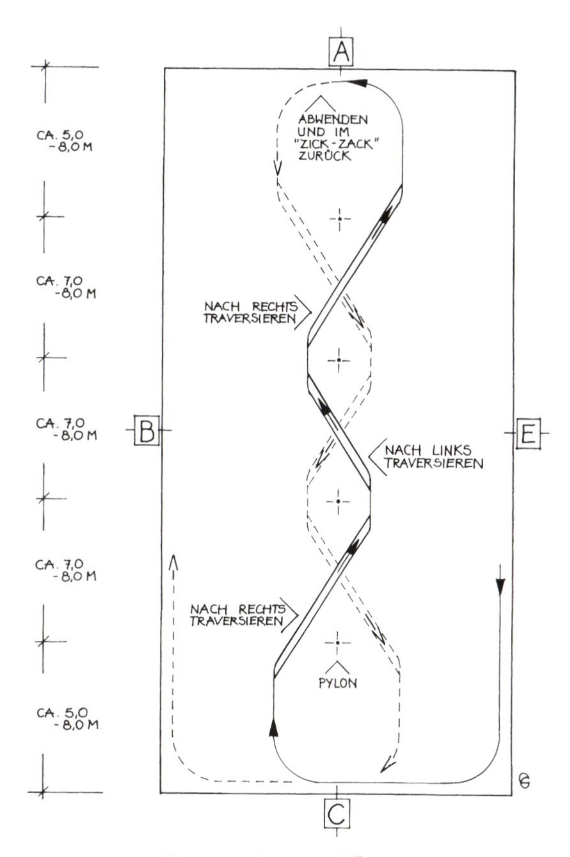

ZICK-ZACK-TRAVERSALE
ZWISCHEN DEN PYLONEN
PYLONENANORDNUNG UND BAHNFIGUR

Diese Aufstellung soll andeuten, dass der Wechsel von „Zick“ auf „Zack“ den kompletten Wechsel der Körperhaltung beinhaltet. Hinzu kommt, dass zu jedem Umstellen von „Zick“ auf „Zack“ die für die Traversale bekannten Bewegungshilfen zügig und präzise gegeben und beendet werden müssen. Hierfür stehen nur wenige Augenblicke zur Verfügung, in denen das Pferd zum Geradestellen zwischen der Rechts- und Linkstraversale einige Schritte geradeaus gehen muss.

Und noch eins: Traversiert man von links kommend durch die Mitte zweier Pylonen nach rechts, so ist nach einigen Schritten die Traversale durch entsprechenden Druck des inneren (rechten) Schenkels zu beenden. Hat das Pferd auf dieses Signal reagiert, muss der Druck sofort aufhören. Das Pferd würde sonst, anstatt die erforderlichen zwei bis maximal drei Schritte geradeaus zu gehen, sofort wieder in die entgegengesetzte Richtung streben.

Im Übrigen soll ja ohnehin jede Hilfe nur als Signal gegeben werden. Hat das Pferd reagiert, wird die Hilfe so lange ausgesetzt, wie es das Signal befolgt. Dieser Hinweis kann nicht oft genug wiederholt werden.

Die Zickzack-Traversale im Galopp

Die Krönung aller Seitengänge ist die Galopptraversale im Zickzack, mit fliegenden Wechseln geritten. Sie ist ein Leckerbissen und ein ganz besonderer reiterlicher Höhepunkt für den Freizeitreiter.

Es ließe sich denken, dass solch ein Ziel nicht unbedingt von demjenigen angestrebt wird, der sein Pferd „nur“ aus den bekannten guten Gründen gymnastizieren möchte. Es gibt aber Beispiele, dass gerade diese Freizeitreiter mit stetig wachsender Begeisterung mehr und mehr erlernen wollen. So musste in diesem Buch auch der Galopp umfangreicher behandelt werden, sei es nun geradeaus oder in den Seitengängen.

Sie beherrschen nun alle erforderlichen Hilfen und Regeln, die für die Traversale, den Galopp allgemein und für den fliegenden Galoppwechsel im Besonderen gelten. So sind eigentlich schon alle Voraussetzungen für die Zickzack-Traversale im Galopp gegeben.

Jetzt aber warten Herausforderungen besonderer Art auf Sie. Sie müssen schnell, sehr schnell agieren und reagieren. Es sind nur wenige Sprünge von der einen zur anderen Seite. Aber noch fehlt Ihnen die Souveränität beim schnellen Wechseln der Hilfen. Ihr Pferd wird Ihre Unsicherheit und Hektik spüren und kann schneller werden, als es Ihnen recht ist.

Daher beginnen Sie diese Lektion vorerst mit einmal Zick und Zack. Begnügen Sie sich zunächst damit, denn Sie haben mit Ihrem Pferd schon jetzt eine beachtliche Leistung erbracht. Klappt dies mit Ruhe und Gelassenheit, dann bauen Sie diese Lektion Schritt für Schritt weiter aus.

Die Zickzack-Traversale im Galopp durch die Länge der Bahn, mit einer Serie von fliegenden Wechseln, leicht, locker, mit unmerklichen Hilfen und einem Lächeln auf den Lippen geritten, erzeugt ein unbeschreibliches, wunderschönes, euphorisches Gefühl des Losgelöstseins vom Alltäglichen. Der Weg dahin war lang, war voller Licht und Schatten, war voller Zweifel und Hoffnung, war insgesamt aber mit unendlich viel Freude und Spaß erfüllt.

Die Volltraversale

Volltraversale – warum?

Die Volltraversale, auch Volltravers genannt, hat in der Freizeitreiterei weitaus mehr Bedeutung, als sie jemals in der konventionellen Reiterei erlangen konnte.

Unentbehrlich für die Westernreiter ist dieser Seitengang in der Turnier-Reiterei. Aber auch sonst ist die Volltraversale nützlich. Will man zum Beispiel ein Garten-, Wege- oder Weidetor ohne abzusteigen öffnen und schließen – die Volltraversale macht's möglich. Ohne Volltraversale wären verschiedene Geschicklichkeitsübungen, auf die nicht verzichtet werden kann, nicht durchführbar.

Wie oft würde man gern vom Pferd aus zu einem Gegenstand gelangen, den man weder vorwärts noch rückwärts erreichen kann. Die Arme sind aber zu kurz. Beugt man sich herüber, dann geht das Pferd zwar seitwärts, aber in die falsche Richtung. Erst mit dem Erlernen des korrekten Seitwärtstretens des Pferdes, das heißt, der Volltraversale, erreicht man sein Ziel.

Es handelt sich hier also auch um eine gebrauchsbezogene Lektion. Ein weiterer wesentlicher Nutzen liegt darin, dass sich in der Anwendung der Volltraversale die Logik des Zusammenwirkens verschiedener Hilfen offenbart.

Hier werden die Auswirkungen der Hilfen sofort und sehr deutlich sichtbar. Besser als bei der Volltraversale kann man wohl kaum die Feinabstimmung zwischen innerem Zügel und äußerem Schenkel in Verbindung mit einem korrekten Sitz kennen lernen. Das Pferd reagiert prompt und zeigt jeden Fehler deutlich an.

Traversiert man zum Beispiel von links nach rechts an einer vor dem Pferd liegenden Stange entlang, so kann ein Zuviel an Druck des äußeren (linken) Schenkels oder ein etwas zu starker Gegendruck der inneren (rechten) Zügelhand am Widerrist des Pferdes den rechten Winkel, in dem das Pferd gehen sollte, völlig in Frage stellen.

Fällt der Oberkörper nach vorn oder werden die Zügel zu fest gehalten, entfernt sich das Pferd rückwärts gehend von der Stange. Nach einer sofortigen Korrektur Ihrer Fehler könnte ein kurzes Signal vom inneren (rechten) Schenkel, der vorwärts treibend wirkt, Ihr Pferd wieder an den richtigen Platz bringen. So könnten die Beispiele fortgesetzt werden.

Die vielseitige Anwendung der Volltraversale zeigt sich auch darin, dass sie für Geschicklichkeitsübungen unentbehrlich ist. Da hierbei das Pferd besonders stark konzentriert mitarbeiten muss, wirkt sich dies, wie Sie wissen, ungemein positiv auf seine Psyche aus.

Wie soll's aussehen?

Die Volltraversale ist ein Seitengang, bei dem das Pferd auf einer gedachten Linie im rechten Winkel und ohne irgendeinen Vorschub seitwärts tritt.

In Geschicklichkeitsprüfungen bei Western- oder Freizeitreiter-Veranstaltungen ist es beliebt, das Pferd über Strohballen oder auf dem Boden liegende Stangen bestimmte Muster seitlich traversieren zu lassen. Auch wird verlangt, dass das Pferd zwischen vor und hinter ihm liegenden Stangen, sozusagen wie in einem Gang quergestellt, eine Strecke korrekt im rechten Winkel in der Volltraversale geht.

Natürlich darf bei diesen Prüfungen das Öffnen und Schließen eines Tores, selbst-

verständlich vom Pferd aus und ohne das Tor loszulassen, nicht fehlen. Wie gesagt, die Volltraversale ist eine für das Freizeitreiten unentbehrliche Lektion mit vielen Einsatzmöglichkeiten. Sie ist nützlich für Sie und Ihr Pferd, und wenn Sie mit Hilfen, die mehr gedacht als getan sind, die Volltraversale beherrschen, macht sie Ihnen beiden auch noch Spaß.

Bei der Volltraversale nach rechts kreuzt das äußere (linke) Beinpaar nach vorne über das innere (rechte) Beinpaar. Während bei der Traversale das äußere Beinpaar vorwärts-seitwärts, also mit Vorschub, treten soll, darf dies bei der Volltraversale auf keinen Fall geschehen. In dieser darf das Pferd nur ausschließlich seitwärts, also weder vor- noch rückwärts gehen.

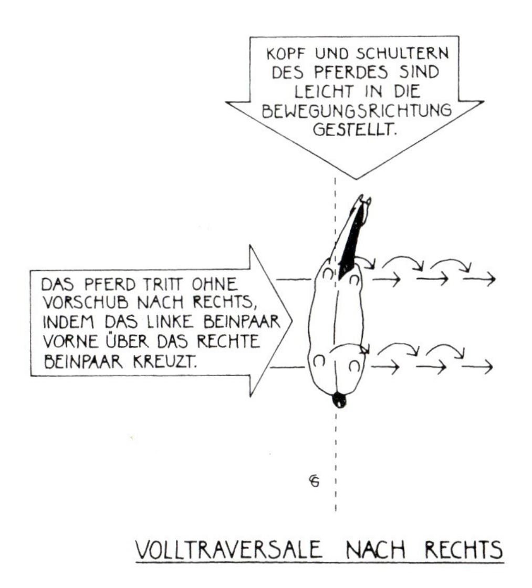

Zusammenfassend:

Volltraversale

- In der Volltraversale bewegt sich das Pferd ohne irgendeinen Vorschub auf einer geraden Linie in einem rechten Winkel seitwärts.
- Die Volltraversale ist für die Westernreiterei unentbehrlich. Für die Freizeitreiter ist sie aus verschiedenen Gründen nützlich.
- Die Volltraversale erfordert ein aufmerksames Zusammenspiel der Hilfen. Sie ist durch die beim Pferd sofort sichtbaren Auswirkungen der Hilfen für den Reitenden ein Lehrbeispiel.
- Fehler in der Körperhaltung können die Volltraversale erheblich stören oder sogar unmöglich machen.

Die Volltraversale ist eine gebrauchsbezogene Lektion. Für Geschicklichkeitsübungen ist sie unentbehrlich. Sie offenbart dem Reiter die Logik des Zusammenwirkens verschiedener Hilfen und wirkt sich positiv auf die Psyche des Pferdes aus.

Wie wird sie geritten?

Körperhaltung

Volltraversale – nach rechts

1. Der äußere (linke) Schenkel wird am oder direkt hinter dem Gurt angelegt.
2. Die innere (rechte) Zügelhand wird tief gehalten und seitlich an den Widerrist gelegt.
3. Der äußere (linke) Zügel wird etwa eine Handbreit über dem Widerrist gehalten. Der Zügel liegt seitlich am Hals des Pferdes an.
4. Der innere (rechte) Schenkel wird gerade herunterhängend an das Pferd gelegt.
5. Oberkörper und Kopf werden senkrecht gehalten. Die Schultern sind parallel zu den Schultern des Pferdes zu halten.
6. Der Blick geht mit Ausnahme von kurzen Kontrollblicken geradeaus in Verlängerung der Längsachse des Pferdes hinweg in die Ferne.

Erläuterungen zur Körperhaltung

Die Körperhaltung bei der Volltraversale hat kaum anders zu sein als bei der Traversale. Der Bewegungsablauf ist ja auch sehr ähnlich, nur dass das Pferd in der Traversale, bei leichter Führung der Vorderbeine, vorwärtsseitwärts geht. Bei der Volltraversale hingegen muss das Pferd ausschließlich seitwärts gehen. Daher darf der äußere (linke) Schenkel nur direkt am Gurt eingesetzt werden. Anderenfalls käme sonst eine nicht gewünschte vorwärts treibende Wirkung hinzu.

Die Bewegungshilfen

Volltraversale – nach rechts

1. Der äußere (li.) Schenkel treibt durch entsprechenden Druck das Pferd seitwärts.
2. Der innere (re.) Zügel ist so zu verkürzen, dass eine leichte seitliche Biegung des Halses nach innen (re.) entsteht. Die Zügelhand drückt so viel gegen den Widerrist, um die Vorderbeine in Position zu halten.
3. Der äußere (li.) Zügel unterstützt durch Anlegen am Hals des Pferdes den äußeren Schenkel beim Seitwärts-Treiben.
4. Beide Zügel müssen ständig zum Verkürzen bereit sein, um ein unerwünschtes Vorwärtsgehen des Pferdes zu verhindern.
5. Der innere (re.) Schenkel liegt ohne Druck am Pferd an. Er tritt nur dann in Aktion, wenn das Pferd zu sehr seitwärts hastet oder aber rückwärts gehen will. Der innere (re.) Bügel wird belastet, wodurch das Körpergewicht in die Bewegungsrichtung wirkt.
6. Der senkrecht gehaltene Oberkörper und das Gesäß werden leicht in die Bewegungsrichtung verlagert. Das Becken bleibt leicht nach hinten abgekippt.

Erläuterungen zu den Bewegungshilfen

Zu 1. und 2.

Im Laufe der Zeit wird man bemerkt haben, dass das überlegte Zusammenspiel von treibendem Schenkel und diagonalem Zügel für die bisher erlernten Lektionen unerlässlich ist. Ob eine Volte vergrößert oder verkleinert wird, ob Schulterherein, Travers, Renvers oder eine Zickzack-Traversale geritten werden sollen, das Gelingen hängt vom diagonalen Zusammenspiel dieser Hilfen ab. Die Volltraversale ist hierfür ein Schulbeispiel von besonderer Deutlichkeit und trägt sehr dazu bei, die Feinabstimmung der Hilfen zu erspüren. Traversiert hier das Pferd mit den Vorderbeinen führend wie bei der Traversale, so wird der seitliche Druck der inneren (rechten) Zügelhand deutlich verstärkt. Der äußere (linke) Schenkel muss etwas hinter den Gurt verlagert werden. Er ist so lange verstärkt einzusetzen, bis der 90°-Winkel wieder hergestellt ist.

Führen dagegen die Hinterbeine, so wird genau umgekehrt verfahren. Jetzt wird die äußere (linke) Zügelhand verstärkt an den Widerrist angelegt, während der innere (rechte) am Gurt angelegte Schenkel die voreilenden Hinterbeine „abbremst“, bis das Pferd wieder auf einen Winkel von 90° zurückgestellt ist.

Volltraversale – die häufigsten Fehler und deren Folgen

Sie wissen nun, dass das Pferd in der Volltraversale ausschließlich seitwärts, das heißt, ohne einen Vorschub, zu gehen hat.

Hieraus resultiert aber eine doppelte Schwierigkeit. Einmal kann das Pferd darauf kommen, die äußeren (linken) Beine nicht über die inneren zu setzen, sondern neben die Hufe. Ist das Pferd auch noch heftig, so können Verletzungen am Kronrand oder, durch Anschlagen an das Röhrbein, Überbeine oder Ähnliches entstehen.

Zum anderen könnte das Pferd auch leicht seitwärts-rückwärts gehen und so den einfacheren Weg wählen wollen, indem es das äußere (linke) Vorderbein hinter den Huf des inneren (rechten) Beines setzt. Bevor sich das Pferd eine solche Unart angewöhnt, sollte man schleunigst etwas dagegen unternehmen. Das Erste wäre, darüber nachzudenken, ob man nicht selbst möglicherweise der Anlass zu diesem Fehlverhalten des Pferdes ist.

Häufigste Ursache ist eine fehlerhafte Haltung des Oberkörpers. Vor allem das „Nach-vornüber-Fallen“ des Reiters wirkt sich, wie bei allen anderen Seitengängen, auch hier äußerst negativ aus, indem das Pferd sich rückwärts gehend verabschiedet. Ebenso verhält es sich mit dem „Nach-außen-Hängen“ des Oberkörpers, also entgegen der Bewegungsrichtung. Hinzu kommt dann noch ein Abknicken in der Hüfte.

Leider kann man diese gravierenden Haltungsmängel häufig auch auf Turnieren beobachten. Dessen unbewusst lastet der Reiter die daraus entstehenden Disharmonien meistens dem Pferd an.

Die Zusammenfassung der im Fehlerkatalog aufgeführten Fehlverhaltensweisen zeigt auch bei der Volltraversale deutlich, dass die Fehler aus dem Verhalten des Reiters resultieren:

Volltraversale – nach rechts

1. Fehler: Der Oberkörper hängt nach außen (links). Er ist in der Hüfte abgeknickt. Der innere (rechte) Schenkel ist abgespreizt.
Folge: Das äußere (linke) Beinpaar des Pferdes wird zu stark belastet. Es kann nicht genügend über das innere (rechte) Beinpaar kreuzen, sondern sich nur neben die Hufe setzen. Die erforderliche Gewichtsverlagerung in die Bewegungsrichtung ist nicht gegeben. Das Pferd wird unwillig und geht schließlich rückwärts.

2. Fehler: Der Oberkörper fällt nach vorne.
Folge: Das Pferd geht rückwärts.

3. Fehler: Der innere (rechte) Bügel wird nicht belastet.
Folge: Der Oberkörper neigt dazu, in der Hüfte einzuknicken. Er hängt dann nach außen (links) (siehe auch unter 1.).

4. Fehler: Der Kopf ist nach unten gesenkt, der Blick starr und unbeweglich nach unten gerichtet.
Folge: Der Reiter versteift sich. Das Pferd reagiert, wenn überhaupt, nur unwillig auf die Hilfen.

5. Fehler: Die innere (rechte) Zügelhand ist ohne genügenden Druck seitlich am Widerrist angelegt.
Folge: Die Vorderbeine führen mehr und mehr. Der rechte Winkel geht verloren. Die Volltraversale löst sich auf.

6. Fehler: Der äußere (linke) Zügel wird zur Korrektur der stark führenden Vorderbeine eingesetzt.*
Folge: Das Pferd nimmt den Kopf weit nach außen (links). Es geht über die innere (rechte) Schulter weg. Hier ist nichts mehr möglich, vor allem keine Volltraversale.

* Anmerkung: Der unter 6. genannte Fehler ist der wohl am häufigsten vorkommende und gleichzeitig gravierendste Fehler, der den Travers, die Traversale sowie die Volltraversale unmöglich macht.

Volltraversale – in der Praxis

Die Hilfen wurden korrekt gegeben. Es klappte trotzdem nicht, leider. Aber nicht jedes Pferd wird sofort die Volltraversale in Perfektion produzieren. Im Gegenteil: Manche Pferde wehren sich gegen die Volltraversale, weil sie nicht verstehen, was von ihnen verlangt wird.

Was nun?

Auf den Platz werden ein bis zwei Stangen hintereinandergelegt, als Leitlinie für das Pferd. Wenn wir nun das Pferd vor die Stangen-Linie stellen und aus dem Stand die Volltraversale entwickeln wollen, werden wir damit kein Glück haben. Das Pferd wird anfangs nicht begreifen, dass es aus dem Stand heraus nicht vorwärts, sondern sofort seitwärts gehen soll.

Am einfachsten fängt man etwa sechs Schritte vor und drei bis vier Schritte seitlich von den Stangen entfernt an. Man lässt das Pferd nun vorwärts-seitwärts in der Traversale zum Anfang der Stangen traversieren. Etwa einen Schritt vor der Stange wird die Traversale in einige Schritte Travers und langsam in die erwünschte Volltraversale übergeleitet.

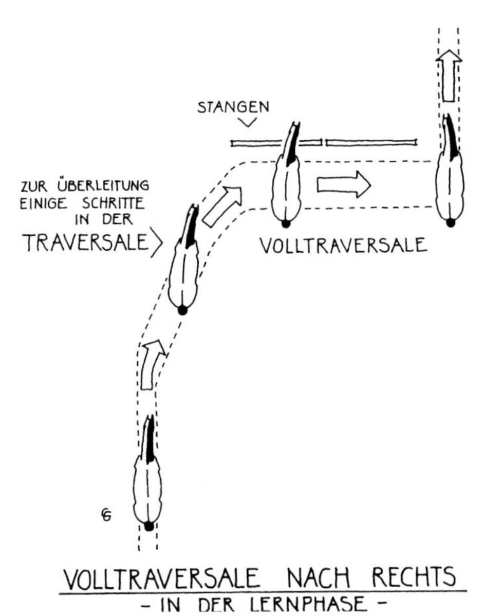

Durch die verstärkte, kurzfristige Verkürzung beider Zügel, bei gleich bleibenden Schenkelhilfen merkt das Pferd nach einigen Wiederholungen, dass es vor der Stangen-Linie entlang traversieren soll. Die Volltraversale wird in dieser Art so lange geübt, bis das Pferd sie beherrscht. Zur Abwechslung gibt es dann Kombinationsübungen, die im Folgenden noch beschrieben werden.

Später kann die Volltraversale in einhändiger Zügelhaltung geübt werden. Dies ist auch zu empfehlen, da das Pferd praktisch zwischen den eng am Hals liegenden Zügeln gut ausbalanciert werden kann.

Hier lernen Sie, wie gut Sie sich schließlich mit Ihrem Pferd – trotz der immer schwieriger werdenden Aufgaben – durch einfache, aber sinnvolle Hilfen und ohne irgendeine Krafteinwirkung verständigen können. Diese Lektion wird nur im Schritt durchgeführt. Die wenigen Experten, die die Volltraversale sowohl im Trab als auch im Galopp beherrschen, sollte man nicht nachahmen. Diese Übungen gehen doch nur zu Lasten des Pferdes und werden nicht zum gewünschten Erfolg führen.

Der Renvers

Renvers – warum?

Würde François Robichon de la Guérinière feststellen können, dass auch der Renvers in diesem Buch behandelt wird, obgleich der Travers, von dem er doch so wenig hielt, hier so hoch gelobt wurde – er wäre wieder versöhnt. Natürlich beinhaltet der Renvers alle gymnastizierenden Vorteile des Travers, aber keinen seiner – wie Guérinière meinte – psychologischen Nachteile für das Pferd.

Der Umweg, den Sie, meiner Reitlehre folgend, über den Travers zum Renvers machen mussten, wird Ihnen und Ihrem Pferd aber gut bekommen. Die psychologischen Hilfen durch Hufschlag und Bahnbegrenzung erleichterten das Erlernen des Travers so erheblich, dass die durchaus vorhandenen negativen Überlegungen zurückgestellt werden konnten. Gesagt werden muss allerdings, dass der Renvers der Seitengang ist, der Ihnen und Ihrem Pferd wohl am schwersten fallen wird.

Doch keine Bange. Wer mit seinem Pferd den Travers und die bisherigen Seitengänge erlernt hat, der wird den Renvers gleichfalls schaffen. Die Mühe lohnt sich auf alle Fälle. Schließlich können Sie mit dem Renvers unter Beweis stellen, wie weit Ihr Pferd es bereits mit der Gymnastizierung gebracht hat, welcher Stand in der Schulung und der Verständigung sowie der Harmonie zwischen Ihnen und Ihrem Pferd erreicht worden ist.

Wichtigster Punkt hierbei und entscheidend dafür, wie schwer Ihnen und Ihrem Pferd das Erlernen dieser neuen Lektion fallen wird, ist, wie weit Sie mit der Längsbiegung, oder anders gesagt, mit der Dehnung Ihres Pferdes im äußeren Rippenbereich fortgeschritten sind. Aber das ist vorgegriffen. Erst einmal müssen Sie und Ihr Pferd wieder die Schulbank drücken.

Renvers – wie soll er aussehen?

Linksherum

Stellen Sie sich vor, man würde man den Travers rechtsherum, von der Bahnseite, die gerade benutzt wird, versetzt, quer über das Bahninnere zur anderen Bahnseite verlegen und mit den Hinterbeinen auf dem Hufschlag dort ankommend fortsetzen, so hätte man den Renvers linksherum.

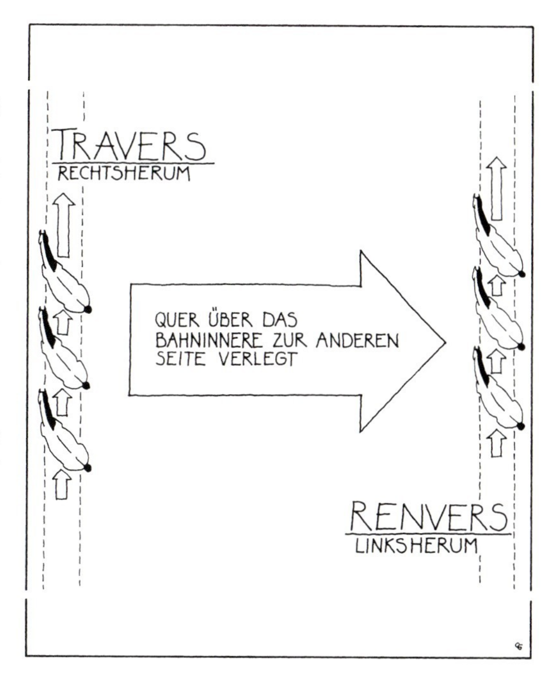

TRAVERS + RENVERS

- STELLUNG UND BEWEGUNGSRICHTUNG SIND GLEICH.
- IM TRAVERS BEWEGEN SICH DIE VORDERBEINE AUF DEM HUFSCHLAG, IM RENVERS DIE HINTERBEINE.
- IM TRAVERS IST DIE BAHNBEGRENZUNG VOR DEM PFERD, IM RENVERS HINTER IHM.

Eigentlich ist der Renvers nichts anderes als der Travers. Nur, und das ist der gravierende Unterschied: Das Pferd muss jetzt in Richtung Bahninneres gestellt seitwärts gehen, ohne die Bahnbegrenzung als Anlehnung nach vorne zu haben. Dies ist eine besondere Erschwernis.

Gegenüber dem Schulterherein kommt eine weitere Überlegung hinzu. Beim Schulterherein ist als Ausnahme die hohl gebogene Seite des Pferdes entgegengesetzt zur Bewegungsrichtung. Beim Renvers hingegen muss das Pferd in die Bewegungsrichtung hohl gebogen werden. Um wie viel schwerer dies für das Pferd ist, werden Sie sehr schnell merken.

Ist das Pferd aber im Schulterherein und Travers genügend trainiert und vor allem in seinem jeweils äußeren Rippenbereich genügend gedehnt worden, dürfte sich dies bald positiv auswirken.
Für die ersten Versuche im Renvers wird als Richtung linksherum vorgeschlagen. Das entspricht, wie bereits festgestellt, dem Travers rechtsherum, weil ja die Bewegungsrichtung auch beim Renvers auf der geraden Strecke dem Travers gleicht. Der Unterschied macht sich erst beim Durchreiten der Ecken bemerkbar. Beim Travers haben die Vorderbeine den längeren Weg, während beim Renvers die Hinterbeine des Pferdes größere Schritte machen müssen.

Die Schrägstellung des Pferdes vom Hufschlag in das Bahninnere soll zwischen 30° und 45° betragen. Eine leichte seitliche Biegung des Pferdes wird schon jetzt vorausgesetzt. Allerdings wird die Hohlbiegung des Pferdes in die Bewegungsrichtung anfangs noch Wünsche offen lassen.

Das Pferd darf auch nicht überfordert werden. Bald aber wird es den Renvers immer williger gehen. Dann ist der richtige Zeitpunkt zur korrekten Biegung und der damit verbundenen Dehnung des Pferdes in seinem äußeren Rippenbereich gekommen.

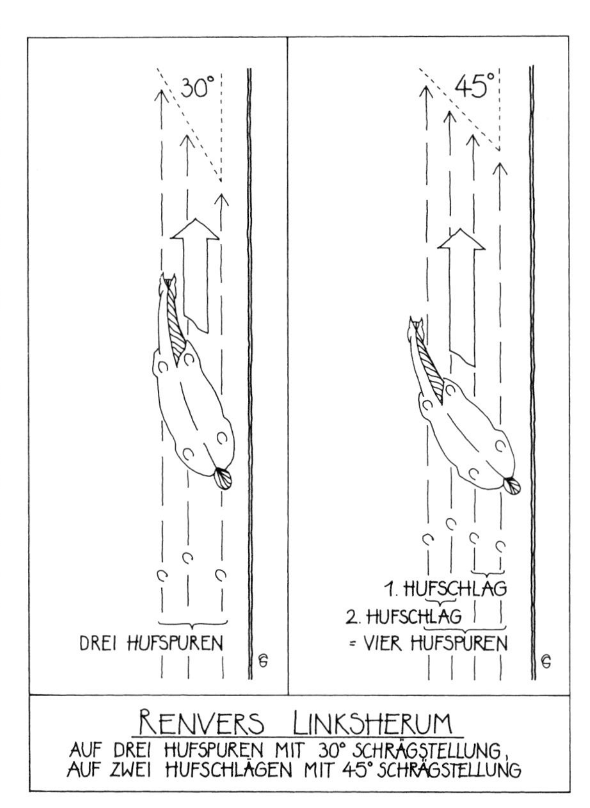

Das Pferd geht aufmerksam und in schöner Haltung im Renvers. Der Abstellwinkel beträgt hier etwa 45°. So geritten wird es mit Sicherheit hervorragend gymnastiziert.

Renvers – wie wird er geritten?

Alle Seitengänge weisen in Bezug auf die Hilfen immer wieder Gemeinsamkeiten auf. Die Hilfen werden einem mehr und mehr geläufig. Sind sie klar und eindeutig, so ist die positive Reaktion des Pferdes erstaunlich groß. Die Zusammenhänge der gegenseitigen Abhängigkeit verschiedener Hilfen werden deutlicher. So wird es bei neu zu erlernenden Lektionen immer einfacher werden, sich in sie hineinzufinden.

Obwohl die Hilfen Ihnen vom Travers bereits bekannt sind, für den Renvers hier nochmals kurz zur Erinnerung:

Körperhaltung

Renvers – linksherum

1. Der äußere (linke) Schenkel soll etwas hinter dem Gurt anliegen.
2. Die innere (rechte) Zügelhand liegt seitlich am Widerrist.
3. Der äußere (linke) Zügel liegt etwa eine Handbreit über dem Widerrist gehalten am Hals des Pferdes.
4. Der innere (rechte) Schenkel hängt gerade am Pferd herunter. Der Bügel wird belastet und das Körpergewicht in die Bewegungsrichtung verlagert.
5. Der Oberkörper wird senkrecht gehalten. Die Schultern sind parallel zu den Schultern des Pferdes auszurichten.
6. Die Hüften stehen parallel zu den Hüften des Pferdes.
7. Der Kopf steht senkrecht in Richtung der Schrägstellung des Pferdes. Der Blick geht in Verlängerung dieser Richtung über das Pferd hinweg in die Ferne.

Die Bewegungshilfen

Renvers – linksherum

1. Der äußere (linke) Schenkel treibt durch entsprechenden Druck das Pferd vorwärts-seitwärts.
2. Der innere (rechte) Zügel sorgt durch entsprechendes Verkürzen für die Biegung des Pferdes nach innen (rechts). Die Zügelhand hält durch seitlichen Druck gegen den Widerrist die Vorderbeine in Position.
3. Der äußere (linke) Zügel unterstützt durch entsprechendes Anlegen an den Hals des Pferdes den äußeren Schenkel beim Treiben in der Schrägstellung.
4. Beide Zügel sind ständig zum Verkürzen bereitzuhalten, um ein mögliches Entfernen des Pferdes vom Hufschlag zu verhindern. Ein solcher Zügeleinsatz darf aber nur in kurzen Intervallen erfolgen.
5. Der innere (rechte) Schenkel liegt ohne besonderen Druck am Pferd. Er wird nur dann eingesetzt, wenn das Pferd zu stark seitwärts eilen will oder sich rückwärts zur Bahnumwehrung verkriecht. Der innere (rechte) Bügel wird mit leichtem Druck belastet.
6. Der senkrecht gehaltene Oberkörper und das Gesäß werden leicht in die Bewegungsrichtung (rechts) verlagert.
7. Das Becken wird, dynamisch nach hinten abkippend, den Bewegungen des Pferdes angepasst.

Erläuterungen zu den Bewegungshilfen, Hinweise auf häufig vorkommende Fehler und deren Folgen

Die Hinweise auf häufig vorkommende Fehler und deren Folgen sind im Zusammenhang mit den bereits behandelten Seitengängen eingehend erörtert worden. Wegen der enormen Bedeutung dieser Problematik soll aber nochmals einiges in Erinnerung gebracht werden.

Zu 1.

Wird der äußere (linke) Schenkel zu weit hinter dem Gurt angelegt, so kann er zu stark vorwärts anstatt seitwärts treibend wirken.

Zu 2.

Die innere (rechte) Zügelhand darf anfangs nicht höher als bis zur Oberkante des Widerristes gehalten werden. Sonst kann der Zügel beim Anlegen an den Hals über den Mähnenkamm gezogen werden. Das Pferd verdreht den Kopf. Der seitliche Halt durch die Zügelhand fehlt. Dadurch können die Vorderbeine zum Hufschlag zurückkehren. Der Renvers ist nicht mehr möglich.

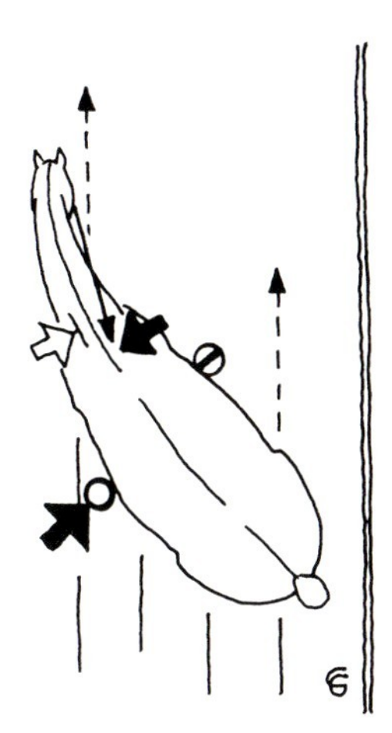

Zu 4.

Die fehlende Bahnbegrenzung, der nicht vorhandene Hufschlag zur Führung der Vorderbeine bei hohl gebogener Stellung in die Bewegungsrichtung, irritieren das Pferd außerordentlich. Es kann daher vorkommen, dass das Pferd in das Bahninnere drängt. Deshalb müssen beide Zügel ständig zum Verkürzen bereitgehalten werden.

Ein erforderlicher Einsatz der Zügel darf aber nie zu einem „Dauerzug" werden. Hierdurch würde das Pferd nach rückwärts ausweichen wollen und mit der Kruppe an die Bahnbegrenzung gedrückt werden. Vielmehr müssen Sie in einem Zügelspiel ständig nehmen und geben. Das Pferd wird Sie schnell verstehen, und das Pferdemaul bleibt fein sensibel.

Bei unüberlegtem Ziehen am Zügel kann auch das äußere Beinpaar nicht mehr über das innere vorwärts-seitwärts kreuzen. Da sich das Pferd an den Beinen verletzen könnte, wird es unwillig werden und schließlich die Lektion verweigern.

Zu 5.

Wird der innere (rechte) Bügel nicht belastet, so kann dadurch der rechte Schenkel nach oben rutschen. Als logische Folge hängt der Oberkörper nach außen (links). Das äußere (linke) Beinpaar, das die schwere Arbeit des vorwärts-seitwärts Kreuzens über das innere (rechte) Beinpaar zu leisten hat, wird zusätzlich durch das volle Körpergewicht belastet. Das Pferd fühlt sich behindert und aus dem Gleichgewicht gebracht. Der Renvers ist nicht mehr möglich.

Zu 6.

Wenn der Oberkörper nicht genügend in die Seitwärtsbewegung des Pferdes mitgenommen wird, besteht die Gefahr, dass er hinterherhinkt und in der Hüfte nach außen abknickt. Das Gleichgewicht des Pferdes ist gestört. Das Pferd wird abgebremst. Es weigert sich, andere treibende Hilfen anzunehmen, und wird nicht mehr im Renvers gehen wollen.

Das Seitengang-Syndrom

Nun noch etwas zum Abschluss der Fehlerkataloge für die Seitengänge in der Wiederholung. Es handelt sich um das, was ich als „Seitengang-Syndrom“ bezeichne. Dieses ist regelmäßig beim Üben von Seitengängen zu beobachten und als eine weitverbreitete überregionale Sucht anzusehen. Selbst im Ausland musste ich dieses Phänomen bei Schülerinnen und Schülern feststellen. Sogar die alten Reitmeister beklagten bereits vor einigen Jahrhunderten dies als Übel ihrer Schüler.

Nach einer Reihe von Schritten, spätestens jedoch bevor eine der langen Bahnseiten absolviert ist, neigt sich der Oberkörper des Reiters langsam, aber sicher nach vorne. Gleichfalls sinkt der Kopf vornüber. Der Blick wandert fasziniert nach unten, entweder auf den Widerrist des Pferdes oder auf den Boden.

Damit dieses Bild noch etwas an Deutlichkeit gewinnt, knickt der Oberkörper in der Hüfte ab, natürlich entgegen der Bewegungsrichtung, und um das Maß zum Überlaufen zu bringen, wird der gegenüberliegende Schenkel weit vom Pferd abgespreizt. Die Lernenden merken im Lerneifer von alldem nichts.

Die Folge:

Der Reiter ist völlig verkrampft und überträgt dies auf sein Pferd, welches folglich ebenso reagiert. Die Hilfen werden entsprechend unsensibel und können beim Pferd nicht ankommen. Nichts geht mehr.

Da hilft nur noch eines: am hingegebenen Zügel eine Erholungsphase einlegen, und dann auf ein Neues.

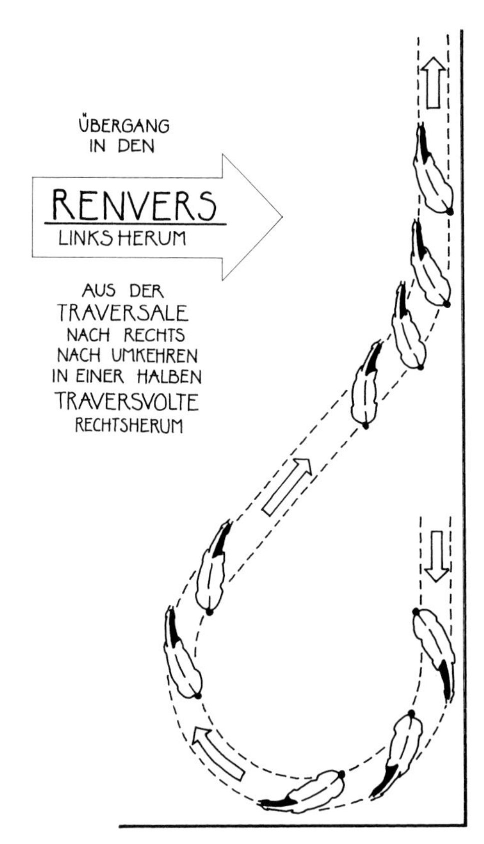

Wie fängt man an?

Renvers – linksherum

Über Travers – Traversvolte – Traversale

Ein toller Mix, der da zum Renvers führen soll. Aber in den ersten Anfängen des Renvers kann man nicht beim Pferd mit der Tür ins Haus fallen. Es muss ein geeigneter (Um-)Weg gefunden werden, der es dem Pferd ermöglicht, das, was ihm gesagt wird, zu dem umzusetzen, was man erreichen wollte. Es kennt den Renvers noch nicht, und ihn auf direktem Wege zu erlernen, dazu ist er zu schwierig.

Für die Umwege kann man sich verschiedener bereits erlernter Elemente bedienen. Sie sollten anfangs wenn möglich so geschickt ausgewählt sein, dass sowohl die Biegung des Pferdes als auch die Hilfen

Der Renvers – eine anspruchsvolle Lektion für das Pferd und ein ästhetisches Bild für den Betrachter.

gar nicht oder nur unwesentlich geändert werden müssen.

Sie beginnen spätestens von der Mitte einer langen Seite an im Travers rechtsherum. Kurz vor der Ecke zur kurzen Seite leiten Sie Ihr Pferd in eine Traversvolte. Am höchsten Punkt, das heißt bei Erreichen der Hälfte dieser Volte, geht es aus einer sanften Abrundung mittels einer kleinen Traversale zurück in Richtung Hufschlag.

Kurz vor Erreichen des Hufschlages, etwa am Zirkelpunkt, soll das Pferd ausnahmsweise mit den Hinterbeinen führen. Dadurch wird es bereits in der gewünschten Renvers-Stellung auf dem Hufschlag landen.

Jetzt heißt es aufpassen. Die Hinterbeine sind nun auf dem Hufschlag angekommen. Das äußere (linke) Vorderbein darf aber auf keinen Fall auf den Hufschlag. So haben Sie eine Schrägstellung des Pferdes von etwa 30° oder, anders gesagt, auf drei Hufspuren erreicht.

Ist Ihr Pferd in einem Top-Zustand und sind Sie es auch, dann sollten Sie gleich in einer Schrägstellung von etwa 45°, das heißt, auf vier Hufspuren oder zwei Hufschlägen beginnen. Hierzu müssen, wie Sie ja von den anderen Seitengängen wissen, beide Vorderbeine auf einem zweiten Hufschlag gehen.

Damit hierbei nichts schief geht, heißt es beim Übergang von der Traversale in den Renvers aufpassen. Die Schrägstellung, in der Sie deutlich gewollt, also mit den Hinterbeinen führend, auf dem Hufschlag landen, muss unbedingt erhalten bleiben. Die innere (rechte) Zügelhand hat bei gleichzeitigem Verkürzen des Zügels einen seitlichen Druck am Widerrist auszuüben.

Dieser seitliche Druck muss so intensiv ausgeprägt sein, dass der gewünschte Grad der Schrägstellung des Pferdes bei gleichzeitiger Biegung in die Bewegungsrichtung erhalten bleibt. Der innere (rechte) Schenkel kann gegebenenfalls mit einigem Druck diesen Vorgang unterstützen. Jedoch ist ein gleichzeitiger Druck beider Schenkel zu vermeiden (Zangenwirkung).

Das Miteinbeziehen der Ecken in den Renvers sollte erst dann erfolgen, wenn auf den langen Seiten keine Schwierigkeiten mehr auftreten. Doch dann geht's los. Beim Renvers durch die Ecken müssen die Hinterbeine einen wesentlich längeren Weg zurücklegen als die Vorderbeine. Dem Rechnung tragend, sollten Sie den äußeren (linken) Schenkel zum verstärkten Treiben gegebenenfalls mehr als eine Handbreit hinter dem Gurt einsetzen.

Gleichzeitig sollten Sie verstärkt Ihren Oberkörper und Ihr Gesäß in die Rundung der Bewegungsrichtung drehen. Es gilt aber aufzupassen, dass Ihr Pferd nicht mit den Vorderbeinen etwa auf der Stelle tritt. Vielmehr sollte es sehr wohl in einem gewissen Radius tretend durch die Ecke gehen.

Haben Sie mit dem Renvers nicht zu früh, das heißt, erst nach völliger Beherrschung der vorher zu erlernenden Seitengänge, begonnen, dann werden Sie bald eine ganze Runde Renvers auf dem Reitplatz absolvieren können.

Sollte sich aber herausstellen, dass man doch noch nicht von einer sanften Biegung in die Bewegungsrichtung beim Traversieren Ihres Pferdes im Renvers sprechen kann, dann sollten Sie sofort die Konsequenzen hieraus ziehen. Trotz korrekter Hilfengebung war die Zeit doch noch nicht reif für den Renvers. Es muss daher noch einige Zeit in den zuvor erlernten Seitengängen mit fleißiger Längsbiegung weiter gymnastiziert werden. Wer so konsequent verfährt, wird auf Dauer mit einem ständig zur Mitarbeit bereiten Pferd rechnen können.

Dank Ihrer Geduld und Beharrlichkeit haben Sie nun den für Ihr Pferd wohl am schwierigsten zu erlernenden Seitengang in Ihrem Repertoire. Jetzt können Sie sich mit Ihrem Ausbildungsstand und dem Ihres Pferdes vollauf zu den Fortgeschrittenen zählen.

Ein in erlernter Haltung gerittener Renvers bietet ein sehr schönes ästhetisches Bild für den Betrachter. Es gibt dem, der so reitet, ein stolzes und erhabenes Glücksgefühl angesichts des Erreichten.

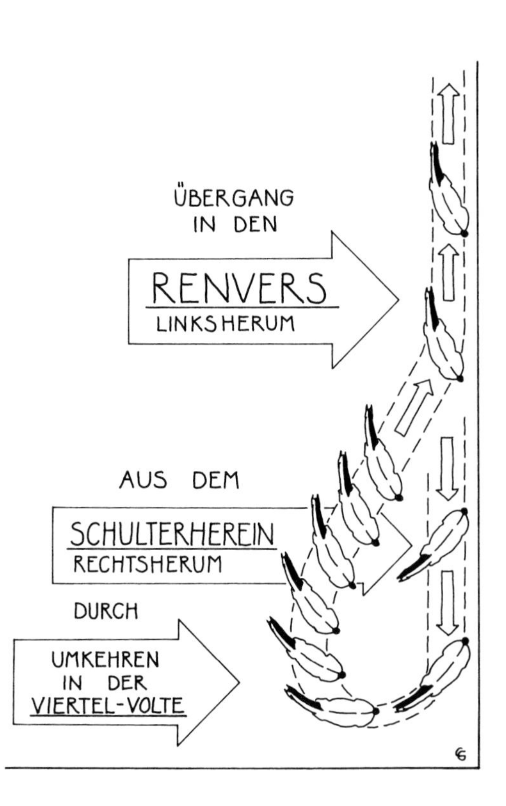

Aus dem Schulterherein durch Umkehren in der Viertel-Volte

Es gibt aber noch weitere Möglichkeiten zur Einleitung des Renvers. So kann der Renvers auch aus dem Schulterherein am Ende einer langen Bahnseite durch Umkehren in der Ecke begonnen werden.

Auch diese Art des Wechsels zum Renvers hat den großen Vorteil, dass die zum Schulterherein rechtsherum erforderliche Biegung des Pferdes durch das Umkehren zum Renvers linksherum (die Bewegungsrichtung ist dann rechts) nicht geändert werden muss.

Die so wichtige Biegung kann während des Übergangs zum Renvers erhalten bleiben. Vorausgesetzt, dass sie durch geschicktes Aufpassen auch bleibt, kommt das Pferd in richtig gebogener Stellung und daher ohne nennenswerte Schwierigkeiten in den Renvers. Hierfür allerdings muss das Pferd zum Umkehren in der Ecke eine Umstellung seines Bewegungsablaufs vornehmen.

Wie Sie wissen, kreuzt beim Schulterherein das innere Beinpaar über das äußere. Nach dem Umkehren muss das Pferd aber nun traversieren und dabei umgekehrt – mit dem äußeren über das innere Beinpaar – kreuzen. Dieser Umstellung kann besonders anfangs etwas Eleganz fehlen. Hinzu kommt noch der erforderliche Wechsel der Zügelführung. Schließlich müssen auch die Schenkel nun die Funktionen wechseln. Dies kann aber für den Erhalt der Biegung in Kauf genommen werden.

Das Umkehren ist mittels eines Bogens, der etwa einer Viertelvolte entspricht, vor der Ecke einzuleiten. Danach wird das Pferd in eine Seitwärtsbewegung übergeleitet, um dann in einer sehr kurzen schrägen Linie zum Hufschlag hin auszulaufen. In dem „Umkehrbogen" traversiert das Pferd in einer Schrägstellung. Richtig ausgeführt, das heißt, für den Übergang zum Renvers, kommt das Pferd mit den Hinterbeinen zuerst auf dem Hufschlag an.

Jetzt gilt es, wieder auf das bereits Hingewiesene zu achten: Die Vorderbeine dürfen auf keinen Fall völlig auf den Hufschlag gelangen. Sie sollen vorerst die ca. 30°- und später die übliche ca. 45°-Schrägstellung des Pferdes bestimmen. Hierzu muss die Spur der Vorderbeine einen zweiten Hufschlag bilden. Dies alles wird nur gelingen, wenn die erforderliche Körperhaltung stimmt.

Wichtig ist vor allem, dass die innere (rechte) Zügelhand durch entsprechenden seitlichen Druck am Widerrist die Vorderbeine in Position hält. Ist die aus dem Schulterherein vorgegebene korrekte Biegung während des gesamten Wechsels nicht verloren gegangen und hat auch die Einfädelung auf den Hufschlag geklappt, geht das Pferd, so weitergeführt, im Renvers.

Aus dem Schulterherein durch Änderung der Biegung

Eine weitere Variante wäre, den Renvers aus dem Schulterherein direkt zu entwickeln.

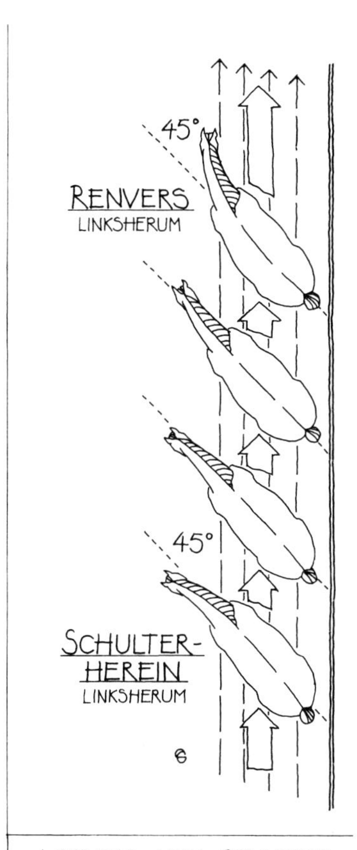

WECHSEL VOM SCHULTER-HEREIN IN DEN RENVERS

Die Hilfen zum Übergang vom Schulterherein in den Renvers durch Umkehren in der Viertelvolte

Vom Schulterherein in den Renvers linksherum

1. Die innere (rechte) Zügelhand wird mit entsprechendem Druck jetzt tiefer, das heißt, seitlich an den Widerrist des Pferdes, gelegt.
2. Der äußere (linke) Zügel wird jetzt etwa eine Handbreit über dem Widerrist gehalten und an den Hals des Pferdes gelegt.
3. Der äußere (linke) Schenkel wird leicht zurückgenommen und liegt etwas hinter dem Gurt mit entsprechendem Druck am Pferd.
4. Der innere (rechte) Schenkel liegt gerade herunterhängend am Pferd. Er verhindert, gegebenenfalls mit leichtem Druck, das mögliche Nach-innen-Drängen des Pferdes während des Traversierens im „Umkehrbogen". Der Bügel wird leicht belastet.

Viele meiner Reitschüler meinten, dass die beiden bereits vorgeschlagenen Übungen leichter erlernbar seien, obgleich der nun folgende Vorschlag sich zumindest einfacher durchführbar anhört.

Bewährt hat sich, diese Version erst nach dem Einüben des Renvers mittels der ersten beiden Varianten anzuwenden. Dann ist das Pferd mit der zunächst merkwürdigen neuen Stellung bereits vertraut und fühlt sich nicht so „plump" überfallen.

Das Pferd geht also linksherum im Schulterherein. Die Abstellung beträgt etwa 45°. Es ist ordnungsgemäß entgegen der Be-

Die Hilfen zum Übergang vom Schulterherein in den Renvers durch Änderung der Biegung

Vom Schulterherein in den Renvers linksherum

1. Der (noch) innere (linke) Zügel wird so viel verlängert, bis das Pferd gerade gestellt ist.
   Als nun neuer äußerer Zügel bleibt er jedoch weiterhin etwa eine Handbreit über dem Widerrist gehalten angelegt.
2. Der (noch) äußere (rechte) Zügel wird, nachdem das Pferd gerade gestellt ist, als neuer innerer Zügel weiterhin tief und mit entsprechendem Druck an den Widerrist gelegt.
3. Nach einigen Schritten ohne jegliche Biegung des Pferdes wird durch Verkürzen des inneren (rechten) Zügels das Pferd leicht in die Bewegungsrichtung gebogen.
4. Der jetzt zum äußeren gewordene (linke) Schenkel wird etwas hinter dem Gurt und mit entsprechendem Druck angelegt.
5. Der neue innere (rechte) Schenkel muss während der Änderung der Biegung des Pferdes nun am Gurt angelegt in Bereitschaft sein. Durch entsprechenden in Intervallen erfolgenden Druck kann die Umstellung der Biegung in die Bewegungsrichtung unterstützt werden.
6. Die Übergänge zu den „neuen" Hilfen müssen allmählich, sanft und ohne jede Hast erfolgen. Das Pferd ist zwar konsequent, aber gleitend umzustellen.

wegungsrichtung, also nach links, gebogen. Diese Biegung wird nun langsam aufgegeben, bis das Pferd von Kopf bis Schweif gerade gestellt ist, unter Beibehaltung der ungefähren Schrägstellung im 45°-Winkel.

Während das Pferd ständig weitergeht, wird nun versucht, seine Biegung langsam in die entgegengesetzte Richtung einzuleiten. Das Pferd soll in die Bewegungsrichtung, das heißt, nun nach rechts, leicht gebogen werden. Jetzt geht es im Renvers!

Später, wenn der Renvers schon einige Zeit geübt worden ist, wird die Biegung des Pferdes in die Bewegungsrichtung leicht verstärkt. Falls es anfangs den Kopf noch etwas zu hoch trägt, sollte dies nicht besonders korrigiert werden. Das regelt sich nach einer Eingewöhnungszeit nahezu von selbst.

Renvers – kein Problem für Sie und Ihr Pferd

Zugegeben, der Renvers ist nicht der leichteste Seitengang. Er ist vielmehr in Bezug auf seinen Schwierigkeitsgrad die Krönung aller Seitengänge. Nur mit einem durch erhebliche Gymnastizierung vorbereiteten Pferd wird der Renvers überhaupt erst möglich. Ohne Biegung in die Bewegungsrichtung gibt es keinen Renvers. Die Beschreibungen, Hinweise und Regeln zum Renvers sind aber so ausführlich gehalten, dass der Renvers Ihnen keine besonderen Schwierigkeiten bereiten wird. Vorausgesetzt, Sie gehen wie vorgeschlagen schrittweise vor. Lediglich die Übergänge zur Einleitung des Renvers können Sie unter Umständen verunsichern und teilweise den Eindruck erwecken, dass hierzu besondere Fähigkeiten erforderlich seien. Hieraus den Schluss ziehen zu wollen, diesen vielleicht gar nicht erst zu versuchen, wäre aber schade. Solche Überlegungen sind verständlich, aber unbegründet. Sie sollten schleunigst vergessen werden, denn dafür ist der Renvers für Ihr Pferd viel zu wichtig.

Im Übrigen erleichtern die Abbildungen zu diesem Thema das Lernen wesentlich. Und wenn Sie alles, was zum Renvers hier gesagt wurde, zum zweiten Mal gelesen haben, sieht mit Sicherheit vieles transparenter aus. Schließlich gibt es dann auch noch das Motto: „Probieren geht über Studieren“. Und später wird man sich kaum erinnern, mit dem Renvers besondere Schwierigkeiten gehabt zu haben.

Der Renvers wird geradeaus, auf dem Zirkel, durch die Ecken und in Volten im Schritt, im Jog oder Trab geritten. Der Renvers-Galopp kann nur im Kontergalopp geritten werden. Er erfordert insgesamt recht fortgeschrittene Kenntnisse. Daher sollten Sie ihn vorerst hintenan stellen.

Übungen mit wechselnden Seitengängen

Grundsätzliches

Nichts ist für das Pferd schlimmer als Eintönigkeit. So zum Beispiel die Einzelhaft in der Gitterbox ohne Außenkontakt. Das dumpfe Vor-sich-hin-brüten-Müssen dreiundzwanzig Stunden lang oder gar rund um die Uhr. Psychische Krankheiten wie Weben oder Koppen gehören zu den Folgen.

Eintönigkeit beim Reiten hat gleichfalls negative Auswirkungen auf das Pferd. Einseitige und zu lange Beschäftigung in einer

Nathalie Penquitt geht mit Amber vom Schulterherein (mit 30°-Abstellung, rechtsherum) in den Travers (mit 30°-Abstellung, rechtsherum) über. Die Biegung des Pferdes ist bei beiden Seitengängen gleich. Die hohl gebogene Seite ist hier jeweils die rechte.

bestimmten Übung oder Körperhaltung kann zu physischen und psychischen Schäden führen. Hierdurch werden die Bereitschaft zur Mitarbeit sowie Lust und Laune des Pferdes erheblich gestört, wenn nicht völlig genommen.

Überanstrengung oder mangelhaftes, einseitiges Training können als geringste Folge Muskelkater auslösen. In extremen Fällen sind Schäden an Gelenken und Sehnen zu befürchten. Gedankenlosigkeit, Unwissenheit und Übereifer sind die häufigsten Verursacher. Das Ziel – die Gymnastizierung und Konditionierung, die Vergrößerung der psychischen Bereitschaft des Pferdes und einiges mehr – ist hierdurch in Frage gestellt.

Die in diesem Buch behandelten Seitengänge haben bekanntlich besonders intensive gymnastizierende Auswirkungen auf das Pferd. Wird aber ein Seitengang zu lange und ohne Pause gefordert, so können sich hierdurch auftretende einseitige Belastungen verschiedener Art negativ auswirken. Dies muss bei jeder Ausbildung und im Besonderen bei dieser speziellen Aus- und Fortbildung des Pferdes unbedingt beachtet werden.

Welche Seitengänge warum und wie?

Durch geschicktes Variieren der Wechsel von einem Seitengang in den anderen können, vor allem in der Ausbildungszeit, und

besonders natürlich beim jungen Pferd, unnötige einseitige Belastungen des Pferdes vermieden werden. Die häufige Abwechslung in überlegter Reihenfolge bringt ein besonderes Maß an gymnastizierender Wirkung. Unterstützend wirken hierbei die Seitengänge, die durch wechselnde Figuren zu einer sinnvollen Folge zusammengefügt werden können.

Die Seitengänge werden in diesen Folgen in einer Schrägstellung von etwa 45° geritten. Das Pferd bewegt sich folglich auf vier Hufspuren oder, anders benannt, auf zwei Hufschlägen. Der Übergang von einem Seitengang zum anderen kann sich dabei auf verschiedene Arten vollziehen. Dabei kann entweder die Biegung des Pferdes geändert werden, seine Stellung, seine Bewegungsrichtung oder auch zwei dieser Komponenten gleichzeitig.

Beispiele zu den Übergangsarten

a): Sie reiten im Schulterherein. Da Ihr Pferd hierbei mit der voll gebogenen Seite in die Bewegungsrichtung gestellt ist, kann die Biegung relativ leicht erreicht und erhalten werden. Im Gegensatz hierzu ist die Biegung für den Travers etwas schwieriger, da die hohl gebogene Seite in die Bewegungsrichtung zeigt.

Dieses Wissen können Sie geschickt ausnützen, indem Sie sozusagen im gleitenden Wechsel vom Schulterherein in den Travers übergehen, wozu die Biegung des Pferdes nicht verändert werden muss.

b): Noch leichter lässt sich der Übergang vom Schulterherein in den Travers mittels

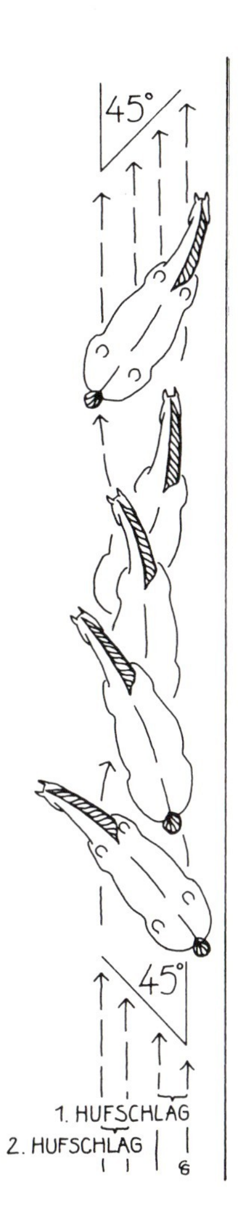

WECHSEL VOM SCHULTERHEREIN IN DEN TRAVERS

Ein wunderbar fließender Übergang vom Schulterherein in den Travers lässt sich mittels einer Bahnecke erreichen.

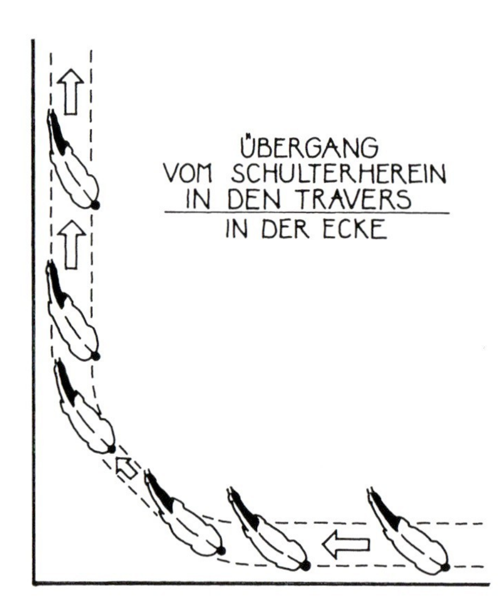

einer Bahnecke erreichen. Auf einer kurzen Bahnseite reitend, schneiden Sie kurz vor Erreichen der Ecke, aus dem Schulterherein heraus kommend, in einem 45°-Winkel die Ecke ab.

In dieser Schrägstellung und bei unbedingt beibehaltener Biegung gelangen Sie nun nach drei bis vier Schritten zur nächsten langen Seite. Zwischenzeitlich haben Sie die Haltung und Funktion Ihrer Zügel seitenverkehrt, das heißt, für den Travers, gewechselt, und weiter geht es somit nun im Travers.

c): Ein gleitender Übergang vom Travers in die Traversale wirkt schwungvoll und elegant. Hierzu ist es sinnvoll, im Travers die Ecken zur kurzen Seite hin und aus dieser kommend, stark abzurunden. So wird der Übergang in die Traversale noch fließender.

d): Der sinnvolle Übergang vom Schulterherein in die Traversale ist eingehend im Kapitel über die Traversale (siehe Seite 225) beschrieben.

Unter Beibehaltung der Biegung aus dem Schulterherein wird die Ecke im 45°-Winkel abgeschnitten, ...

... und weiter geht's im Travers.

Eine Übungsaufgabe

Linksherum

Zur Vermeidung von Missverständnissen nochmals eine Erläuterung der Begriffe „links-“ beziehungsweise „rechtsherum“ auf einer Reitbahn im Zusammenhang mit der „Bewegungsrichtung“ des Pferdes in einem Seitengang.

Das Pferd geht zum Beispiel eine Bahnrunde im Schulterherein linksherum. Hierbei ist die Bewegungsrichtung jedoch rechts. Beim Renvers verhält es sich ebenso. Hingegen ist beim Travers die Bewegungsrichtung des Pferdes stets identisch mit der Bahnrunde links- beziehungsweise rechtsherum. Probieren Sie es aus, dann merkt es sich leichter.

In dieser Übung soll zwar die Bewegungsrichtung des Pferdes geändert werden, jedoch nicht die Biegung. An Seitengängen beinhaltet diese Übung: *Travers – Schulterherein – Traversale.*

Begonnen wird mit dem *Travers* linksherum. Das Pferd ist in die Bewegungsrichtung gebogen, das heißt, die hohl gebogene Seite ist die linke. Diese Biegung wird sich während dieser Übung nicht mehr ändern. Es ändert sich aber noch die Bewegungsrichtung. Nach einer langen Bahnseite und der folgenden kurzen Seite im Travers wird das Pferd in der Ecke vor der nächsten langen Seite zum Schulterherein umgestellt.

Jetzt wandert die über dem Widerrist gehaltene äußere (rechte) Zügelhand nach unten und wird an den Widerrist gelegt. Hingegen ist nun der innere (linke) Zügel über dem Widerrist zu halten.

Gleichfalls werden die Schenkelhilfen gewechselt. Der innere (linke) Schenkel wird etwas hinter dem Gurt mit entsprechendem Druck zum Seitwärtstreiben angelegt, der äußere kommt ohne Druck an den Gurt. Er wird nur bei einem eilenden Pferd zum Abbremsen oder bei einem Verkriechen nach rückwärts in Intervallen eingesetzt. Der Bügel wird leicht belastet (Seite 200).

Unter Beachtung der weiterhin erforderlichen Hilfen wird nun der Wechsel vom Travers zum Schulterherein vollzogen. Die hohl gebogene Seite des Pferdes bleibt, wie bereits gesagt, weiterhin die linke. Nur liegt sie bekannterweise beim Schulterherein als Ausnahme entgegen der Bewegungsrichtung (siehe Seite 191 ff.).

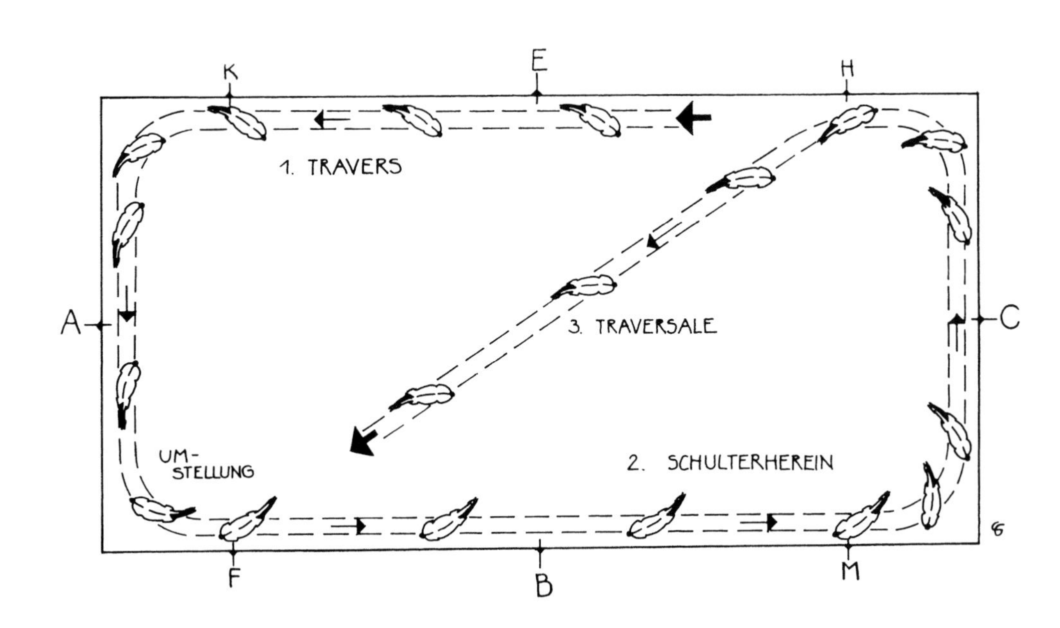

Nach einer langen und der folgenden kurzen Seite im Schulterherein wird hinter der Ecke, nach etwa zwei Pferdelängen auf der nächsten langen Seite, der Übergang zur Traversale, unter Beachtung der hierfür beschriebenen Regel, begonnen. Diese Traversale führt diagonal von rechts nach links durch die ganze Bahn. Körperhaltung und Bewegungshilfen müssen wiederum geändert werden.

Der linke Zügel übernimmt nun die Aufgabe des rechten und umgekehrt der rechte Zügel die des linken. Ebenso verhält es sich mit den Schenkelhilfen (entfällt bei Fortgeschrittenen). Die Änderungen müssen zügig, aber mit entsprechendem Feingefühl vorgenommen werden. Hierbei sollte die durch das Schulterherein relativ einfach erworbene Biegung möglichst nicht verloren gehen.

Entscheidend für das Gelingen der Traversale ist das feine Zusammenspiel von äußerem (rechten) Schenkel und innerem (linken) Zügel sowie das eventuell erforderliche Gegenhalten des inneren Schenkels bei zu starkem Seitwärtsdrang des Pferdes. Etwa zwei Pferdelängen vor der diagonal gegenüberliegenden Ecke sollte der Hufschlag wieder erreicht und die Traversale beendet werden.

Zum Abschluss: Wie auch immer die Übung gelang, wichtig ist ein für das Pferd harmonischer und entspannender Ausklang der Lektion.

Auch wenn die eben beschriebene Lektion im Schritt absolviert wurde, sollten Sie Ihrem Pferd eine Bahnrunde an hingegebenen Zügeln – und nicht vergessen – ein Leckerli spendieren.

Durch die wechselnden sanften Übergänge in den Seitengängen, gleich in welcher Gangart, kommt ein herrlich weicher Schwung in das Pferd. Wenn Sie ihn zu spüren vermögen, wird Sie ein Gefühl völliger Zufriedenheit überkommen, das sich auch auf Ihr Pferd übertragen lässt.

Die Erweiterung solcher Übungen durch Volten

Nun können, zur Erweiterung und Auflockerung solcher Lektionen, jeweils an den langen Bahnseiten auch Volten eingebracht werden. In der Mitte der ersten langen Seite, also beim Travers, wird die erste Volte (ca. sechs Schritt groß), unter Beibehaltung der leichten Biegung des Pferdes aus dem Travers, angelegt.

Kurz vor dem Ende der Volte, das heißt, wenn die Vorderbeine den Hufschlag erreichen, werden die Hilfen für den Travers wieder eingeleitet. Hierbei kommt dem äußeren (rechten) Schenkel besondere Bedeutung zu. Er verhindert durch verstärkten Druck, dass die Hinterbeine den Hufschlag der Vorderbeine erreichen können. Das Pferd geht dann auf zwei Hufschlägen, also in 45°-Schrägstellung, im Travers weiter.

Die zweite Volte sollte in die Mitte der nächsten langen Seite, also zur Auflockerung des Schulterhereins, angelegt werden. Hier wird gleichfalls wie eben beschrieben verfahren. Am Ausgangspunkt der Volte wieder angekommen, werden zwar die Hilfen zum Schulterherein wieder aufgenommen, das Pferd soll jedoch noch im Glauben gehalten werden, dass es eine zweite Volte gehen soll.

Sobald sich hierzu die Vorderbeine bereits wieder auf dem zweiten Hufschlag befinden, also sowohl im Ansatz zu einer weiteren Volte als auch in Schulterherein-Position, wird der innere (linke) Schenkel mit verstärktem Druck, also verstärkt seitwärts treibend, eingesetzt. Jetzt geht es im Schulterherein weiter. Das Pferd ist hierbei in seinem Bewegungsfluss zu keiner Zeit unterbrochen worden.

Dieser kleine Trick erspart vermeidbare Mühen und eventuelle Konflikte. Der Effekt der Übung wäre sonst erheblich gefährdet. Also auch hier sind ein müheloses Hin-

Kaum etwas gymnastiziert mehr als Übungen mit wechselnden Seitengängen. Fließende Übergänge in solchen Übungen macht die Volte möglich. Hier zum Beispiel vom Schulterherein mittels einer Volte (beim Bahnpunkt E) in den Travers.

eingleiten in die Volte und ein gleich flüssiger Übergang aus der Volte zurück in das Schulterherein möglich.

Schulterherein – Volte – Travers

Ein wunderbar harmonisch zu reitender Übergang von einem Seitengang in einen anderen. Hierbei kann die Biegung vom Schulterherein relativ einfach in die Volte mitgenommen werden, wodurch diese nicht nur dem Reiten mehr Ausdruck verleiht, sondern auch eine gymnastizierende Wirkung erzielt. Wird die Biegung in der Volte beibehalten, so ist beim bereits beschriebenen Übergang in den Travers eine für diesen hervorragende Haltung des Pferdes vorgegeben.

Als Letztes noch etwas Wichtiges. Diese Übungen sind bewusst so angelegt, dass sie jeweils nur in einer Gangrichtung, das heißt entweder nur links- oder nur rechtsherum durchgeführt werden können. Man muss also, wie bei allen Übungen, stets darauf achten, dass auch hier in jede Richtung gleich viel geritten wird.

Etwas für die eigene Motivation

Diese Seitengangübungen können komplizierter erscheinen, als sie es in der Praxis sind. Ihre Beschreibung ist recht umfangreich geworden. Ich möchte damit aber erreichen, dass das Gelingen nicht durch Missverständnisse in Frage gestellt wird.

Im Übrigen tragen die entsprechenden Abbildungen wesentlich zum besseren Verständnis bei. Es wird nicht lange dauern, bis man sich auf das eigene Pferd individuell abgestimmte und dadurch optimale Übungen selbst zusammenstellen kann.

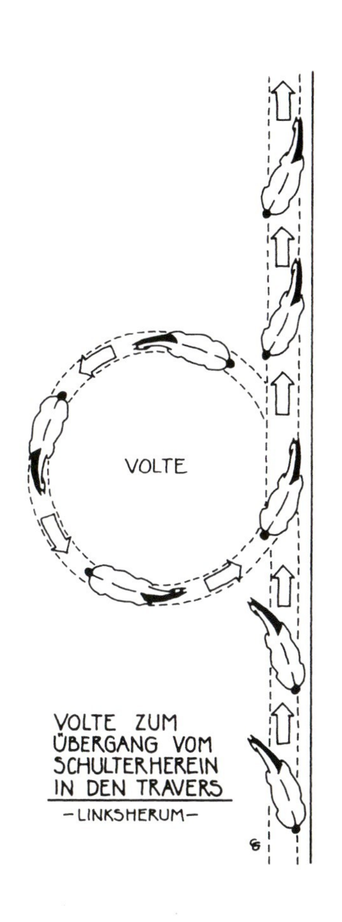
VOLTE
VOLTE ZUM ÜBERGANG VOM SCHULTERHEREIN IN DEN TRAVERS
-LINKSHERUM-

Hilfsmittel

Was nicht damit gemeint ist

Die Erwähnung von Hilfsmitteln könnte Anlass zu Missverständnissen sein. Es wird zu viel Zweifelhaftes unter diesem Begriff angeboten, so dass gesundes Misstrauen angebracht erscheint.

Hier geht es aber nicht um Hilfsmittel wie etwa Flaschenzug-Modelle als kraftunterstützende Hilfszügel für die Zügelhilfe oder extrem breite und polierte, auf den geringsten Reibungskoeffizienten gestylte Hufeisen als Hilfe für den Sliding Stop. Auch nicht um formschöne Metallgewichte für die Pferdebeine als Hilfe für höhere Aktionen im Trab oder Tölt bei bestimmten Pferderassen oder gar um die Schwitzkrawatte als Schlankmacher um den Hals des eleganten *Pleasure Prospect*, des zukünftigen Turniercracks in Pleasure-Wettbewerben.

Hilfsmittel für das hier gelehrte Reiten sind anders geartet. Hier geht es um senkrecht stehende (Pylonen) oder auf dem Boden liegende Stangen als Markierungen für Bahnfiguren, um in der Höhe verstellbare Stangen zur Stärkung der Rückenmuskulatur oder Gerätschaften für Geschicklichkeitsaufgaben und dergleichen. Vorher aber etwas über den Sinn und Zweck solcher Arbeiten mit dem Pferd.

Sinn und Zweck der Bahnfiguren

Der Sinn und Zweck von Bahnfiguren wird in meiner Reitlehre einzig und allein in ihren positiven physischen und psychischen Auswirkungen auf das Pferd gesehen. Aber auch Sie als Reiterin oder Reiter profitieren hiervon enorm. Bahnfiguren sollen gymnastizierenden Charakter haben, sie sollen Sie und Ihr Pferd schulen, und sie sollen Auskunft über den Ausbildungsstand von Ihnen beiden geben. Sie sind also nicht als Selbstzweck gedacht.

Der Spaß hieran darf allerdings nicht zu kurz kommen. Und wenn dieser zum besonderen Anliegen erklärt wird – um so besser. Der vorgenannte ernsthafte Hintergrund wird hierdurch nicht beeinträchtigt.

Zirkel, Volten, geschlängelte Linien nach vorher festgelegten bestimmten Mustern geritten, verschiedene Gangarten, konsequentes Anhalten, enge Wendungen, Rückwärts- und Seitwärtstreten an ganz bestimmten Punkten und in vorher festgelegter Art, das bringt die Wahrheit an den Tag. So können Sie sich nicht selbst betrügen.

Klar und eindeutig sagt Ihnen Ihr Pferd, was Sache ist. Sie können also jederzeit den Stand der Fortschritte Ihres Pferdes oder Ihres eigenen Könnens abfragen und daraus Schlüsse ziehen. Sie können und sollten aber auch sofort umdisponieren, sowie Sie feststellen müssen, dass Ihr Pferd in einer Übung überfordert ist.

Nie dürfen Sie jedoch in dieser Phase völlig aufhören, sobald Probleme auftreten. Vielmehr wird unmerklich für das Pferd die Übung in eine leichtere übergeleitet.

So verhindern Sie, dass das Pferd lernt, neue Anforderungen zu vermeiden und einen Abbruch der Übung zu erreichen, indem es nur etwas Widerstand zeigt. Pferde, die erst am Anfang der Ausbildung stehen, müssen zwar im direkten Umgang konsequent geleitet werden. Beim Reiten selbst hingegen darf bei ihnen vieles lockerer gesehen werden. Im Übrigen erhebt dieses Reiten ohnehin einen besonderen Ausbildungsanspruch.

Mit seiner ungewöhnlichen Vielzahl von Ausbildungselementen nimmt es eine Sonderstellung ein. Und gerade wegen dieses Anspruchs soll das Reiten locker und leicht im Sinne iberischer und südfranzösischer reiterlicher Mentalität sein. Hierin liegt ja auch der immer wieder bestaunte Erfolg. Über den Sinn und Zweck sowohl der Bahnfiguren als auch aller anderen hier geforderten Schulaufgaben dürfte somit Klarheit herrschen.

Die Pylonen

Locker und leicht und dennoch präzise soll das hier gelehrte Reiten sein, und natürlich sinnvoll in der Ausbildung. Hierin liegt auch der Sinn und Zweck des korrekten Reitens der Bahnfiguren. Wie aber kann man kontrollieren, ob zum Beispiel eine Volte die gewollte Größe hat und ob ihre Form tatsächlich der eines Kreises entspricht?

Auf dem sich ständig weiterbewegenden Pferd und ohne erkennbare Hufspuren wird es kaum möglich sein, sich auf freier Fläche beim Figurenreiten zu kontrollieren. Will man sich nicht selbst betrügen, braucht man konkrete Orientierungspunkte, das heißt einfache mobile Hilfsmittel, die leicht, bequem und schnell einsetzbar sind. Sie sollen orientieren und kontrollieren helfen, aber das Reiten nicht behindern.

Vier bis fünf Stangen (hier als Pylonen bezeichnet) von mindestens 1,50 m, besser 1,80 m Länge (oder, aufgestellt, Höhe) und etwa 2,5 cm Durchmesser sind die Lösung. Längere Pylonen sind besser, weil man beim Hinschauen zwar den Blick etwas senken darf, nicht aber den Kopf, um seine Körperhaltung nicht negativ zu beeinflussen.

Sie stehen immer im Mittelpunkt des Geschehens, das heißt, bei einer Volte in der Kreismitte. Beim Reiten einer Volte kann daher durch ständige Blickkontrolle zum

Ob Slalom, Volten oder dergleichen – man braucht konkrete Orientierungshilfen. Die schnell aufzustellenden Pylonen machen es möglich.

Pylon der Halbmesser des Kreises taxiert werden. Der Blick muss hierbei ständig nach innen gerichtet sein. Dies ist gewollt und entspricht für eine bestimmte Zeit der hierzu gewünschten Kopfhaltung.

Diese Pylonen gibt es als weiße Kunststoffpfähle, für Elektrozäune gedacht. Auch Vermessungsstangen, weiß angestrichen, sind geeignet. Vor dickeren Pfählen, etwa noch fest eingerammt, muss gewarnt werden. Falls es einmal eng werden sollte, sind die Knie gefährdet. Die Pylonen – ein unscheinbares, simples Bündel von Stangen – werden, im Training mit Fantasie eingesetzt, zum unentbehrlichen Requisit. Entsprechend aufgestellt, ermöglichen sie, eine Vielzahl von Mustern in eigener Kontrolle zu reiten. In den Kapiteln über Volten und dergleichen (vergleiche ab S. 158) sind hierzu einige Beispiele beschrieben. Sie wären ohne die Pylonen nicht denkbar.

Ob im Inland oder Ausland, an vielen Orten, an denen ich Kurse abgehalten habe, und auch bei vielen Schülerinnen und Schülern stehen jetzt schon viele Jahre solche Pylonen. Sie haben offensichtlich überzeugt!

Die Cavaletti

Eine weitere wertvolle Bereicherung in der Vielfalt gymnastizierender Übungen ist das Reiten über die so genannten Cavaletti. Es lehrt das Pferd, die Beine gut zu heben und kräftigt die Rückenmuskulatur.

Zwei Kreuze, dazwischen eine etwa drei Meter lange runde Stange, etwas versetzt vom Zentrum der Kreuze angebracht, das ist alles. Vier bis sechs davon, hintereinander in jeweils bestimmten Abständen und Höhen

Die Cavaletti – eine wertvolle Bereicherung in der Vielfalt der gymnastizierenden Übungen. Hier muss das Pferd nicht nur seine Beine heben, sondern auch aufmerksam taxieren, wo es sie hinsetzt (Cornelia Göricke-Penquitt mit Jilla 1).

aufgestellt, werden für das Training besonderer Art benötigt. Die asymmetrische Lage der Stange zwischen den Kreuzen oder asymetrische Kreuze selbst ermöglichen durch Drehen der Cavaletti drei unterschiedliche Höhen. Anstelle dieser klassischen Form der Kreuze bei den Cavaletti verwendet man heutzutage zumeist Kunststoffelemente für verschiedene Höheneinstellungen.

Die verschiedenen Möglichkeiten für die Höhen der Cavaletti liegen, je nach Bauart, etwa zwischen 15 und 35 cm oder 25 und 45 cm. Die Abstände zwischen den Cavaletti werden durch die Gangart des Pferdes und die Höhe der Stangen bestimmt.

Im Galopp sollte mit den Cavaletti erst begonnen werden, wenn sie im Schritt und Trab einwandfrei bewältigt werden. Meist wird man sich im Galopp mit der niedrigen oder mittleren Stangenhöhe begnügen und die Anzahl der Cavaletti auf drei begrenzen. Ein einzelner Sprung über 40 bis 45 cm ist aber unbedingt zu empfehlen.

Auch im Trab ist vorerst eine Begrenzung der Höhe auf ca. 25 cm angebracht. Ein ruhiger, langsamer Trainingsaufbau ist auch hier der schnellste Weg zum Erfolg. Die Cavaletti bieten vielseitige Möglichkeiten und erziehen das Pferd zur Aufmerksamkeit.

Sie werden parallel hintereinander im gleichen Abstand aufgestellt. Auch eine fächerförmige Anordnung auf einem Zirkelbogen ist zweckmäßig. Sie macht die Abstände der Stangen für den Reiter variabel,

Cavaletti – für den Trab mit etwas weiteren Abständen. Die Zügel müssen nachgegeben werden, damit sich das Pferd seinen Weg selbst sucht.

so dass sie nicht ständig verändert werden müssen.

Das Reiten über Cavaletti stärkt ganz deutlich die Rückenmuskulatur des Pferdes. Es gymnastiziert Körperpartien, die beim normalen Reiten nicht oder kaum erfasst werden, und fördert außerdem die Aufmerksamkeit des Pferdes. Schon nach relativ kurzer Zeit wird eine merkliche Verbesserung vor allem bei den Trabbewegungen festzustellen sein.

Auch Sie selbst lernen durch die Benutzung der Cavaletti. Sie müssen rechtzeitig, das heißt, ca drei Meter vor den Cavaletti, das Tempo Ihres Pferdes so eingestellt haben, dass die Schritte oder Sprünge korrekt zwischen den Stangen liegen. Danach ist eine weitere Korrektur kaum möglich, da die Zügel ebenso rechtzeitig relativ lang gehalten werden müssen, um dem Pferd das selbstständige Taxieren zwischen den Stangen zu ermöglichen.

Lediglich ein Beschleunigen ist, wenn überhaupt erforderlich, noch möglich. Zur Entlastung des Pferderückens ist es angebracht, die Bügel so zu belasten, dass das Gesäß des Reiters nicht mit vollem Gewicht im Sattel ist. Der Oberkörper darf dabei ein wenig nach vorn kommen. Die Bewältigung der Cavaletti ist für das Pferd anstrengend. Man darf daher nur kurze Reprisen reiten, dafür aber um so öfter.

Ein Satz Bodenstangen

In den Trail-Regeln für des Westernreiten gibt es verschiedene interessante Geschicklichkeitsübungen, zu denen Bodenstangen benötigt werden.

Nun könnte man hierzu bereits vorhandene Sprungstangen verwenden. Sie haben aber den großen Nachteil, zu schwer und damit unhandlich zu sein. Allein aus diesem „gewichtigen“ Grund werden oftmals die äußerst wertvollen Übungen zwischen den Stangen vernachlässigt. Auch können solche Rundhölzer bei einem versehentlichen Darauftreten des Pferdes wegrollen und dabei Fesselkopfverletzungen verursachen.

Im Holzhandel gibt es aber so genannte Dachlatten in einem Normmaß von 4 x 6 cm Dicke. Sie sind ungehobelt und haben den Vorteil, äußerst leicht und preiswert zu sein. So ist die Wahrscheinlichkeit größer, dass

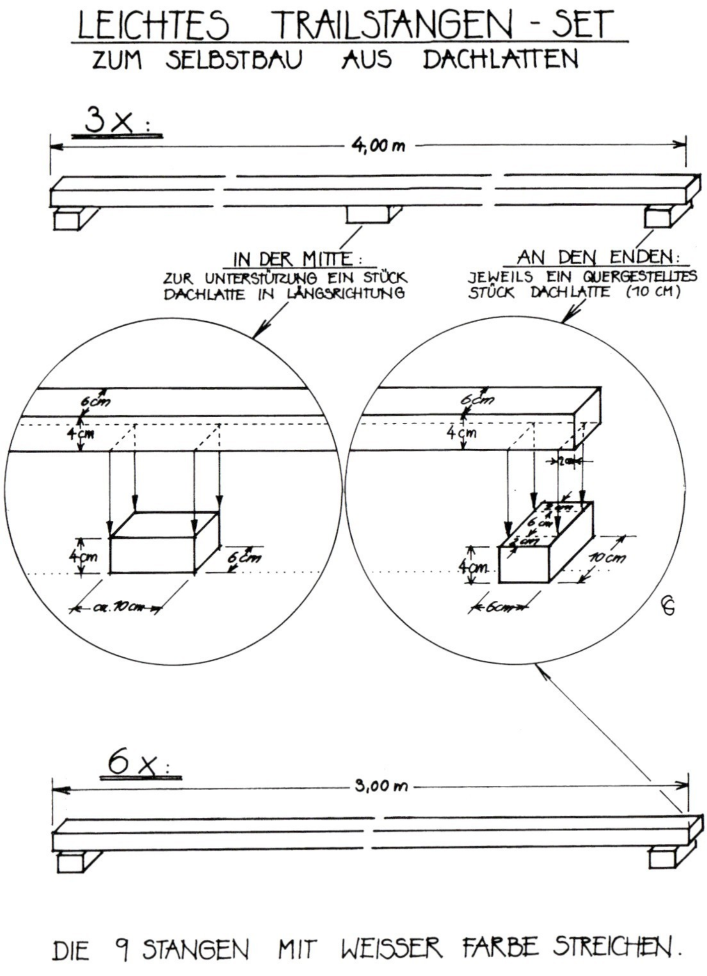

LEICHTES TRAILSTANGEN - SET
ZUM SELBSTBAU AUS DACHLATTEN

3 X:
4,00 m

IN DER MITTE:
ZUR UNTERSTÜTZUNG EIN STÜCK DACHLATTE IN LÄNGSRICHTUNG

AN DEN ENDEN:
JEWEILS EIN QUERGESTELLTES STÜCK DACHLATTE (10 CM)

6 X:
3,00 m

DIE 9 STANGEN MIT WEISSER FARBE STREICHEN.

Mit leichten Bodenstangen, die keine Verletzungen durch Wegrollen verursachen können, lassen sich viele interessante Geschicklichkeitsübungen mühelos arrangieren.

sie nicht nur angeschafft, sondern auch gebraucht werden. Sechs Stangen à drei Meter und drei Stangen à vier Meter, weiß gestrichen, ein Paar Klötze untergeschraubt, und schon hat man für wenig Geld unglaublich wertvolle Hilfsmittel geschaffen.

Beispiele für den Einsatz der Allround-Stangen:

- Zwei Stangen hintereinander gelegt, das Pferd im rechten Winkel davor oder später darüber stehend, dienen als Richtungsweiser für die Volltraversale.
- Zwei Stangen parallel in etwa 1 m Abstand gelegt, dienen als Stangengang zum Üben des Hineinreitens, des konsequenten Anhaltens, des Verharrens, des Rückwärtstretens.
- Drei Stangen mit gleichen Schenkellängen werden zu einem „T“ gelegt. Dazwischen bleiben Öffnungen an den drei Berührungspunkten der Stangen. Sie ermöglichen Wendungen um das innere Vorder- beziehungsweise Hinterbein beim Traversieren über die Stangen im Wechsel nach rechts und links.
- Zwei lange und zwei kurze Stangen werden mit entsprechendem parallelen Abstand zu einem doppelten „L“ gelegt für das geschickte Rückwärts-um-die-Ecke-Treten des Pferdes.
- Sechs kurze und drei lange Stangen werden zu einem doppelten „U“ im entsprechenden parallelen Abstand gelegt. Zwischen diesen soll das Pferd vorwärts, seitwärts, rückwärts treten und umgekehrt. Dies dann mit einer Wendung um das innere Vorderbein eingeleitet.

Die sinnvollen, vielseitigen Einsatzmöglichkeiten dieser einfachen Hilfsmittel dürften hiermit genügend erklärt sein. Damit sind wir schon beim nächsten Kapitel, in dem es um Geschicklichkeitsübungen geht.

Geschicklichkeitsübungen

Die Probe aufs Exempel

Geschicklichkeitsübungen aus dem Trail, einer Disziplin des Western-Turniersports, sind in modifizierter Form fester Bestandteil im Lehrplan der Freizeitreit-Akademie. Geschicklichkeitsaufgaben, sollen sie sicher und souverän mit minimalen, kaum wahrnehmbaren Hilfen geritten werden, erfordern eine solide, gefestigte Grundausbildung und viel Vertrauen Ihres Pferdes zu Ihnen. Geschicklichkeitsübungen sind aber anregend für das Pferd und aufregend für Sie. Geschicklichkeitsreiten macht also beiden Spaß.

Solche Übungen bringen die Wahrheit an den Tag. Zur korrekten Durchführung verschiedener Übungen müssen etliche der hier zu erlernenden Lektionen sicher beherrscht werden. Geschicklichkeitsübungen sind angewandte Praxis. Hier kann keiner mogeln. Wer sich für solche Übungen interessiert, weiß, mit welch verzweifelten Verrenkungen oftmals versucht wird, eine Geschicklichkeitsaufgabe zu bewältigen. So zum Beispiel, vom Pferd aus ein Tor zu öffnen und zu schließen, ohne es auch nur für einen Augenblick loszulassen.

Ausgebildet für das Geschicklichkeitsreiten heißt nach dem Selbstverständnis des Reglements meiner Freizeitreit-Akademie, dass das Pferd durch Seitengänge so gymnastiziert ist, dass Vorwärts-, Seitwärts- und Rückwärtsbewegungen sowie Wendungen aufgrund unmerklicher Hilfen in absolut präziser Form ausgeführt werden können. Das Pferd muss also unverzüglich und genau auf Schenkel- und Gewichtshilfen reagieren, wobei Zügelhilfen nur noch eine untergeordnete Rolle spielen.

Nach den hier gelehrten Ausbildungsregeln wird beim Rückwärtstreten das Pferd nicht nur schnurgerade rückwärts gehen, sondern hieraus auch auf den Zentimeter genau immer dort, wo gefordert, anhalten. Ein Pferd, das, anstatt anzuhalten, unkontrolliert weiter rückwärts stürmt, ist für das Geschicklichkeitsreiten in der hier geforderten Art noch nicht einsetzbar. Hier muss zunächst die Basisarbeit vertieft werden.

Unabdingbar für das Geschicklichkeitsreiten ist die Gelassenheit des Pferdes. Pferde, die vor einem Trail-Hindernis herumzappeln, als ob sie ein Säbelzahntiger der

Das Stufenplateau bietet dem Pferd die Möglichkeit, Stufen zu beachten und richtig einzuschätzen. Vor allem aber gymnastiziert es in einer Art und Weise, die auf ebenem Boden nicht möglich ist.

Urzeit dort erwartete, müssen zunächst mittels vertrauensbildender Maßnahmen genügend Festigung erfahren.

Die Geschicklichkeitsübungen sagen also die Wahrheit. Die vielseitigen Übungen zu lernen und dann präzise auszuführen wird bei Ihnen Eifer, Lust und Laune aufkommen lassen. Noch erfreulicher: Sie werden bei Ihrem Pferd Gleiches feststellen können. Und wenn alles so schön klappt wie gewünscht, dürfen Sie mit Fug und Recht stolz auf sich und Ihr Pferd sein.

Tipps für Übungen

Empfehlenswerte Geschicklichkeitsübungen, die sich in ihrem pädagogischen Wert in das Konzept dieses Lehrprogramms gut einpassen, werden hier in verschiedenen Abbildungen gezeigt. Zu einigen Übungen wie dem Tor sollen Tipps als Lernerleichterung gegeben werden.

Zum Tor

Zum korrekten Öffnen und Schließen eines Tores müssen die Volltraversale, die Wendung um das innere Vorderbein und das

Wie beim Hinauf werden auch beim Hinunter die Zügel hingegeben, und der Oberkörper wird leicht nach vorne geneigt.

zentimetergenaue Rückwärtstreten vom Pferd spielend beherrscht werden. Warum für eine einfache Übung so viele komplizierte Lektionen erforderlich sind, werden Sie spätestens merken, wenn Sie in die Nähe des Tores wollen. Wäre der Platz im Torbereich in meiner Freizeitreit-Akademie nicht schon lange mit Gitterplatten befestigt, hätten trampelnde und zappelnde Hufe dort eine Kraterlandschaft hinterlassen. Wird diese Übung zu früh begonnen, ist meistens „Rodeo“ angesagt.

Einige Tipps

- Zum Lernen für Pferd und Reiter empfiehlt es sich, das Tor vorerst von einem Helfer bewegen zu lassen.
- Während man mit dem Pferd seitwärts an das Tor herantritt, wird dieses vom Helfer mit einer langsamen, dem Pferde angepassten Bewegung geöffnet.
- Hier wird „Sesam öffne dich“ gespielt. Dies nimmt dem Pferd den Schrecken vor der Sperre. Im gleichen Maße, wie es an das Tor herantritt, verschwindet diese Sperre.
- Beim Schließen des Tores wird ebenso vorgegangen.
- Da man sich bei diesem noch ungewohnten Manöver nicht zusätzlich mit dem Tor beschäftigen muss, kann anfangs beidhändig geritten werden.
- Auf diese Weise geht es bei dem für das Pferd anfangs sehr kompliziert erscheinenden Vorhaben sehr friedlich zu.
- Je nach Verhalten des Pferdes übernimmt man nun selbst nach und nach verschiedene Handlungen beim Öffnen und Schließen des Tores.

Um ein Tor mit spielerischer Leichtigkeit öffnen und schließen zu können, ohne es loszulassen, ...

... müssen Pferd und Reiter das exakt dosierbare Rückwärtstreten, ...

Wie viele Versuche Sie brauchen werden, um ein Tor korrekt öffnen und schließen zu können, ohne es hierbei loszulassen, kann nicht einmal geschätzt werden. Sicher ist, dass bei Befolgen der genannten Tipps das Passieren des Tores dem Pferd so vertraut sein wird wie der Eingang zum Stall.

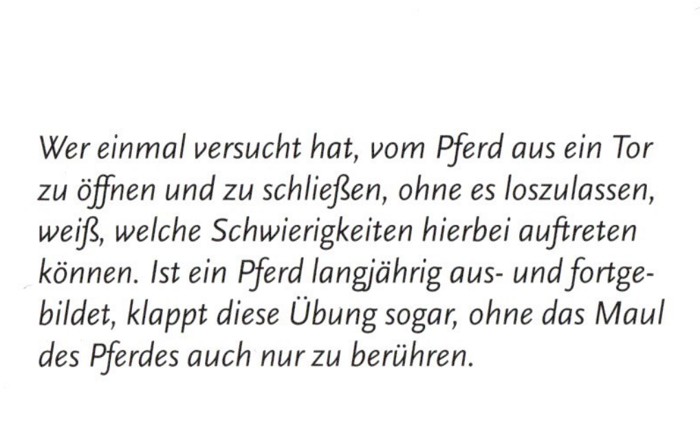

Wer einmal versucht hat, vom Pferd aus ein Tor zu öffnen und zu schließen, ohne es loszulassen, weiß, welche Schwierigkeiten hierbei auftreten können. Ist ein Pferd langjährig aus- und fortgebildet, klappt diese Übung sogar, ohne das Maul des Pferdes auch nur zu berühren.

... die Volltraversale ...

... und die Wendung um das innere Vorderbein aus dem Handgelenk beherrschen.

Nachdem durch eine Wendung um das innere Vorderbein in das Stangen-L eingefädelt wurde, ist nun die zweite Hürde, das Rückwärts-um-die-Ecke-Wenden, zu bewältigen.

Zum „Stangen-L“

Zwei spezielle Stangen*, parallel in einem Abstand von einem Meter und zwei weitere mit gleichem Abstand im rechten Winkel zu einem „L“ gelegt, müssen rückwärts tretend passiert werden.

Das Schwierigste beim Stangen-L ist das Einfädeln zum Rückwärtsgang. Da auch diese Übung mit einem Lern- und Schulungseffekt für Sie und Ihr Pferd verbunden sein soll, wird dies durch eine Wendung um das innere Vorderbein, also einer Vorhandwendung, entweder rechts- oder linksherum, eingeleitet.

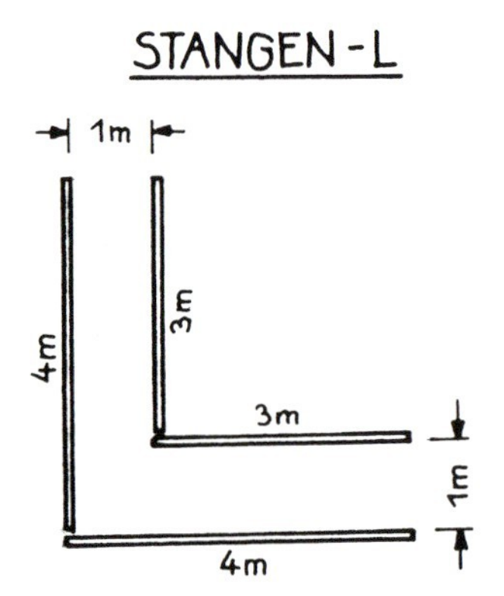

* Bauanleitung siehe unter Kapitel „Hilfsmittel“, Seite 272.

Hierzu wird der Kopf etwas nach außen (re.) gestellt, wodurch das Pferd zum Ausgleich mit seinen Hinterbeinen nach innen (li.) tritt. Der innere (li.) Schenkel hat dafür zu sorgen, dass die Vorderbeine nicht über die innere Ecke treten.

Einige Tipps

- Man stellt das Pferd eine knappe Pferdelänge vor das Stangen-L. Dann wird um ein Vorderbein sehr langsam gewendet. Geschieht dies zu schnell, kann das Pferd nicht rechtzeitig angehalten werden. Es wird hin und her tänzeln und das Einfädeln erschweren oder sogar unmöglich machen.
- Steht das Pferd mit den Hinterbeinen passend vor dem Eingang der Stangenbahn, muss sofort mit dem Rückwärtstreten begonnen werden. Beim geringsten Zögern wird das Pferd sogleich einen Ausweichversuch unternehmen.
- Haben die Hinterbeine die Abwinkelung erreicht, wird der Kopf des Pferdes leicht nach außen (beim Linksherum also nach rechts) gewendet. Hierdurch wird das Pferd, um sich nicht biegen zu müssen, wie gewünscht mit den Hinterbeinen nach links treten.
- Es gibt Pferde, die, wenn sie erst einmal in das Stangen-L eingefädelt haben, nicht mehr zu halten sind. Sie marschieren dann im Rückwärtsgang weiter geradeaus über die Begrenzungsstange hinweg, ohne dass man sie vorher anhalten kann.
- Wer seinem Pferd nicht beigebracht hat, bei jedem einzelnen Rückwärtsschritt auf Signal hin anzuhalten, wird mit solchen Schwierigkeiten rechnen müssen (zur Abhilfe siehe Kapitel „Rückwärtstreten“).

Vorwärts, ...

Zum „Stangen-U“

Das Stangen-U muss durch Vorwärts-, Seitwärts- und Rückwärtstreten passiert werden. Das Ganze kann aber auch in umgekehrter Reihenfolge, also mit dem Rückwärtstreten beginnend, bewältigt werden, was eine Steigerung des Schwierigkeitsgrades bedeutet. Für diese Übung sind die Volltraversale, das Rückwärtstreten und die Wendung um das innere Vorderbein erforderlich. Um das Pferd an diese Übung zu gewöhnen, wird das Stangen-U vorerst aber nur vorwärts, und das wechselseitig einmal von der linken Seite und einmal von der rechten Seite, begonnen.

Einige Tipps

- Nach dem Vorwärts-Einfädeln wird anfangs das Pferd kurz vor der Stirnseite, mit den Vorderbeinen führend und ohne anzuhalten, leicht schräg in die seitliche Bewegungsrichtung gestellt. Dies erleichtert den Übergang in die Volltraversale wesentlich.
- Während des Seitwärtstretens wird dann das Pferd in einen korrekten rechten Winkel zur Stirnseite des Stangen-U gestellt.
  Da der Rückwärtsgang gleich fällig ist, heißt es aufpassen. Manche Pferde wollen, einmal in der Volltraversale

STANGEN - U

1m 1m 3m 4m 4m 3m 4m 3m 2m 3m 3m 3m

befindlich, weiter. Hier muss abgebremst und der Schwung zur Seite nach rückwärts umgeleitet werden.

- Hat sich das Pferd an die Übung in dieser Form gewöhnt, sollte sie ab und zu auch rückwärts tretend begonnen werden.
- Die Einleitung zum Rückwärtstreten beginnt wegen des Schulungseffektes wie beim Einfädeln in das Stangen-L mittels einer Wendung um das jeweils innere Vorderbein.
- Die erforderlichen Hilfen für die hier vorkommenden Lektionen und eventuelle Korrekturmaßnahmen sind in den speziellen Kapiteln eingehend erklärt.

... seitwärts in der Volltraversale, ...

... rückwärts, so oder in umgekehrter Reihenfolge ist das Stangen-U zu passieren.

Zur „Stangen-Volltraversale“

Sie hört sich merkwürdig an, aber sie ist es nicht. Und wenn man hört, dass das Pferd hier lediglich über eine Stange seitwärts, also in der doch schon gut beherrschten Volltraversale, gehen soll, dann sollte das doch eine problemlose Sache sein. Aber auch das ist sie meistens nicht. Viele Pferde haben etwas dagegen, wenn quer unter ihrem Körper eine Stange liegt, über die sie dann auch seitwärts, ohne mit den Hufen dagegen zu kommen, traversieren sollen.

Wie bei allen Lektionen gibt es aber auch hier Möglichkeiten, das Pferd durch wohl überlegtes schrittweises Vorgehen zu überzeugen, dass weder eine Gefahr besteht, noch Unmögliches von ihm verlangt wird.

Bei wohl überlegtem Vorgehen können Sie Ihr Pferd nach einigen Vorübungen davon überzeugen, dass keine Gefahr droht, wenn es über einer quer unter seinem Körper verlaufenden Stange entlang traversieren soll.

Einige Tipps

- Zur Gewöhnung des Pferdes an den Anblick der Stangen wird etwa 50 cm vor diesen einige Male von rechts nach links und danach umgekehrt entlang traversiert. Hierzu führen Sie das Pferd in einer kurzen Traversale vor die zwei hintereinander liegenden 3-m-Stangen und gehen in eine Volltraversale über.
- Hat sich das Pferd an diese Vorübung gewöhnt, so lassen Sie es nun nach Passieren der ersten Stange mit den Vorderbeinen über die zweite Stange treten. Hierbei dürfen Sie auf keinen Fall das Seitwärts-Treiben unterbrechen. Auch müssen Sie darauf achten, dass das Pferd nicht rückwärts geht. Klappt es, das Pferd über der zweiten Stange einige Meter in der Volltraversale zu bewegen, werden Sie es beim nächsten Mal schon bei der ersten Stange versuchen.
- Nun wird es nicht mehr lange dauern und Sie können, aus einer kurzen Traversale kommend, sofort am Anfang der Stangen mit Ihrem Pferd einfädeln, das heißt, über der Stange befindlich sofort mit einer Volltraversale den Weg fortsetzen.

Zum Einfädeln nähern Sie sich mit Ihrem Pferd in einer kurzen Traversale dem Anfang der Stangen …

… und setzen über den Stangen den Weg in einer Volltraversale fort. Bald wird auch diese Übung zu einer Selbstverständlichkeit für das Pferd.

Wieder haben Sie einen weiteren kleinen Schritt in der Art geschafft, die Ihnen zum ungezählten Male beweisen konnte, dass es immer einen humanen Weg gibt. Und wieder hat Ihnen das Motto: „Versteh Dein Pferd und handle danach“ bei diesem Weg zur Verwirklichung Ihres Wollens geholfen.

Zum „Stangen-T"

Für diese Übung sind die Volltraversale und die Wendungen um das innere Vorderbein und um das innere Hinterbein erforderlich. Sie müssen von Ihnen und Ihrem Pferd sicher beherrscht werden. Nur so wird diese empfehlenswerte, aber auch anspruchsvolle Übung korrekt gelingen.

Dort, wo die drei Stangenenden zusammentreffen würden, sollen die Abstände zwischen den Dreien anfangs 60 bis 80 cm betragen und später auf etwa 45 cm verkleinert werden. Begonnen wird immer an einer der beiden Querstangen außen am Kopfende des „T". Um über die Stange des langen T-Schenkels im rechten Winkel hin und her seitwärts traversieren zu können, ist jeweils eine Wendung um das innere Vorder- und Hinterbein erforderlich.

Wie diese für Sie und Ihr Pferd sehr lehrreiche Übung vonstatten gehen soll, ist durch eine Zeichnung mit entsprechenden Erläuterungen am einfachsten erklärt.

Einige Tipps

- Größere Abstände zwischen den drei Stangenenden lassen eventuelle anfängliche Fehler bei den Wendungen zwischen den Stangen nicht gleich in einen „Stangensalat" ausarten. Dem Pferd werden dadurch unnötige Aufregungen erspart.
- Als Besonderheit muss das Pferd zum Seitwärtstreten in diesem Fall mit den Vorderbeinen über die Stangen gestellt werden. Dies sollte durch seitliches Einfädeln aus einer kleinen Traversale und ohne danach anzuhalten geschehen.
- Sie sollten darauf achten, dass von oben betrachtet Ihr innerer Unterschenkel (am Gurt gerade herunterhängend) sich ständig etwas vor der Bodenstange befindet. So ist gewährleistet, dass Ihr Pferd weder mit den Vorder- noch mit den Hinterbeinen die Stangen berührt.

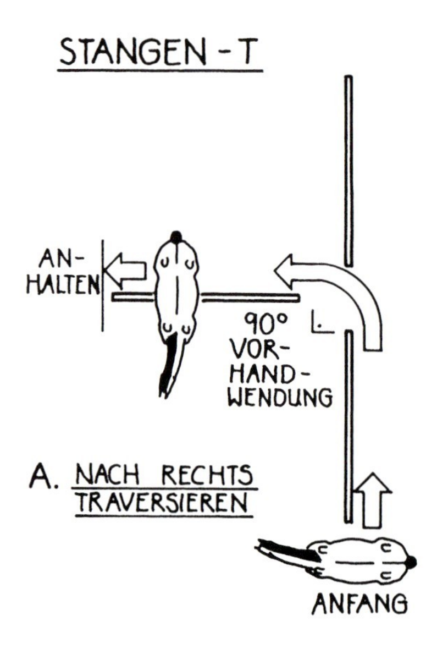

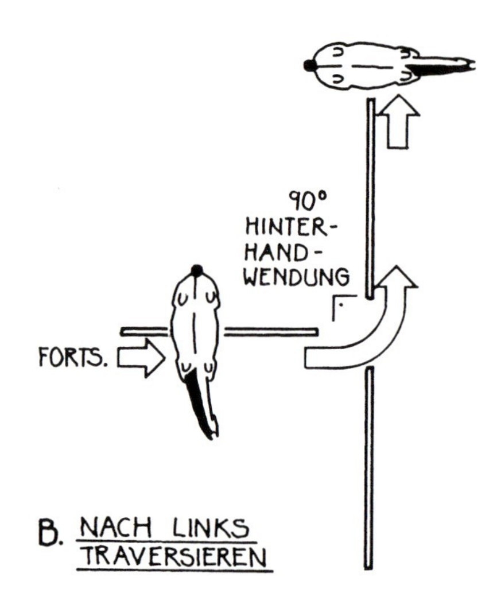

Die Volltraversale sowie jeweils Wendungen um das innere Vorder- oder Hinterbein müssen für die Übung am Stangen-T sicher beherrscht werden.

Der Geschicklichkeitsparcours

Für Freizeitreiter-Veranstaltungen eignet sich auch die Einrichtung eines Geschicklichkeitsparcours. Geschicklichkeits-Wettbewerbe finden auch bei konventionellen Reiterinnen und Reitern zunehmendes Interesse.

Für den, der genügend Platz zur Verfügung hat, lohnt sich der Aufbau eines ständigen Trail-Parcours. So können die zur Gymnastizierung und Schulung des Pferdes wichtigen Geschicklichkeitsübungen jederzeit durchgeführt werden. Mit wenigen Handgriffen lassen sich dann auch die ständig bereit liegenden Bodenstangen zu immer neuen Übungen verändern. Auch das Absolvieren der Hindernisse in anderer Reihenfolge bringt Abwechslung.

Der hierzu abgebildete Parcours für Geschicklichkeitswettbewerbe oder als Trainingseinrichtung hat sich in der Praxis bewährt. Er soll aber auch als Muster zu eigenen Entwürfen dienen. Hier sind der Fantasie kaum Grenzen gesetzt, solange alles pferdegerecht gestaltet wird.

Eine Mustervorgabe für den Ablauf

1. Das Tor (A) öffnen, durchreiten und schließen, ohne es loszulassen.
2. Einen Klappersack von einer Tonne (B) nehmen und im Galopp nach (C) bringen.
3. Unmittelbar neben der Tonne (C) stoppen und Klappersack ablegen.
4. Volltraversale im kombinierten Stangen-U + L (D) nach links und rückwärts tretend um die Ecke herum nach (E).
5. Rückwärts im Slalom um die Pylonen (E) nach (F).
6. Rückwärts durch das Flatterband-Tor (F).
7. Hinter dem Tor 180°-Wendung um das innere Hinterbein und hieraus unmittelbar angaloppieren nach (G).
8. Im Jog über die Bodenstangen beziehungsweise Cavaletti (G) und weiter im Jog nach (H).
9. Im Schritt über die Wippe (H) und weiter im Schritt nach (I).
10. Im Schritt in das Stangenquadrat (I), dort absteigen, das Pferd zum Stehenbleiben auffordern und 1 x um das Quadrat herumgehen. Danach aufsitzen und im Jog nach (J).
11. Das Stangen-T (J) bei (a) beginnen. Mit dem Pferd über eine Stange in einer Volltraversale nach rechts bis zum Stangenende. Dort in einer Wendung um das innere (rechte) Hinterbein über die zweite Stange nach (b) und wieder zurück. Beim Stangenende in einer Wendung um das innere (rechte) Vorderbein über die dritte Stange traversierend nach (c) und im Jog weiter nach (K).
12. Im Schritt über die Brücke (K) und im Galopp den Parcours verlassen.

Ob zwischen den Hindernissen wie angegeben im Jog oder Galopp geritten werden kann, richtet sich nach der Größe ihrer Abstände sowie dem Ausbildungsstand des Pferdes.

Erläuterungen und Maßangaben zu den Hindernissen

Zu (A):
Der Torgriff muss so hoch angebracht sein, dass man sich zum Öffnen und Schließen nicht besonders zu bücken braucht.

Zu (B):
Als Klappersack wird ein Sack mit diversen Blechbüchsen gefüllt.

Zu (D):
Die Maße für das Stangen-U, mit dem Stangen-L kombiniert, sind aus den Zeichnungen zum „U“ und „L“ zu entnehmen.

Zu (E):
Die Pylonen (hier können auch die kegelförmigen „Verkehrshütchen“ eingesetzt werden) sind in einem Abstand von 2,50 m aufgestellt.

Zu (F):
Das Flattertor besteht aus zwei ca. 1,50 m auseinander stehenden Pfosten, an denen in mindestens 2,80 m Höhe eine Querstange angebracht ist. An dieser Querstange sind dicht nebeneinander Streifen von Plastikband befestigt, die ca. 1 m über dem Boden enden.

Zu (G):
Das Stangenhindernis für den Jog (Trot over) besteht aus fünf Cavaletti. Sie werden in niedrigster Höhe aufgestellt. Der Abstand der Stangen liegt bei ca. 0,90 m.

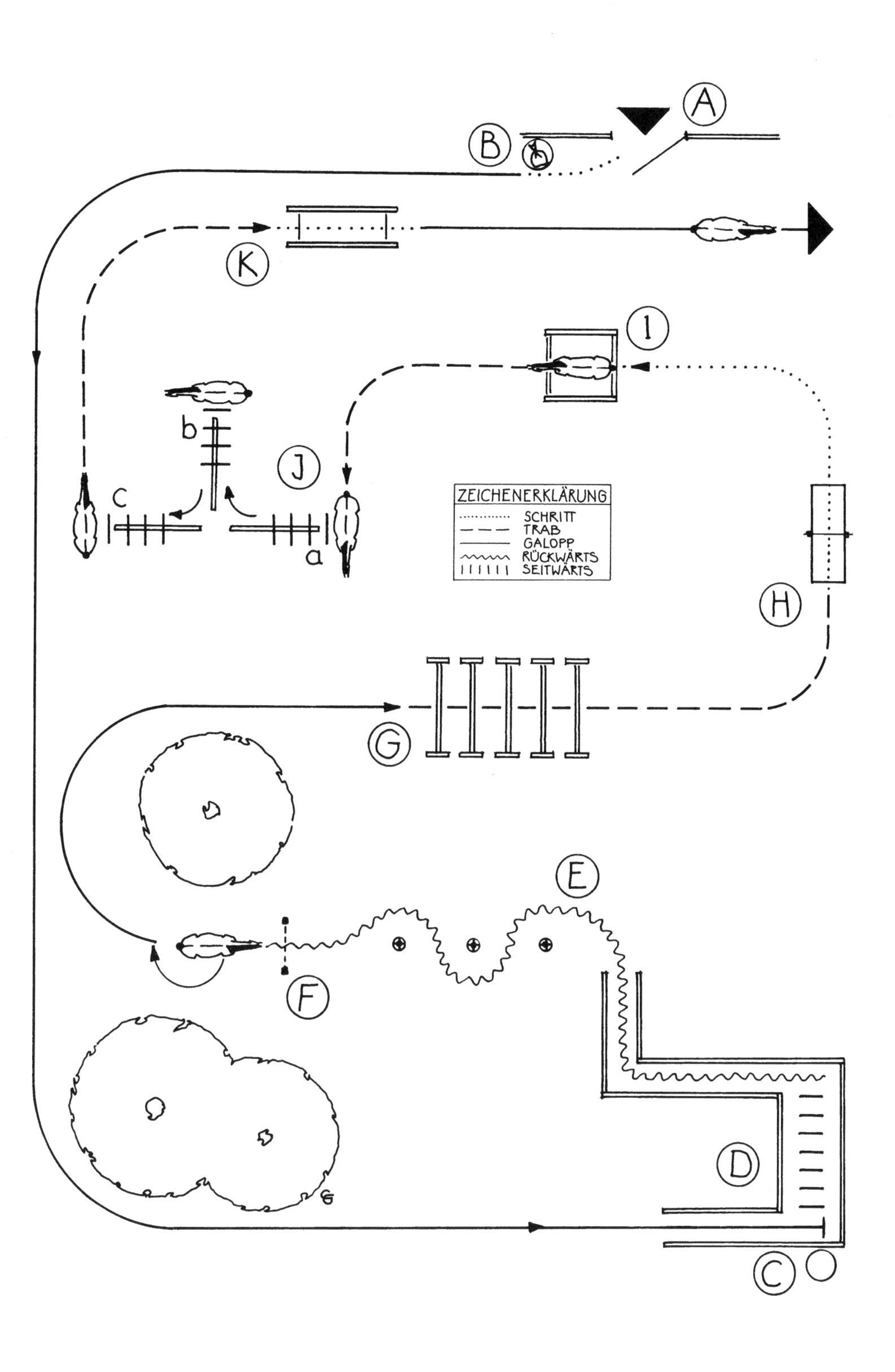
A
B
K
I
b
c
J
a
ZEICHENERKLÄRUNG
SCHRITT
TRAB
GALOPP
RÜCKWÄRTS
SEITWÄRTS
H
G
E
F
D
C

Zu (H):
Die verwendete Wippe besteht aus 2,5 cm dicken Bohlen. Die Länge beträgt 3 m und die Breite 1 m. Die hochgewippte Oberkante liegt etwa 30 cm über dem Boden.

Zu (I):
Die Größe des Stangenquadrates beträgt 2 x 2 m.

Zu (J):
Das Stangen-T besteht aus drei 3 m langen Stangen. Abstand zwischen den drei inneren Stangenenden: nicht kleiner als 45 cm.

Zu (K):
Die Holzbrücke ist ca. 3 m lang. Die Breite sollte mindestens 1 m betragen. An beiden Seiten muss ein Geländer angebracht sein.

Kombinierte Lektionen

Warum?

Jede neu hinzukommende Lektion macht die Palette des Gekonnten bunter, reicher, schöner und somit interessanter. So ergibt es sich von selbst, den jeweils erreichten Ausbildungsstand sozusagen in einer Komposition sinnvoll zueinander passender Elemente zusammenzufassen. Die Kunst hierbei ist, fließende Übergänge zu schaffen, die ein harmonisches Gesamtbild ergeben.

Dies bedarf allerdings einiger Überlegungen. Am Beispiel der Übungen mit wechselnden Seitengängen zeigte sich bereits sehr deutlich, wie wichtig es ist, den Fluss der Bewegungen des Pferdes nicht zu stören. Auf keinen Fall sollte das Pferd von einer gebogenen Stellung in die andere „gestürzt" werden. Möglichst mit gleicher Biegung in eine andere Lektion fließend zu wechseln ist in der Regel die richtige Überlegung.

Aus einem Travers linksherum mittels einer Linksvolte zum Schulterherein (weiterhin linksherum) zu wechseln und aus diesem in einer Traversale nach links herüber durch die ganze Bahn gewechselt, das ist ein treffendes Beispiel für das, was hier gemeint ist. Im vorgenannten Beispiel ist das Pferd ständig nach links gebogen. Die hohl gebogene Seite des Pferdes ist also ständig die linke. Bei jedem Übergang in eine andere Lektion müssen zwar die Hilfen geändert werden, aber nicht die Biegung des Pferdes. Dies ermöglicht sanft fließende Übergänge. Solches Reiten führt zu einem Gesamtbild, das sehr harmonisch und daher ästhetisch schön wirkt.

Genug geschwärmt. Das Pferd kann nicht ständig links gebogen bleiben. Zur erwünschten Abwechslung ist jetzt eine andere Lektion in anderer Biegung erforderlich. Hierzu muss aber eine unabdingbare Regel beachtet werden, die im Kapitel über die Wendungen ausführlich begründet ist:

Zwischen zwei entgegengesetzten Biegungen ist das Pferd grundsätzlich für einige Schritte gerade zu stellen!

Kombinierte Lektionen sind in den Kursen sehr gefragt. Hierbei kann Langeweile überhaupt nicht erst aufkommen. Um die Begeisterung nicht durch die Sorge der Lernenden um mögliches Verreiten zu trüben, wird die Aufgabe erforderlichenfalls angesagt.

Es ist für Außenstehende ohnehin erstaunlich, dass manch einer, der im Beruf ständig ein erhebliches Merkvermögen unter Beweis stellen muss, sich bei der kleinsten Aufgabe verreitet. Dies ist sicherlich in einer Überkonzentration auf die erforderliche Hilfengebung zu sehen.

Jede neu hinzukommende Lektion macht die Palette des Gekonnten bunter und kann, mit Übungen verschiedenster Art kombiniert, zu einem fröhlichen Spiel für Sie und Ihr Pferd werden.

Hierdurch auftretende erhebliche Verspannungen können sich dann auch auf das Pferd negativ auswirken. Sich hiervon freizumachen kann geübt werden. Sie sollten beim Reiten einer Aufgabe einfach davon ausgehen, dass Ihre Körperhaltung und die Bewegungshilfen in Ordnung sind.

So können Sie sich voll und ganz auf das konzentrieren, was getan werden soll. Lediglich zwischendurch, in einem Sekundenbruchteil, werden Haltung und Hilfen kontrolliert und falls erforderlich kurz korrigiert. Wird dies ganz bewusst geübt, so stellt sich bald ein Reiten ein, das wesentlich freier und lockerer ist. Die nachstehend vorgeschlagenen, später dann selbst erdachten, Übungen von kombinierten Lektionen werden bei Beachtung des Vorhergesagten nun zu einem fröhlichen Spiel für Sie und Ihr Pferd.

Einige Muster

Anhand einiger nachfolgend beschriebenen Aufgabenmuster, die zum Nachreiten geeignet sind, soll gezeigt werden, wie man sich eine kombinierte Lektion unter Beachtung der vorher genannten Kriterien zusammenstellen kann.

Um den erwähnten gleitenden Fluss der Bewegung des Pferdes nicht unnötig zu stören, überwiegt in einer solchen Kombination häufig einmal die Links- oder die Rechtsbiegung. Damit sich hier keine Einseitigkeit einschleicht, muss dieser Umstand bei der Auswahl für das Trainingsprogramm unbedingt berücksichtigt und öfter abgewechselt werden.

Jeder einzelne Schritt der hier beschriebenen Übungen kombinierter Lektionen ist bis ins kleinste Detail an entsprechender Stelle des Buches genau beschrieben. Es ist ratsam, sich eine Zeitlang vor solchen Übungen immer wieder durch Nachlesen zu vergewissern, ob sich nicht etwa Fehler eingeschlichen haben.

Wer sich vornimmt, sein Pferd mit ständiger Abwechslung zu gymnastizieren, dem bieten die in diesem Buch enthaltenen Lektionen ein breites Spektrum. Man kann nicht genug darauf hinweisen, wie groß immer wieder das Erstaunen ist, wenn bei den so gerittenen Pferden Veränderungen vorgehen, die vorher nicht für möglich gehalten wurden. Bildlich gesprochen könnte man sagen: „Hier lernen Pferde lesen und schreiben."

Sind die vielen in diesem Buch behandelten Lektionen erlernt und haben sie sich bei Pferd und Reiter gefestigt, so sollte man sie zu einer Übung mit harmonisch fließenden Übergängen zusammenstellen. – Selbst aus einer Sackgasse lässt sich so ein eleganter Ausweg finden.

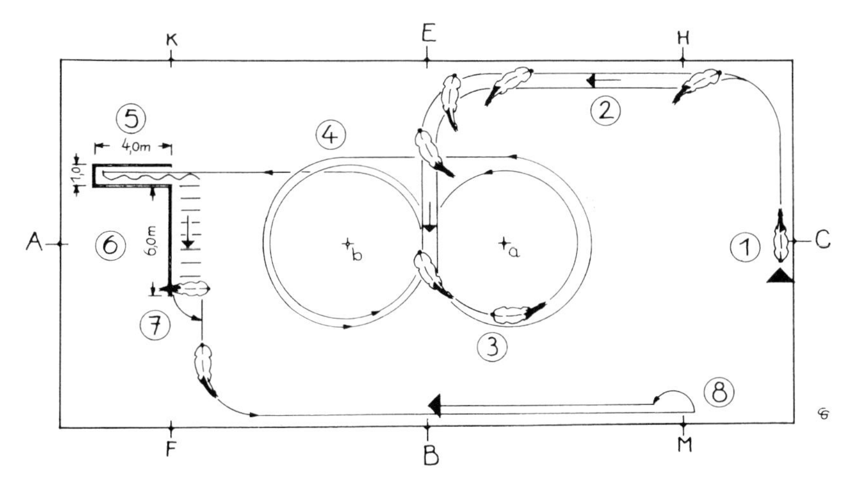

Muster M 1

1. Beginn bei C im Jog linksherum.
2. Aus der Ecke im Schulterherein nach E, abwenden, im Schulterherein nach X.
3. Bei X Volten um Pylon (a), 2 x linksherum; die zweite Volte nicht bis X, sondern vorher abbrechen und geradeaus zur Volte um Pylon (b).
4. Um Pylon (b) Volten 2 x linksherum, aus Volte 2 geradeaus in Richtung A und in den Stangenweg, dort Stopp und fünf Sekunden verharren.
5. Aus dem Stangenweg rückwärts treten und nach links vor den Querstangen Volltraversale bis Ende.
6. Nach der Volltraversale 90°-Wendung um das innere Hinterbein nach links und im Jog zum Hufschlag.
7. Linksherum bis M, Stopp, 180°-Wendung um das innere Hinterbein und zurück nach F.
8. Bei F Stopp, 180°-Wendung um das innere Hinterbein und zurück nach B.
9. Bei B abwenden nach X, dort Volten um Pylon (a) 2 x rechtsherum, die zweite Volte nicht bis X, sondern vorher abbrechen und geradeaus zum Pylon (b).
10. Volten um Pylon b), 2 x rechtsherum.
11. Aus der zweiten Volte geradeaus zu den Querstangen von links nach rechts Volltraversale, danach in den Stangenweg, Stopp, 5 Sekunden verharren und rückwärts treten.
12. Pferd loben, belohnen, am hingegebenen Zügel im Schritt ausruhen lassen.

Für die Volten und Seitengänge ist später auch ein ruhiger Galopp angebracht. Ab und zu dürfen dann auch die 180°-Wendungen als Roll Back mit entsprechendem Abstand von der Bahnbegrenzung geritten werden.

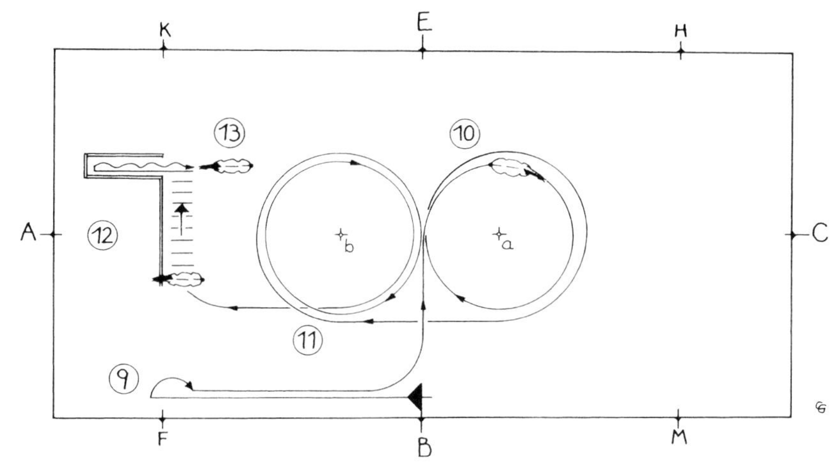

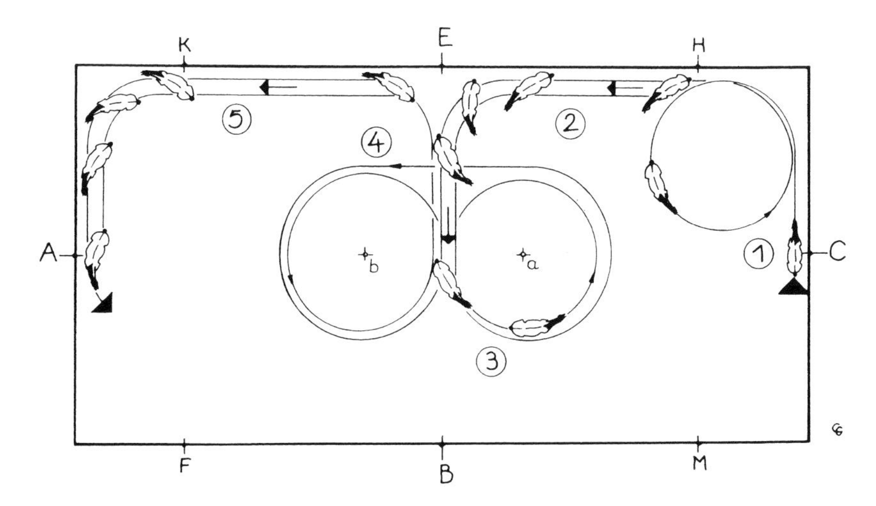

Muster M 2

1. Von C im Jog linksherum, in der Ecke eine Volte.
2. Aus der Volte Übergang zum Schulterherein nach E, dort abwenden und weiter im Schulterherein nach X.
3. Bei X Volten um Pylon (a) 2 x linksherum; die zweite Volte nicht ganz bis X, sondern vorher abbrechen und geradeaus zur Volte um Pylon (b).
4. Volten um Pylon (b) 2 x linksherum; die zweite Volte bereits bei X beenden und geradeaus nach E.
5. Bei E Travers linksherum bis A.
6. Bei A Volte und aus der Volte Übergang zum Schulterherein bis F.
7. Bei F aus dem Schulterherein Übergang zur Traversale.
8. Traversale über X nach H.
9. Ab H im Jog weiter nach C, dort Stopp und 5 Sekunden verharren.
10. Pferd loben und belohnen, am hingegebenen Zügel im Schritt ausruhen lassen.

Solange die Seitengänge noch nicht genügend beherrscht werden, sind diese, bis auf die Volten, vorerst im Schritt zu reiten. Später kann die gesamte Übung dann völlig im Trab, bzw. Jog und danach auch im Galopp geritten werden.

Achtung! Diese Übung sollte unbedingt im Wechsel mit Muster M 3 (Spiegelbild) geritten werden.

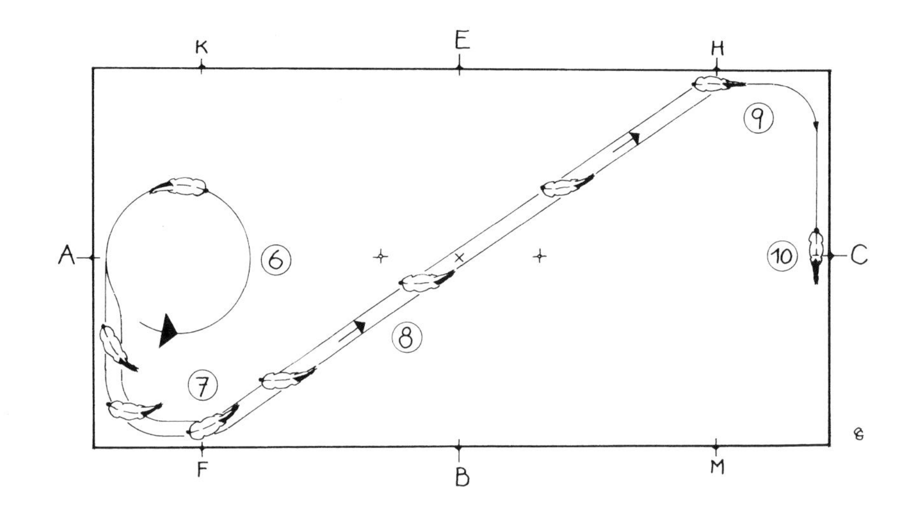

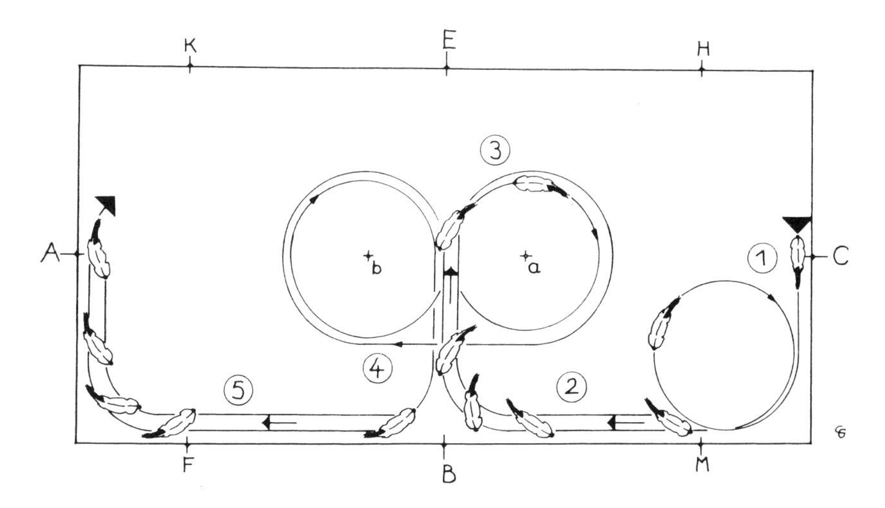

Muster M 3

(Spiegelbild vom Muster M 2)

1. Von C im Jog rechtsherum, in der Ecke eine Volte.
2. Aus der Volte Übergang zum Schulterherein nach B, dort abwenden und weiter im Schulterherein nach X.
3. Bei X Volten um Pylon (a) 2 x rechtsherum, die zweite Volte nicht ganz bis X, sondern vorher abbrechen und geradeaus zur Volte um Pylon (b).
4. Volten um Pylon (b) 2 x rechtsherum, die zweite Volte bereits bei X beenden und geradeaus nach B.
5. Bei B Travers rechtsherum bis A.
6. bei A normale Volte und aus der Volte Übergang zum Schulterhe-rein bis K.
7. Bei K aus dem Schulterherein Übergang zur Traversale.
8. Traversale über X nach M.
9. Ab M im Jog nach C, dort Stopp und 5 Sekunden verharren.
10. Pferd loben und belohnen, am hingegebenen Zügel im Schritt ausruhen lassen.

Solange die Seitengänge noch nicht genügend beherrscht werden, sind diese, bis auf die Volten, im Schritt zu reiten. Später kann die gesamte Übung dann im Jog und danach auch im Galopp geritten werden.

Achtung! Diese Übung sollte unbedingt im Wechsel mit Muster M 2 (Spiegelbild) geritten werden.

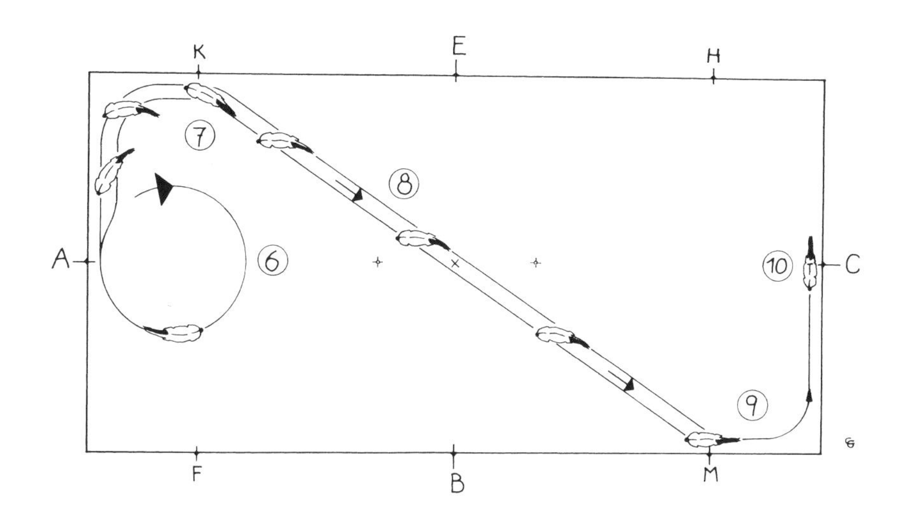

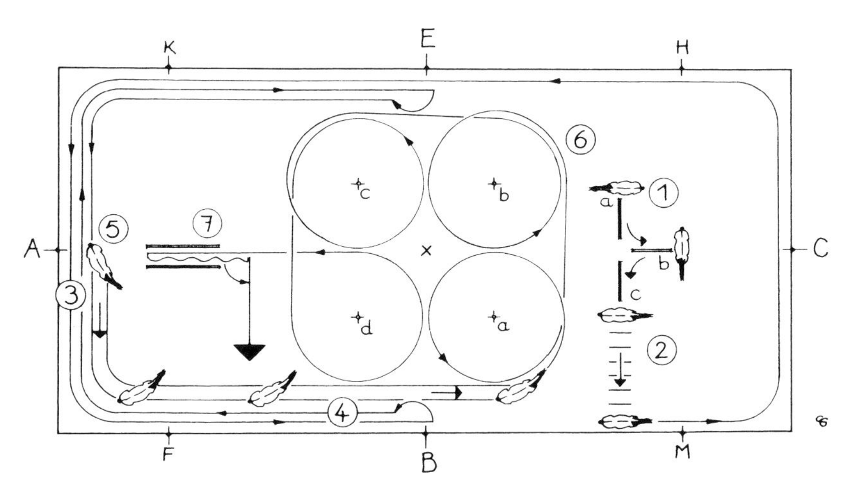

Muster M 4

1. Seitwärts über das Stangen-T beginnend bei (a), weiter mit Wendung um das innere Hinterbein nach (b), zurück und mit Wendung um das innere Vorderbein nach (c).
2. Weiter in der Volltraversale bis zum Hufschlag, angaloppieren bei M und linksherum bis A.
3. Bei A Übergang zum Jog, weiter bis B, Stopp und 180°-Wendung.
4. Rechtsherum im Jog bei E, Stopp, 180°-Wendung und linksherum bis A.
5. Ab A im Schulterherein weiter linksherum, vor dem Stangen T nach links abbiegen zur Volte um den Pylon (a) und im Jog 1 x linksherum.
6. Weiter je 1 x eine Volte linksherum um die Pylonen (b), (c) und (d).
7. Weiter im Jog in den Stangenweg bis Ende, Stopp, 5 Sekunden verharren und rückwärts treten, 90°-Wendung nach links.
8. Angaloppieren im Linksgalopp zum Hufschlag, linksherum lange Bahnseite und abbiegen vor dem Stangen-T.
9. Linksvolten im Galopp je 1 x um die Pylonen (a), (b), (c), (d) herum und weiter Richtung kurze Seite (A).
10. Einbiegen in den Stangenweg, Stopp, 5 Sekunden verharren, rückwärts treten.
11. Pferd loben, belohnen, am hingegebenen Zügel im Schritt ausruhen lassen.

Dieses Muster ist so geplant, dass es bereits mit Punkt 7 beendet werden kann. Punkt 11 ist zu beachten.

Achtung! Dieses Muster ist unbedingt im Wechsel mit M 5 (Spiegelbild) zu reiten.

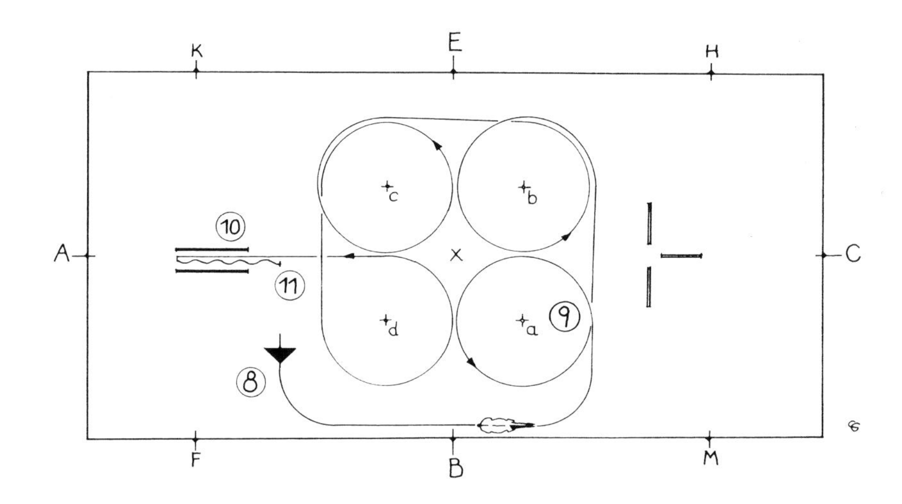

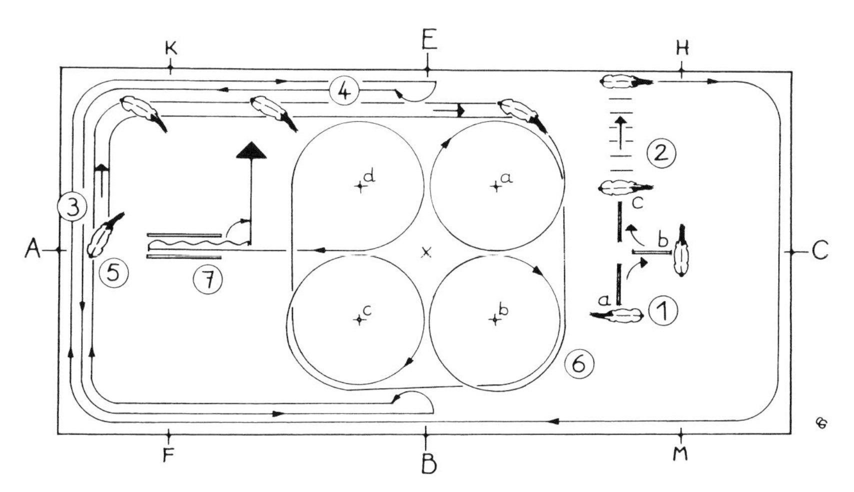

Muster M 5

(Spiegelbild von M 4)

1. Seitwärts über das Stangen-T beginnend bei (a), weiter mit Wendung um das innere Hinterbein nach (b), zurück und mit Wendung um das innere Vorderbein nach (c).
2. Weiter in der Volltraversale bis zum Hufschlag, angaloppieren bei H und rechtsherum bis A.
3. Bei A Übergang zum Jog, weiter bis E, Stopp und 180°-Wendung.
4. Linksherum im Jog bis B, Stopp, 180°-Wendung und rechtsherum bis A.
5. Ab A im Schulterherein weiter rechtsherum, vor dem Stangen-T nach rechts abbiegen zur Volte um den Pylon (a) und im Jog 1 x rechtsherum.
6. Weiter je 1 x eine Volte rechtsherum um die Pylonen (b), (c) und (d).
7. Weiter im Jog in den Stangenweg bis Ende, Stopp, 5 Sekunden verharren und rückwärts treten, 90°-Wendung nach rechts.
8. Angaloppieren im Rechtsgalopp zum Hufschlag, rechtsherum lange Bahnseite und abbiegen vor dem Stangen-T.
9. Rechtsvolten im Galopp je 1 x um die Pylonen (a), (b), (c), (d) herum und weiter Richtung kurze Seite (A).
10. Einbiegen in Stangenweg, Stopp, 5 Sekunden verharren, rückwärts treten.
11. Pferd loben, belohnen, am hingegebenen Zügel im Schritt ausruhen lassen.

Dieses Muster ist so geplant, dass es bereits mit Punkt 7 beendet werden kann. Punkt 11 ist aber immer zu beachten.

Achtung! Dieses Muster ist unbedingt im Wechsel mit M 4 (Spiegelbild) zu reiten.

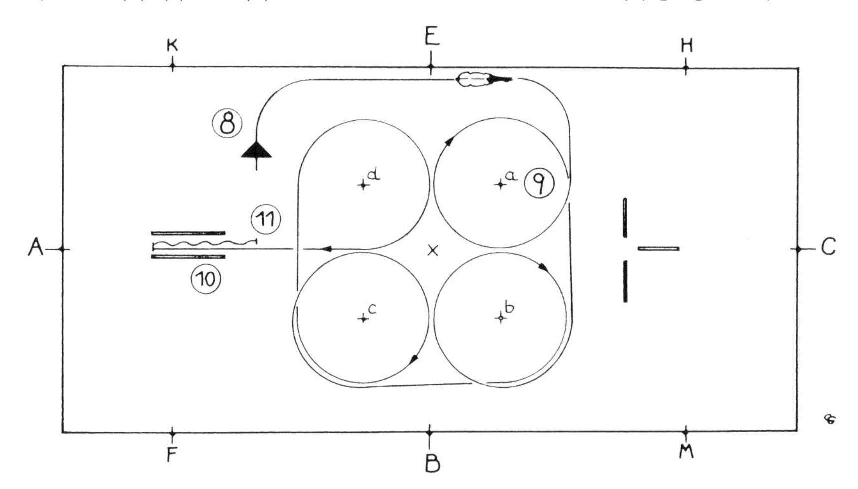

Das besondere Wettkampf-Pattern

Freizeitreiter-Veranstaltungen mit Wettkampfcharakter erfreuen sich eines ständig größer werdenden Zuspruchs. Sie sind locker, abwechslungsreich und pferdefreundlich. Hier bestimmt nicht irgendein Verband das Reglement, nach dem unbedingt geritten werden muss. Vielmehr hat der Veranstalter Freiräume und kann ein auf Freizeitreiter und andere Interessierte zugeschnittenes Programm mit besonderen Spielen und Wettkämpfen frei gestalten.

Das bedeutet aber keineswegs, dass nicht gehobene Ansprüche an das Können von Pferd und Reiter zu stellen sind. Als Beispiel hierfür soll die folgende Aufgabe dienen, die sich aber die Teilnehmer ansagen lassen sollten. Sie wurde bereits zu Freizeitreiter-Veranstaltungen ausgeschrieben und gemeinsam von einem FN-Turnierrichter (Fédération Nationale = Deutsche Reiterliche Vereinigung) und einem Richter der EWU (Erste Westernreiter Union Deutschland) gerichtet. Ein schönes Beispiel, das Schule machen sollte.

Aufgabe CP 2000

1. Im Jog bei C linksherum beginnen, aus der Ecke die lange Seite bis K im Travers,
2. Danach wechseln zum Schulterherein, weiter im Jog bis F.
3. Ab F Übergang in die Traversale durch die ganze Bahn wechselnd über X nach H.
4. Die kurze Seite bis C im Jog, danach abwenden und im Schritt zum Stangen-T.
5. Seitwärts über das Stangen-T beginnend bei (a), weiter mit Wendung um das innere Hinterbein nach (b), zurück und mit Wendung um das innere Vorderbein nach (c) und weiter in der Volltraversale bis zum Bahnmittelpunkt X.
6. Aus dem Schritt angaloppieren, linksherum auf dem Zirkel mit einer Volte bei C, weiter auf dem Zirkel bis X (Bahnmittelpunkt),
7. Bei X einfacher Galoppwechsel (drei Trabtritte) und ein Zirkel rechtsherum mit einer Volte bei A.
8. Bei X Stopp (konsequentes Anhalten) und 5 Sekunden verharren, danach 6 bis 8 Schritte rückwärts treten.

Weitere Aufgaben finden Sie im Buch „Mein Übungsbuch – Lektionen zum gymnastizierenden Reiten“ von Claus Penquitt.

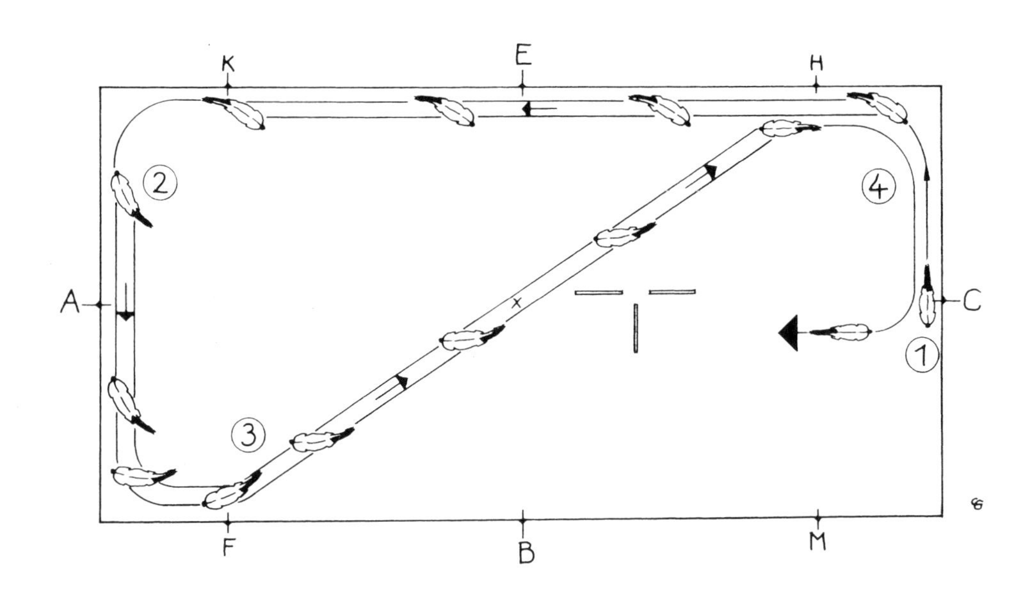
K
E
H
A
C
F
B
M
1
2
3
4
x

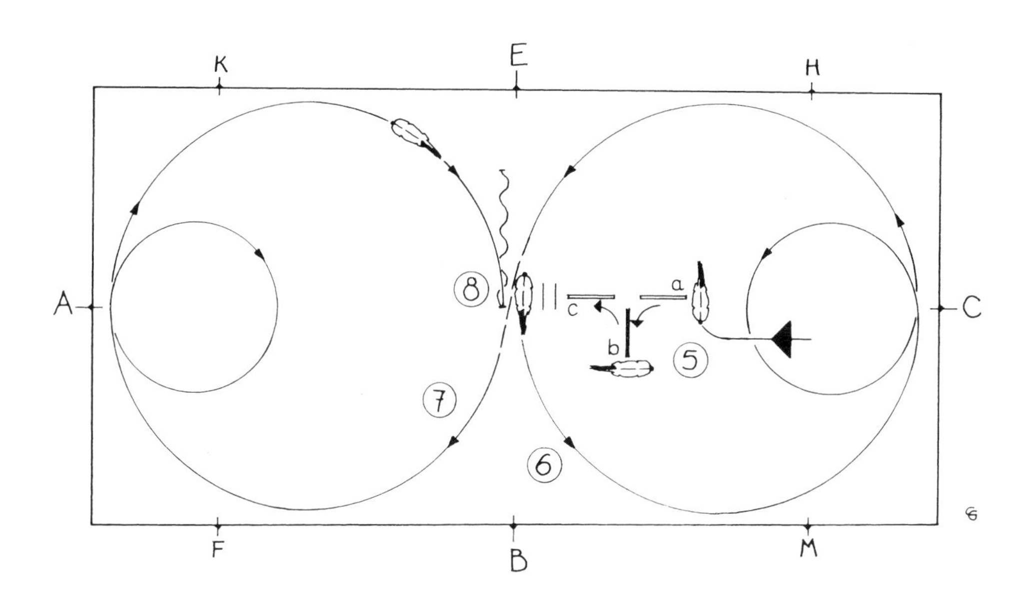
K
E
H
A
C
F
B
M
a
b
c
5
6
7
8

Service

Nützliche Adressen

Freizeitreit-Akademie Hiddingen
Claus Penquitt
Hiddinger Str. 35
27374 Visselhövede
Tel.: 0 42 62/7 24
Fax: 0 42 62/86 61
E-Mail:
info@claus-penquitt. de
www.claus-penquitt.de

Nathalie Penquitts Pferdeschule
Hohenholzer Weg 36
D-27305 Engeln
Tel.: 0 42 53/80 18 08
Fax: 0 42 53/80 18 09
E-Mail: info@penquitt.de
www.penquitt-pferdeschule.de

Bezugsquelle für Cavaletti, Markierungsstangen und -kegel aus Kunststoff:
Hofmeister e.K.
Tel.: 00 49 (0) 23 32/5 53 60
www.hofmeister-pferdesport.de

Bezugsquelle und Infos zum Sattel
„Ronda Deluxe"
(Deuber & Partner):
Nathalie Penquitt

Zum Weiterlesen

Bender, Ingolf (Hrsg.): **Kosmos-Handbuch Pferd**; Reiten, Fahren, Haltung, Zucht, Gesundheit, KOSMOS 2012
Ein Nachschlagewerk für Amateure und Profis aus Expertenhand – umfassend, aktuell und wissenschaftlich fundiert, dazu aber praktisch und klar verständlich wird dem Leser modernes Wissen rund um Pferde und den Reitsport vermittelt.

Giffels, Ruth: **Klassisch barockes Reiten**; Grundlagen des Reitens, der Arbeit an der Hand und am langen Zügel, KOSMOS 2008
Die klassisch-barocke Reiterei strebt feines Reiten mit minimalen Hilfen an. Basierend auf der Lehre des barocken Reitmeisters François Robichon de la Guérinière erklärt die Autorin hier leicht verständlich die Grundlagen dieser klassischen Reitkunst.

Hinrichs, Richard: **Reiten mit feinen Hilfen**; Sitz, Einwirkung, Motivation für Reiter, KOSMOS 2011
Richard Hinrichs erklärt das umfassende Wissen zum richtigen Reitersitz und zur feinen Hilfengebung bis hin zu schwierigen Lektionen.

Hinrichs, Richard: **Reiten mit feinen Hilfen DVD**; Sitz, Einwirkung, Motivation für Reiter, DVD-Video, KOSMOS 2007
Der Film für alle, die das Reiten mit feinen Hilfen erlernen wollen! Der erfolgreiche Ausbilder der klassisch barocken Reiterei erklärt, wie man harmonisch mit dem Pferd arbeiten und erfolgreich schwierige Lektionen meistern kann.

Hinrichs, Richard: **Pferde schulen an der Hand**; Wege zum Lösen und Versammeln, KOSMOS 2013

Dieses Buch zeigt vielfältige Möglichkeiten auf, wie die freiwillige Mitarbeit des Pferdes durch den Einsatz von Zügeln, Gerte, Stimme und Körpersprache gefördert werden kann.

Hinrichs, Richard: **Pferde schulen an der Hand DVD**; Wege zum Lösen und Versammeln, DVD-Video, KOSMOS 2007
Seit Jahrhunderten hat sich die Schulung an der Hand bewährt. Dieser Film zeigt, wie es funktioniert!

Penquitt, Claus: **Die Freizeitreiter-Akademie DVD**; Reiten nach altklassischen, altkalifornischen und iberischen Vorbildern, DVD-Video, KOSMOS 2003
Die DVD zum Buch. Reiten mit Eleganz, Pep und Präzision – Claus Penquitt verleiht Pferden und Reitern Glanz und Ausdruck. So werden Pferde schonend und locker geritten. Das Muss für jeden Freizeitreiter!

Penquitt, Nathalie: **Erste Schritte unter dem Sattel**; Junge Pferde selber ausbilden, KOSMOS 2008
Wer sein junges Pferd selber ausbilden möchte, braucht praktischen Rat. Nathalie Penquitt gibt in diesem Buch Freizeitreitern eine konkrete Anleitung und wertvolle Tipps zu den einzelnen Phasen der Grundausbildung.

Penquitt, Nathalie: **Guter Reitunterricht**; Die Kunst zu unterrichten – kompetent und kreativ, KOSMOS 2008
Guter Reitunterricht sollte effektiv sein, Spaß machen und die Harmonie zwischen Pferd und Reiter steigern. Die Autorin erklärt, wie eine Reitstunde sinnvoll aufgebaut wird, Missverständnisse vermieden werden und Reitschüler Anweisungen leichter verstehen und umsetzen können. Ideal für Schüler und Ausbilder!

Penquitt, Nathalie: **Meine Pferdeschule**; Zauber der Verständigung, erweiterte Neuausgabe, KOSMOS 2010
Die aktualisierte und erweiterte Neuausgabe des Klassikers. Praktische Schritt-für-Schritt-Anleitung, Pferde an der Hand auszubilden und zu trainieren. So lernen Pferde Bodenarbeit und Zirkuslektionen leicht und locker.

Penquitt, Nathalie: **Meine Pferdeschule DVD**; Zauber der Verständigung; DVD-Video, KOSMOS 2007
Der harmonische Weg zu einem glücklichen und motivierten Pferd. Die DVD zeigt praktische Tipps zu Bodenarbeit und Zirkuslektionen, Schritt für Schritt werden Übungen erläutert und ein perfektes Teamwork zwischen Pferd und Reiter erzielt.

Penquitt, Nathalie: **Longierschule DVD**; Longieren mit Präzision, Pep und Pferdeverstand, DVD-Video, PFERDIA TV 2007
Der Lehrfilm zeigt Nathalie Penquitts Art des Longierens im Detail, Spieldauer ca. 58 Minuten.

Register

Bildnachweis

Mit 179 Farbfotos und 106 Schwarzweiß-Zeichnungen von Cornelia Göricke-Penquitt.

Impressum

Umschlaggestaltung von eStudio Calamar unter Verwendung von zwei Farbfotos von Cornelia Göricke-Penquitt.

Mit 179 Farbfotos und 106 Schwarzweiß-Illustrationen.

Gedruckt auf chlorfrei gebleichtem Papier

ISBN 978-3-440-13127-5
Redaktion: Sigrid Eicher, Gudrun Braun
Gestaltungskonzept: eStudio Calamar
Produktion: Nina Renz
Printed in Slovakia / Imprimé en Slovaquie

Nathalie Penquitt.
Lesen. Verstehen. Reiten.

Mensch-Pferd-Beziehung vertiefen

Schritt für Schritt zeigt die erfolgreiche Ausbilderin Nathalie Penquitt, wie Pferde ganz natürlich und spielerisch gymnastizierende Übungen an der Hand und Zirkuslektionen lernen. Dabei sind Vertrauen durch eindeutige Verständigung mit dem Pferd sowie positive Vertärkung der Schlüssel zum Erfolg.
In diesem Buch gibt es außerdem viele Zusatztipps, die hilfreiche Details für das Training enthalten. So weckt Nathalie Penquitt mit ihrer Pferdeschule Spaß am Lernen.

Nathalie Penquitt
Meine Pferdeschule
144 S., 226 Abb., €/D 24,99

Die DVD zum Buch

Die ideale Ergänzung zum Buch. Hier sehen Sie, wie die Übungen funktionieren und bekommen Tipps, wenn einmal etwas nicht auf Anhieb klappt.

Grundlektionen: Stehen, Rückwärtsgehen, auf Zuruf herkommen
Gymnastizierende Übungen: Schulterherein, Wendungen, Volltraversale
Zirkuslektionen: Spanischer Schritt, Verbeugen, Hinlegen und vieles mehr

Nathalie Penquitt
Meine Pferdeschule
DVD, Laufzeit ca. 40 Min., €/D 29,90 (UVP)

Preisänderung vorbehalten

kosmos.de